北京市教育科学"十三五"规划2019年度重点课[illegible]
学教师基于信息技术开展跨学科教学的能力框架和提升策
略研究"（课题编号：CDAA19067）

教　育　新　视　点　丛　书

STEM KELI SHENGCHENG YU JINJIE JIEXI

STEM课例生成与进阶解析

于晓雅 /主编

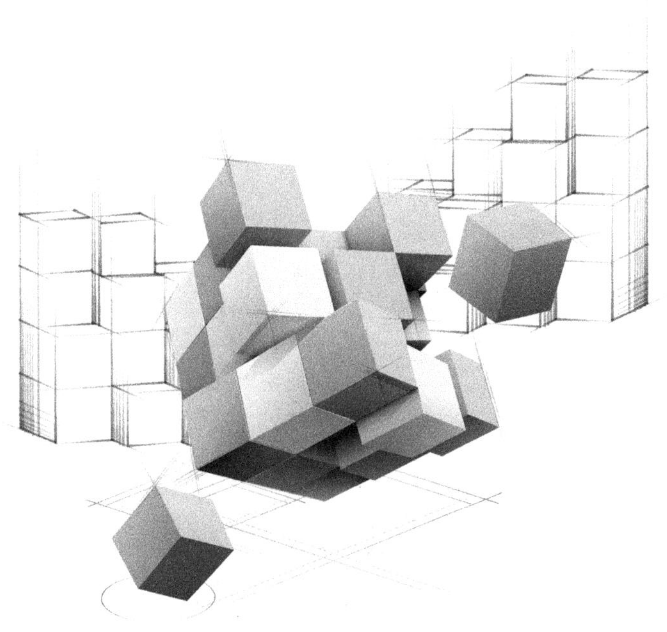

图书在版编目（CIP）数据

STEM课例生成与进阶解析/于晓雅主编．—北京：北京师范大学出版社，2021.8（2021.12重印）
（教育新视点丛书）
ISBN 978-7-303-27139-9

Ⅰ．①S…　Ⅱ．①于…　Ⅲ．①科学知识－教案（教育）－中小学　Ⅳ．①G633.72

中国版本图书馆CIP数据核字（2021）第158066号

营　销　中　心　电　话　010-58802135　58802786
北师大出版社教师教育分社微信公众号　京师教师教育

出版发行：北京师范大学出版社　www.bnup.com
　　　　　北京市西城区新街口外大街12-3号
　　　　　邮政编码：100088
印　　刷：北京虎彩文化传播有限公司
经　　销：全国新华书店
开　　本：787 mm×1092 mm　1/16
印　　张：28.5
字　　数：436千字
版　　次：2021年8月第1版
印　　次：2021年12月第2次印刷
定　　价：118.00元

策划编辑：郭　翔　　　责任编辑：马力敏　梁民华
美术编辑：焦　丽　　　装帧设计：焦　丽
责任校对：康　悦　　　责任印制：马　洁

本书编委会

主　　编： 于晓雅

副 主 编： 陈雪梅　王　戈　张桂凤

编写人员： 于晓雅　陈雪梅　王　戈　张桂凤
王　彤　高晓颖　李作林　程　锦
崔　淼　崔晓红　靳红云　申大山
何大娇　许　珂　秦　练　范　晶
王　芳　纪朝宪　姜迪迪　胡小琳
刘海青　王　磊　冯晓飞　周栋梅
张旭丽　刘长焕　齐　晴　李志鹏
王晋龙　郭　庆　王义清　温天骁
何玲燕　高俊春　姜凤敏　步星辉

序

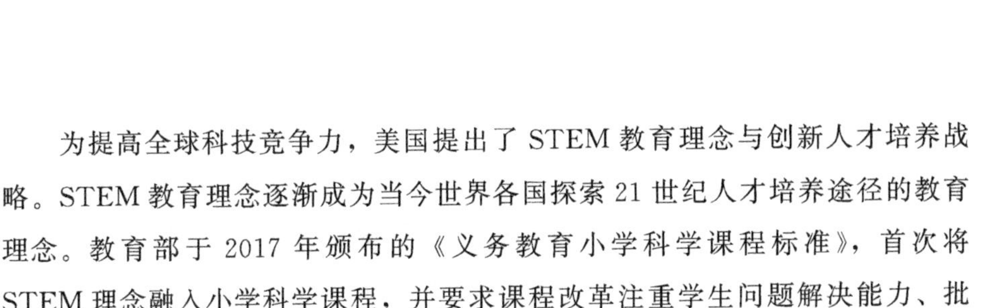

为提高全球科技竞争力，美国提出了 STEM 教育理念与创新人才培养战略。STEM 教育理念逐渐成为当今世界各国探索 21 世纪人才培养途径的教育理念。教育部于 2017 年颁布的《义务教育小学科学课程标准》，首次将 STEM 理念融入小学科学课程，并要求课程改革注重学生问题解决能力、批判性思维以及创新实践能力的培养。STEM 教育是实现这一目标的有效催化剂，其“跨学科学习”等特征可以满足创造性人才的多样化需求，有助于引导学生走向更具综合性的深度学习，从而达到全面发展。

本书基于基础教育课程改革中“STEM 跨学科融合”这一焦点问题，经过于晓雅博士与多位骨干教师的反复打磨、悉心挑选、多轮修订，最终系统地呈现了 17 个经典的 STEM 课例。整体而言，本书主要有以下三大特色。

特色一，教研团队拥有丰富的 STEM 教育教学实践经验，始终以培养学生多维能力为目标进行 STEM 课程的设计和实施。与此同时，本书所有的 STEM 课例均来自不同学科一线教师的教学实践，既保证了内容来源的真实性，又体现了学科融合的综合性，确保了 STEM 课例的有效性。

特色二，课例注重理论与实践相结合，源于生活，用于生活。本书不仅有 STEM 教育教学相关理论做有力支撑，而且结合课程实践，根据一线教师的现场教学实践和回馈进行教学评估和优化。同时，STEM 课程教学设计各环节非常完整和详细，且源于学生生活中的真实需求，强调让学生运用课程中的知识与技能去解决现实世界中的问题。

特色三，课例经过三级进阶和迭代成长，有多个教学评估群体。本书的最大特色在于所有课例均通过了设计、修订、实施三级迭代，不仅配置了学习任务单和学习评价表，还详细展示了每个进阶过程的修改内容；同时，每个课例都有来自课例设计者和实施者、专家和其他一线教师以及学生等的过

程性、动态性的反馈。

本书立足学科之间的融合，注重学生综合素养的培养，其中的课例提供了详细的设计和实施过程，是一线教师专业成长的指导书，是课程设计开发的工具书，是职前教师拓展学习的参考书。您如果是一线教师，通过学习本书的 STEM 课程案例，从确立教学问题到教学评价与反思，可以相应地调整和改善实际教学，在课例进阶探索过程中不断创新，走向 STEM 教师成长之路。您如果是课程开发者，可以有选择性地对书中某个章节进行深入的探究，也可以系统性地对整个 STEM 课程进行实践与评估，从而更好地设计和开发出高质量的课程体系。如果您是职前教师，阅读本书可开阔视野。从 STEM 教育的基本要素开始，到技术、科学等专题的学科融合进阶，本书将帮助您逐步建立起 STEM 教学框架，有助于您在职后更好地开展实践教学。

上海师范大学教育技术系教授、系主任 江丰光博士

2020 年 12 月 29 日于上海

前　言

STEM 教育已经成为全球教育的热点。从最初对美国国家战略的回应，将四门具有内在关联的学科进行整合，以应对时代发展对创新型人才的需求，到今天全球各地不断添加学科元素，将 STEM 扩展为 STEAM、STREAM 等，不得不说它在某种程度上寄托了全球教育者对教育变革的期许。

全球教育正面临如何培养创新型人才的挑战。STEM 教育不仅是跨越四门学科的整合教育，而且是一种需要付出长期努力去培养人才的过程。它带来的是“学习内容的更新—学习过程的重构—思维能力的重塑”。STEM 教育更多时候像是在开辟一条连接当下和未来的通道，助力今日的学生成长为明日的创新型人才，以更好地生活。

今天，我们在科学与工程领域不断突破传统方法的局限。人类经常需要从经验、思维过程、研究领域中挖掘新的观点。结集这些新观点和经验最好的办法就是融合科学、教育、艺术和生活等方面。那些拥有多元教育背景的个人和团队，将会是在未来提供创新成果的主力。对多样性的需求无疑凸显了新一代科学家和工程师必须尽早接受 STEM 统整教育的重要性。

在我国基础教育课程体系中，综合性一直受到关注。即使不谈从小学到高中规定课程中必须有的综合实践活动课，就是在分科的美术、音乐课程之外，还另设了综合性的艺术课程，如在美术学科内部设置了一个名为“综合探索”的学习领域。新修订的 2017 年版普通高中美术课程标准主张在解决问题的情境中，引导学生学会综合地进行跨学科学习和研究。但是从实践层面来看，实施者还面临着诸多困难。究其原因，不在观念而在技术，对一些问题尚未找到有效的解决方案。例如：在整合的过程中，学科扮演什么样的角色？是主导，还是参与？在追求整合效应的时候，如何保持学科相对的完整性和系统性？整合的具体程序和方法是什么？应该如何培养具有整合性教学

能力的师资？

基于这样的基础和前提，如何在现有的学校教育体系中开展 STEM 教学是我们探索的重点之一。本书所选的 STEM 课例全部经过团队骨干教师的实施与反复迭代打磨，本着“生发于学科，走向融合，巩固学科，获益更多”的原则，立足学校的课堂教学，从学科中寻找跨学科融合的焦点问题，直指学生综合素养的培养。反过来，在走向融合的过程中，学生通过应用所学知识解决真实复杂问题。课堂更开放，更能激发学生的创造力和探索热情。学生在有趣的 STEM 融合课程的学习过程中，能够巩固学科知识和技能。

近几年的实践研究表明：立足学科，会让学科教师不至于茫然；走向融合，会让课堂教学生动有效，使学生从单一知识技能的发展走向多维全面的发展。这更加坚定了我们的观点：学校是否开设 STEM 课程并不重要，重要的是教师在教学中能够融入 STEM 理念，以学生发展为出发点，敞开心扉，接纳融合，深耕学科，超越自我。课堂教学中的微小变革都会促进个体独立自主地学习，促进学生就挑战性问题展开讨论，这些是课堂内的变革。这些挑战性问题进一步延伸到知识间的前后联系、学科间的关系，引导学生在问题探讨中思考概念、进行迁移，最终带来课程结构和学校组织的变革。所以，课例的进阶路线隐藏着一条从单课教学到单元、学期、学校课程结构性变革的“学习－教学－课程”一体化进程。

本书将为读者呈现 17 个 STEM 课例从诞生、修订到最终实施三级进阶的过程。通过了解这些课例的进阶历程以及专家、教研员和一线教师对进阶历程的解析，读者不仅可以学习如何设计和实施 STEM 教学，也可以窥探到我们对于 STEM 课程具体实施问题的解决策略，还可以体验到开发团队从专家、教研员到一线教师思维发展与分工的进阶，从而在模仿和创新中探索从学科教师成长为 STEM 教师的进阶之路。当然，由于参与课例研究的教师的学科背景关系，我们的课例并不能够覆盖所有学科，很多还是从本学科出发探索跨学科的 STEM 课例的。所以本书的课例只是我们在 STEM 教育本土化实践中收获的“珍珠”。我们还需要和广大教育同人一起不断探索，形成本土化跨学科融合的体系化 STEM 课程。

本书以 STEM 教育在中小学的实践策略与途径为开篇，介绍了 STEM 教育的基本概念和基本特点、设计与实施原则等，接下来分五章介绍了中小学实施的从不同途径开展 STEM 进阶学习的课例。第二章介绍了从科学探究走向 STEM 融合的进阶，第三章介绍了从技术学习到素养学习的进阶课例，第四章介绍了当前劳动教育和综合实践课程中如何通过科学探究和工程技术提升来实现 STEM 进阶之路，第五章介绍了艺术统整的 STEAM 教育的开展（STEAM 是在 STEM 基础上的进一步扩展，二者本质上是一致的），第六章介绍了信息科技类 STEM 课例进阶。每一部分都收编了适用于各个年级的内容丰富的课例。

本书的最大亮点在于每个课例不是单一地呈现，而是忠实地再现了从一个普通的学科课程进阶为一个带有 STEM 特征的课例的过程，对课例自身、课例设计者、课例实施者以及学生在课例进阶过程中的成长都给予了详细的三级进阶解析。另外，对于可以贯通开展的项目，也给予了如何下沉至低年龄段和如何拓展到高年龄段的建议。期待读者从我们的课例进阶的设计与实施中领悟到 STEM 教育落地的过程。

我们精心设计了这本独特的书，期望本书能成为中小学教师开展 STEM 教育的参考资料和教学指导用书，相信更多希望了解 STEM 并有志于在 STEM 教育教学方面开展研究的读者会从中受益。同时我们也深知，教学是一门永存遗憾的艺术，囿于作者水平有限，书中难免还有不足。我们诚恳地期待广大读者及教育同人给予批评指正。

致　谢

本书是在北京教育学院于晓雅博士主持的北京市“STEM 教育与创客教育课程实践”卓越教师工作室全体成员的集体努力下完成的。卓越教师工作室成员包括北京市海淀区教师进修学校通用技术教研员张桂凤、劳动技术教研员陈雪梅，北京市朝阳区教育研究中心信息技术教研员王戈，北京市顺义区教育研究和教师研修中心科学教研员高晓颖，北京市海淀区中国人民大学附属中学通用技术教研组长、特级教师李作林，北京市第八十中学睿实分校王彤校长和北京市大兴区教师进修学校综合实践活动教研员程锦。书中的所有案例都是他们首先分别指导自己的青年团队教师设计成形，然后拿到工作室集体研讨，多次修改后，再指导青年教师具体实施，经工作室成员集体听评和指导，首轮实施后又经过多轮研讨形成的。每个案例都是入室成员和青年团队教师辛苦探索的成果，在此表示深深的感谢！感谢卓越教师工作室青年团队成员张旭丽、李志鹏、王晋龙、郭庆、王义清、王芳、申大山、崔淼、崔晓红、纪朝宪、胡小琳、刘海青、王磊、冯晓飞、许珂、刘长焕、何大娇、靳红云、范晶、秦练、齐晴、姜迪迪、温天骁、姜凤敏、何玲燕、高俊春等教师，是他们提供了具体的课例并在多次打磨中最终实施和改进了课例。

在课例打磨过程中，我们有幸得到北京教育学院李晶教授和何妮妮教授、北京市第八中学特级教师张军、中美教育联合会李佩宁老师、北京大学教育学院贾积有教授、北京市朝阳区教育研究中心党总支书记任炜东、北京教育学院信息科学与技术教育学院邸磊院长的悉心指导。感谢中国教育科学研究院王素老师领导的 STEM2029 项目。工作室成员申报了 STEM2029 的研究课题，参与了国内 STEM 现状大型调研，这对于指导设计和实施这些课例具有重要的引领作用。感谢工作室业务助理步星辉博士，她对课例的实施和研究

工作的开展提供了有力的支持。

最后，感谢北京教育学院为我们搭建的高端研修平台，让我们这个学习共同体得以形成并进行深入的实践研究。

于晓雅

目录

第一章　走向融合的 STEM 进阶之路

20 世纪 80 年代早期，美国政府推动了 STEM 教育。直到 2000 年，这项政策仍只在本科阶段推进。美国实施这项政策的最初目的是吸引学生学习理工科相关专业，增强美国理工科人才的竞争力。但真实情况让政策制定者认识到，从大学阶段再紧抓 STEM 学习为时已晚，STEM 教育必须下沉到基础教育阶段，这样才能尽早培养学生对理工科的兴趣。从 2000 年起，美国政府通过制定一系列法案推动 STEM 教育在中小学的开展。2015 年 10 月 7 日，经时任总统奥巴马签署，美国《STEM 教育法(2015 年)》(*STEM Education Act of* 2015)作为一部联邦法正式生效。[①] 美国、加拿大、澳大利亚、日本等发达国家都在深入研究 STEM 教育对于促进学生全面发展、提高科技人才培养水平和增强学生学习兴趣等方面的作用及 STEM 教育实施策略。联合国于 2015 年 9 月通过的《改变我们的世界——2030 年可持续发展议程》及联合国教科文组织于 2015 年年底通过的《教育 2030 行动框架》提出，加强科学、技术、工程和数学教育，鼓励学生尽早接触 STEM 领域。随后在世界各国的推动下，STEM 教育成为当前国际教育界普遍关注的热点前沿话题。随着我国基础教育课程改革的深化，为顺应我国学生核心素养发展及培养未来创新型人才的需要，政府出台了多项国家政策和教育改革文件，从国家战略角度提倡对学生关键能力尤其是创新能力的培养，鼓励中小学校和教育机构积极探索 STEM 教育[②]，鼓励中小学教师做出 STEM 教育的尝试。

2016 年 10 月，联合国教科文组织亚太国际教育与价值教育联合会与北京教育学院首次联合举办中美“STEM＋创新教育论坛”，共同组建了“STEM＋创新教育中心”。于晓雅博士有幸作为执行主任推进工作的进程。随后的几

① 赵中建：《美国 STEM 教育政策进展》，11 页，上海，上海科技教育出版社，2015。

② 《关于“十三五”期间全面深入推进教育信息化工作的指导意见(征求意见稿)》。

年，北京教育学院做了很多 STEM 教育研究与实践的推动工作。至今，北京教育学院已与 10 余所 STEM 教育实践基地学校、协同创新学校、教育扶持学校共同开展了多种形式的相关培训和研究。这些实践学校都以学校师资状况和学生特点为基础，开展形式多样的 STEM 教育实践。课题组在指导过程中发现实践学校的困难和问题，寻求不同的理论基础支撑和问题解决策略，取得了一定的成果。本章就课题实践中对 STEM 概念及其特征的理解、STEM 教育中的科学思维与工程实践、STEM 教育实施的关键途径等成果进行概括性的介绍。

一、STEM 教育及其特征

STEM 是科学(Science)、技术(Technology)、工程(Engineering)和数学(Mathematics)四门学科的简称。STEM 教育首先是 STEM 包含的各个学科的教育，各个学科的核心概念、科学思维方法、学科实践是必须要受到重视的，然后是基于真实问题的跨学科应用，二者不能顾此失彼。2017 年，教育部制定的《中小学综合实践活动课程指导纲要》指出："综合实践活动是从学生的真实生活和发展需要出发，从生活情境中发现问题，转化为活动主题，通过探究、服务、制作、体验等方式，培养学生综合素质的跨学科实践性课程。"这一文件特别指出综合实践与学科的关系："在设计与实施综合实践活动课程中，要引导学生主动运用各门学科知识分析解决实际问题，使学科知识在综合实践活动中得到延伸、综合、重组与提升。学生在综合实践活动中所发现的问题要在相关学科教学中分析解决，所获得的知识要在相关学科教学中拓展加深。"简言之，就是综合解决问题所需要的知识从学科学习中来，在综合实践中发现的知识上的不足要回到学科中练习巩固。如果从问题解决的角度来描述 STEM 各个学科在项目学习中的意义，那么金陵中学机器人工作室负责人姚舜老师通过一杯水的通俗比喻解释 STEM 的概念非常形象：对于桌子上的一杯水，首先我们提出问题，这杯水为什么会变凉，这就是科学；其次我们开始研究怎样才能让水不变凉，这就是技术；然后我们要制造一个结构，实现让水不变凉的目的，这就是工程；最后我们进行数据采集和测试分析，这就是数学(见图 1-1)。这一比喻真正体现了我们在研究实践中倡导的

"做中学、学中思、思中创"的 STEM 精神。

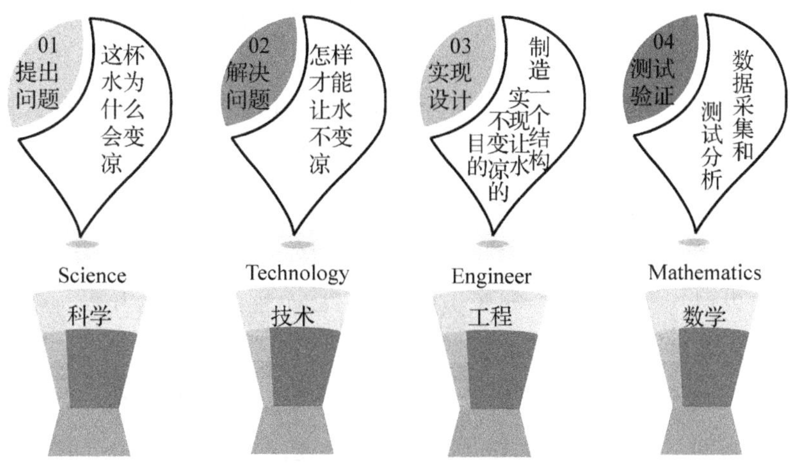

图 1-1　从问题解决的角度描述 STEM 各个学科在项目学习中的意义

STEM 教育注重培养学生科学、技术、工程和数学这四个方面的综合素养。STEM 教育并不是科学、技术、工程和数学四门学科的简单叠加，而是要将四门学科内容基于真实问题解决融合成有机整体，强调多学科的交叉融合，强调项目式学习和解决真实问题，强调以学生为中心，关注对科学知识的解释、科学探究的实践以及工程设计的结合；其目标是整合各领域知识、技能，将知识的学习与生活实践相结合，运用所学知识解决真实世界中的复杂问题，以更好地培养学生的创新精神与实践能力。如今，STEM 教育在国内不仅仅是四门课程，更是代表了一个领域、一种教学理念、一种教学模式、一个课程群、一种能力和素养等。

STEM 教育经历了从 STEM 四门学科的教育到 STEM 教育的发展和研究阶段。STEM 教育要培养学生的 STEM 素养，是为了解决真实世界中的问题而提出的。因为真实世界中的问题很少用单一学科就能解决，所以 STEM 素养主要指应用跨学科知识解决实际问题的能力。《面向未来：21 世纪核心素养教育的全球经验》研究报告提出了最受重视的"公民七大素养"，分别是"沟通与合作、创造性与问题解决、信息素养、自我认识与自我调控、批判性思维、学会学习与终身学习、公民责任与社会参与"，这也是 STEM 教育的期许。所以 STEM 教育在注重培养学生运用跨学科知识解决真实问题的基础上，也关注教学过程以学生为中心，基于项目进行学习，注重对学生的合作精神及生存能力的培养。STEM 教育的最高目标是联合国教科文组织的五大学习支柱："学会求知，学会做事，学会共处，学会发展和学会改变。"①北京师范大学林崇德教授研究组受教育部委托，在世界各国和国际组织核心素养研究的基础上，借鉴国际经验，于 2016 年 9 月提出《中国学生发展核心素养》。《中国学生发展核心素养》提出：核心素养指学生应具备的适应终身发展和社会发展需要的必备品格与关键能力，突出强调个人修养、社会关爱、家国情怀，更加注重自主发展、合作参与、创新实践。② STEM 教育的理念和目标与我国学生发展核心素养的育人目标高度一致。

北京师范大学余胜泉教授总结了 STEM 教育的九个特点：跨学科、设计性、体验性、实证性、协作性、趣味性、艺术性、艺术增强性、情境性（见图 1-2）。③

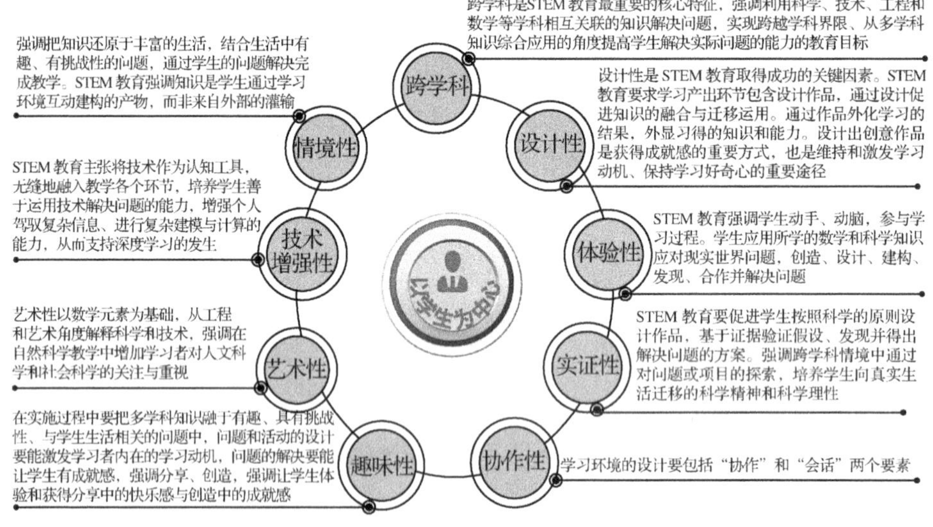

图 1-2　STEM 教育的特征

---

① 1996 年，联合国教科文组织发表《教育—财富蕴含其中》报告，界定了二十一世纪社会公民必备的基本素质，在终身学习思想的指导下，提出面向 21 世纪教育的四大支柱。2003 年，联合国教科文组织教育研究所又提出了"学会改变"的主张，并将其视为终身学习的第五支柱。

② 2016 年 9 月 13 日，《中国学生发展核心素养》在北京师范大学正式发布。

③ 余胜泉、胡翔：《STEM 教育理念与跨学科整合模式》，载《开放教育研究》，2015(4)。

国际经验表明，STEM 教育有助于培养学生的科学探究能力、创新意识、批判性思维、信息技术能力等未来社会所需的技能和能力，并有可能在学习者未来的生活和工作中持续发挥作用。要使人才质量与人才结构满足我国经济转型发展的需求，推动教育改革是关键。具体而言，就是要加快教育教学内容的更新、教学方式的变革，提高学生的实践能力、创新能力，培养创新型人才。教育发达国家的经验表明，STEM 教育是培养这类人才的一种有效途径。我们有必要对 STEM 教育进行深入的研究与思考，尽快推动 STEM 教育在实践中广泛实施，使其为经济社会发展做出应有的贡献。

二、STEM 教育的实施遵循两条线路

STEM 教育的实施遵循结构化的科学探究和工程化的学习实践两条线路。科学探究活动是为了解释关于某个现象的问题。学生的主要任务在于认识和解释科学概念与规律，在探究过程中掌握科学方法，领会科学精神。技术与工程活动是为了解决一个由困难、需要或期望所引发的问题。学生的主要任务是明确一个成功的方案应当达到的标准和面临的限制，并在理解科学概念的基础上利用这一方案解决遇到的问题。STEM 教育强调学生要具备一定的技术素养，了解技术应用、技术发展过程，具备分析新技术如何影响自己乃至周边环境的能力。在教学中，STEM 教育要求教师利用技术手段简化学生的创新过程，并通过技术表现多样化成果，让创意得到分享和传播，从而激发学生的创新能力。STEM 教育主张将技术作为认知工具无缝地融入教学各个环节，培养学生善于运用技术解决问题的能力，增强学生驾驭复杂信息、进行复杂建模与计算的能力，从而支持深度学习的开展。传统教育重视科学和数学的教育，忽视技术和工程素养的培养。因此在当前教育改革中，各国都将技术和工程驱动的 STEM 教育作为推进基础教育改革的途径之一，关注在教学中对学生技术素养和工程素养的均衡培养(见图 1-3)。

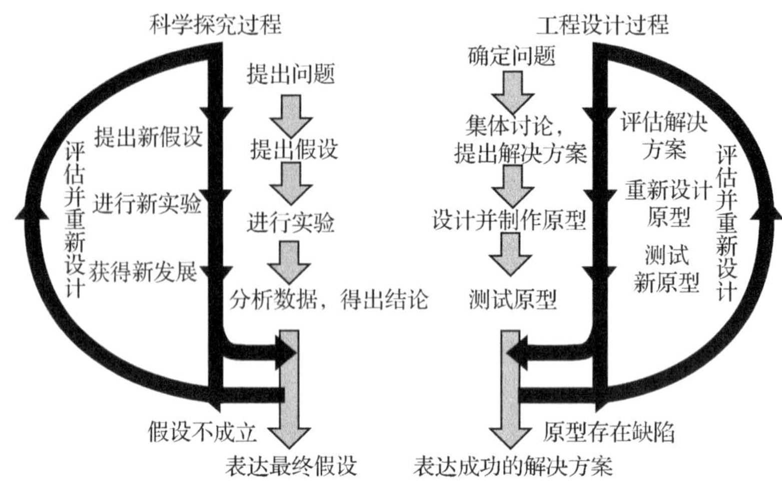

图 1-3　STEM 教育的实施遵循两条线路

STEM 教育对于科学探究和工程设计的均衡的重视有利于学生学会综合应用跨学科知识解决真实情境问题，形成像科学家一样思考问题的科学思维和像工程技术人员一样解决问题的工程实践能力。

科学探究的目的在于利用证据来解释自然界和人类世界。工程实践的目的在于解决关系人类需求和欲望的特定问题。任何只关注科学探索的具体事物，即科学的事实，而不去理解这些科学事实是如何提出的，或者忽视科学在人类社会中的许多重要应用的科学教育，都将会歪曲科学并将工程的重要性边缘化。工程设计活动动手做的本质会吸引学生，培养他们更高层次的思维，并使他们更加理解 STEM 是如何影响世界的。科学课程与工程实践相联系，帮助教师讲解科学、技术、工程之间的相互依赖关系，利用设计活动的过程来真正实现对科学概念的讲解，让学生掌握广泛的技能，从而强化科学概念。在科学探究和工程实践均衡并行的 STEM 教育中，学生不仅学习科学知识、探索科学问题，而且学习应用科学，特别是借助工程设计过程进行学习，逐步领会科学、技术和工程之间的区别与联系。

三、STEM 课程实施的关键途径

STEM 课程在学校实施中最大的挑战是概念的泛化和背景的多样化会造

成教师在实施过程中无从下手、无法评价。来自国外的从不同视角对STEM课程的解读一方面拓宽了一线教师的视野，为实践提供了丰富的材料；另一方面使一线教师对STEM课程的实施产生了困惑。实践学校在STEM课程实施的过程中，通过摒弃争议，采用抓住关键点进行设计与实施的策略，帮助教师直入STEM教育的本质。在实践指导中，特别注重以下几个关键点的设计与实施：解决真实情境问题、跨学科的学习方式、以学生为中心的学习、核心大概念统整的教学法应用、支撑材料和学习支架的设计、技术工具的使用、产品化的技术和工程实践过程以及人文艺术统领的STEAM。

(一)解决真实情境问题

STEM教育的特征之一是解决真实情境问题。真实的情境实际是为学生创设的一个与知识相连的生态情境。在这个生态情境中，教师帮助学生将知识作为探究的起点，用自己的学习和生活经验与知识对话，发展学生的潜在学习能力，在理解和创造知识的过程中促进学生自由成长。我国教育家陶行知先生曾提出"生活即教育""社会即学校""教学做合一"的生活教育三大原理，指出生活就是一连串问题的求解过程。真实情境问题导向的STEM教育最终是返回生活的教育，所以实施STEM课程的过程一定是以真实问题为导向的，而不是以教科书为导向的。这是目前开展STEM课程的一个方向。在STEM教育中，只有找准真实情境问题，在项目学习中紧紧围绕解决真实问题开展学习活动，使评价指标也紧跟这一思想，才能真正做到过程灵活开放、方案设计丰富多样，从而充分激发学生的创造力和创新能力，真正培养学生发现问题、解决问题的能力。

(二)跨学科的学习方式

"跨学科学习本是人类的一种古老的学习方式，然而在新的历史时期，重新被赋予新的教育价值和意义而成为新颖的学习方式。"[①]1926年，美国哥伦比亚大学心理学家罗伯特·伍德沃思(Robert Woodworth)提出了跨学科的概念。他认为，随着经济和科技的迅猛发展，单独使用某一领域的专业技术已

① 曹帅：《当语文遇上STEAM教育理念——探究新课改背景下语文教学的现代性》，载《课外语文》，2019(9)。

不足以解决社会中复杂多变的矛盾，必须打破学科之间的界限，应用跨学科手段把多科既有的知识理论共同构建在一个多维立体的空间中，促进学科相互交叉融合，从而达到解决复杂问题的目的。1953 年，美国生物学家詹姆斯·沃森(James Watson)和英国物理学家弗朗西斯·克里克(Francis Crick)经过合作把物理学运用到生命科学中，推断出了脱氧核糖核酸双螺旋模型，获得了 1962 年诺贝尔奖，开启了跨学科研究的新天地，成就了许多新的交叉学科。跨学科领域的研究是对单一学科研究的挑战与革命，是人类认识自然、改造自然的实质性突破。有人统计了 20 世纪获得诺贝尔自然科学奖的 466 位顶尖科学家所拥有的知识背景，发现具有学科交叉背景的人数占获奖总人数的 41.63%。特别是最后 25 年，拥有交叉学科背景的人数占获奖总人数的 49.07%。可以说，跨学科的知识结构是创新型人才素质的核心要素。这是科学发展与技术进步的必然趋势，必将对未来科学与技术产生深远的影响。

人在解决现实工作和生活中的各种问题时，不仅需要某一学科或方面的知识和技能，而且需要能够综合运用多学科或多方面的知识和技能，更需要具备科学方法、科学思想、科学精神。跨学科研究是团队或个人的一种研究模式，把来自两个及以上学科或专业的信息、数据、技能、工具、观点、概念和理论综合起来，解决那些不能用单一学科来解决的问题。真正的跨学科不是把两门学科拼凑起来，而是把两门学科的思想和方法结合起来。20 世纪 80 年代，以诺贝尔奖获得者默里·盖尔曼(Murray Gell-Mann)为首的一批不同领域的科学家，在美国组成了桑塔菲研究所，开展了跨学科领域的研究，即复杂性研究(复杂性科学)。研究包括自然界的复杂性、人类社会的复杂性及人自身的复杂性。他们的研究体现了现代科学技术发展的综合趋势。默里·盖尔曼说过："研究已表明物理学、生物学、行为科学，甚至艺术与人类学都可以用一种新的途径把它们联系在一起。"①一些领域已经取得了一定的进展，如遗传算法、计算机网络、演化经济和人工生命系统等。

《中国学生发展核心素养》指出，核心素养指学生应具备的适应终身发展和社会发展需要的必备品格与关键能力，突出强调个人修养、家国情怀，更

---

① [美]默里·盖尔曼：《夸克与美洲豹：简单性和复杂性的奇遇》，杨建邺、李湘莲译，前言第 1 页，长沙，湖南科学技术出版社，2002。

加注重自主发展、合作参与、创新实践。北京市《关于本市中考中招与初中教学改进工作的通知》和《北京市深化考试招生制度改革实施方案》鼓励突破学科课程的壁垒，如鼓励学校开设跨学科综合实践活动，由单一学科导向向学生核心素养导向转变；鼓励加强各类课程、不同学科之间的联系和整合，组织跨学科教学和主题教育活动。在创新型人才成为一个企业甚至一个国家核心竞争力的今天，上述综合素质与能力就显得更为重要。而传统教育中以教材为核心、分学科、灌输式、脱离科技实践的教学方法，并不能满足社会发展需要，实施跨学科融合的教学模式势在必行。

开展 STEM 教育并不是加一个学科或者加几个学科的问题，也不是几个领域的拼凑，它的本质是打破学科之间的壁垒，推动不同学科知识之间的整合，把学生学习到的多学科零碎的知识转变为探究世界的相互联系的知识。我们可以从“学科核心概念”“跨学科概念”和“科学与工程技术实践”三个维度来统领 STEM 跨学科教学。在每一个学科中，这些维度都紧密联系在一起，每一个维度的缺失都将影响整个学科。也就是说，为了让学习活动能够真实，必须将三个维度的内容清楚明白地体现在活动设计中。许多 STEM 教育项目之所以“有其形而无其神”，是因为忽视了上述三个维度，使得项目不完整、不准确。

根据心理学的研究，人类的长期记忆是与身体融合为一的，一个主要原因是人类有很强的场景记忆能力，场景记忆具有整体感。教师通过创设有意义的真实情境问题，使学生置身于一个真实的场景中解决问题，培养了学生的场景记忆能力。STEM 教育驱动的跨学科教育的主旨是培养学生解决特定情境问题所需要的对正确知识的判断力。我们说一些知识在特定情境中是正确时，也就意味着我们提醒自己这些知识在其他情境中可能是错误的。在思想史的视角下，这是批判性思考(critical thinking)的起源。德鲁克(Drucker)认为，在知识社会里，最重要的不是知识，而是判断正确知识的能力。知识模块内部的细节，尤其在知识爆炸的时代，可谓瞬息万变，但知识模块之间的关系可以长期保持稳定，前提是贯串这些知识模块的基本问题不变。

学生并不能独立地从多学科的内容中启动知识建构功能。要想真正习得知识，学生必须反复地把知识应用于实践，不断地强化知识。STEM 教育驱

动的跨学科融合课程恰恰为学生提供了不断建构知识的渠道，帮助学生再定义、反馈和转换知识，在注重各学科内在结构的连续性和关联性的基础上进行学科融合，关注解决真实情境问题，强调学习过程、学习活动和学习经验的结合。

跨学科教育是以问题为导向的，而不是以学科为导向的。如陶行知先生所言，是以生活为核心的教育。由于真实生活问题具有不确定性，因此培养学生习惯于思考没有确定答案的问题，是跨学科教育的本质特征。我们以注重学习方法和能力为价值取向，建构了有丰富意义的、多学科融合的、有挑战性和主动性并适合未来人才培养的 STEM 融合课程，期望为开展 STEM 跨学科教学的教师提供先进的理念和有益的经验。

(三)以学生为中心的学习

STEM 教育强调以学生为中心，激发学生的兴趣，点燃其热情。教师在课堂教学中要以学生为中心，加强对知识结论形成过程的指导，给予学生时间和耐心。学生应当有足够的时间和空间经历观察、实验、猜测、计算、推理、验证等活动过程。教师在教学过程中扮演引导者和组织者的角色，同时又是项目的共同参与者和研究者。

STEM 教育不由教师预设问题或项目，主张由学生个体或小组调查、发现并明确问题；不仅强调问题解决能力的培养，还强调问题发现能力的培养。STEM 教育模式是一种依据学生需求，以学生生活经验为基础，寻找各学科整合点的模式。它强调学生的成就感和自我效能感，强调对学生好奇心与兴趣的维护，强调分享、创造的愉快，在理念上清晰地体现了教育者的人本主义思想。

(四)核心大概念统整的教学法应用

当今时代，信息的获得比以往任何时代都要快捷，科学知识的不断丰富使得人们不可能在学生时代掌握此后所需要的所有知识。教育的目标必须从教授事实知识向教授核心概念转变，让学生拥有足够的核心知识和应用知识解决问题的方法，从而使其日后能够自己学习掌握更多的信息。STEM 教育以一套核心概念为主线，这套核心概念包括事实性知识和概念性知识。计划的能力、观察模式、把其他学科的概念和观点联系起来的能力以及对观点和论据进行解释的能力，都是事实性知识的组成部分。虽然在教授和学习这些能力的过程中事实性知识起至关重要的作用，但是学生仅仅拥有大量零散而互不衔接的知识是不够的。要想让事实性知识发挥作用，学生必须能够将事实置于概念性框架内。当然，掌握事实性知识是形成概念性知识的前提，概念性知识是建立在丰富的事实性知识基础上的。当我们用概念性知识来组织事实性知识时，概念性知识变得更为清晰，是概念性知识加强了学生对事实性知识的记忆。

如何在 STEM 教育的育人目标和传统的以知识点为主的目标之间找到有机结合点？我们采用了两种策略：一种是应用核心概念统整的大概念教学法，通过设置真实情境，提出结构不良的问题；另一种是提出产品化的成果，要求学生在知识点运用的过程中解决问题、提出方案或者做出产品，反过来巩固知识点，落实传统的三维目标。当然，这只是我们只有现实学校教育要求和评价的权宜之计，并不是我们的目标。但是我们只有先满足这些要求，我们的实验才能实施下去。所以，我们的课例是在此基础上更高目标的生成和进阶。

在 STEM 课例设计与实施中，我们着重梳理课例所涉及的多学科的核心大概念，以本学科核心大概念为统领，整合所涉及学科的核心大概念，实现核心概念统整的大概念教学法的应用。例如，对于技术学科，一般教师只关注学科核心素养，忽略了技术课程中学生对核心大概念的获得。通过多次研讨和实践验证，我们认为可以把技术理解为发明和制造工具以及使用工具的方法，从而梳理出技术学科上位的三个核心大概念。

第一，技术改变生活：外在的改变。

第二，技术改变思维：内在的发展。

第三，设计与制作产品是与使用者的需求和使用环境相匹配的。

在 STEM 领域，科学、技术、工程与人工世界的关系如下。

第一，人类观察自然，研究各种现象产生和变化的原因，从而产生科学。科学的核心是发现。

第二，对科学加以巧妙运用以适应环境、改善生活，从而产生技术。技术的核心是发明。①

① 技术也可不经过科学指导而通过实践经验获得，但是有了科学指导，技术才更容易有所突破和发展。

第三，人类为满足自己的需要，对已有的物质材料和生活环境进行系统性的开发、生产、加工、建造等，这便是工程。工程的核心是建造。

第四，运用科学、技术和工程，人类创造了丰富多彩的人工世界。

一些学校开发了许多 STEM 教育主题或项目，然而不少主题或项目只关注自身的实践性、活动性，注重相关事实性知识的整合，却缺乏核心概念，无法促进学生深层次地理解和迁移。追求融合的 STEM 模式采用概念性主题整合方法，体现了"整合、跨学科"的设计思想，将主题与核心概念涉及的学习材料相关联，在概念之间建立联系，从而促进学生深层次地理解。这体现了埃里克森(Erikson)提出的概念为本的课程设计特点，即学科为本的概念构成了课程主题和内容，课程以概念为中心，教学活动的目的是超越对事实的学习，使理解力达到概念层次。这启示教师应当围绕核心概念尤其是跨学科核心概念整合 STEM 教育，基于核心概念设计激发学生思维的基本问题，让学生带着问题实践和体验。

(五)支撑材料和学习支架的设计

STEM 教育特别注重工程实践和动手环节，以提升学生的学习兴趣。如何在让学生动起来的同时，既保证探究问题的开放性，又确保探究不偏离学习主题和目标，是教师们普遍反映的问题。通过对比观察，研究者发现，国外的教师特别注重学生学习支撑材料的提供。阅读材料的提供是一方面，更重要的是一些过程性表格、终结性评价表格等详细的支撑材料的提供。自主学习支撑材料的设计是 STEM 教育中教师必备的一项教学技能。教师要把握学生的理解水平，也要对目标和途径有非常清楚的认识(见图 1-4)。

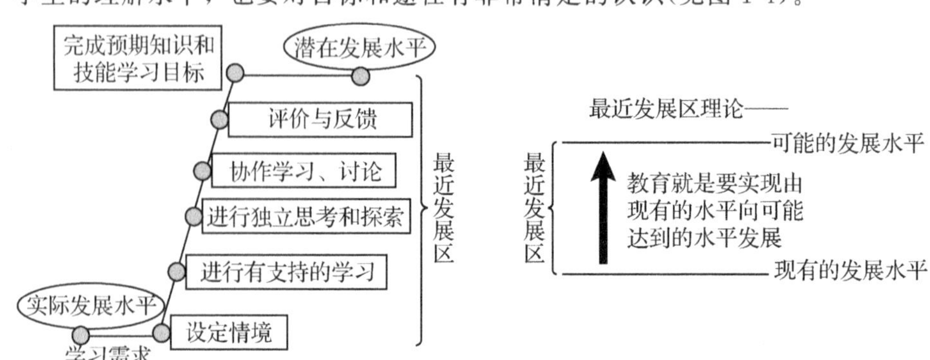

图 1-4 支撑材料的设计遵循最近发展区理论

支撑材料的设计遵循最近发展区理论。最近发展区理论是由苏联教育家维果茨基(Vygotsky)提出的。他认为学生的发展水平有两种：一种是学生现有的发展水平，指独立活动时所能达到的解决问题的水平；另一种是学生可能的发展水平，也就是通过学习所达到的水手。两者之间的差距就是最近发展区。教学应着眼于学生的最近发展区，为学生提供有难度的内容，调动学生的积极性，挖掘其潜能，超越其最近发展区，使其达到下一发展阶段的水平，然后在此基础上引导学生进行下一个发展区的发展。

(六)技术工具的使用

STEM 教育强调学生要具备一定的技术素养，了解技术应用、技术发展过程，具备分析新技术如何影响自己乃至周边环境的能力。在教学中，教师要利用技术手段简化学生的创新过程，并通过技术表现多样化成果，让创意得到分享和传播，从而激发学生的创新动力。STEM 教育主张将技术作为认知工具，无缝地融入教学各个环节，培养学生善于运用技术解决问题的能力，增强个人驾驭复杂信息、进行复杂建模与计算的能力，从而支持深度学习的发生。技术促进问题解决的同时，也改变了学生解决问题的思维模式。STEM 教育所指向的工具，不仅包括有形的车床、锯子等物理工具，还包括支持学习过程的诸如康奈尔笔记系统、深度认知表等工具。在信息化向智能化转变的今天，STEM 教育所指向的技术更多的是信息化工具和人工智能工具，如工程管理中的甘特图、事件发展中的大数据分析、虚拟仿真空间的数字化实验、传感器和算法等形成的智能产品等，以培养学生的信息素养和人工智能能力，使其适应未来社会的发展。教育部颁发的《关于“十三五”期间全面深入推进教育信息化工作的指导意见(征求意见稿)》明确指出“有效利用信息技术推进‘众创空间’建设，探索 STEAM 教育、创客教育等新教育模式”，强调了信息技术的推进作用。当前中国教育信息化已转到以“融合与创新”为突出特征的 2.0 阶段。在教育信息化 2.0 时代，人工智能、区块链、云技术、大数据以及 5G 技术的导入为 STEM 教育的发展注入了新的活力。在此背景下，STEM 教育与教育信息化 2.0 同频共振，同向而行，相互支撑，通过信息技术创造新的教学环境，促进包括 STEM 教育在内的整个教育体系的全面创新。

(七)产品化的技术和工程实践过程

人是思维主体，外面世界是思维客体。科学技术的发展既影响思维客体的变化，也影响思维主体的变化。一方面，一系列的新领域、新学科、新对象、新方法涌入人的思维活动领域，成为全新的思维客体；另一方面，科学技术在不断演进的过程中必然会出现一系列新思想、新概念，它们构成了新的思维工具，以帮助思维主体更好地开发和利用思维客体。所以说，科学技术的发展更新了思维方式，将思维主体和思维客体的相互作用带入良性循环中。产品化的技术和工程学习过程就是在主体的隐性理解和客体的外在表现之间构建一个可观测、可评价的外显产品。所谓产品，其实是借用的名词，本意是产出，可以是实物，也可以是一个虚拟的产物、一个解决方案等，并不等同于工业化产品。

STEM产品化的技术与工程领域的实践可以使学生有机会综合运用所学的各方面知识，体验科学技术对个人生活和社会发展的影响。技术与工程实践活动可以使学生体会到“做”的乐趣，并养成通过动手做来解决问题的习惯。学生通过技术与工程学习，形成以下主要概念。

第一，人们为了使生产和生活更加便利、快捷、舒适，创造了丰富多彩的人工世界。

第二，技术的核心是发明，是人们对自然的利用和改造。

第三，工程技术的关键是设计，工程是运用科学和技术进行设计、解决实际问题和制造产品的活动。

在教育领域兴起的工程设计，呈现日新月异的面貌，但同时又面临着层出不穷的新问题。学生应准备好应对那些可能今天还不存在的工作和挑战，具备解决未知问题的能力。人工智能的发展对低技能劳动力需求的降低使得学生掌握应用概念的能力变得非常重要。

(八)人文艺术统领的STEAM

对人文社会问题的关注使STEM向STEAM转变。佛罗里达大学的研究者认为，在STEM教育中增加艺术教育更有助于学生能力的发展，尤其是在创造变革能力、批判性思维和问题解决能力、交流合作能力、灵活应变能力、社交和跨文化交际能力等方面。他们认为，艺术教育有助于学生的全面发展；

学习艺术的学生获得学术成就的比例更高，获得大学入学资格的比例更高；学艺术时间更久的学生在数学等测试中获得的分数更高。[①] STEAM 教育期望运用综合跨界的艺术统整教育，聚焦学生的艺术创造力，通过对艺术以及其他学科和真实世界问题的探索，培养学生的创造性思维，使学生成为一个具有创造力的人。

四、STEM 教育的价值与意义

科学技术的发展使得未来人才要想维持竞争力，就需具备快速掌握新的知识技能以解决复杂问题、收集和评估信息来解决实际问题的能力。STEM 教育的学习价值就是在众多孤立的学科中建立一座新的“桥梁”，为学生提供认识世界的机会，达到创新学习，跨学科的、联系的、整合形态的综合学习，与真实世界关联、解决真实问题的应用学习。STEM 教育能够促进学习方式的转变，使学生从被动学习转为主动学习，从跟随思考转为主动思考，从为学习而研究转为为研究而学习，从单学科学习转为整合的系统组织学习。

值得一提的是，尽管 STEM 教育源自西方，但不存在“原汁原味的 STEM 教育”。先进教育理念的引进是要与我国学生的发展核心素养相吻合的。让 STEM 教育更好地落实，实现 STEM 教育的本土化，是广大中小学教师共同努力的目标。以学生为中心，丰富的支撑材料和学习支架设计一直是我国基础教育的弱项。STEM 教育的科学探究和工程实践并不是以学生作品的成功与否而是以问题解决的过程来评价学生学习的。这就要求教学研究者和指导者设计出能够引导学生自主学习的支架和任务单等。培养学生解决真实世界问题的能力是世界各国共同努力的目标。在最新的美国《新一代科学教育标准》(NGSS)制定过程中，学者指出美国众多 STEM 项目推进过程中，普遍存在将学科核心理念(内容)、科学和工程实践以及跨学科概念三个维度彼此割裂等问题。这种问题在我国也普遍存在，也为我们指明了努力的方向。

《2015 年国务院政府工作报告》首次提出实施“中国制造 2025”，坚持创新驱动、智能转型、强化基础、绿色发展，加快从制造大国转向制造强国。2016 年，中共中央、国务院印发的《国家创新驱动发展战略纲要》提出，按照

① 祝智庭、雷云鹤：《STEM 教育的国策分析与实践模式》，载《电化教育研究》，2018(1)。

2020年、2030年、2050年三个阶段的发展计划，我国到2020年进入创新型国家行列，有力支撑全面建成小康社会目标的实现；到2030年跻身创新型国家前列，为建成经济强国和共同富裕社会奠定坚实基础；到2050年建成世界科技创新强国，为我国建成富强、民主、文明、和谐的社会主义现代化国家，实现中华民族伟大复兴的中国梦提供强大支撑。2020年出生的孩子到2050年将会30岁，8岁的小学生到2050年将会38岁，15岁的中学生到2050年将会45岁，他们将会是21世纪中叶的国家脊梁与中流砥柱。所以，今天的学校教育是否注重培养学生的创新和创造能力，关系到未来能否为中国梦的实现提供有力保证。随着人工智能时代的到来，社会发展加速，培养学生解决问题的能力以应对不确定的未来成为中小学基础教育的历史使命。2018年4月，教育部发布的《教育信息化2.0行动计划》提出，人工智能引领了科技人文融合创新这样一个崭新视域，开展以STEM教育理念为科技教育指引理论之一的中小学科技人文融合创新教育有着重要的价值和历史意义。

五、STEM教育，从学科课程体系重构走向融合

STEM教育的本质是在众多孤立的学科中建立一座新的“桥梁”，从而为学生提供整体认识世界的机会。建立学科间的联系并不容易，如果没有对单一学科基础的核心认知，没有整体的把握，就很难提升联结STEM学科的能力。为此，STEM教育通过创设多维的课程空间，为学生提供一系列具有一定程度关联性的学习经历，既要求学生学习各个领域的知识和技能，也要求学生学习如何将这些知识和技能融会贯通到其他领域，或者将一个领域的方法和技能用于解决另一个领域的问题，从而实现跨学科、跨领域人才培养。

我国STEM教育研究起步相对较晚，但是从创新型国家建设和创新型人才培养出发，国家对于STEM教育非常重视，先后出台了一系列相关的政策文件。教育部颁发的《关于“十三五”期间全面深入推进教育信息化工作的指导意见(征求意见稿)》明确指出：“有效利用信息技术推进‘众创空间’建设，探索STEAM教育、创客教育等新教育模式。”教育部制定的中小学课程标准提倡STEM项目式学习和跨学科融合的教学。例如，《义务教育小学科学课程标准》提出倡导跨学科学习方式，即以项目学习、问题解决为导向的STEM课程

组织方式，鼓励科学教师开展STEM教学实践。《普通高中通用技术课程标准》(2017年版)指出，科技与人文融合创新主要是指基于真实的问题情境，综合运用科学、技术、工程、艺术、数学、社会(简称STEAMS)等学科的知识、方法和技能，以专题学习或项目学习的方式进行问题解决与科技创新；同时提出STEM学习将帮助学生形成学科融合的视野，使学生能综合运用多学科的知识、方法，系统地分析和解决现实中的科学、技术与工程问题，发展工程思维，提高创新能力，发展综合素养。

根据对我国STEM现状的调查可知，由于学校以分科教学为主，因此仅有很少一部分学校有能力拿出专门课时开展STEM课程，为数不多的教师有能力设计跨学科的STEM课程，大部分学校都是学科教师在分学科的课堂上进行教学的。针对这样的实际情况，从课程开发实施路径上，本书认为，只有理性回归学科课堂，从学科核心素养出发，以学科核心内容为初始，运用学科大概念统筹的方法，寻找学科核心素养中学科特定的育人价值和共性的育人价值，并与学科核心素养建立有机关联，从而寻找跨学科整合的课程设计，最终走向核心素养培养的跨学科综合学习，才能把STEM教育落到可操作的实处。

对于具体的STEM课例的设计与实施，首先要建构进阶式模块化的跨学科课程，确立从基础到高端不同层级不同学科的方向，以满足学生多样化的发展需求；其次在课题选择时，不仅要关注国家课程标准，而且要强调与现实生活、学生经验的联系，加强方法、应用、探究等方面的内容与不同学科内容的整合和综合；最后要加强课程资源的开发和利用，丰富适合学生自主选择学习的教育教学资源。

随着STEM教育在实践中不断迭代升级，相信越来越多的学科能够融合成一体，也会有越来越多的学科教师从本学科出发，在STEM教育理念的引领下，解析重构学科，使原本分散的学科形成一个整体，从而走向跨学科融合的发展之路，推动教学理念、教学方式和教学空间的变革，让学生能够在复杂多变的学习情境中开展合作探究，发展批判性思维和创新精神。本书后续章节将呈现课题组在这一探索过程中所取得的一些经验与启示，以期对学科融合发展有一定的推动作用。

第二章　从科学探究走向 STEM 融合的进阶

STEM 教育的第一目标是科学教育。缺席科学教育的 STEM 教育是不成立的。科学本质和科学探究是科学教育中的永恒话题。早在 1907 年，美国科学和数学教师联盟中心首次提出“在科学教育中应当强调科学方法及过程”。一个标准的确立过程，包括观察—质疑和探究—假说—验证假说—理论与法则—交流。在这个过程中，观察现象—提出问题和假设—寻找变量—控制变量—进行实验—得出规律并验证，是科学家的工作思路。科学教育的本质是使学生理解科学知识、掌握科学过程和方法、具备科学态度与精神。科学既是系统的知识体系，又是探究活动，更是与社会紧密相关的实践。

以 STEM 教育为特征的第三代科学教育，以 2013 年美国发布的《新一代 K-12 科学教育标准》(Next Generation Science Standards，以下简称 NGSS)为标志，是新一轮基础教育阶段科学教育改革的里程碑。NGSS 定义了科学教育中的三个维度，即“实践、学科核心概念、跨学科共通概念”，提出“科学教育应该如在真实世界中的实践和实验那样反映科学中各学科相互联系的本质”，强调工程方面的内容将帮助学生了解日常生活中科学、技术、工程和数学的联系，充分体现了跨学科整合、解决真实世界的问题等 STEM 教育重要特征，实现了科学教育和 STEM 教育在横向与纵向上的整合。NGSS 的核心理念主要有三大特点：一是按主题编排和故事线的串联方式，围绕大概念组织科学教育内容；二是以表现期望为核心，使用“表现期望＋基础盒子＋连接盒子”的呈现方式；三是参考学习进阶的研究成果，构建进阶矩阵和进阶关系图。其中科学实践拓展了工程领域中的科学教育，描述了科学家在研究和建构有关自然世界的模型及理论时的行为以及工程师在搭建模型时一系列关键的工程实践。用科学实践代替科学探究，能更好地解释探究在科学上的意义，说明实践所需要的认知、社会和自然实践的范围。没有亲身经历，学生不可能理解科学实践，更不可能彻底理解科学知识的本质。NGSS 对科学与工程实践的八个要素加以阐述，如表 2-0-1 所示。

表 2-0-1　NGSS 对科学与工程实践八个要素的阐述

序号	科学与工程实践	内容
1	提出问题和明确需要解决的困难	能够提出关于物质世界的问题，区分科学问题和非科学问题，区分提出的问题和需要解决的困难，质疑数据，解释或提出进一步的思考
2	建立和使用模型	可以通过图画、表格或实物模型，表征自然界的具体事物及其相互关系或运动模式，能够运用类比、举例或比喻的方法描述一个科学原理
3	设计和实施调查研究	能够以学习经验为基础进行设计与探究，寻找关于问题的合理答案；能够开展不同类型的调查研究，利用不同的技术收集数据，包括控制变量的实验；在探究中能够与同伴密切合作
4	分析和解释数据	能够通过绘画、写作、图解、制表或统计分析简单记录并分享观察到的事物；实践收集、分析和解读数据的过程；能描述数据的重要特点、相关性或因果关系，运用逻辑推理对数据进行分析和解释
5	运用数学和计算思维	学习使用合适的测量工具及单位，得出测量结果和定量结果，尝试使用计算机记录、汇总和展示数据，寻找数据间的关系
6	建构解释和设计解决方案	在基于证据解释自然现象的过程中，能够运用证据支持或建构某一解释；在设计解决问题的方案时，能够运用所提供的工具和材料，并能够对各种方案进行比较
7	基于证据进行论证	能够比较和评价同伴提出的不同科学解释，判定哪个解释的证据更加充分，并合作探寻最佳解释；能够运用证据证明自己的想法，挑战不同的观点或支持某一观点；能够听取其他同学的意见，利用他人的证据与评论来反思和修正自己的理解；在口头、书面以及利用图表表述时，能够进行逻辑推理
8	获取、评估和交流信息	能够运用观察结果和文本与他人清晰地交流，在口头或书面表达时能够运用模型、图画及数字说明个人观点的细节部分；能够通过阅读书籍或其他可靠的媒体获取信息，能够对自己和同伴的想法或方案做出评价

STEM 教育推进综合科学课程。教育部 2018 年颁布的普通高中课程标准提出，科学探究能力是我国基础教育课程改革的基本理念和重要内容，科学探究能力的培养渗透在物理、化学、生物等多个学科核心素养培养中。2017 年，《义务教育小学科学课程标准》明确提出 STEM 教育在小学科学教育中的作用，并增加了“技术与工程”模块。我国的科学教育从此融入国际科学教育改革中。

STEM 课程注重的是培养学生的能力。本章展示的四个课例是以科学课为中心的 STEM 课程，并没有为师生增加学科负担。学生将学习的知识和技能应用到真实情境中，这种方式也可以有效解决我国学生往往做题比较拿手，但一遇到真实问题就犯难的问题。要注意的是，科学与工程实践不是教学策略，而是学习内容和学习目标。如果单有实践，那么我们只能称之为活动；如果单有内容，则容易陷入僵硬的知识传授。通过真实情境将实践和内容结合，让科学有了现实意义，引领学生把科学课程从探究(对现象的学习)拓展到使用从探究中获得的知识来解决问题的更高层次，对于创新能力和高阶思维的培养至关重要。

另外，我们的实践探索表明，科学探究在我国科学课堂中开展得还不足。开展综合科学教育很容易陷入从科学知识直奔工程技术实践的怪圈。所以，STEM 项目的开展要充分强调科学探究的重要性，为学生留够探究的时间和空间，然后再进入工程实践环节。

本章包括四个课例，涉及小学和初中两个学段。

课例一　从科学探究到 STEM：无人浇花装置的设计与制作

课例二　生活与发现：神奇的水滴——液体表面张力现象初探

课例三　吸附与过滤：小小净水站——拯救“母亲水窖”计划

课例四　结构与功能：声音的奥秘——会“动”的八音盒

课例一　从科学探究到 STEM：无人浇花装置的设计与制作[①]

项目简介

该项目依托小学科学特有的关于植物种子发芽的探究活动，进一步延伸到植物的养护需求，从而提出植物养护的真实需要——设计并制作无人浇花装置。学生运用科学探究方法来分析不同植物的用水需求，进行科学探究和实验设计，同时根据研究数据开展无人浇花装置的设计及制作。

第一部分　三级进阶课例解析

2017 年修订的《义务教育小学科学课程标准》明确提出，小学科学课程以培养学生的科学素养为总目标，为学生继续学习、成为合格公民和终身发展奠定良好的基础；明确提出 STEM 教育是一种以项目式学习、问题解决为导向的课程组织方式，将科学、技术、工程、数学有机地融为一体，有利于学生创新能力的培养，并鼓励科学教师在教学实践中尝试开展 STEM 教育。同时，《义务教育小学科学课程标准》在课程内容上增加了技术与工程领域，对应的知识结构图如图 2-1-1 所示。

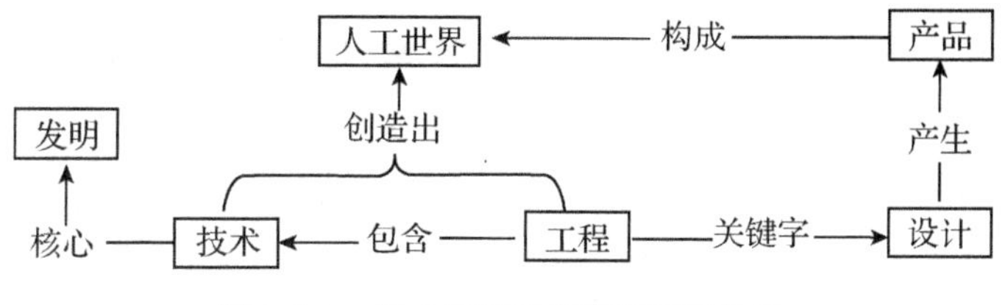

图 2-1-1　技术与工程领域知识结构图

① 本课例由北京市顺义区光明小学李志鹏、北京市顺义区南彩第二小学王晋龙、北京市顺义区石园小学郭庆三位教师具体设计和实施。指导教师为北京市顺义区教育研究和教师研修中心科学教研员高晓颖、综合实践教研员王义清。由北京教育学院于晓雅博士主持的北京市“STEM 教育与创客教育课程实践”卓越教师工作室集体打磨完成。

技术与工程领域的学习可以使学生有机会综合运用所学的多学科知识与技能去解决问题，体验科学技术对个人生活和社会发展的影响；技术与工程领域的实践活动可以使学生体会到“做”的乐趣，并养成通过“动手做”解决问题的习惯。

“无人浇花装置的设计与制作”这一课例来源于寒暑假期间班级植物角的植物无人照顾这一真实需求。能否设计一个自动浇花装置，实现无人浇花功能？这一问题的提出，将小学科学课程从技术与工程领域延伸到真实世界，将学生的目光从书本转移到真实环境。学生需要运用知识和经验，在工程思维的引领下解决身边的实际问题，从而真切体会到科学技术源于生活、用于生活。

本课例聚焦两个活动：第一个活动是学生探究班级内几种常见植物的用水需求，有效设计控制变量进行对比实验，探究不同植物的浇水周期和浇水量；第二个活动是基于植物用水需求，学生运用跨学科知识为班级植物设计并制作满足植物用水需求的无人浇花装置。

一、STEM课例进阶

本课例的设计过程紧紧围绕“像工程师一样工作”的核心理念，在工程任务的驱动下引导学生进行一系列的学习活动，基于探究和实践来发展学生的工程思维、跨学科应用能力以及实际问题解决能力。

目前小学科学课中更多的是以小实验、小制作为主的学习，实验与制作之间缺乏有效衔接，科学探究与工程设计之间也缺乏有效纽带。卓越教师工作室强调的“明确的结果和模糊的任务”STEM学习理念给了我们很大的启发。整个课例的开发过程先后经历了从第一版到第二版再到第三版三个阶段。这三个阶段分别从“学习目标的优化”“工程问题的确定和分解”“探究植物用水需求的进阶”三个方面进行了迭代设计。

(一)学习目标的进阶

教学目标是教学的终点，一切教学活动都是围绕教学目标进行和开展的。教学目标确定了学生学习后达到的学习程度，同时也为学生是否达到学习要求提供了测量和评价的标准。因此，教学目标的制定要明确、具体、可操作、可评测。

如图 2-1-2 所示，三个版本的教学目标从学习内容、学习任务、表述方式等方面进行了优化和迭代。从学习内容看，第一版侧重于问题分析，第二版和第三版聚焦于工程问题分析。从学习任务看，第一版和第二版虽然有工程任务表述，但是空泛，不清晰；第三版对工程任务做了清晰的表述。从表述方式看，第一版教学目标不具体，无法评测；第二版相对具体，但是显得冗杂、烦琐；第三版在第二版的基础上进行了归类、合并。

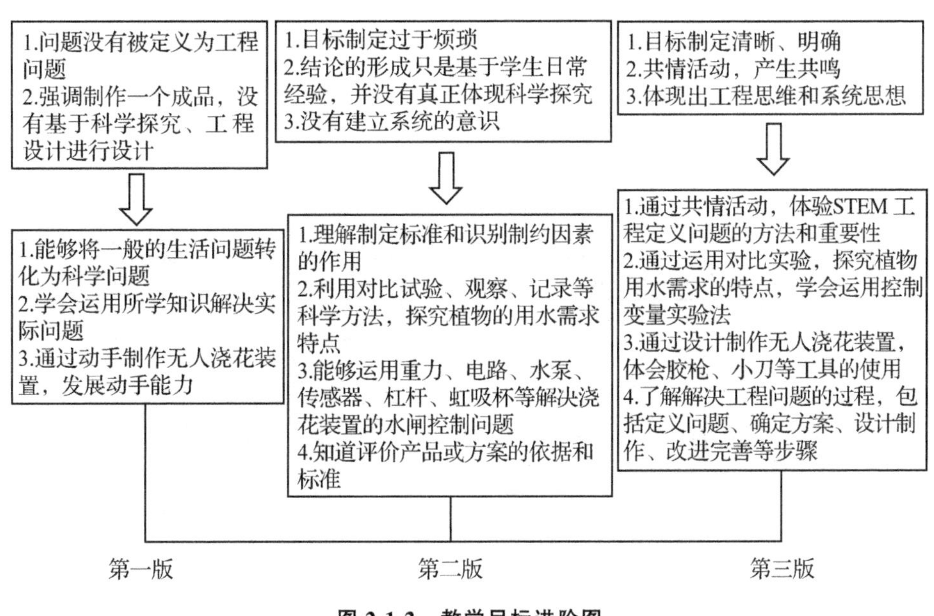

图 2-1-2　教学目标进阶图

三个版本在问题的确定上经历了由生活问题转化为科学问题再到工程问题的变化。

(二)工程任务的分解和挑战任务的进阶

如图 2-1-3 所示，本课例中的工程任务的分解和挑战任务经历了从第一版到第三版的进阶。第一版中的工程任务是一个总任务，没有被拆解。学生在面对这样一个复杂问题时，一般都无从下手，没有解决问题的具体思路与方法。第二版中的工程任务在第一版的基础上得到了拆分，由一个复杂的系统问题被分解为几个简单的、有逻辑关系的子问题，体现出了系统

与要素、整体与部分的逻辑关系，把复杂的问题简单化了；在解决子问题时，又体现出了结构与功能的关系。学生在实现一定功能的前提下进行结构设计，运用已学的科学知识和技术来解决实际问题。第三版中的工程任务由第二版中的工程分解任务变成工程挑战任务，在实现功能的基础上还要进行挑战与比拼，这一点能大大增强学生参与课例的兴趣与驱动力。在完成挑战任务的过程中，学生的思维能够得到充分的激发与调动。在竞赛的氛围中完成工程任务，将被动学习变成了主动学习，对学生学习效果的增强起到了很好的促进作用。

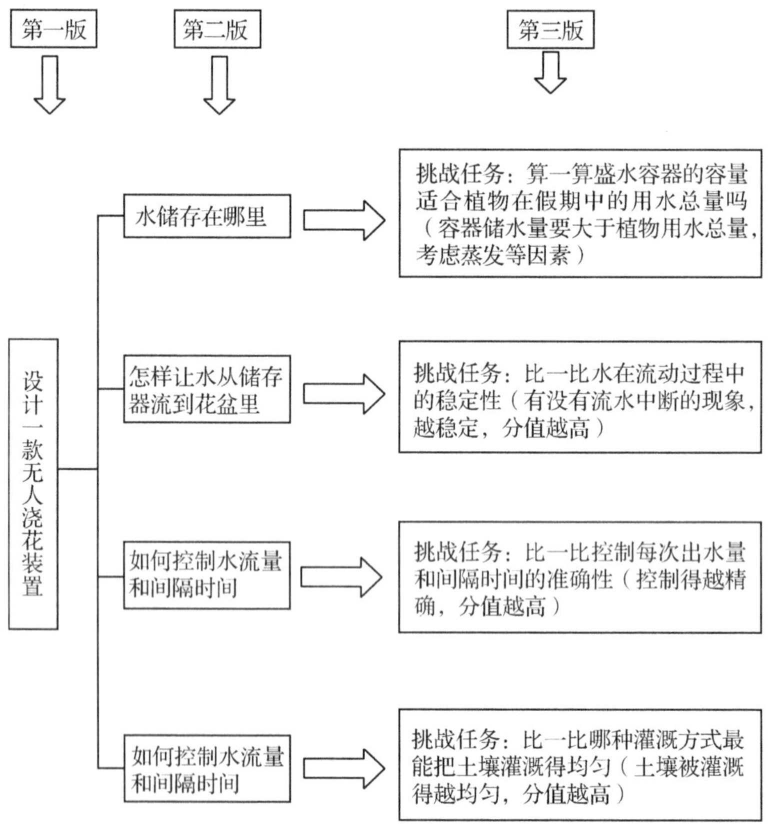

图 2-1-3　工程任务的分解和挑战任务进阶图

(三)植物用水需求研究方法的进阶

课例中对班级植物用水需求的调查研究突出了学生的主体地位。如图 2-1-4

所示，第一版中学生只是按要求利用上网、查阅书籍和访谈养花人的方法得出植物对水的需求。虽然这样能快速直接得到结果，但是学生较少发挥主观能动性。同时，植物在不同环境中用水需求也是有差别的，这样的调查结果可能存在偏差。第二版按照第一版的调查结果，在真实的班级环境中对植物进行灌溉，并观察植物生长情况。这一次虽然有了学生的亲身参与，但也只能算是对已有结论的验证实验，不能体现出植物的真实用水需求。第三版让学生自主设计能够探究出植物用水量的对照实验，然后按照实验方法进行探究实验，在真实环境中利用对照实验探究出植物用水需求，即浇水的周期和每次浇水量。这样的结论是通过科学的方法探究出的客观规律，具有科学性、实践性。学生在活动中主动探究、积极参与、动手实践，突出了学生学习的主体地位。

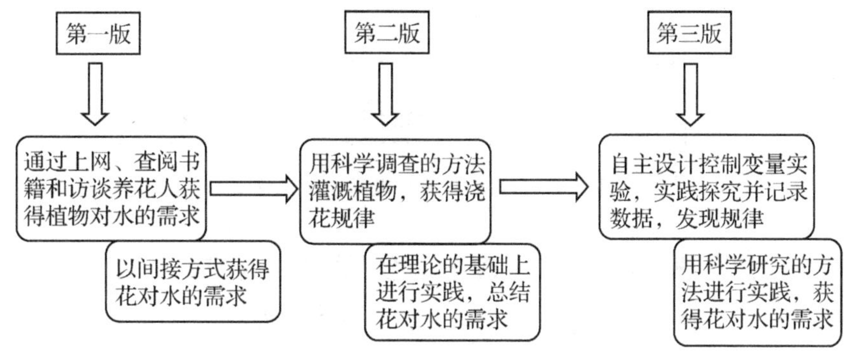

图 2-1-4　植物用水需求探究方法进阶图

二、教师成长

通过“从科学探究到 STEM：无人浇花装置的设计与制作”这一 STEM 课例从第一版到第三版的教学实践，教师在不断实践、学习、再实践的迭代过程中，从对 STEM 教育感到茫然，到逐渐认识、理解、反思、应用 STEM 教育理念，最终完成了这一课例。

(一)对“像工程师一样工作”的认识的变化

实施步骤与教师认识变化如图 2-1-5 所示。

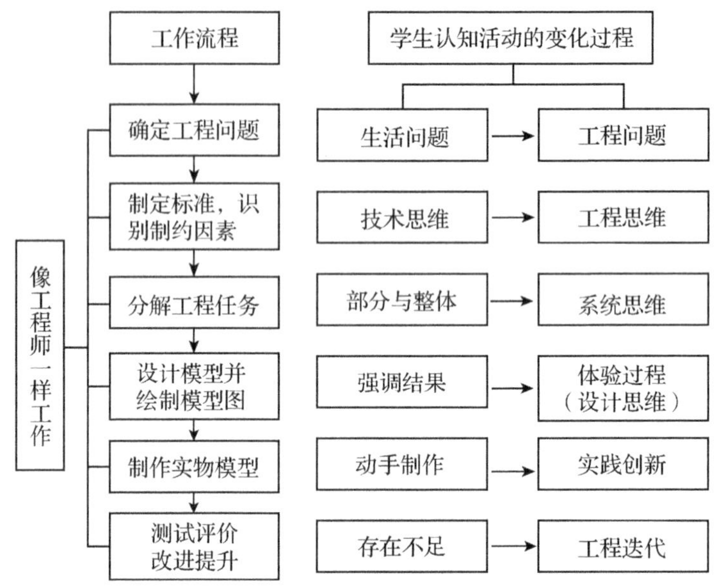

图 2-1-5　实施步骤与教师认识变化

(二)对“科学课与 STEM 理念融合”的认识的变化

基于实践，我们认为科学课与 STEM 教育理念融合应循序渐进，立足小学科学课程标准，挖掘小学科学课程中物质科学、生命科学、地球与宇宙科学、技术与工程 4 个领域之间的融合点，实现学科内部各领域之间的融合，当教师和学生在 STEM 教育中得到成长后，再进行深入的基于 STEM 的项目学习。在 STEM 中，“S”是开头，也就是说，我们不能丢掉科学的本质特征，应该在保持科学的本质特征的情境中做到真正的跨学科融合。

三、学生成长

通过本项目的学习，学生经历了完整的“像工程师那样工作”的过程，学生的工程思维能力、合作能力和探究能力等都有了显著的提高。

通过课后调查我们发现，学生成长首先体现为了解了工程师工作的过程，也能像工程师那样工作。其次是提高了解决问题的能力：能够把复杂问题分解成多个简单的问题，然后逐个寻求解决方案，而不是上来就想着尽快去解决复杂问题，从无从下手转变为循序渐进地解决问题；同时知道团队合作非常重要，要集合大家的智慧来解决问题。最后是创新能力有了提高。学生在不断更新解决方案的过程中，既巩固了已学知识，又能运用知识和技能解决问题，最终提升创新能力。

第二部分　实施后反思改进版示范课例

一、项目缘起

种子发芽的实验是小学科学课程的内容。学生在科学课上已经进行过种子发芽条件的探究活动，对于探究实验有了一定的认识。学生虽然对探究活动兴致高昂，但是在探究成功后，缺乏进一步对种子发芽后成为植物的养护过程的实践，没有长时间养殖一盆植物的经历，也就很难形成对植物的关心和喜爱之情。恰逢寒假即将来临，班里生长繁盛的几盆植物面临假期无人浇水的问题，这个问题正是学生身边的真实问题。为此，我们设计了“从科学探究到 STEM：无人浇花装置的设计与制作”这一 STEM 主题活动。针对班级植物寒假期间无人浇水的问题，学生真正经历探究植物对水的需求的科学实践活动，然后通过设计制作无人浇花装置，经历像工程师那样设计制作产品的过程。如图 2-1-6 所示，学生从种子发芽的科学课程开始，经过种植班级植物的科学实践活动，再到设计制作浇花装置的 STEM 项目学习，一路过来，真实体验到了从科学课堂到 STEM 教育的完美转变。

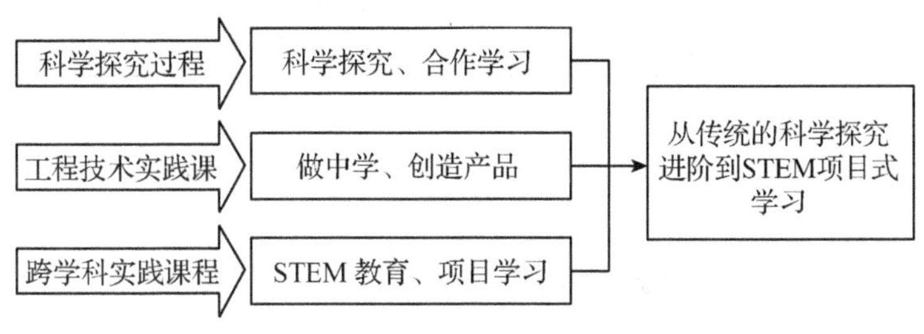

图 2-1-6　项目的起源经过

二、项目实施的环境与硬件要求

项目实施的环境与硬件要求如表 2-1-1 所示。

表 2-1-1　项目实施的环境与硬件要求

项目实施的环境要求	最佳环境：创客空间教室 可替代环境：科学教室、教室 建议：教室内有可供至少 8 个 4～5 人小组活动的桌椅
项目实施的硬件要求	1. 多媒体、电脑、投影、展台 2. 可以连接互联网 3. 水源、电源 4. 湿度感应器、定时器、导管、各种喷头、吸管、废旧可乐瓶、小水泵、导线、开关、电池及电钻、胶枪、剪刀等工具

三、项目适合的学段

建议学段：六年级。

学生需要具备的知识与技能基础、学生发展需求及学习过程中可能遇到的困难如表 2-1-2 所示。

表 2-1-2　学生需要具备的知识与技能基础、学生发展需求及学习过程中可能遇到的困难

学生需要具备的知识与技能基础	学生发展需求	学习过程中可能遇到的困难
掌握了植物生长所需要的条件、简单电路、重力、虹吸杯、杠杆等方面的知识和控制变量的实验方法，掌握了使用小刀、螺丝刀等工具的技术	在本课例的基础上，利用本课例的思路去解决自己遇到的工程问题，做到学以致用的同时寻求新的创新和突破	可能在构思完成工程分解任务的方法上有局限，不能提出更多的技术和方法，这会对学生创新思维的培养发挥不出应有的作用。为此，教师要采用问题引导、嵌入教学等方式激发学生的想象力和创造力，为发展学生的创新思维提供强有力的支持

四、项目涉及的 STEM 知识与能力

(一)项目知识与能力框架

项目知识与能力框架如图 2-1-7 所示。

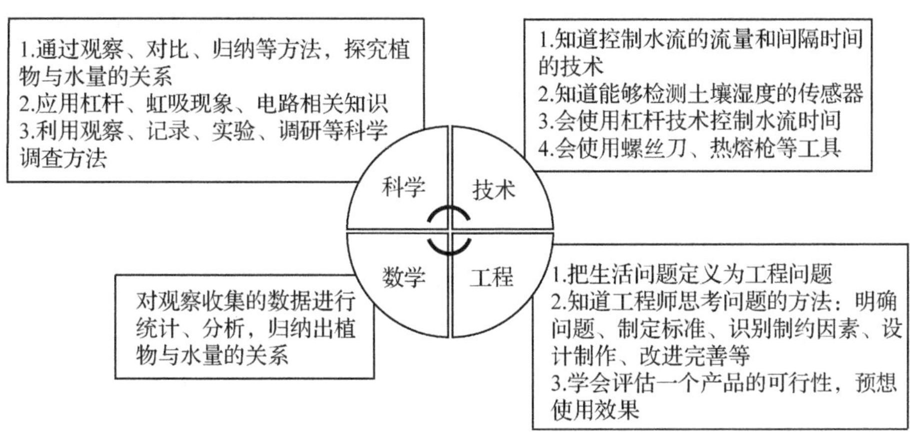

图 2-1-7　项目知识与能力框架

(二)项目涉及的前序知识与能力以及后序知识与能力

项目涉及的前序知识与能力以及后序知识与能力如表 2-1-3 所示。

表 2-1-3　前序知识与能力以及后序知识与能力

项目	前序知识与能力	后序知识与能力
科学	1. 重力、杠杆、电路原理、磁铁性质等知识 2. 观察、记录、假设、实验、探究、分析数据等能力和设计实验的能力	1. 理解系统与部分的关系、结构与功能的关系 2. 利用控制变量方法设计探究实验
技术	1. 知道湿度传感器、虹吸杯、杠杆等技术 2. 会使用胶枪、螺丝刀、钳子等工具	1. 运用技术解决相关问题 2. 运用各种工具制作产品
工程	1. 工程的关键是设计 2. 运用已有概念解决相关问题的能力	1. 定义工程问题中包括制定标准和识别制约因素 2. 把复杂工程任务拆解成挑战任务
数学	数据分析、数据运算、统计	数据推理、数形结合思维

五、项目目标和工程任务及拆解后的挑战任务

(一)项目目标

经历共情活动，体验定义工程问题的方法和重要性。

经历对比实验，探究植物用水需求的特点，学会运用控制变量实验探究植物与水的关系。

经历无人浇花装置设计制作过程，会使用胶枪、小刀等工具。

了解解决工程问题(包括定义问题、确定方案、设计制作、改进完善等)的步骤。

(二)工程任务及拆解后的挑战任务

工程任务：为班级中的植物设计与制作无人浇花装置。

项目中的工程任务被分解成 4 个工程挑战任务，各工程挑战任务及其达到的标准如表 2-1-4 所示。

表 2-1-4　本项目的工程挑战任务及其达到的标准

工程挑战任务	达到的标准	
谁的储水装置最能满足植物在假期的用水要求	盛水容器的容量要大于植物在假期需水量的总和，有效控制水量蒸发、异物进入等因素	
谁的输水装置最流畅	容器里的水能够自动流到花盆里	
谁的控水装置功能最完备	自动	能够做到自动开关水源
	定时	按照预定方案控制每次出水间隔时间
	定量	按照预定方案控制每次出水量
谁的出水装置浇灌最均匀、节水	土壤被均匀灌溉，节水	

六、项目所需课时及进度安排

项目所需课时及进度安排如表 2-1-5 所示。

表 2-1-5　项目所需课时及进度安排

主题	课程内容	用时
课前准备	1. 查阅文献，了解班级植物的生长习性 2. 探究班级植物的用水需求，观察并记录 20 天的浇水数据	20 天
定义工程问题	1. 明确工程问题，提出工程挑战任务，为班级植物设计并制作一款假期灌溉装置 2. 利用共情活动，分析单一变量问题，并明确解决工程问题中制定标准和识别制约因素两个关键步骤	60 分钟

续表

主题	课程内容	用时
设计解决方案	1. 根据植物浇水规律制定出制作浇水装置的标准并识别制约因素 2. 分析班级植物浇水记录单，概括出植物浇水规律 3. 运用头脑风暴法提出工程挑战任务，列出解决办法并进行选择，最终绘制出设计图	60 分钟
制作浇花装置	1. 根据本组绘制的浇水装置设计图，选择制作需要的相应材料和工具 2. 将设计图进行物化，制作出相应的浇水装置 3. 对自己制作的浇水装置进行测试	60 分钟
测评改进工程迭代	1. 展示本组制作的浇水装置，说明工作原理 2. 以是否达到标准和突破制约因素来评价浇水装置，并给出改进建议 3. 根据改进意见完善浇水装置	60 分钟

七、项目实施过程设计

(一)教学过程

1. 课前准备：探究植物用水需求

在正式授课之前，我们需要进行植物用水需求的探究实验设计和实施，通过探究实验使学生了解班级植物的用水需求，即浇水周期和浇水量。首先通过查阅资料了解植物的习性，在此基础上设计探究植物用水需求的对照实验，并按实验方案开展灌溉实践，通过观察记录、比较分析、归纳概括等科学方法探究出植物的浇水周期和每次的浇水量，为课上学生设计浇花装置提供数据支撑。具体操作步骤如图 2-1-8 所示。

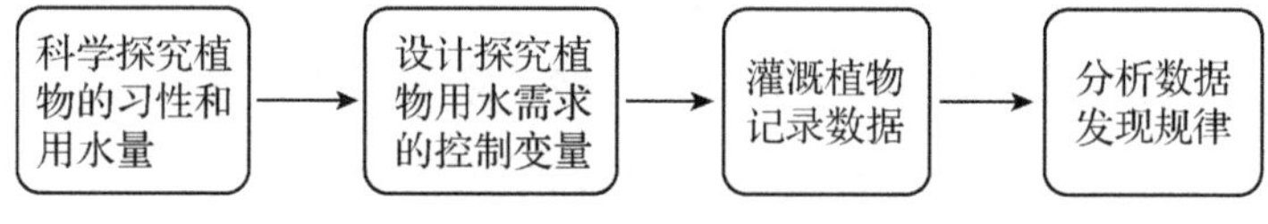

图 2-1-8　探究植物用水需求流程

2. 第一课： 明确工程问题

概述

本节课是“无人浇花装置的设计与制作”课例的第一课时，核心内容是通过创设情境，明确问题，把生活中的问题转化为工程问题，从而确定本课例的工程任务，即通过设计并制作无人浇花装置来解决假期班级无人浇花的问题；之后再将解决两个单一变量问题作为共情活动，让学生知道工程师在解决工程问题时的两个关键步骤，即制定标准和识别制约因素。通过本次课的学习，学生学会定义工程问题的方法，为第二节课设计无人浇花装置打下基础。

活动过程

环节一：创设情境，提出工程任务。

(1)围绕班级植物，请班级“护花使者”为同学们介绍如何照顾植物，引出要关注浇水的问题。

(2)提出问题：寒假即将到来，老师和同学们都放假了，教室里的植物会怎么样呢？引导学生思考并定义植物无人浇水这一工程问题。

环节二：明确工程问题。

(1)用单一变量问题提出工程问题，制定解决问题的标准。

展示充气不足的自行车图片，引导学生自主提出问题，进一步提示学生思考：自行车轮胎瘪了，不能骑了，要想解决这个问题，自行车的车胎要达到什么样的标准。

组织各组交流讨论。

出示答案，总结概括：明确什么是工程问题，并学会确定标准。

引导学生修改自己的学习单，形成正确认识。

(2)用单一变量问题识别制约因素。

提问：针对问题完成标准制定之后，接下来该做什么呢？

以小组为单位完成导学单上的“旅行背包”的问题。

各小组汇报方案，并说明理由。

总结概括，进一步帮助学生认识制约因素。

环节三：课堂小结。

教师引导学生总结概括定义工程问题的思路和方法。

3. 第二课： 设计解决方案

概述

在学会定义工程问题的基础上，我们让学生通过分析班级植物浇水数据，明确植物的需水特征，从而根据植物需水特征制定出设计与制作浇花装置的标准，即浇花装置应具备的功能。通过分析班级环境和技术水平等因素，明确设计与制作无人浇花装置的限制条件。完成确定产品标准和找出限制条件后，将本课设与制作无人浇花装置的总任务进行分解，把一个工程任务分解成四个挑战任务，再通过头脑风暴和小组合作来完成每个分解任务，最终实现对本课总工程任务的完成。最后，学生以绘图的形式将本组设计的浇花装置模型展现出来。

活动过程

环节一：确定无人浇花装置的标准。

(1)确定无人浇花装置共性的标准。

引导学生选择一种植物来思考浇花装置要达到什么标准才能满足植物对水的需求，从而代替人来浇水。

引导学生围绕生成的无人浇花装置的标准，分析无人浇花装置的组成部分(包括供水系统、输水系统、控水系统、出水系统)。

(2)确定无人浇花装置个性的标准。

分析实验数据，概括植物对水的需求特征(包括用水总量、定时、定量)。

工程挑战任务 1：找到合适的盛水容器，要满足寒假的用水总量，要尽量减少蒸发，并能防止异物进入。

工程挑战任务 2：找到解决方案，让水从盛水容器中自动、定时、定量流到花盆里。

工程挑战任务 3：找一找，看谁能找到合适的方法来控制一次流出的水量并控制浇水的间隔时间。

工程挑战任务 4：找到合适的浇水方式。

(3)利用头脑风暴，思考并设计本组的方案，绘制本组的浇花装置设计图。

环节二：班级交流设计图。

(1)提出自己的修改意见。

(2)根据同学意见完善自己的设计图。

4. 第三课： 模型制作

概述

上节课各小组已经绘制出本组设计的无人浇花装置模型图。本节课各小组按照模型图进行材料的选择，到材料超市选择搭建浇花装置的材料和工具，制作无人浇花装置，并通过测试来检验无人浇花装置是否达到标准，为第四节课的“产品发布会”做好充分的准备。

活动过程

环节一：从自选超市选购材料。

(1)根据本组设计的浇花装置模型材料清单，到材料超市自主选取材料和工具。

(2)教师提出制作浇花装置过程中的注意事项。

环节二：自主制作浇花装置。

(1)每组按照设计图，组装选择的材料，制作出完整的浇花装置。

(2)根据各组出现的问题，教师进行随机指导。

5. 第四课： 测试改进

概述

本节课以“产品发布会”的形式对各组设计制作的无人浇花装置进行展示。学生要对本组产品进行演示，并阐明产品的工作原理。其余小组进行评价，并提出产品存在的问题。针对问题，大家讨论，制定出解决方案，从而实现产品的优化和迭代，逐步完善产品。最后，学生对本次学习活动进行总结和反思，感受在学习过程中的发展与提升。

活动过程

环节一：作品展示会。

(1)学生以小组的形式上台展示本组设计并制作的浇花装置，重点说明是利用什么技术或科学原理来达到标准的。

(2)在真实情境中测试浇花装置。

在小组分享时，其他学生为该组打分。如果发现设计存在问题，要及时指出。

各组针对同学提出的改进意见，写出本组的改进计划。

环节二：总结反思。

教师概括本项目学习的过程与特点，并总结学生在整个项目学习中的表现，让学生体会项目学习的特点，感受自己在学习过程中的发展与提升。

(二)项目导学任务单

1. 课前

表 2-1-6 用于调查三种植物对水的需求。

表 2-1-6　三种植物对水的需求调查表

教室的植物	对水的需求

你了解栀子花、绿萝、虎皮兰这三种植物对水有怎样的需求吗？如果你不清楚，请你选择其中一种植物，设计一个能够探究出它对水的需求的实验，

并将其填在表 2-1-7 里。

表 2-1-7　探究植物用水需求

你设计的探究实验：(可以用文字或画图表示)

表 2-1-8 用于记录浇花水量的实验数据(如果表格行数不够，可以自行增加)。

表 2-1-8　探究______生长与水量的关系(30 天)

日期	频率						
	____天			____天			不浇水
	____mL	____mL	____mL	____mL	____mL	____mL	

2. 课中

为期一个月的寒假即将到来，学校将关门，植物不能被带走，也没人能进班给植物浇水。对于解决寒假期间班级植物无人浇水的问题，你有什么好想法？请把你的想法写在表 2-1-9 的相应位置。

表 2-1-9　解决问题的具体方法

	我的想法： ____________________ ____________________ ____________________ ____________________

自行车轮胎瘪了，不能骑了。要想解决这个问题，自行车与轮胎需要达到什么样的标准，把你制定的标准写在表 2-1-10 的相应位置。

表 2-1-10　解决方法的标准

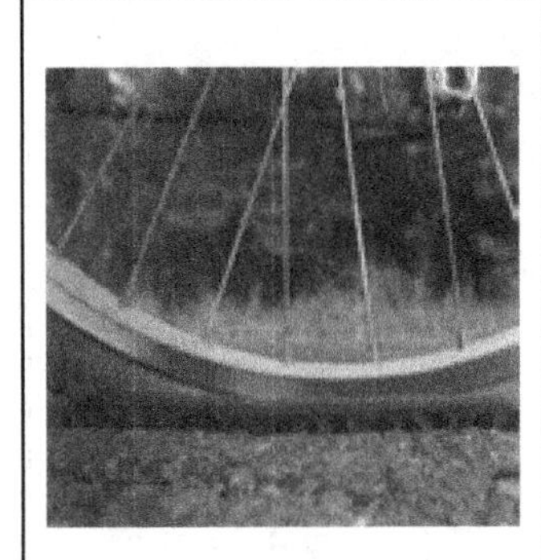	标准： 1. ____________________ 2. ____________________ 3. ____________________

你要计划一次背包旅行，你必须要准备的装备有：做饭的工具、吃饭的餐具、睡眠的工具、保暖的衣服。你的背包不能超过 10 千克。表 2-1-11 中有你可以选择的装备。

表 2-1-11　旅行装备

图示	说明	图示	说明
	名称：长方形睡袋 重量：2.5千克 评级：★★★★		名称：野餐用具 重量：0.5千克 评级：★★★
	名称：筒形睡袋 重量：2千克 评级：★★★		名称：风衣 重量：0.5千克 评级：★★★
	名称：妈咪睡袋 重量：1千克 评级：★★		名称：短上衣 重量：1千克 评级：★★★★
	名称：圆顶帐篷 重量：3千克 评级：★★★★		名称：工作服 重量：2千克 评级：★★★
	名称：山脊帐篷 重量：2千克 评级：★★★		名称：便携式燃气灶 重量：3.5千克 评级：★★★★
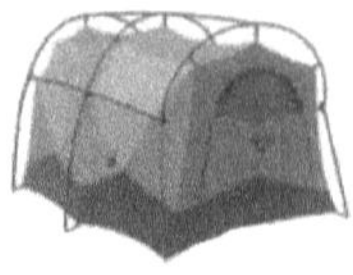	名称：隧道帐篷 重量：1千克 评级：★★		名称：野营炉 重量：3千克 评级：★★★
	名称：餐具 重量：1.5千克 评级：★★★★		名称：丙烷炉 重量：4千克 评级：★★★★★

表 2-1-12 用于填写制作浇花装置的标准和制约因素以及现有的制作浇花装置的材料。

表 2-1-12　定义制作浇花装置问题记录单

制作浇花装置的标准
制作浇花装置的制约因素
现有的制作浇花装置的材料

表 2-1-13 用于课上小组绘制浇花装置模型图。

表 2-1-13　绘制浇花装置模型图

浇花装置模型图
备注：用画图结合文字的形式绘制出浇花装置模型图

(三)评价设计

1. 前测

班级植物生长与水量的关系

问题思考：

(1)栀子花、绿萝、虎皮兰在教室中生长都需要什么条件？

(2)寒假到了，教室锁门，任何人不能进入，哪些条件会影响上述植物生长？

(3)你了解栀子花、绿萝、虎皮兰这三种植物对水的需求吗？如果你不清楚，请你选择其中一种植物，设计一个能够探究出它对水的需求的实验，说明实验的具体方法，可以用文字或画图表示。

2. 填写项目过程性评价表

表 2-1-14 是项目过程性评价表。学生根据评价内容进行自我测评，把评价等级填写在相应位置。

表 2-1-14　项目过程性评价表

第一课时学习评价		
评价内容	评价等级	自评
在教师的引导下，我可以： ①解决无人给花浇水的问题，制作自动浇花装置 ②根据探究出的植物喜水性设计自动浇花装置，标注并识别约束因素	完全符合☆☆☆ 基本符合☆☆ 不符合☆	

续表

在阅读资料、解决问题的过程中： ①小组分工明确，合作有效 ②在规定的时间内筛选出有效信息	完全符合☆☆☆ 基本符合☆☆ 不符合☆	
汇报交流时： ①声音洪亮，思路清晰 ②在他人汇报时仔细倾听他人的观点，交流时能说出自己的看法	完全符合☆☆☆ 基本符合☆☆ 不符合☆	
第二课时学习评价		
评价内容	评价等级	自评
在教师的引导下，我知道了： ①自动浇花装置里面可能会用到湿度传感器、定时器、水泵、导线、控制器、电池等材料 ②自动浇花装置的内部结构决定它的功能	完全符合☆☆☆ 基本符合☆☆ 不符合☆	
画设计图时： ①能够根据头脑风暴结果选出本组要制作的浇花装置类型 ②能够把本组设计的浇花装置以绘图的方式描述出来	完全符合☆☆☆ 基本符合☆☆ 不符合☆	
汇报交流时： ①声音洪亮，思路清晰 ②在他人汇报时仔细倾听他人的观点，交流时能说出自己的看法	完全符合☆☆☆ 基本符合☆☆ 不符合☆	
第三课时学习评价		
评价内容	评价等级	自评
在教师的引导下，我知道了： ①这些电子元器件的功能与作用 ②遇到组装问题及时咨询老师	完全符合☆☆☆ 基本符合☆☆ 不符合☆	
在制作过程中： ①小组分工明确，合作有效，遇到问题及时咨询老师 ②能够按照设计图正确组装零件，完成自动浇花装置的制作	完全符合☆☆☆ 基本符合☆☆ 不符合☆	

续表

第四课时学习评价		
在测试过程中： ①能够根据需要实现的功能来设计测试内容 ②遇到问题时，能够分析原因，并想办法解决这个问题	完全符合☆☆☆ 基本符合☆☆ 不符合☆	
汇报交流、改进提升： ①能够说出本组设计的浇花装置的工作原理，清楚地说明如何达到标准或为什么没有突破制约因素 ②在他人汇报时，仔细倾听，提出自己对作品的见解，发现问题时能够提出改进意见	完全符合☆☆☆ 基本符合☆☆ 不符合☆	

3. 填写作品整体评价表

表 2-1-15 是作品整体评价表，即对无人浇花装置的评价，包括小组自评、小组互评和教师评价。

表 2-1-15　作品整体评价表

评价标准	小组自评	小组互评						教师评价
		一组	二组	三组	四组	五组	六组	
功能实现情况：自动、定时、定量								
能否突破约束条件								
稳定性								
成本								
等级标准：不符合 ☆	基本符合 ☆☆	非常符合 ☆☆☆						

4. 填写项目终结性评价表

表 2-1-16 是项目终结性评价表，能够反映出学生在整个 STEM 项目中的综合表现。教师根据得分绘制出雷达图，客观展现学生的相关能力(学生在下课前填写纸质版，教师课后整理电子版)。

表 2-1-16　项目终结性评价表

实验名称：			
姓名：　　　　　班级：　　　　　时间：			
评测能力	提问内容(学生填写)	评测标准	教师评分
提问能力	对于要开始的项目和任务你已经知道些什么	提出问题：在教师的引导下，能从具体现象与事物的观察、比较中，提出可探究的科学问题 8～10 分：对 3 个问题都有明确的基本正确的回答 5～7 分：对 3 个问题都有自己的想法，但不够全面，有的不正确 2～4 分：对 3 个问题没有确切的想法，但基本知道面对的是什么问题 0～1 分：不清楚面对的问题	
	为了开始这个项目你想要知道些什么		
	在哪里可以找到这些信息		
想象创造能力	说出你解决问题的主要想法	做出假设：在教师的引导下，能基于经验和所学知识，从现象和事件发生的条件、过程、原因等方面提出假设，做出合理想象 9～10 分：表现出优秀的想象力和创造力 6～8 分：独立思考，有一定的想象力和创造力 2～5 分：只展现较少的想象力和创造力 0～1 分：不能主动、独立地思考	
	有哪些可能发生的情况，可能会发生什么		
	你对上述设想有什么疑问吗？请提出来		
计划能力	你的实验步骤是什么	小组讨论并决定，制订简单的计划： 9～10 分：预设了全面、可行、民主的计划 6～8 分：计划的事件逻辑关系清楚，但不够全面或个别地方不可行 2～5 分：对如何完成任务缺乏应有的思维逻辑 0～1 分：不能主动思考，不清楚如何计划	
	将你的实验步骤排好顺序并且清晰地书写出来，以便他人很好地理解		
	小组成员各自选择了什么角色或承担了什么任务		

续表

建模能力	选用一个想法，画出模型图并做好标记	在教师的引导下，能基于所学知识，建立模型 9～10分：能够抓住主要问题，把模型的组成和连接形式用草图表达清楚，并能够动手建立模型 6～8分：能够抓住主要问题，把模型的组成和连接形式用草图表达清楚，动手能力不足 2～5分：缺乏对模型的整体思考，能够跟随同伴完成各项任务 0～1分：没有积极参与，只能部分完成交给自己的任务	
	考虑为每一个建造阶段画出不同的模型图或为各个复杂的部分画出分解图		
	确定你设计的模型需要什么材料和工具		
	动手做出你的模型		
搜集数据及证据能力	你知道怎样测试你的模型吗？说说你的想法	检测模型，通过收集到的事实材料或数据分析问题，解决问题 9～10分：在教师的引导下，能运用感官，选择恰当的工具、仪器，观察并描述对象的外部形态特征及现象，使用有见地的推理及强有力的证据进行了批判 6～8分：能够运用适当的工具和仪器，也能够使用必要的推理及证据来进行批判 2～5分：不能使用有效的工具来辅助收集证据或提出证据，在批判时只示明了一些证据 0～1分：不清楚该使用什么工具和仪器，批判时没有或者只示明了有限的证据	
	你怎样收集和记录测试得到的数据		
	出现了什么现象？找出原因		
	根据发现的问题修改你的模型，发现有哪些问题得到解决了		
总结与论证	总结整个活动过程，做出PPT或手抄报，写出文字稿	概括整个活动，反思活动中的问题与收获，关注同伴的表现、贡献且赞赏同伴 9～10分：概括、表达能力较强，能够关注与赞赏同伴 6～8分：能够清楚地表达思想，概括能力一般，关注同伴 2～5分：能够清楚地表达一些感受，缺乏概括能力，对同伴关注较少 0～1分：不能清楚、完整地表达	
	评价每一位成员的贡献与表现(也可以对他人提出希望)		

续表

备注：该表是针对 3～7 年级学生的能力而设置的评价，是 STEM 课程评价中的基础部分 设计原则：1. 每项能力单独计分(满分 10 分)，不叠加总分。学生得到的结果是雷达图的形式，可以清楚自己每项能力的发展水平 2. 分数间隔不等，按照学生表现的正态分布设计间隔	总计：

说明：每项能力评分范围为 0～10 分，各项分数不必叠加。

5. 后测设计

(1)当你定义工程问题时，你应该从哪两方面思考？

(2)当你遇到一个复杂的工程问题时，你用什么办法把复杂的问题简单化？

(3)通过学习设计与制作无人浇花装置，你有哪些收获？

八、项目学习成果展示

学生通过网上调查、查阅书籍等科学调查方法，了解到植物的习性，如表 2-1-17 所示。

表 2-1-17　学生收集的资料汇总

植物名称	习性
栀子花	喜温暖、湿润和阳光充足的环境。较耐寒，怕积水和碱性土壤，生长适宜温度 18℃～25℃，冬季能耐－5℃，气温过低会被冻伤或冻死 冬季室内浇水建议：2～3 天浇水一次
绿萝	喜温暖、湿润和阳光充足的环境。不耐寒，耐干旱。生长适宜温度 18℃～25℃，冬季不低于 2℃，0℃以下叶片容易被冻伤 冬季室内浇水建议：3～4 天浇水一次
虎皮兰	喜温暖、干燥和阳光充足的环境。不耐寒，耐干旱，忌水湿和强光。生长适宜温度 13℃～24℃，冬季不低于 10℃ 冬季室内浇水建议：7 天左右浇水一次

学生探究植物用水需求的实验方案如图 2-1-9 所示。

3、你了解栀子花、绿萝、虎皮兰这三种植物对水的需求吗？如果你不清楚。请你选择其中一种植物，设计一个能够探究出它对水的需求的实验，说明实验的具体方法，可以用文字或画图表示

栀子花
我用量杯[illegible]栀子花
我知道常识栀子花每隔 2~5 天
浇一次，但我不知道一次浇多少毫升
所以我一个一个试，因为 200mL 浇透
所以我选 3 个水量，第一次 100mL（隔 3 天）
第二次 150mL，第三次 200mL

图 2-1-9　学生设计的探究植物用水需求的实验方案

学生再按照自己设计的探究植物用水需求的实验方案进行实践探究，记录单如图 2-1-10 所示。

探究绿萝生长与水量的关系（一）

[illegible]	3 天			4 天			[illegible]
	50ml	100ml	150ml	50ml	100ml	150ml	
11月25日	生长正常	生长正常	生长正常	生长正常	生长正常	生长正常	[illegible]
11月27日	生长正常	生长正常	生长正常				[illegible]
11月30日				生长正常	生长正常	生长正常	[illegible]
12月3日	生长正常	生长正常	生长正常				[illegible]
12月5日				生长正常	生长正常	生长正常	[illegible]
12月7日	生长正常	生长正常	生长正常				
12月10日				生长正常	生长正常	生长正常	
12月11日	生长正常	生长正常	生长正常				
12月15日				生长正常	生长正常	生长正常	

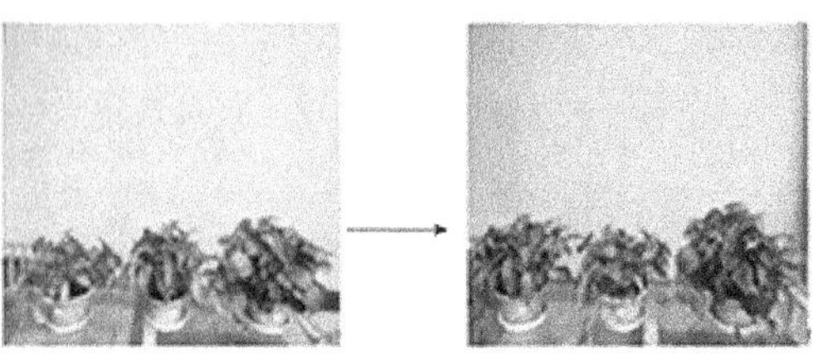

图 2-1-10　探究植物用水需求记录单

图 2-1-11 是学生设计并制作的无人浇花装置实物图。

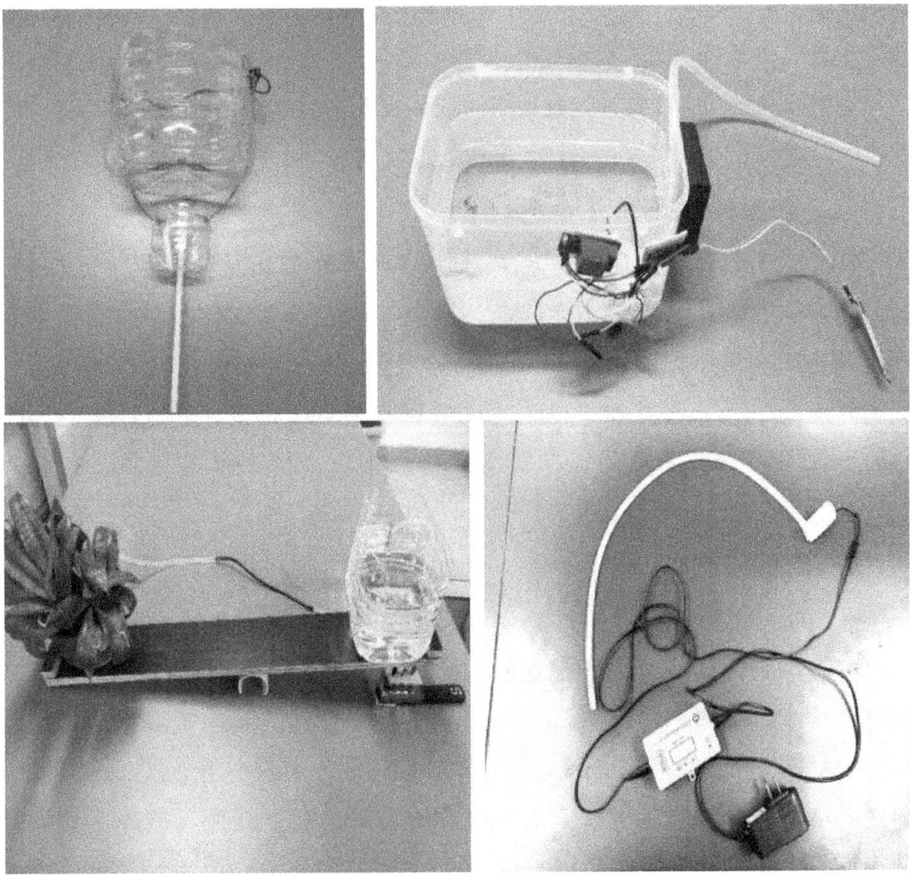

图 2-1-11　学生作品实物图

九、课例整体评价与反思

(一)专家意见

专家意见 1：在探究植物对水的需求的过程中，学生缺少主观能动性，影响后续工程任务的完成。工程任务没有被分解成单一的任务，学生在解决工程问题的过程中遇到的困难很大。教学目标空泛，不够具体，缺少过程性评价的具体标准和前测与后测环节。

专家意见2：探究植物对水的需求的过程中缺少学生设计实验的环节，没有突出学生的主体性。工程分解任务明显，但学生缺少兴趣，应设计成工程挑战任务。教学目标过多，应进行归类精简。

专家意见3：项目实施过程的书写应该规范，专业词语使用要适当，语句要通顺。

（二）校内师生意见

我们利用问卷和访谈的方法对参与项目的教师和学生进行了微调研。他们普遍认为本项目立意新颖，教法独特，特别是在设计和制作这两个环节，学生兴趣浓厚，参与的积极性高，展示出了STEM教育的优势。在跨学科应用这部分，教师普遍认为该项目有利于学科整合，能够提高学生的综合素养和解决实际问题的能力，值得推广。师生都建议多开展这类活动。

（三）项目实施反思

整个项目虽然在实施的过程中不断优化迭代，能够渗透STEM育人的教育理念，但还有很大的上升空间。比如，在本项目中，数学的应用只是涉及了简单的计算、统计和归纳，学生没有体会到数学的重要作用；在跨学科应用这方面还是深度不够，技术方面只是停留在一些工具的使用上，学生很难感受到技术、科学、工程和数学之间的相互作用与联系。在设计浇花装置环节，学生往往会因缺少想法或想法无法实现而苦恼，这就需要教师的引导。面对没有想法的学生，教师要有充足的准备，为他们提供充足的引导和帮助，不要使他们丧失信心。对于那些有想法、有创新意识的学生，教师一定要积极鼓励，尽可能地保护他们的创新意识。这些都是今后设计STEM项目时需要考虑的地方。

课例二　生活与发现：神奇的水滴
——液体表面张力现象初探[①]

项目简介

本项目统筹小学科学、初中科学相关课程内容要求，将“液体表面张力现象初探”作为核心任务，从生活中液体的表面张力现象入手，引导学生发现问题、提出问题，使学生在探究问题的过程中逐渐了解与掌握科学探究方法。

▸第一部分　三级进阶课例解析

“神奇的水滴——液体表面张力现象初探”项目是学校根据学生发展需要自主设计的课程，既是学校 STEM 必修课程中的基础学习内容，也是小学科学课程中关于科学探究方法教学的拓展应用和重要支撑。

本项目以液体表面张力这一现象为载体，带领学生通过观察生活现象发现问题，鼓励学生尝试使用科学探究方法并综合运用其他学科知识解决自己所提出的个性化问题，结合前期所学的工程设计流程完成吹泡泡装置的制作，达到学以致用的目的。

一、STEM 课例进阶

在项目的开发与实施过程中，我们不断发现问题，及时调整学习内容和学习方法，并在专家的悉心指导下，多次对项目名称、教学目标以及项目任务进行梳理，最终形成了现在的版本。

① 本课例由北京中学王芳老师设计和实施。由北京教育学院于晓雅博士主持的北京市“STEM 教育与创客教育课程实践”卓越教师工作室集体打磨完成。

(一)项目名称的进阶

项目名称历经了从“神奇的水滴”到“神奇的水滴——探究生活中的有趣现象”再到“神奇的水滴——液体表面张力现象初探”的过程(见图 2-2-1)。第一版“神奇的水滴”项目名称具有吸引力，但学习内容不明确，不知道项目的研究主题是什么。第二版“神奇的水滴——探究生活中的有趣现象”强调了研究内容源于生活，容易让学生产生亲近感，但是学习内容仍然不清晰，存在泛化情况。第三版“神奇的水滴——液体表面张力现象初探”在保留了第一版和第二版命名优点的基础上进一步明确了项目的主题。

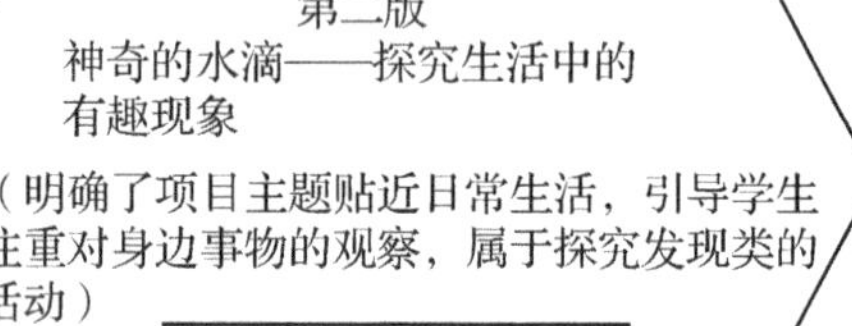

图 2-2-1　项目名称进阶图

(二)教学目标的进阶

我们对本课例的教学目标前后进行了三次修改与完善(见图 2-2-2)。

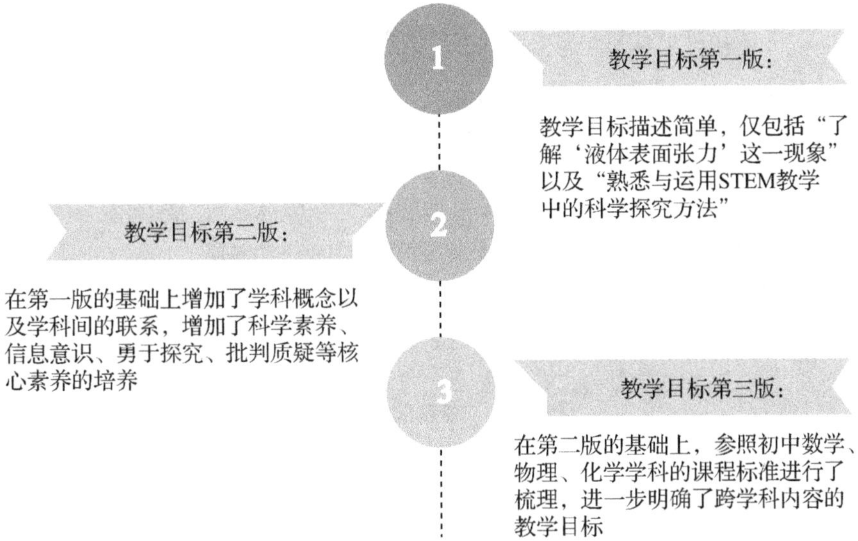

1

教学目标第一版：

教学目标描述简单，仅包括“了解‘液体表面张力’这一现象”以及“熟悉与运用STEM教学中的科学探究方法”

2

教学目标第二版：

在第一版的基础上增加了学科概念以及学科间的联系，增加了科学素养、信息意识、勇于探究、批判质疑等核心素养的培养

3

教学目标第三版：

在第二版的基础上，参照初中数学、物理、化学学科的课程标准进行了梳理，进一步明确了跨学科内容的教学目标

图 2-2-2　教学目标进阶图

(三)项目拆解的进阶

本项目的项目拆解进阶经历了三版(见图 2-2-3)。第一版的项目拆解基本以教师讲授为主。虽然通过视频播放可以很好地吸引学生的注意力，但学生并不能很好地消化知识点，在设计实验环节不知所措。教师需要投入大量的精力来进行答疑和个性化指导。第二版的项目拆解减少了教师讲授环节的内容，将相关知识点放入“‘神奇的水滴’项目学习单”，由学生自主进行学习。通过实践，学生一般会选择直接填写“‘我的科学研究’任务单”(见表 2-2-4)，在填写的过程中发现问题，再反查学习单，进行有针对性的学习。这个过程能给学生更多思考空间，有助于学生对科学探究方法的具体操作步骤(见图 2-2-8)的理解与消化。第三版的项目拆解增加了工程实践的环节，学生可以将探究所得的结论加以应用，设计制作相关的装置；增加了前测和后测环节，有助于教师了解学生通过项目所获得的成长；同时，使学生明确了工程搭建的内容是制作一个吹泡泡装置。

项目拆解第一版	项目拆解第二版	项目拆解第三版
1 学生分组	1 学生分组	1 学生分组+项目前测
2 背景知识学习	2 观看视频，回答问题	2 观看视频，回答问题
3 设计实验	3 自主学习，填写任务单	3 自主学习，填写任务单
4 开展实验，得出结论	4 开展实验，推导结论	4 开展实验，推导结论
5 制作展示海报	5 制作展示海报	5 搭建装置
6 分享展示	6 分享展示	6 制作展示海报
		7 分享展示
		8 项目后测

图 2-2-3　项目拆解进阶图

二、教师成长

STEM 教育重在培养学生综合解决问题的能力，包括获取与问题相关的知识并加以甄别和运用的能力。通常情况下，解决一个问题既需要进行科学探究，也需要进行工程搭建，二者因具体的情况有所侧重。在本项目中，科学探究占了比较大的比重。如何在有限的时间里，帮助学生学习和使用科学探究方法是本次教学的一个难点。

"'我的科学研究'任务单"是贯穿整个项目过程的学习工具。学生需要在前面两节课学习相关知识并完成实验步骤及相关内容的填写。如何在有限时间内帮助学生理解项目要求、选择探究内容并设计好实验步骤，成为实际教学过程中的难点。对此，教师对教学方式进行多次调整，最终摸索出了一套比较有效的教学实施策略。

通过不断地对教学进行反思，教师在教学方式上进行了三次调整（见图 2-2-4）。这是教学实施策略上的全新尝试，要求教师的备课工作做得更加全面与细致。这种方式有助于学生自主学习能力的培养，也为将来教师全面放手奠定基础。分享环节能够促进学生更加深入地思考，而不是基于表面"依葫芦画瓢"。在以后的教学模式中，教师还可以进一步尝试以填空或者问答的形式推动学生通过网络搜索、图书检索等形式完成相关知识的自主构建。

讲授+学习单+任务单

配合使用学习单。通过学习单帮助学生巩固重难点知识

学生在完成学习任务单时发现问题，寻找答案。在此过程中，教师需要随时提供帮助，课时占用时间比较长

自主学习+学习单+任务单

学生通过自主学习教师提供的学习单完成任务单的填写

第二版中减少了教师的讲授环节，教学效果与第一版相比差别不大，但教学效率更高

自主学习+学习单+任务单+学生分享

增加学生分享环节，促进学生间的相互学习交流

第三版是第二版进阶版，通过增加学生的分享这一环节能够有效督促学生完成学习单学习和任务单填写。学生间的相互学习往往比教师直接教授更为有效。教师对重难点加以引导和强调

图 2-2-4　教师成长

三、学生成长

本项目是六年级学生接触的第一个侧重于科学探究方法练习的 STEM 项目，设计目的是让学生了解科学探究的一般方法，养成开展科学探究的习惯，培养探索未知事物的兴趣。

通过自主设计实验并将实验结论应用于工程实践中，学生学习规划并开展探究性调查研究，利用一个简单的项目将科学、技术、工程和数学有效结合在一起，交流、展示自己的学习成果。在探究过程中，学生学习并认识到了提问的重要性、写下详细实验过程的必要性、如何收集准确的数据、如何分析数据以及得出有价值的结论。在工程搭建过程中，学生学习并认识到了工程设计图的重要性、根据工程设计流程来不断完善自己产品的必要性、如何发现问题以及如何调整设计。

学生在能力及情感态度方面也有所发展，如积极思考，提出有创意的想法，积极回答问题，展现自我，养成了把计划、想法以及实施过程规范记录

下来的研究习惯，理解了批判性思维的重要性，学会了制订计划与管理时间，能够运用新的工具以及科技等。

第二部分　实施后反思改进版示范课例

一、项目缘起

为培养学生解决问题、自主创新、深度学习和适应未来的能力，我们尝试以项目为载体，打破学科知识壁垒，探索创新型人才培养的有效途径。

本课程是针对科学探究方法学习的第一个项目，通过引导学生观察生活中液体表面张力这一现象，帮助学生了解并使用科学探究方法。教师在项目过程中引导学生运用查阅资料、上网收集信息等手段自主学习相关知识内容，选择感兴趣的知识点，设计实验步骤，细化落实细节，并在观察与分析阶段加以思辨，从而掌握科学探究方法这一 STEM 教育中的重要内容。

二、项目实施的环境与硬件要求及所需材料

项目实施的环境与硬件要求及所需材料详见表 2-2-1。

表 2-2-1　项目实施的环境与硬件要求及所需材料

项目实施的环境要求	一间开放性的教室。学生桌椅按 3 人一组进行摆放。每组桌椅间保留足够的空间，便于师生交流、活动 建议：由于本项目需要用到多种液体，为方便清理，使用带有水槽的多媒体实验室更佳
项目实施的硬件要求	1. 投影、电脑、音响设备 2. 可以连接互联网

续表

<table>
<tr>
<td>项目实施所需材料
（20 人标准）</td>
<td>
<table>
<tr><th>材料</th><th>数量</th><th>备注</th></tr>
<tr><td>1 角硬币</td><td>10 枚</td><td rowspan="12">科学探究部分使用</td></tr>
<tr><td>50 毫升塑料量杯</td><td>20 只</td></tr>
<tr><td>1 毫升塑料滴管</td><td>10 只</td></tr>
<tr><td>温度计</td><td>3 支</td></tr>
<tr><td>常温水</td><td>500 毫升</td></tr>
<tr><td>热水</td><td>20 毫升</td></tr>
<tr><td>白醋</td><td>100 毫升</td></tr>
<tr><td>酒精</td><td>100 毫升</td></tr>
<tr><td>大豆油</td><td>100 毫升</td></tr>
<tr><td>2 克食盐</td><td>15 份</td></tr>
<tr><td>10 克白糖</td><td>15 份</td></tr>
<tr><td>3 克小苏打</td><td>15 份</td></tr>
<tr><td>硬纸板</td><td>若干</td><td rowspan="17">工程搭建部分使用</td></tr>
<tr><td>肥皂/香皂</td><td>若干</td></tr>
<tr><td>洗手液</td><td>若干</td></tr>
<tr><td>洗发水</td><td>若干</td></tr>
<tr><td>沐浴液</td><td>若干</td></tr>
<tr><td>洗涤灵</td><td>若干</td></tr>
<tr><td>金属丝</td><td>若干</td></tr>
<tr><td>棉线</td><td>若干</td></tr>
<tr><td>钓鱼线</td><td>若干</td></tr>
<tr><td>吸管</td><td>若干</td></tr>
<tr><td>染色剂</td><td>若干</td></tr>
<tr><td>剪刀</td><td>7 把</td></tr>
<tr><td>钳子</td><td>3 把</td></tr>
<tr><td>托盘</td><td>若干</td></tr>
<tr><td>热熔胶枪</td><td>3 把</td></tr>
<tr><td>热熔胶棒</td><td>若干</td></tr>
<tr><td>网球</td><td>1 个</td></tr>
<tr><td>A3 纸</td><td>10 张</td><td rowspan="2">海报制作</td></tr>
<tr><td>水彩笔</td><td>若干</td></tr>
</table>
</td>
</tr>
</table>

三、项目适合的学段

学段：六年级。

学情分析：小学生对周围世界具有强烈的好奇心和求知欲，这种好奇心和求知欲是推动他们学习的内在动力，对其终身发展具有重要作用。研究表明，小学生的注意力品质随年龄递增呈不断发展的趋势。六年级学生能够较长时间地专注于感兴趣的事物，但相比于初中学生注意力容易分散。对于感兴趣的内容，他们参与的积极性较高；对于不感兴趣的内容，他们参与的积极性较低。在课堂活动中，绝大多数学生积极分享自己的经验，表达自己的观点，展示自身的价值。在主动获取有效信息方面，大部分学生的能力还偏弱。例如，不能系统了解图书馆有效检索图书的方法，普遍不会设置合适的关键词进行网络检索，对于网络检索出来的信息不会有效选取。

四、项目涉及的 STEAM 知识与能力

项目涉及的 STEAM 知识与能力如图 2-2-5 所示。

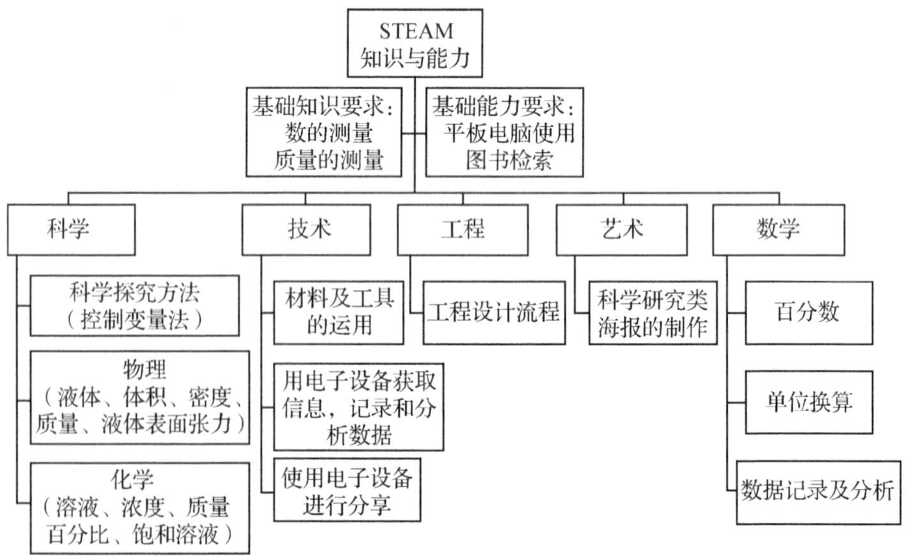

图 2-2-5　项目涉及的 STEAM 知识与能力

五、项目目标和工程任务及拆解后的挑战任务

(一)项目目标

项目目标如图 2-2-6 所示。

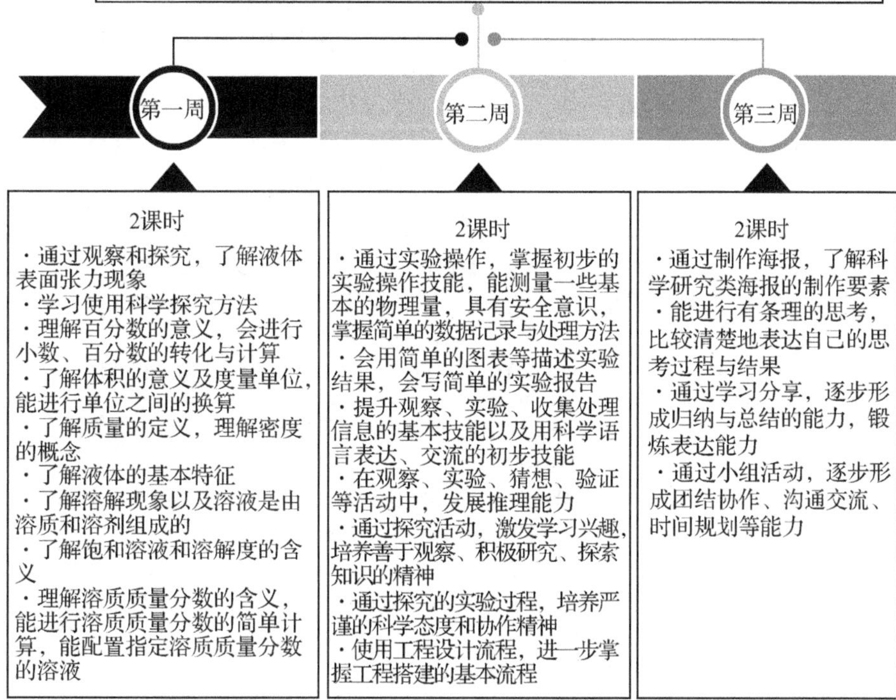

图 2-2-6 项目目标

(二)工程任务及拆解后的挑战任务

工程任务：运用科学探究方法自主设计实验，探究液体表面张力与某因素变化的关系，并在得出结论的基础上运用工程设计流程制作一个吹泡泡装置。

挑战任务如表 2-2-2 所示。

表 2-2-2 挑战任务及说明

任务编号	挑战任务	任务说明
任务 1	谁的相关知识查询结果多	·学生利用 10 分钟的课上时间填写“项目前测问卷”(见表 2-2-6) ·允许查阅书籍，上网查找资料，互相交流 ·测试是为了引导学生思考学习相关知识以及帮助教师掌握学情，测试成绩不计入考核
任务 2	谁的实验最合理且有特色	·教师发放“‘神奇的水滴’项目学习单”和“‘我的科学研究’任务单”两份学习材料 ·学生以组为单位，通过自主学习项目学习单中的内容，讨论并设计本组的探究内容与实验步骤，完成任务单的“实验步骤”及其之前栏目的填写 ·待填写内容被教师审核通过后，方可进入下一步实验操作
任务 3	谁的猜测最符合结论	·学生根据自己的实验内容领取相关的实验材料 ·按照设计的实验步骤完成实验操作并记录数据 ·分析实验数据，获得实验结论 ·将实验结论与前面的假设进行对比，判断假设是否成立
任务 4	谁的泡泡最大	·学生以小组为单位设计并完成一台自动吹泡泡装置 ·基本要求： 蘸取一次皂液后能够连续吹出 5 个以上的泡泡，装置蘸取皂液后形成的皂液膜直径不可超过 2.5 厘米 ·加分项： 1)皂液的配比或装置结构的设计用到了之前科学探究的结论 2)吹出的泡泡接近网球大小 3)连续吹出泡泡的数量达到 10 个以上
任务 5	谁的海报最受欢迎	·好的作品、好的研究成果，是需要向人们进行介绍和展示的。怎样利用有限的版面最有效地展示自己的研究成果与作品 ·学生以小组为单位展开大比拼，完成本组项目展示所用的海报制作 ·海报要求： 版面整洁，条理清晰，内容完整，简明易懂，逻辑性强，全面而简洁地介绍本组的探究内容与作品 学生投票，每人 2 票，投给不同小组，选出最受欢迎的海报 3 张，进行张贴展示

六、项目所需课时及进度安排

本项目所需课时及进度安排如图 2-2-7 所示。

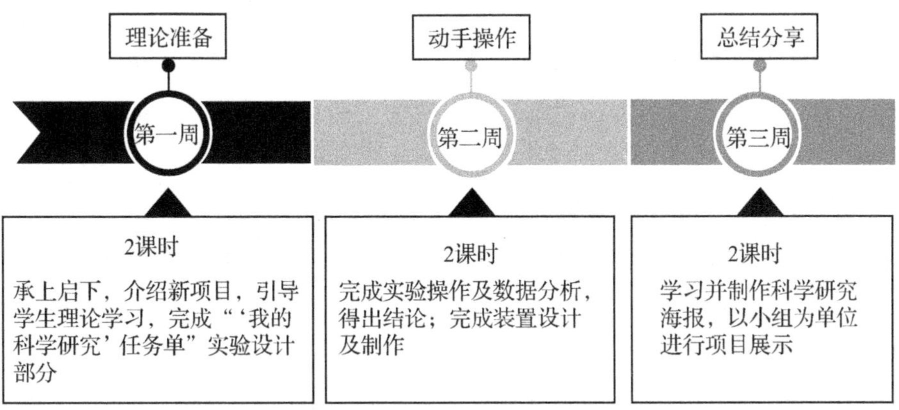

图 2-2-7　项目所需课时及进度安排关系图

七、项目实施过程设计

(一)教学过程

1. 主题一：“液体表面张力”现象

概述

本次课的核心内容为“设计‘探究影响液体表面张力的因素’的实验步骤”；聚焦科学探究方法中问题的确定，假设的提出，自变量、因变量和控制变量的确定以及实验所需材料。

活动过程

环节一：导入，明确学习任务。

展示与液体表面张力有关的图片。提出问题：是否在生活中观察到了这些现象？是否知道产生这些现象的原因？

介绍本次项目的内容及时间安排。

环节二：学生随机分组，3 人一组，确定组长，按照新分组就座。

环节三：教师分发评价量表并进行解读。

环节四：项目前测。

环节五：观看视频《一个硬币能装多少水？》。

先播放视频开头的标题部分，请学生以小组为单位猜测一角硬币的表面最多能装多少滴水，在黑板上进行记录。

继续观看视频。

观看结束后，请数值猜得最为接近的学生回答为什么会给出相关数值。如果学生给出具有说服力的答案，则肯定学生的仔细观察以及对问题积极深入的思考。

环节六：引导学生通过思考回答以下问题。

通常我们用来描述液体多少的词有哪些？什么情况下应该选取哪种计量单位呢？在视频展示的实验中选用什么来作为计量单位？它是标准计量单位吗？那为什么要选它呢？

猜一猜，不同液体的表面张力一样吗？同一硬币表面承载的水、油或酒精会一样多吗？如果不一样的话，上述三种液体中哪个最多呢？

请思考，液体表面张力越大，则硬币表面承载的液体是越多还是越少呢？为什么？

想一想，我们可以试图改变液体的表面张力吗？如果可以的话，你打算从哪些方面来进行尝试呢？

环节七：自主学习"'神奇的水滴'项目学习单"，填写"'我的科学研究'任务单"(完成至"分析"栏)。

自主学习"'神奇的水滴'项目学习单"。同时，学生可以通过上网检索相关信息，多途径学习相关知识。

教师在教室内巡视，及时解答学生的各种问题。可以建议小组成员分工阅览学习材料，再进行组内交流。

小组讨论，确定本组研究主题。教师巡视，了解学生的选题情况，及时答疑，重点留意思路清晰、选题准确的小组以及存在明显问题的小组。

完成"'我的科学研究'任务单"。其间，教师进行巡视、答疑。

环节八：小组交流评价。

根据实验设计阶段过程性评价表进行评价。

2. 主题二：实验探究与结论应用

概述

本次课围绕“探究与液体表面张力有关因素”展开，聚焦实验数据的分析与结论。核心内容为开展实验，验证猜想。学生反思实验中还有哪些问题，还可以如何改进，从其他同学的实验中还能发现哪些问题或值得借鉴之处。在此基础上，学生综合运用本组实验结论以及其他小组的实验结论，制作一台吹泡泡装置，将探究结果应用于解决实际问题。

活动过程

环节一：领取实验材料，完成实验操作及数据记录。

环节二：进行实验数据分析，对比预测，给出结论，反思在实验过程中遇到的问题以及改进办法，完成“‘我的科学研究’任务单”的填写。

环节三：分享实验结论，教师点评。

环节四：观看吹泡泡的视频，发布工程挑战任务。

设计一个吹泡泡装置，在蘸取一次皂液后能够连续吹出 5 个以上的泡泡。具体要求：

装置蘸取皂液后形成的皂液膜直径不可超过 2.5 厘米；

自制皂液并列出配方；

列举出装置所需要的材料，并画出原始设计图；

记录装置的改进过程并解释改进的原因及原理，可以是文字描述或者是画图的形式。

加分项：

皂液的配比或装置结构的设计用到了之前科学探究的结论(+10 分)；

吹出的泡泡接近网球大小(+5 分)；

连续吹出泡泡的数量达到 10 个以上(+5 分)。

环节五：开展工程挑战任务。

以小组为单位，讨论吹泡泡装置的工程结构、所需材料以及小组分工。

完成“‘个性工程搭建’任务单”的填写。

开展工程挑战任务搭建。

环节六：学习交流与评价。

利用评价表进行评价。

3. 主题三： 项目展示

概述

本次课是项目的最后一次课，主要内容包括制作展示海报和小组汇报展示。制作海报有利于提升学生的审美情趣，增强学生的信息意识，同时促进学生对之前开展的学习活动进行回顾与提炼。

活动过程

环节一：教师介绍什么是科学研究海报以及科学研究海报的要素及布局结构。

环节二：学生完成本组科学研究海报的设计与制作并准备展示汇报的内容。

环节三：分享展示。

以小组为单位进行分享展示。每组有 4～5 分钟的展示汇报时间和 1～2 分钟的答疑时间。

汇报同时须完成工程项目制作以及展示科学研究海报。

汇报内容须包括小组成员，小组分工，小组的研究问题、假设、实验步骤、实验结论、搭建过程、遇到的问题以及反思几个部分。

汇报形式不限，可以是口头、PPT、视频或者是表演的形式。

教师在每组学生展示后给予简短点评。

按过程性量表进行评价。

环节四：教师总结并组织学生完成项目后测问答。

(二)学习任务单

1. “神奇的水滴”项目学习单

(1)阅读材料——什么是科学探究方法。

科学探究方法是在自然科学中常用到的数学分析和实验检验的方法。确切地说，是常用于科学假设的构建和检验的技术。

——维基百科

人天生具有好奇心，因此经常会提出关于所见到的事物或所听到的事物的问题，并且通常会就事物为何如此发展提出想法或假设。好的假设可以用各种方式来进行检验。对于假设检验最具说服力的结论来自基于严格控制的实验数据的推理。根据进一步测试结果与预测的匹配程度，原始假设可能需要被细化、调整、扩展甚至否定。某一个假设如果得到有效的实验数据支持，那么可能会发展出一个通用理论。

——维基百科

(2)科学探究方法的具体操作步骤。

科学探究方法的具体操作步骤如图 2-2-8 所示。

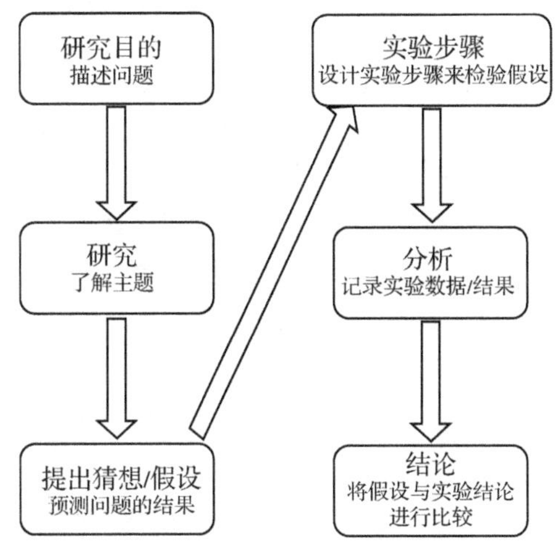

图 2-2-8　科学探究方法的具体操作步骤

(3)学科知识快查表。

学科知识快查表如表 2-2-3 所示。

表 2-2-3　学科知识快查表

学科	知识点	描述
数学	百分数	百分数表示一个数是另一个数的百分之几，也叫百分率或百分比，通常采用符号“%”(百分号)来表示
	单位换算	1 升＝1000 毫升，1 千克＝1000 克

续表

学科	知识点	描述
物理	液体	液体是三大物质形态之一。它没有确定的形状，往往受容器的影响
	体积	物体所占空间的大小叫作物体的体积，体积的国际单位是立方米
	密度	密度是对特定体积内的质量的度量。密度等于物体的质量除以体积，可以用符号 ρ 表示。密度的单位为千克/立方米
	质量	质量(mass)是量度物体惯性大小的物理量，符号为 m。在国际单位制中，质量的基本单位是千克(符号为 kg)
	液体表面张力	作用于液体表面，使液体表面积缩小的力，被称为液体表面张力
化学	溶液	一种或一种以上的物质以分子或离子的形式分散于另一种物质中形成的均一、稳定的混合物。例如，气态溶液(如空气)，液态溶液(如蔗糖溶液、盐水、澄清的石灰水)，固态溶液(如合金)
	浓度	浓度指某物质在总量中所占的分量 常用浓度表示法为质量百分浓度
	质量百分比	质量分数＝溶质质量/溶液质量×100%＝溶质质量/(溶质质量＋溶剂质量)×100% 如 10 克蔗糖溶解在 100 克水里，则该蔗糖溶液的质量分数＝10/(10＋100)＝9.09%
	饱和溶液/不饱和溶液	饱和溶液：在一定温度、一定量的溶剂中，溶质不能继续被溶解的溶液。常温下 100 克水可溶解 36 克食盐，饱和盐溶液浓度为 26.47%；常温下 100 克水可溶解 204 克糖，饱和糖溶液浓度为 67.105% 不饱和溶液：在一定温度、一定量的溶剂中，溶质可以继续被溶解的溶液
科学	自变量	自变量是指研究者主动操纵引起因变量发生变化的因素或条件，因此自变量被看作因变量的原因
	因变量	因变量是因自变量的变化而产生的现象变化或结果
	控制变量	在实验期间不会更改的变量。这些条件包括实验位置的条件、使用的工具以及测试变量的时间等。控制变量也可被称为常量

2. “我的科学研究”任务单

“我的科学研究”任务单见表 2-2-4。

表 2-2-4 “我的科学研究”任务单

<table>
<tr><td colspan="2">项目主题</td><td colspan="4"></td></tr>
<tr><td>年级</td><td colspan="2"></td><td>班级</td><td colspan="2"></td></tr>
<tr><td colspan="2">小组成员</td><td colspan="2"></td><td>组长</td><td></td></tr>
<tr><td colspan="2">研究主题</td><td colspan="4"></td></tr>
<tr><td colspan="2">研究目的</td><td colspan="4"></td></tr>
<tr><td colspan="2">假设</td><td colspan="4"></td></tr>
<tr><td>自变量</td><td></td><td>因变量</td><td></td><td>控制变量</td><td></td></tr>
<tr><td colspan="6">实验步骤</td></tr>
<tr><td>实验
材料</td><td colspan="2"></td><td>操作
步骤</td><td colspan="2"></td></tr>
<tr><td colspan="6">分析(收集实验数据/结果)</td></tr>
<tr><td colspan="6"></td></tr>
<tr><td colspan="6">结论与反思</td></tr>
<tr><td colspan="6"></td></tr>
</table>

项目日期：

3. 主题二："个性工程搭建"任务单

"个性工程搭建"任务单如表 2-2-5 所示。

表 2-2-5 "个性工程搭建"任务单

<table>
<tr><td>项目名称</td><td colspan="3"></td></tr>
<tr><td>年级</td><td></td><td>班级</td><td></td></tr>
<tr><td>小组成员</td><td></td><td>组长</td><td></td></tr>
<tr><td>请描述需要解决的问题</td><td colspan="3"></td></tr>
<tr><td>研究或头脑风暴</td><td colspan="3">请列出你认为重要的相关学科知识点(如果不确定学科，可以只写知识点)：</td></tr>
<tr><td colspan="4">设计图(含材料)</td></tr>
<tr><td colspan="4">请注意标明尺寸、材料等参数信息：</td></tr>
<tr><td colspan="4">搭建步骤</td></tr>
<tr><td colspan="4"></td></tr>
<tr><td colspan="4">测试及改进</td></tr>
<tr><td colspan="4"></td></tr>
<tr><td colspan="4">成果及反思</td></tr>
<tr><td colspan="4"></td></tr>
</table>

项目日期：

(三)评价设计

1. 前测设计

项目前测问卷如表 2-2-6 所示。

表 2-2-6 项目前测问卷

形式	问卷
目的	了解学生对相关基础知识的掌握情况
内容	1. 关于密度，下列说法正确的是(　　) A. 密度与物体的质量成正比，与物体的体积成反比 B. 密度是物质的特性，与物体的质量和体积无关 C. 密度与物体所处的状态无关 D. 密度与物体的温度无关 2. 浓溶液在用水稀释的过程中，保持不变的量是(　　) A. 溶质的质量 B. 溶剂的质量 C. 溶液的质量 D. 溶液的浓度 3. 溶液是(　　) A. 均一、稳定、无色、透明的混合物 B. 均一、稳定的混合物 C. 均一、稳定、透明的化合物 D. 均一、稳定、透明的液体 4. 50 的(　　)%是 15 5. 在浓度(含盐率)为 30%的盐水中，盐占水的(　　)% 6. 请在括号内填上适当的单位 一个鸡蛋的质量是大约是 50(　　) 一辆汽车的质量通常为 1500～2000(　　) 一瓶矿泉水的体积通常为 500(　　) 一个 22 人的足球场的面积通常为 7000(　　)左右 小明的身高是 1.67(　　) 刚出生的婴儿身高在 50(　　)左右

2. 过程性评价表

(1)主题一过程性评价表。

实验设计阶段过程性评价表如表 2-2-7 所示。

表 2-2-7　实验设计阶段过程性评价表

评价内容	0 分	1 分	2 分	3 分
研究目的	没有描述	问题陈述含混不清	描述了存在的问题 如何进行探究介绍不清晰	描述了存在的问题 清晰地介绍了如何进行探究
提出合理假设	没有描述	提出了假设，但假设不合理	提出了合理的假设	明确描述了因变量与自变量之间的关系
变量	没有描述	满足了下列条件中的任意 1 项： ·自变量(根据研究主题列举出 2 个及以上) ·一个可测量的因变量 ·列出所有控制变量	满足了下列条件中的任意 2 项： ·自变量(根据研究主题列举出 2 个及以上) ·一个可测量的因变量 ·列出所有控制变量	满足下列全部条件： ·自变量(根据研究主题列举出 2 个及以上) ·一个可测量的因变量 ·列出所有控制变量
材料	没有描述	·材料描述不全 ·数量标记不全	·材料描述全面 ·数量标记不全	·材料描述全面 ·数量标记全面
撰写操作步骤	没有描述	满足了下列条件中的任意 1 项： ·描述详细，任何人都可以按照步骤重复实验 ·按步骤进行描述，步骤清晰，逻辑性强(不是用一段文字描述的) ·从指导者的角度来描写	满足了下列条件中的任意 2 项： ·描述详细，任何人都可以按照步骤重复实验 ·按步骤进行描述，步骤清晰，逻辑性强(不是用一段文字描述的) ·从指导者的角度来描写	满足下列全部条件： ·描述详细，任何人都可以按照步骤重复实验 ·按步骤进行描述，步骤清晰，逻辑性强(不是用一段文字描述的) ·从指导者的角度来描写

(2)主题二过程性评价表。

实验操作及总结阶段过程性评价表如表 2-2-8 所示。

表 2-2-8　实验操作及总结阶段过程性评价表

评价内容	0 分	1 分	2 分	3 分
获取与记录实验数据	没有描述	数据记录混乱，有明显错误	将数据清晰地记录在数据表中	将数据清晰地记录在数据表中，且用图形、图表进行了数据分析和展示
结论	没有描述	回答了其中的 1～2 个问题： ·你的结论是否支持你的假设 ·通过你的数据能够得到什么结论 ·在实验过程中你观察到了什么 ·结论是否达到了你的预期 ·在过程中，你是否对实验进行了调整？为什么 ·实验和结果中的错误来源可能是什么	回答了其中的 3～4 个问题： ·你的结论是否支持你的假设 ·通过你的数据能够得到什么结论 ·在实验过程中你观察到了什么 ·结论是否达到了你的预期 ·在过程中，你是否对实验进行了调整？为什么 ·实验和结果中的错误来源可能是什么	回答了其中的 5～6 个问题： ·你的结论是否支持你的假设 ·通过你的数据能够得到什么结论 ·在实验过程中你观察到了什么 ·结论是否达到了你的预期 ·在过程中，你是否对实验进行了调整？为什么 ·实验和结果中的错误来源可能是什么
反思	没有描述	回答了其中的 1～2 个问题： ·针对实验你还可以进行哪些改进？为什么 ·使用这些数据，未来你还可以开展哪些实验 ·你如何将这些信息应用于现实世界 ·通过本项目，你学到了什么 ·在实验过程中，你遇到了哪些挑战？你是如何克服的	回答了其中的 3～4 个问题： ·针对实验你还可以进行哪些改进？为什么 ·使用这些数据，未来你还可以开展哪些实验 ·你如何将这些信息应用于现实世界 ·通过本项目，你学到了什么 ·在实验过程中，你遇到了哪些挑战？你是如何克服的	回答了全部问题： ·针对实验你还可以进行哪些改进？为什么 ·使用这些数据，未来你还可以开展哪些实验 ·你如何将这些信息应用于现实世界 ·通过本项目，你学到了什么 ·在实验过程中，你遇到了哪些挑战？你是如何克服的

续表

评价内容	0分	1分	2分	3分
准确把握需要解决的问题	作品没有反映出所要解决的问题		通过口头、书面或者制作作品等形式显示出了对所涉及的问题和概念有一定理解	清楚地理解了所涉及的问题和概念及它们之间的关联，并能通过口头、书写或者制作作品等形式展示出来
思考和计划	没有提前做计划	计划意识欠缺，对设计描述得很模糊	能展示出详尽的计划、示意图、思路图等	能给出多个详尽的计划、示意图、思路图等
创造	没能创造出任何东西	作品没有反映出要解决的问题	作品反映出了要解决的问题	作品反映出了课程内容和问题，并能灵活运用所学知识
改进	没有试图加深对概念的理解，没有试图改进想法和设计	做了毫无意义或者很浅显的改进	做了有意义的、考虑周全的、与解决问题相关联的改进	做了很多有意义的、考虑周全的、与解决问题相关联的改进

(3)主题三过程性评价表。

项目展示阶段过程性评价表如表 2-2-9 所示。

表 2-2-9　项目展示阶段过程性评价表

评价内容	0分	1分	2分	3分
分享(有效的沟通交流)	没有参与分享	满足其中1～2项： ·海报制作精美，信息全面 ·分享时成员分工明确，过程流畅 ·分享过程中逻辑清晰，语言精练，详略得当 ·分享时间控制在3分钟以内 ·可以清楚地回答听众提出的问题	满足其中3～4项： ·海报制作精美，信息全面 ·分享时成员分工明确，过程流畅 ·分享过程中逻辑清晰，语言精练，详略得当 ·分享时间控制在3分钟以内 ·可以清楚地回答听众提出的问题	满足全部条件： ·海报制作精美，信息全面 ·分享时成员分工明确，过程流畅 ·分享过程中逻辑清晰，语言精练，详略得当 ·分享时间控制在3分钟以内 ·可以清楚地回答听众提出的问题

3. 终结性评价表

项目参与与团队表现评价表(见表 2-2-10)结合前面每节课中的过程性评价表(表 2-2-7、表 2-2-8 和表 2-2-9),共同形成本项目的终结性评价表。教师可根据实际情况调整成百分制。

表 2-2-10　项目参与与团队表现评价表

评价内容	0 分	1 分	2 分	3 分
团队合作	没有加入团队	参与到团队中,但与团队成员几乎没有交流,不能起到积极的作用	参与团队合作 能与小组成员积极交流 能完成自己负责的工作 能配合小组成员 能主动帮助他人	参与团队合作 能与小组成员积极交流 遇到分歧,能主动沟通解决 能完成自己负责的工作 能主动帮助他人 能作为负责人,有效领导团队开展项目
行为表现	消极,抵触	在活动过程中大声喧哗、打闹	轻声且积极交流 遵守课堂公约 遵守工具安全使用注意事项	轻声且积极交流 遵守课堂公约 遵守工具安全使用注意事项 积极思考与提问
参与程度	完全没有参与的意识	只在一旁观察,没有动手参与项目过程	能主动参与项目活动 专注度有待提高	项目过程中投入且高效

4. 后测设计

项目后测形式如表 2-2-11 所示。

表 2-2-11　项目后测表

形式	提问式
目的	了解学生对科学探究方法的熟悉与掌握程度,引导学生进行总结与反思
内容	在本次项目活动中,你认为接受的最大挑战是什么 开展科学探究活动都有哪些步骤 哪些步骤你觉得应该特别注意呢 你觉得在本次项目活动中哪些方面还可以做得更好?你最大的感触是什么 如何保证评价数据的可靠性 如何减少实验误差 如果以毫升为单位来描述硬币表面所承载水的体积,应该如何设计实验呢

八、项目学习成果展示

(一)学生任务单填写情况

学生任务单如图 2-2-9(1)与图 2-2-9(2)所示。填写项目任务单激发了学生的创造性思维，培养了学生独立阅读与思考的习惯，也促进了学生间的沟通与相互学习。

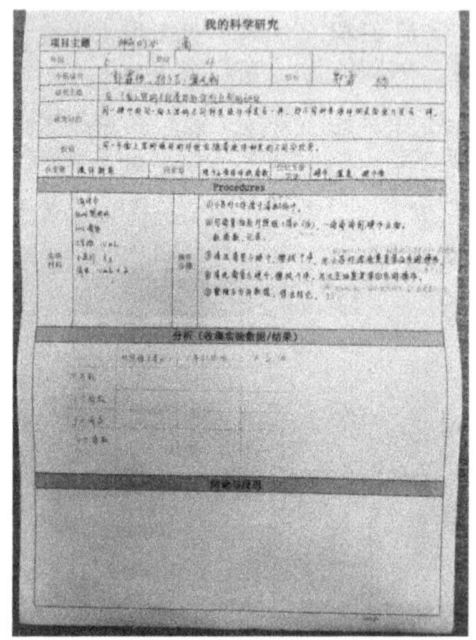

图 2-2-9(1) 学生任务单 1

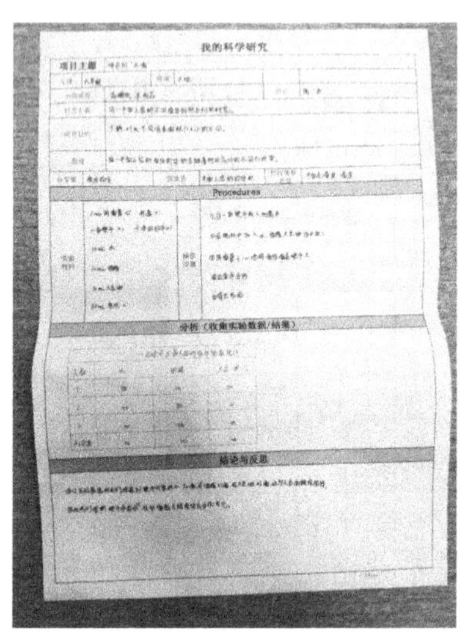

图 2-2-9(2) 学生任务单 2

(二)项目汇报展示

学生以 3 人为一个小组进行实验。小组成员确定后，选出组长，由组长牵头，经小组成员同意后，明确小组分工。组长负责督促实验按计划进行。

每个小组在汇报前须完成实验数据的收集、分析，并比对之前的假设得出结论；完成本组小游戏/小装置的设计、组装及测试；完成科学研究海报的制作。时间宽裕的小组可以自行选择是否要制作 PPT。

平均每个教学班有 7 个小组，每个小组有 4～5 分钟的展示时间。展示时要求每一位小组成员都要发言，可以以介绍自己负责的部分为主。

每组汇报结束后，其他组的成员进行自由提问。教师对介绍组以及提问的同学提及的有意义的部分进行强调，以便学生更有效地学习。

九、课例整体评价与反思

在本项目中，教师提供了"'神奇的水滴'项目学习单"和"'我的科学研究'任务单"两份辅助学习资料，通过对教学实施状况的观察，发现学生能够有针对性地自主学习学习单上的内容，可以很好地进行"'我的科学研究'任务单"的填写。设计实验步骤需要教师给予更多的关注，重点关注学生对自变量、因变量和控制变量的理解。填写任务单能更好地培养学生开展科学探究的习惯。学生会参照学习单提供的范例，主动填写任务单，并且会避免选择与范例相同的研究内容。为避免学生对学习单上的内容囫囵吞枣或依葫芦画瓢，教师会在巡视时有针对性地提出一些问题来检验学生对学习单上知识的理解程度。

本次 STEM 课程的实施采用设计学习情境的教学方式，融合了多学科知识。学生在"神奇的水滴"相关知识的基础上充分进行探究性的学习活动，锻炼了思维，进行了深入的思考，更加关注细节。学生围绕"不同液体是否具有相同的表面张力"以及"可能改变液体表面张力的因素"进行自觉、深入的讨论。在实验过程中，学生仔细观察，发现问题。教师可以观察到学生在一步步地深入思考，同时自觉地将所学知识运用到实验步骤的设计中。

课例三　吸附与过滤：小小净水站
——拯救"母亲水窖"计划①

项目简介

项目基于"小小净水站"主题活动。学生经历了"水质检测与净化"的科学探究，体验了"净水装置"的工程设计实践，运用了多学科知识与方法来解决"母亲水窖"的用水安全问题。

---

① 本课例由清华大学附属中学申大山老师具体设计和实施。指导教师为北京市海淀区教师进修学校通用技术教研员张桂凤。由北京教育学院于晓雅博士主持的北京市"STEM 教育与创客教育课程实践"卓越教师工作室集体打磨完成。

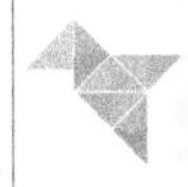

第一部分　三级进阶课例解析

本案例在 STEM 教育理念的指导下，深度融合学科知识，促进学生核心素养的发展。化学学科核心素养包括“宏观辨识与微观探析”“变化观念与平衡思想”“证据推理与模型认知”“科学探究与创新意识”“科学精神与社会责任”5 个维度。技术核心素养包括“技术意识”“工程思维”“创新设计”“图样表达”“物化能力”5 个维度。STEM 课程的开发和实施同时注重与所含学科知识的有机结合。

一、STEM 课例进阶

如何将传统的净水小实验演变成为一个以水质监测与净化为主题的 STEM 案例，这是我们一直在思考的重要问题。对于这一问题的认识的不断深入，促进了课程整体的优化，使之更加符合 STEM 教育理念，更好地达成育人目标。教师对于 STEM 教育理念的理解过程，会直接反映在其设计的课程之中。

(一)项目名称的进阶

项目名称经历了从“简易净水器设计与制作”，到“净水挑战”，再到“小小净水站——拯救‘母亲水窖’计划”的过程(见图 2-3-1)。第一版的标题体现的重点非常明确，就是“设计”和“制作”两个关键词，说明课程内容本身更偏向传统的科学实验课，与 STEM 的要求相距甚远，仅仅是产品导向，缺少科学探究和工程实践的成分。第二版的标题关注 STEM 教育理念的融入，已经有比较充分的科学探究过程，利用的技术手段更加多样，可以说是一门有 STEM“味道”的课程了。但是我们依然选择优化和改进，做了第三版，以弥补第二版中出现的缺少工程背景的漏洞。第三版的标题更加明确具体，我们针对“母亲水窖”污染的问题开展课程。工程目标是建立一个小小净水站。“小小”二字暗示产品制作过程不会过于复杂，毕竟课程面向的是初中学段学生，而且需要考虑课时方面的限制。

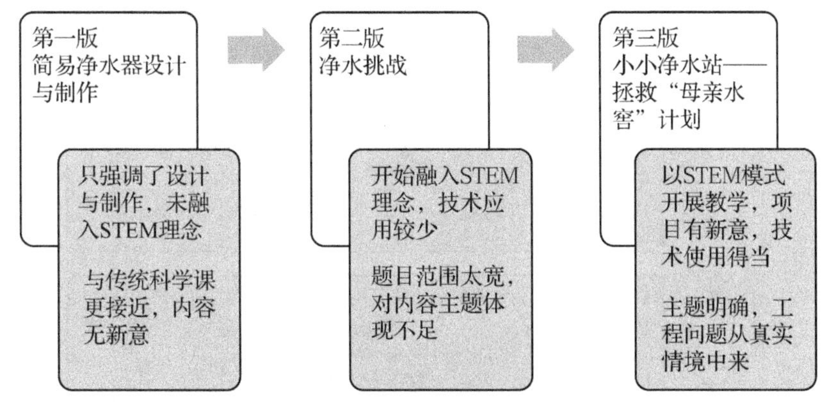

图 2-3-1　项目名称进阶图

6 项目名称变化的背后隐含的是教师对课程核心内容定位的思考，这是由教师领会 STEM 教育理念的深浅程度直接决定的。题目的变化可以反映出课程内容的变化。我们团队的教师对于 STEM 课程的设计逐渐由以产品制作为核心，转向以科学探究与技术实践为主线，最后结合工程背景形成完整的 STEM 课程。

(二)学习目标和知识图谱的进阶

本项目是一个典型的跨学科项目学习案例，并不以某一学科的概念为核心。学习目标经历了三个版本的进阶(见图 2-3-2)。

在课程设计的初期，教师团队并没有形成明确的学习目标，目标描述非常宽泛，看似涵盖很多方面，但其实没有具体的参考价值，换作其他项目同样适用，没有体现课程特点。

第二版的学习目标设定较为具体，特别强调了工程和技术在课程中的重要地位。将学生活动定位在提出有价值的方案并制作模型进行验证，也与课程主体内容高度关联，最终落实到核心素养提升上。这一版的目标是一个常规化的学习目标。

第三版的学习目标描述更为具体，并且从 S、T、E、M 四个维度展开描述，清晰且明确地表达出了课程核心目标。

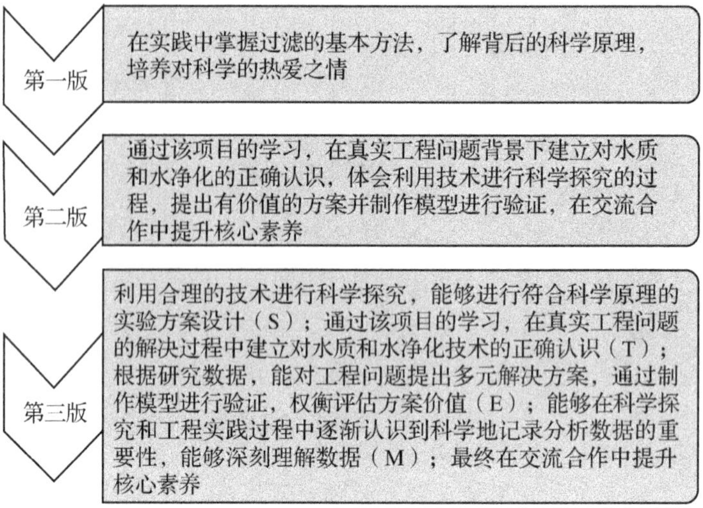

第一版
在实践中掌握过滤的基本方法，了解背后的科学原理，培养对科学的热爱之情

第二版
通过该项目的学习，在真实工程问题背景下建立对水质和水净化的正确认识，体会利用技术进行科学探究的过程，提出有价值的方案并制作模型进行验证，在交流合作中提升核心素养

第三版
利用合理的技术进行科学探究，能够进行符合科学原理的实验方案设计（S）；通过该项目的学习，在真实工程问题的解决过程中建立对水质和水净化技术的正确认识（T）；根据研究数据，能对工程问题提出多元解决方案，通过制作模型进行验证，权衡评估方案价值（E）；能够在科学探究和工程实践过程中逐渐认识到科学地记录分析数据的重要性，能够深刻理解数据（M）；最终在交流合作中提升核心素养

图 2-3-2　学习目标进阶图

针对学习目标的调整，我们对课程中涉及的知识图谱也进行了相应的调整。

项目第一版的知识图谱较为简单，就是从科学、技术、工程和数学四个角度展开描述的；但由于课程本身的 STEM 特征不强，因此描述的内容也很宽泛，属于有 STEM 之“形”，无 STEM 之“实”。

项目第二版对知识图谱的描述变为图示的方法，按照教学核心知识展开，反映了课程中的 STEM 特色，清晰表达了关键的知识概念；缺点是并没有清晰地对应 STEM 特点，属于有 STEM 之“实”，无 STEM 之“形”。

项目第三版进一步优化了知识图谱结构，保留第二版中的大部分知识和概念，但转变为以 STEAM 的分类方式进行布局，凸显核心概念，一目了然地展示了项目亮点。

知识图谱的进阶见表 2-3-1。

表 2-3-1　知识图谱进阶表

第一版知识图谱			
科学	技术	工程	数学
水污染的来源 净水原理	搭建净水器 工具使用技术	工程设计流程 净水器设计图	净水材料用量 计算装置价格

续表

第二版知识图谱
净水方法与技术 絮凝、沉淀、过滤、吸附、 杀菌消毒 03 水质指标测定和评价 水中污染物 常规测定指标：pH、电导率、浊度 02 产品原型制作与测试 工程设计过程 数据采集与处理 04 水环境污染现状 中国偏远地区饮用水现状 水污染来源 01 净水挑战 展示评价 对水污染的认识 对净水原型装置的讲解 05
第三版知识图谱
核心概念：吸附与过滤 相关概念：混合物与纯净物、 水质指标（pH、电导率、浊度） S 核心方法：数据分析 相关概念：误差数据处理、 数据可视化表达 M 小小净水站——拯救“母亲水窖”计划 T 核心技术：Arduino传感器 相关技术：运用简易工具进行材料 加工、水质检测操作 核心观念：水污染与应对 相关概念：贫困地区水污染 净水技术的可推广性 A E 核心技术：Arduino传感器 相关技术：运用简易工具进行材料 加工、水质检测操作

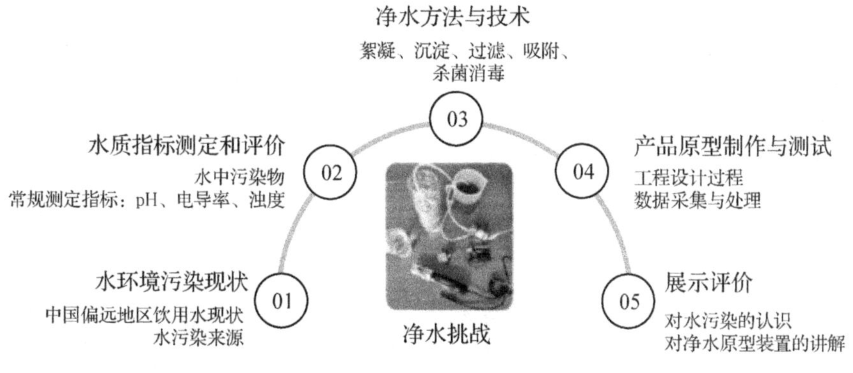

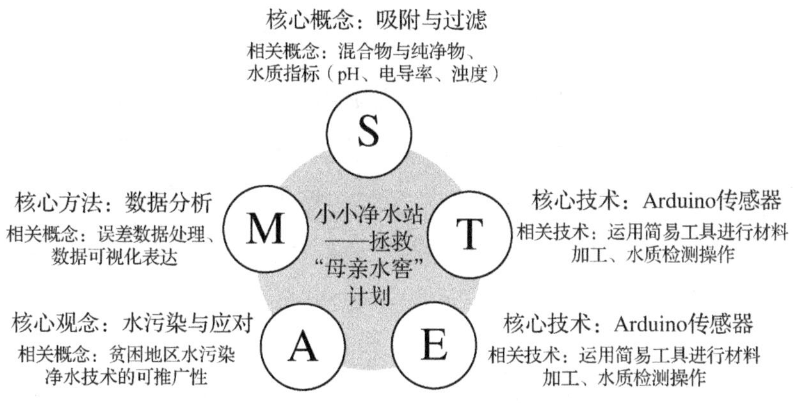

(三)完善任务和问题，驱动科学探究与工程设计实践

STEM课程的突出优点就是能够调动学生的积极性，帮助学生认识到所学知识是可以真正应用于解决真实世界中的问题的。所以在设置工程挑战任务和进行项目拆解时能否确定好方向，直接决定了后续课程开展顺利与否。

本课例的驱动性任务进阶经历了三版(见图 2-3-3)。在第一版中，教师定位的工程挑战任务是利用简易材料制作净水器，这其实并不是一个工程问题，仅仅是一个技术问题。因为工程背景缺失，学生并不明白自己做的净水器是

用来做什么的，没有办法评价净水效率、净化出水的质量、装置造价等方面，也不会从这些角度思考。

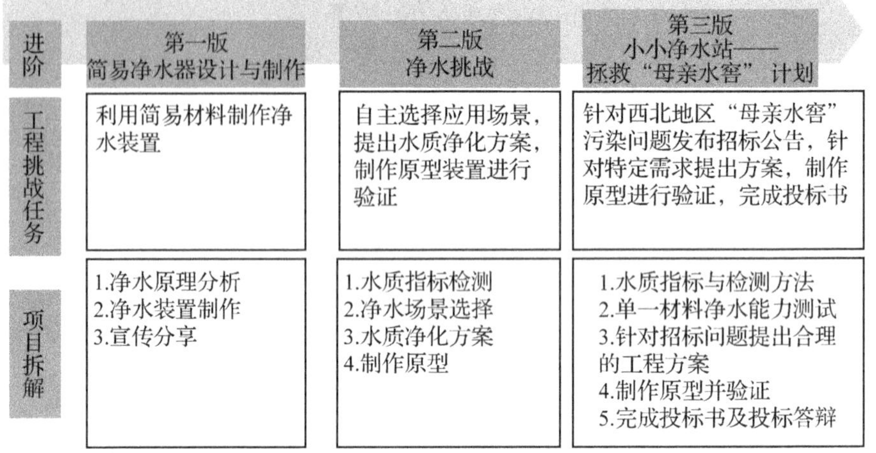

图 2-3-3　驱动性任务进阶图

在第二版中，工程挑战任务的体现更明显。从任务要求上来看，一是要方案，二是要原型，这都更加偏向于工程思维。此阶段教师团队没有一个成型的工程任务想法。学生可以自己提出问题，自己描述一个工程背景。设计的装置只要能够应用于解决他们提出的问题就可以，评价过程中只考查合理性。但这样会产生新问题：一是不同学生提出的问题不同，评价标准无法统一；二是学生提出的工程问题大都是伪问题或者难以解决的问题，用现有的材料工具和设备无法进行相关探究，容易打消学生的积极性。

在第三版中，教师团队进一步选定了合适的工程背景——解决“母亲水窖”污染问题，然后通过招标投标的方式引导学生参与项目。项目要求学生设计出原型机、测试数据、投标书。只有有效完成了这些，才能达成课程目标，对项目的拆解也就顺理成章了。教师始终以问题为导向，一步步引导学生拆解问题，逐个解决问题，最后进行整合，得出报告。学生在问题解决过程中积累科学知识，提出更多问题，激发创造性思考，培养工程思维。

二、教师成长

教师成长主要体现在图 2-3-4 所示的几个方面。

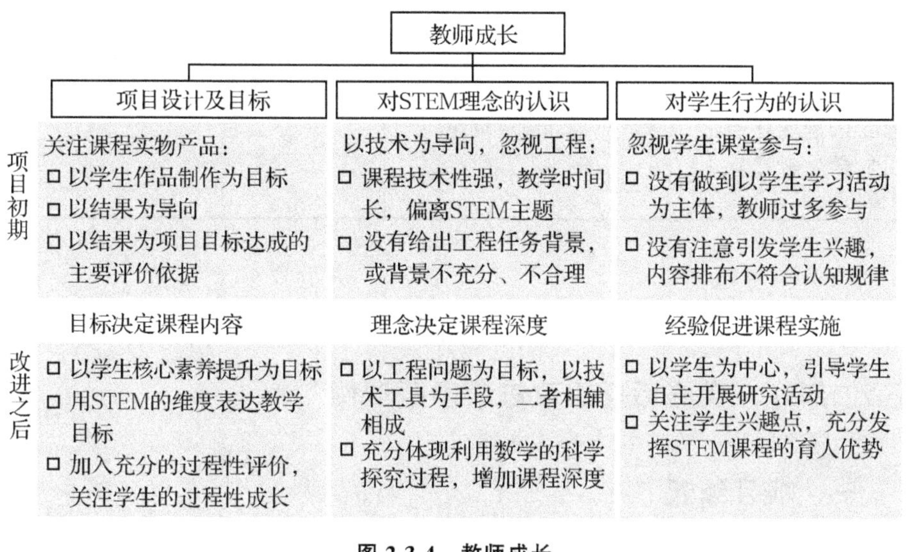

图 2-3-4　教师成长

三、学生成长

这里主要从工程思维和科学探究两个层面展现学生成长(见表 2-3-2)。

表 2-3-2　学生成长

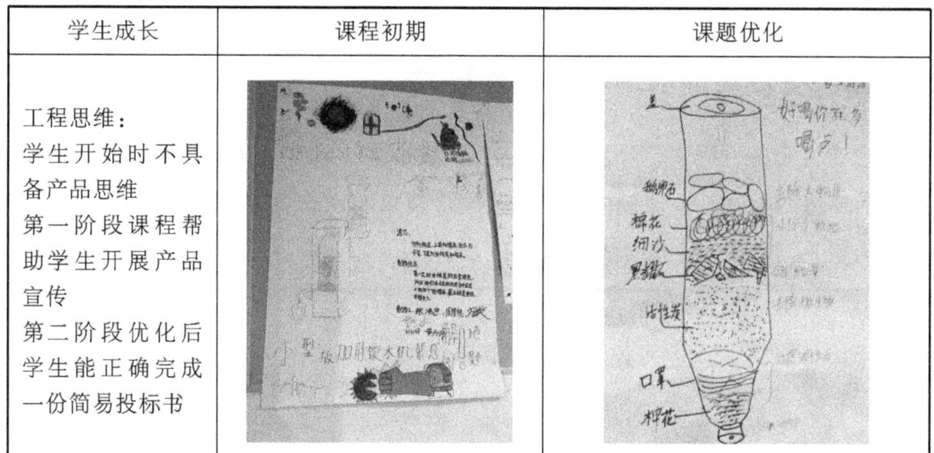

学生成长	课程初期	课题优化
工程思维： 学生开始时不具备产品思维 第一阶段课程帮助学生开展产品宣传 第二阶段优化后学生能正确完成一份简易投标书		

续表

学生成长	课程初期	课题优化
科学探究： 学生开始时没有数据意识 第一阶段课程可以有效记录数据 第二阶段优化后引导学生对比记录数据	实验报告 净水前(对照组)：364 活性碳 158 沙子 454 云母片 318 PP棉 366 一次性口罩 !!! 一次性口罩防水！ 麦饭石 360	单一净水材料净化性能报告

▸ 第二部分　实施后反思改进版示范课例

一、项目缘起

清华大学附属中学作为国内首批关注和开展 STEM 教育教学研究的中学，在 STEM 教育的发展中进行了诸多尝试，进行了符合国情和校情的特有课程体系构建与教学探索。

本项目从“母亲水窖”存在水质污染的问题出发，引导学生利用跨学科知识，通过科学实验、分析原因、制订解决方案、设计工程模型等步骤，最终解决问题。

二、项目实施的环境与硬件要求

在项目实施过程中，环境要素是教师要重点考虑的。很多实验的开展会受到教学环境的限制。本课例中的环境与硬件要求相对来说较低(见表 2-3-3)。

表 2-3-3　项目实施的环境与硬件要求

项目实施的环境要求	1. 最佳环境：专门的 STEM 实验室 2. 可替代环境：普通化学实验室 3. 建议：有水源，易于清洁，教学与实验在同一区域；材料和学生半成品有存放空间，便于收纳

续表

项目实施的硬件要求	1. 防污实验台或桌面 2. 材料存放箱 3. 电脑、单片机及相应传感器

三、项目适合的学段

学段：七年级。

学情分析：七年级学生的STEM相关素养较为缺乏(见表2-3-4)。

表2-3-4　学生STEM相关素养分析

年级：七年级　　人数：16～20人				
STEM	S(科学)	T(技术)	E(工程)	M(数学)
学生基础	未上过物理、化学课，对微观过程认识不足	部分学生已掌握相关技术，但技术能力差距较大	缺乏对真实情境的思考，不重视方案设计、评估与优化过程	初步具有数据意识，缺乏对数据分析的理解和重视
等级	较差	较好	差	一般

本课程可以扩展学段。如果向小学扩展，可以降低技术难度，以工程思维培养为重点，以科学探究为辅助；如果向高中扩展，需要重点联系化学课本知识，进行更多样的实验设计。

四、项目涉及的STEM知识与能力

该项目涉及的STEM知识与能力如图2-3-5所示，课程评价也会按照该图开展。如果今后继续实施该课程，可以在课前进行各方面前测，在课后进行相应后测，得出学生能力的变化。评价部分会对其中的几个部分展开描述。

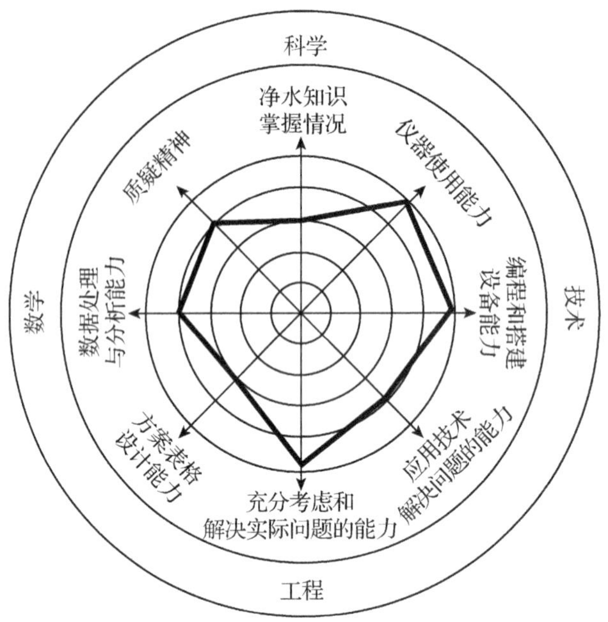

图 2-3-5　项目涉及的 STEM 知识与能力

五、项目目标和工程任务及拆解后的挑战任务

(一)项目目标

从微观角度正确认识水质问题，了解吸附和过滤的原理，能够设计符合科学原理的实验方案(S)。

在真实问题解决的过程中正确运用水质检测和净化技术(T)。

能对工程问题提出多元解决方案，通过制作模型进行验证，权衡评估方案价值(E)。

能够在科学探究和工程实践过程中逐渐认识到科学地记录分析数据的重要性，能够深刻理解数据(M)。

(二)工程任务及拆解后的挑战任务

工程任务围绕西北地区水窖污染问题展开，拆分成背景调研、定量实验、原型搭建和招标答辩四个环节(见图 2-3-6)。

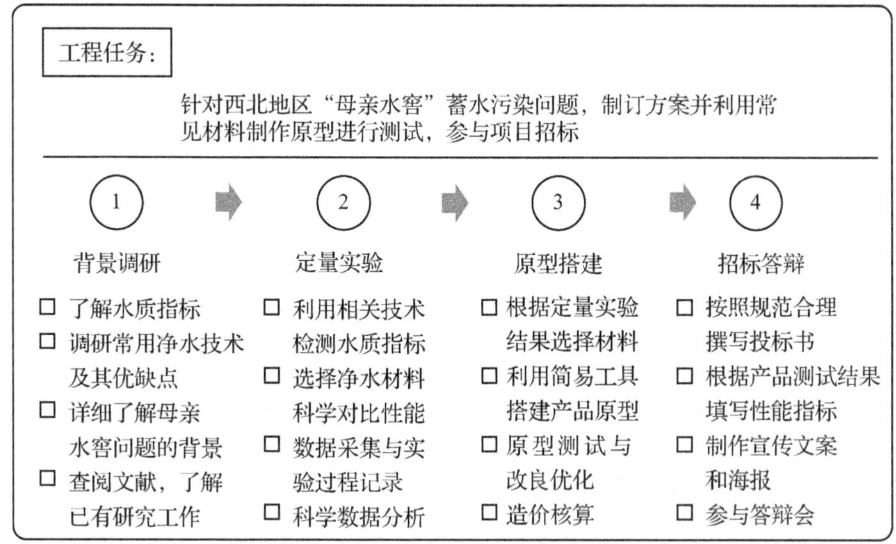

图 2-3-6　项目工程任务拆解

挑战方向如下。

根据课程知识与技术，自主调研其他可能存在的水质问题，提出探究方案。

还有哪些材料你觉得可以有很好的净水效果，测试它们。

净水材料的用量对净水效果影响有多大？

探究多级净化装置的整体净化效果是否等于各级净化效果之和。

结合校园生活开展研究(如有教师反映部分校园饮水机的水喝起来口感不好)。

为其他同学或教师提供水样检测服务。

设计一个可以反复多次使用的净水器结构。

六、项目所需课时及进度安排

项目所需课时及进度安排如表 2-3-5 所示。

表 2-3-5　项目所需课时及进度安排

教学主题	具体内容	课时安排	STEM
背景调研	初探水质的奥秘	1 课时	S
	"母亲水窖"资料收集与团队分享	1 课时	E

续表

教学主题	具体内容	课时安排	STEM
定量实验	水质检测技术实现	2 课时	T
	材料净水性能测试	3 课时	STM
	数据分析与交流	1 课时	M
原型搭建	产品方案设计	1 课时	ET
	产品制作、测试与优化	4 课时	TM
招标答辩	完成投标书和宣传材料	2 课时	SE
	召开招标答辩会	1 课时	STEM

七、项目实施过程设计

(一)教学过程

1. 主题一：背景调研

概述

在课程初始单元做好引入工作，吸引学生的兴趣，通过演示实验帮助学生了解水质的基本知识，引入课程的工程背景问题——西北地区“母亲水窖”污染招标；再给学生提供相关论文、网络资料等阅读材料，引导学生深入分析问题背景。单元的核心在于体现工程思维。

活动过程

环节一：演示实验引入。

教师准备若干与水质相关的演示实验，引导学生思考干净的水应该如何定义。实验可以包括电解水、水的导电性、自来水与纯净水对比、水和乙醇等其他液体对比。

环节二：工程问题提出。

“母亲水窖”是一项集中供水工程，是中国妇女发展基金会于 2001 年开始实施的慈善项目，重点帮助西部地区老百姓摆脱因严重缺水带来的贫困和落后。但是水窖中三个月储存的雨水要供全年使用，水污染问题亟待解决。

环节三：阅读、分析与讨论。

(1)给学生提供一些介绍西北地区水污染情况及与“母亲水窖”相关的研究论文和网络报道。学生自主阅读，提炼信息。

(2)围绕以下问题开展讨论：

西北地区的水资源状况如何？

解决“母亲水窖”污染的限制因素有哪些？

我们净水的目标是什么？

为了解决这一问题，我们下一步应该做哪些事？

思考与表达评价表见表 2-3-6。

表 2-3-6 思考与表达评价表

评价内容	较弱	普通	优秀
学生的课堂回答和提问	1. 无法向他人流畅地表达自己的观点 2. 不能综合性地考虑问题 3. 固执己见，不聆听他人意见	1. 能面向全体进行演讲展示 2. 能够全面地看待问题，权衡利弊 3. 尊重他人意见	1. 演讲具有吸引力，逻辑清晰，表达流畅 2. 能根据已有材料提出自己的新观点，发现新问题 3. 善于学习他人优点

2. 主题二： 定量实验

概述

本部分教学正式进入实验阶段。学生需要组建团队，以团队合作的形式参与到学习之中，各司其职。教师结合上一主题最后阶段的讨论，引导学生关注水质指标，开展水质检测实验，利用 Arduino 编程控制传感器进行水质检测。在掌握了技术方法后，小组测试不同净水材料的净水能力，记录和分析数据，最后集中交流展示。单元内容依托技术(T)展开，利用数学(M)思维进行科学(S)探究。

活动过程

环节一：团队组建。

学生分成 4～5 人的小组，成立“公司”，参考分工表讨论确定职务和工作内容(见表 2-3-7)。

表 2-3-7　团队分工

职位	人员	工作内容
工作组长		协调组织团队，确保按时完成任务
研究员		制订和调整实验方案，设计记录表格，总结结论
工程师		组装实验设备，解决技术问题
测试员		根据研究方案进行实验测试，记录实验数据
宣传员		在大纸上绘制美观的记录表格，以演讲的形式展示结果

环节二：水质检测实验。

提出五种基本的水质指标：浊度、总溶解固体、pH、颜色和气味。让学生理解指标的内涵和影响因素。

为每组学生提供一台笔记本电脑和 Arduino 主板，提供相应的几种水质监测传感器(见图 2-3-7)，指导学生正确掌握使用方法，测试几个特定水样的数据值。

浊度

通过溶液中的透光率判断溶液浊度

总溶解固体

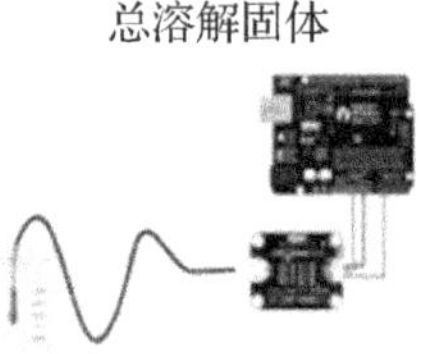

一升水中溶有多少毫克溶解性固体

酸碱度

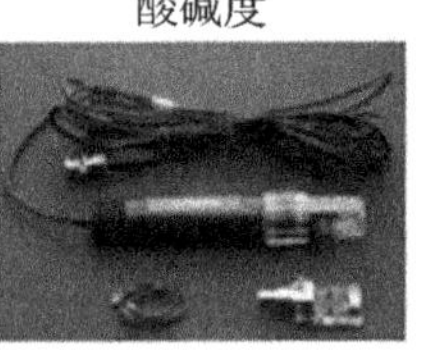

水质酸碱性，pH为7代表中性水

其他直观指标：颜色、气味

图 2-3-7　水质监测传感器

环节三：材料净水能力测试。

教师准备不同的实验材料(见表 2-3-8)。各组挑选合适的净水材料，设计实验方案，检测不同材料对水质的净化能力，采集相应的数据。

表 2-3-8　实验材料准备

净水材料名称	每组份数	净水材料名称	每组份数
细粒径活性炭	若干千克	石英砂	若干千克
普通沙子	若干千克	麦饭石	若干千克
填充棉	若干千克	色母片	若干千克
钼合金滤料	可选	离子交换树脂	可选
棉花	若干，用来封口	纱布	若干，用来封口

注：建议水样为泥土水、铁锈水、可乐、淘米水(普通)、淘米水(发酵一周)、红墨水。

环节四：数据分析与讨论。

对采集到的数据进行分析，得出结论。

各组分别展示本组的成果，互相参考借鉴。

针对各组测试结果中产生冲突或误差较大的部分进行讨论。

科学探究过程性评价表见表 2-3-9。

表 2-3-9　科学探究过程性评价表

评价内容	技术掌握程度		
	未达标	良好	优秀
掌握传感器使用技术	1. 无法理解技术使用方法 2. 不愿意使用技术 3. 不能正确维护仪器，造成损坏	1. 能在教师的帮助下使用检测技术 2. 基本正确地维护仪器，使之正常运行	1. 独立掌握技术使用方法 2. 提出新技术方案 3. 对其他同学提供技术指导和帮助
评价内容	科学探究能力		
	未达标	良好	优秀
学生实验方案设计	没有方案就开始实验，或方案基本不合理，也不愿意进行修改	具有常规的实验方案，参考教师提供的思路进行探究，形成基本结论	能独立提出有价值的实验方案，主动与教师交流和讨论方案，得出有意义的新结论
评价内容	数据处理能力		
	未达标	良好	优秀
学生的数据记录、分析和表达	1. 无数据记录，或数据记录凌乱 2. 无法从数据中分析得出结论 3. 不能正确地讲解自己的数据	1. 有基本规范的数据记录 2. 能从数据中得出基本正确的结论 3. 能科学合理地讲解自己的数据	1. 注重数据记录表格设计，突出对比 2. 能发现问题数据，正确看待数据 3. 能正确利用他人的数据解决自己的问题

3. 主题三：原型搭建

概述

学生在上一主题活动中设计了科学的实验方案，测试得到了不同材料的净水性能数据。在本次主题活动中，学生要综合利用这些数据，形成自己的方案设计，制作产品原型，并进行净水测试，不断优化改良装置。本次主题

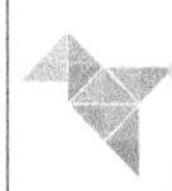

活动综合利用前面通过科学探究形成的数据，核心是解决工程问题。

活动过程

环节一：方案设计。

利用单一材料净水性能报告，结合自己投标方案预期的净水目标，画出净水装置设计图纸。

环节二：原型搭建。

利用简易的材料和工具，根据设计图纸完成净水设置搭建，可以使用多元的技术手段，可自备材料工具。

环节三：测试与优化。

测试净水设备对教师提供的污水水样的净化能力，根据测试数据调整装置结构，不断进行优化。核算造价后形成最终方案。

工程思维过程性评价表见表 2-3-10。

表 2-3-10　工程思维过程性评价表

评价内容	较弱	普通	优秀
学生综合利用前面的数据，设计方案，制作原型，解决工程问题	无设计方案就直接开始制作，或者制作内容完全与设计方案不符，最终对于工程问题的解决没有任何帮助	做出常规的方案构思，按照正常的流程完成任务，初步达成工程目标	产品方案新颖独特，巧妙地解决了问题，完全达到了工程目标

4. 主题四：　招标答辩

概述

本次主题活动主要进行项目成果展示、交流与评价。学生需要将自己的前期成果进行总结整理，完成标准化投标书的填写，并制作相关宣传材料，最后参与招标答辩会，在所有同学和嘉宾面前展示自己的成果。本次主题活动重点关注学生的 STEM 综合素养的提升。

活动过程

环节一：完成投标书和宣传品制作。

按照教师给出的模板填写投标书，制作相应的海报、文案、图绘等宣传材料。

环节二：召开招标答辩会。

邀请嘉宾前来参与，布置场地，准备投影，举办正式一点的招标答辩会。各组学生轮流展示自己的投标方案和产品原型，赢得招标项目。

STEM各要素终结性评价表见表2-3-11。

表2-3-11　STEM各要素终结性评价表

评价内容	一般	良好	优秀
科学探究体现(S)	展示中忽视科学依据	部分展示了项目设计的科学依据	清晰完整地展示了科学理论
技术掌握程度(T)	无法正确回答与技术相关的问题	能够部分回答与技术相关的问题	全面深入地回答了与技术相关的问题
工程目标达成(E)	展示成果与工程目标不符，未达成	展示成果与工程目标基本相符	完美且巧妙地解决了涉及的工程问题
数据分析情况(M)	无数据，或通过数据得出错误结论	有数据记录分析，但不完全准确	数据意识很强，能利用数据说明问题

(二)学习任务单

1. 主题一：背景调研

根据案例给出的西北某县“母亲水窖”污染招标项目，进行工程背景分析讨论(见图2-3-8)。

西北某县工程招标

根据《中华人民共和国政府采购法》等有关规定，现对西北地区陕西省某县“母亲水窖”地窖水污染监测与净化项目进行公开招标，欢迎合格的供应商前来投标。

背景:
我县为国家级贫困县，水资源严重短缺，几乎所有农村家庭的日常用水全部来源于“母亲水窖”。以往水窖中储存的三个月的雨水，要支撑所有家庭一年的用水。现在地窖水依然是我县重要水源之一，地窖水污染问题亟待解决。

工程目标:
希望各单位供应商能提供解决方案及标准化的设备原型，使得被污染的地窖水经过净化后以最高性价比被再利用。

图2-3-8　工程招标背景

2. 主题二：　定量实验

学生测量单一材料净化性能，绘制表格记录数据。

3. 主题三：　原型搭建

为降低实施难度，原型采用标准化的外观，优化调整内部结构(见图 2-3-9)。

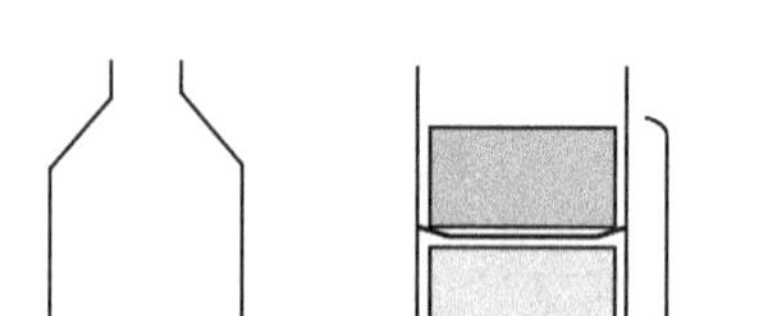
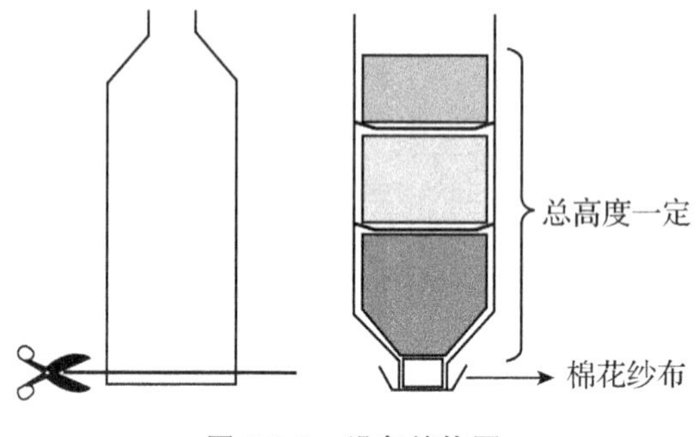

图 2-3-9　设备结构图

4. 主题四：　招标答辩

学生完成项目投标书的填写(见表 2-3-12)。

学生完成投标答辩会。

表 2-3-12　项目投标书

工程目标： 我们净化后的地窖污水可用于____________
装置设计：(应后附所用各材料的单一净化性能报告) 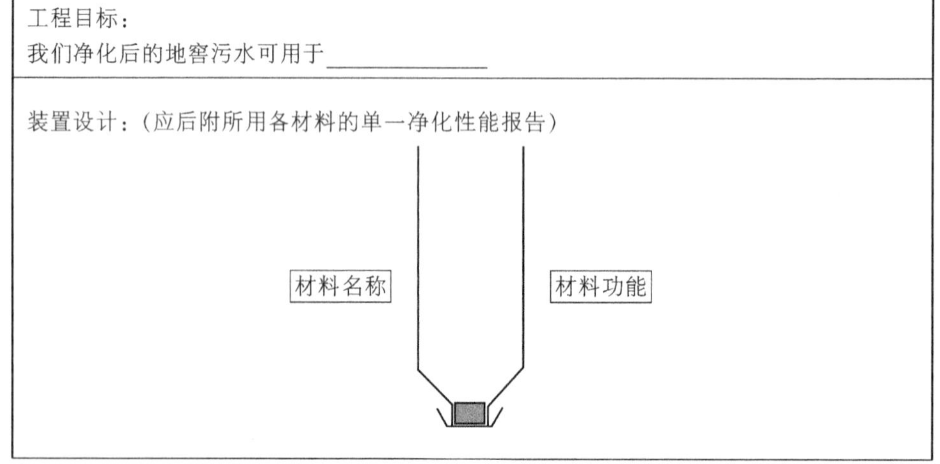

续表

水质净化数据：
工程造价核算：
综合评估：(是否能够实现工程目标，有何优缺点)

(三)评价设计

1. 前测问卷

净水知识与技术前测问卷见表 2-3-13。

表 2-3-13　净水知识与技术前测问卷

净水知识与技术			
你知道哪些水质指标	你关注过哪些水污染的问题	你会使用哪种编程/拖拽式编程技术	你来上这门课希望有哪些收获

课程评价主要涉及过程性、形成性评价和终结性评价三种方式。评价内容面向学生的 STEM 能力，从科学、技术、工程和数学四个维度，从知识与能力结构细分出的 8 个方面展开评价(见图 2-3-5)，分析学生在课程结束后达到的能力层次。

对于不同能力指标采取的不同评价方式如下。

净水知识掌握情况：可通过多种形式检验学生对知识性内容的掌握情况。例如，让学生阅读一篇净水器厂家的宣传文案，并找到其中的各种科学性错误，或现场进行积分抢答。

仪器使用能力：在日常课程中观察学生能否正确使用和维护仪器，如有损坏或使用后不清洁，扣掉相应分数。

编程和搭建设备能力：发现各小组技术骨干，由小组技术骨干对小组内其他成员的技术等级进行评价。

应用技术解决问题的能力：合理使用技术，自行使用新技术解决实际研究过程中出现的问题，给予加分。

充分考虑和解决实际问题的能力：课堂教学中注重实际工程问题的渗透，观察学生的提问和回答，对好的回答和提问进行记录(可由学生自己计数，下课后报给教师)，根据记录情况进行评价。

方案表格设计能力：在实验设计过程中，收集学生纸质版方案设计和数据记录表格设计的资料，评估其科学性，根据课堂生成进行评价。

数据处理与分析能力：各组测试得到数据后，要根据数据得出结论，并正确分析数据中存在的不足。教师主要根据学生交流过程的汇报答辩情况进行评价。

质疑精神：观察学生对查阅到的资料、本组数据、他人结论和教师授课的质疑情况，正确合理的质疑才会得到正向评价。

2. 后测（最后一课完成）

净水知识后测见表 2-3-14。

表 2-3-14　净水知识后测——知识挑战赛

学生自主命题的净水知识挑战赛
实施过程： 在经过本次课程的学习后，学生对于净水知识有了一定的了解，也思考了相关的工程问题，体验了简易水质检测与净化技术。在课程最后，教师充分调动学生的积极性，让学生分别收集净水相关知识，形成题目。题目方向可以包括目前市面上的净水装置、水污染现状及治理技术、我国水资源情况等。教师也准备若干道合适的题目 课上举办知识挑战赛，分必答和抢答题，进一步深化学生对净水问题的认识。其中必答题以教师出题为主，与课程内容紧密相关。选答题以学生自主出题为主，增强学生的参与感，拓宽学生的知识面，真正做到以评促学

续表

<table>
<tr><td>学生自主出题示例

水资源问题
1. 在杂志上经常看到在介绍某些国家的时候会注明这些国家的自来水可直接饮用(如日本)，这里说直接饮用是指生喝还是烧开后饮用？中国有可直接饮用自来水的地方吗？
2. 下列关于我国水资源的说法，正确的是(　　)。
A. 我国水土资源配合不协调，华北地区耕地多水资源少
B. 西北地区属于资源性缺水，为保护西北地区的环境不能发展种植业
C. 南方地区水资源丰富，节约用水在南方地区是多此一举
D. 南方虽水资源丰富，但也因水污染成为缺水地区</td></tr>
</table>

八、项目学习成果展示

在项目实施的过程中，学生会有多次展示交流的机会，最终要在招标答辩会上利用自己前期形成的方案、制作的原型、测试的数据以及宣传用品展现本组的风采(见图 2-3-10)。

以小组的形式进行作品汇报展示，内容至少包含以下几点，但不局限。

第一，请说出本小组关注的水质指标。

第二，请给出本小组的产品原型的测试数据，论证科学性。

第三，请介绍本小组方案的亮点，说明为什么你们组的方案应该中标。

图 2-3-10　学生答辩场景

九、课例整体评价与反思

(一)专家意见

专家意见 1：这是一门体现 STEM 特征的课程，注重科学探究，研究方法较为严谨，合理利用技术手段促进科学探究，在工程背景方面应该加强引导。

专家意见 2：课程关注的是“真问题”，但是学生能不能解决这个问题、产品原型能不能拿到真实环境中去实验还有待分析。教师要引导学生更加关注产品。

专家意见 3：关注 STEM 项目中的评价，要思考设置的评价指标有没有依据，评价细则合理不合理，如何将评价实施融入教学。

(二)学生反馈

学生自述如下。

这门净水主题的 STEM 课是我最喜欢上的课。我从未想到净水会这么好玩儿，也没想过原来每天都接触的水有这么多的学问。老师陪我们一起动手搭装置、做实验，教我们用技术测水质，还教给我们科学的实验方法。我以后想继续搞研究，期待下学期还有 STEM 课。

(三)实施反思

在课程设计和实施过程中，我们发现了一定的问题，进行了一些思索，听取了一些建议。课程还有很大的提升空间。在课程设计初期，令我们感到困惑的是如何将 STEM 教育理念落实到实际教学中，我们越做越发现理论知识的不足会严重限制课程的发展。教师的学习始终是伴随着本门课程的实施进行的。例如，对工程背景的关注和思考不足，直到课程中期和专家交流后才重视起来。

反思 1：原有实施过程导致学生感觉课程的任务性较强，自主性稍弱。没有充分发挥 STEM 课程调动学生积极性的重要作用，大部分学生在完成课程后都有很强的成就感，但是在初期调动不足很有可能会使学生无法坚持到课程结束。

改进 1：吸取经验，更加注重课程设计，采用问题链的方式引导学生自主发现问题，确定研究内容，给学生的学习提供足够的支撑材料，帮助学生攻克难关。

反思 2：材料和技术限制了课程的进一步深化，多样化的材料会激发学生的不同灵感，使学生使用不同的方案解决问题，有效促进学生思考。例如，现有的材料和检测无法针对细菌等微生物，对于水质的研究就受到了限制。

改进 2：更深入地了解和学习净水技术，与其他教师和专家合作，完善检测和净化实验方案，给学生带来更真实、更全面的体验。

课例四　结构与功能：声音的奥秘
——会“动”的八音盒[①]

项目简介

通过“声音的奥秘”科学探究和“八音盒的设计与制作”“探秘八音盒”工程实践，形成“会‘动’的八音盒”STEM 项目，体现科学探究和工程设计实践并重的 STEM 项目关键特征，诠释从技术学习到 STEM 项目学习的发展过程，为传统课程转换为 STEM 项目提供思路和借鉴。

▸ 第一部分　三级进阶课例解析

初中劳动技术木工专题学习主要侧重于简单木工作品的设计与制作，旨在引导学生经历简单木工作品技术设计的过程，学习木工工艺基本知识、相关设计制作方法并能制作木工作品；希望学生感受工匠精神，形成基本的技术思想与经验。具体教学实践中，存在关注学生技能学习、忽视知识与技能迁移应用的现象，不利于学生高阶思维的培养。

本课例在劳动技术传统学习主题“八音盒的设计与制作”中引入“声音的奥秘”学习内容，以“会‘动’的八音盒”为项目载体，在 STEM 教育理念的指引

① 本课例由北京市海淀区教师进修学校附属实验学校崔淼老师具体设计和实施。指导教师为北京市海淀区教师进修学校劳动技术教研员陈雪梅。由北京教育学院于晓雅博士主持的北京市“STEM 教育与创客教育课程实践”卓越教师工作室集体打磨完成。

下，增加新的教育内涵。从此八音盒的设计与制作，到彼八音盒的结构与功能，在保留八音盒技术实践的基础上，加入科学探究和工程实践，将探讨结构与功能的关系作为核心概念，进一步挖掘八音盒项目所承载的声波、传播以及传动等科学概念，使学生在探究中获得对不同材料对声音传播的影响以及传动原理的理解。随后，启发学生将在探究中获得的科学概念和原理应用于设计制作八音盒产品的实践当中，开展“动”的探讨，探究声音的奥秘。科学、技术、工程、数学得到了有机汇聚与整合。

课程在真实需求的驱动下，更注重学生的个性发展，以学生为主体，积极引导学生参与各项研究活动，在工作室“做中学，学中思，思中创”理念的引导下，开阔学生的视野，锻炼学生的思维，鼓励学生在实践活动中创造与提升。新的课程模式体现了“基于真实需要解决真实世界问题”，体现了跨学科概念以及工程设计与科学探究的STEM项目特征，为传统项目学习课例转换为STEAM项目学习课例提供了思路和借鉴。

一、STEM课例进阶

如何将八音盒这个典型的学科课例转换为具有STEM特征的课例，是课例设计团队一直在思考的问题。既然是STEM课例，就应该体现STEM教育的本质特征，体现科学探究与工程设计的整合，同时还要注重真实情境，关注解决现实问题。基于此，课例设计团队从以下方面进行了思考。

(一)项目名称的进阶

项目名称经历了从“八音盒的设计与制作”，到“探秘八音盒”，再到“会‘动’的八音盒”的迭代过程(见图2-4-1)。第一版“八音盒的设计与制作”这个标题，显示该项目是典型的以设计与制作为核心的项目。项目名称体现出了课程内容和主题活动，但不具有特点，不能进一步激发学生探究和思考的兴趣。第二版名称改为“探秘八音盒”，有一定的趣味性，但指向性不够明确，尤其是对“探秘”的理解比较发散。第三版名称改为“会‘动’的八音盒”，以“动”为核心，激发学生思考：八音盒哪里“动”了？如何“动”？为什么“动”？为什么会发出声音？声音是怎么增大的？……将关注点集中到对八音盒“动”的研究上，从滚轴滚动到八音盒音乐律动，进一步揭示八音盒的奥秘。

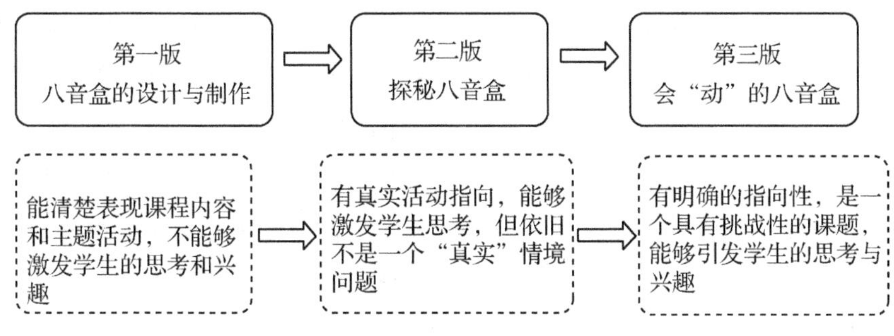

图 2-4-1　项目名称进阶图

项目名称变化的背后，隐含着学习目标、知识结构框架、科学探究、挑战任务、驱动问题等的变化。这些变化体现出课程设计从“伪真实”情境问题到“真实”情境问题的转变，体现出技术学习从浅层技术实践向深度学习的转变。

(二)学习目标和知识框架的进阶

本项目作为一个跨学科项目学习课例，聚焦结构与功能两大核心概念，进一步解释八音盒的发声现象及会动现象，探索让八音盒发出动听声音的结构及材料特点，创造体现结构与功能核心概念的八音盒作品等。聚焦项目核心概念的学习目标的进阶是项目完善的关键(见图 2-4-2)。

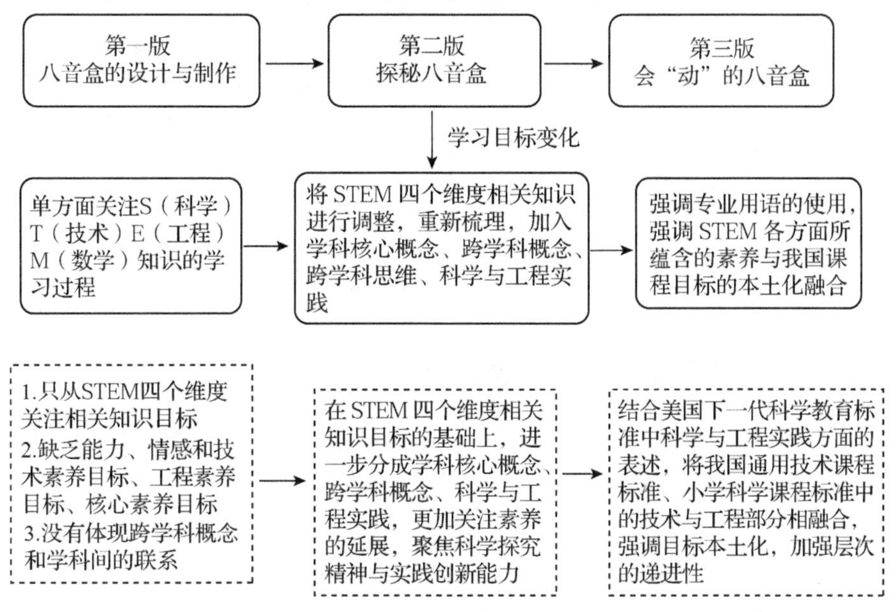

图 2-4-2　学习目标进阶图

结构作为典型的跨学科概念，在科学、技术、工程、数学领域中反复出现。结合传统劳动技术课程的特点，围绕八音盒结构研究与设计，可以帮助学生理解结构这个概念。八音盒的制作还体现着对中国传统乐器匏、土、革、木、石、金、丝、竹的认知与理解。认知和理解声音在不同材料中的传播有利于学生理解声音传播的原理。基于此，我们最终确定本项目为以结构和功能统整的跨学科概念的学习：从最初关注学科领域知识与技能的学习，到聚焦学科概念的学习，再到围绕结构和功能的跨学科概念的学习。本课例经历了核心概念的进阶过程(见图 2-4-3)。在学习过程中，教师引领学生进行八音盒结构、发声原理特点、声音节奏等的探讨和研究，了解声音传播的原理和特点，体验八音盒中声音节奏的产生，梳理不同结构对八音盒功能的影响，进行八音盒结构的设计与制作。

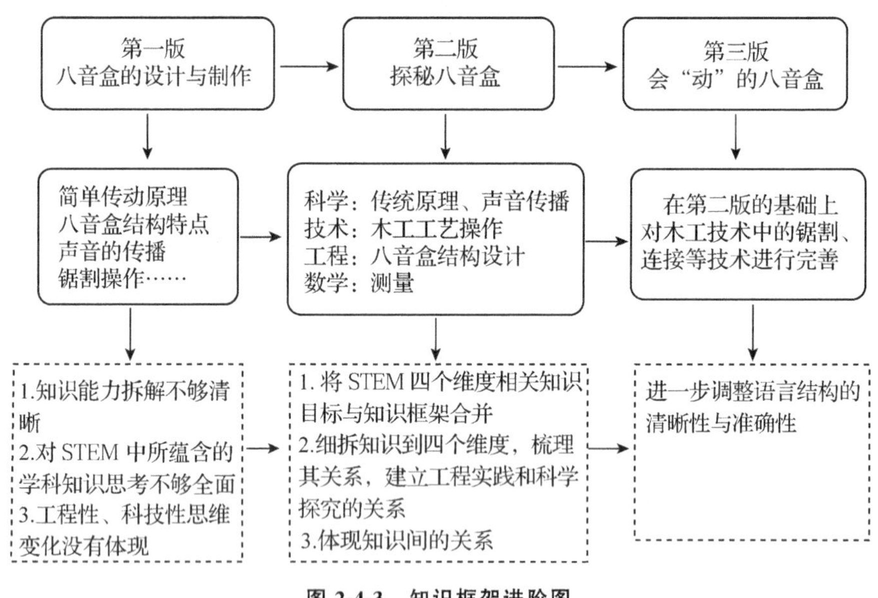

图 2-4-3　知识框架进阶图

(三)挑战性任务和驱动问题的进阶

STEM 学习项目应体现科学探究与工程设计实践，要围绕项目承载的核心概念——“结构”“功能”来设计相应的学习活动，引领学生进行学习、体验和领悟。因此，合适的任务和驱动问题将为学生学习搭建“脚手架”，进一步帮助学生理解要达成的学习目标，体现聚焦核心概念的学习。任务既要有挑战性，又要有可行性，能吸引和推动学生主动探索，同时还要允许学生以先前的知识、背景和技能为基础进行选择、计划和设计。

“会‘动’的八音盒”项目经历了“无工程核心任务—有初步设计的工程核心任务和挑战任务—有挑战性的工程总任务”的进阶过程(见图 2-4-4)。在这个过程中，为帮助学生构建任务和现实生活之间的关联，学生被授予了八音盒设计师的身份，从而激发学生完成任务的动力，增强其责任感。聚焦明确的工程任务和挑战任务，既容易吸引学生的兴趣和注意力，也可以将结构、功能等核心概念的学习融入任务解决过程，帮助学生体验相应的科学探究和工程设计实践过程，构建所学知识和现实生活之间的关联。

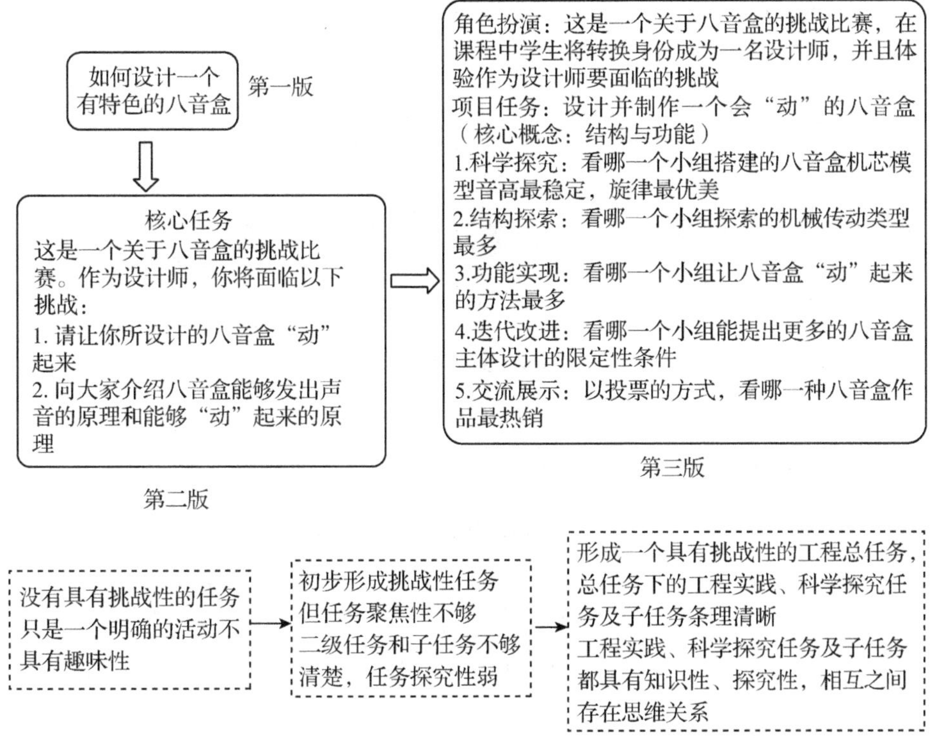

图 2-4-4　挑战性任务进阶图

为有效完成工程任务和挑战任务，项目学习还需要设计相关驱动问题。驱动问题既能够激发学生兴趣，又是对学生思维和价值观的挑战。项目学习的整体设计还要能体现对系列任务的支持，体现对知识、技能、素养的激发，具备兴趣性、挑战性、探究性、科学性等特点。

“会‘动’的八音盒”项目学习设计的驱动问题关注学生自主探究、完成任务，鼓励学生提出问题、产生疑惑，使学生在问题解决过程中增长知识、积极思考、开发创造性思维及工程设计思维(见图 2-4-5)。

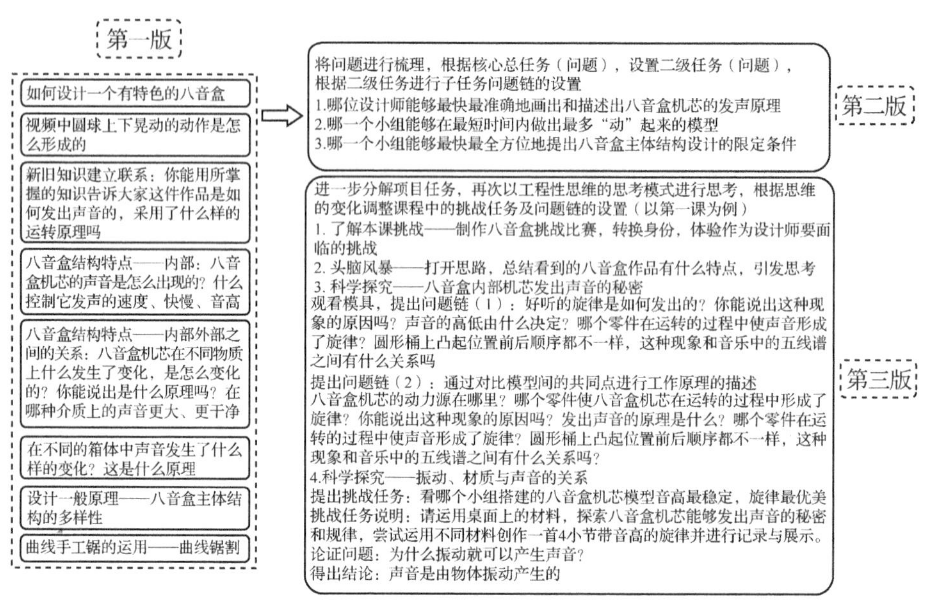

图 2-4-5　驱动问题进阶图

二、教师成长

在课例生成与进阶过程中，教师得到不断发展和提升(见图 2-4-6)。

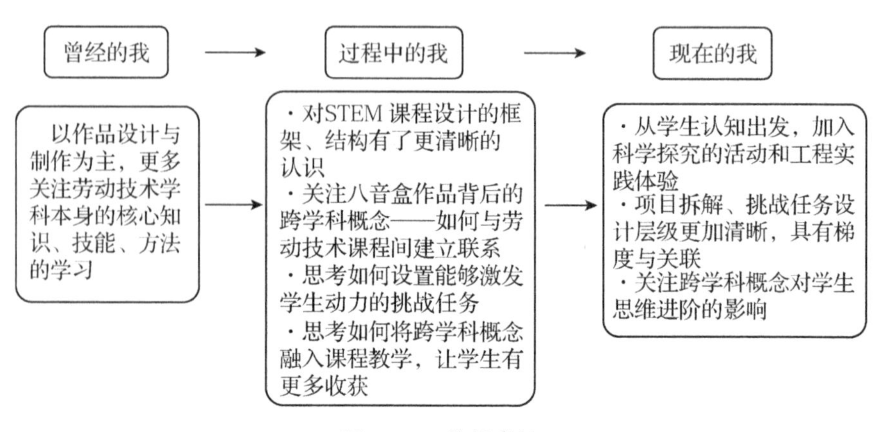

图 2-4-6　教师成长

三、学生成长

通过探究实验和工程实践活动，学生的时间规划能力、知识探究和观察能力、创新设计能力、物化能力等均有所提升。活动中涌现出很多富有科技创意的作品。同时学生的问题分析能力、批判性思维能力也有所提升。他们能够根据评价标准，对作品进行全面评价(见图 2-4-7)。

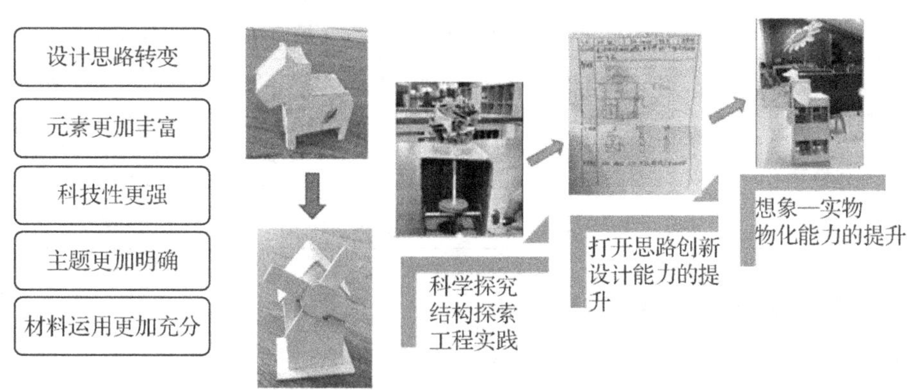

图 2-4-7　学生成长

第二部分　实施后反思改进版示范课例

一、项目缘起

八音盒源自 18 世纪末，是一件集科学、技术、人文于一体的综合艺术品。富有才华的工程师将机械、科学、艺术完美融合在一起，创造出精致的八音盒作品。

本项目以学校校庆设计校园文创产品为契机，以“会‘动’的八音盒”为载体，引导学生探究八音盒机芯发声的原理，了解基本机械原理，探究八音盒增大声音的秘密，经历设计的过程，完成突出校庆主题的校园文创产品——“会‘动’的八音盒”的设计与制作，从不同角度认识科学、运用技术、体验工程。

探究永远是学习最好的手段。学生在有趣的实验中探究现象，在现象中找寻答案。

二、项目实施的环境与硬件要求

本项目实施的环境与硬件要求如表 2-4-1 所示。

表 2-4-1　项目实施的环境与硬件要求

项目实施的环境要求	1. 具有开放性的教室，教室中应有足够空间支持小组讨论，便于学生使用工具进行制作 2. 需要制作或购买“会‘动’的八音盒”，支持学生进行探究性活动 3. 需准备多个八音盒机芯，以便学生进行研究 建议：如果有条件，教室可分为设计区与制作区两个区域
项目实施的硬件要求	1. 有投影、电脑、音响设备 2. 可以连接互联网

三、项目适合的学段

学段：考虑到八年级学生探究意识较强，具有一定的观察能力，建议本课程在八年级开设。

学情分析：具有简单木工作品设计和制作的经历(如没有，需要教师进行课程铺垫)，已学习木工相关知识(手工工具使用、绘图等)。

已有知识、技能：学生已基本了解设计与制作的流程和方法，能进行木工作品的制作，但在作品多元化、复杂结构的设计与创作、物化能力的提升、工匠精神的培养方面有所欠缺。

学习发展需求与路径：随着社会科技创新的发展，学生的视野更加开阔，他们已不满足于简单作品的设计与制作。部分学生学习过机器人编程及组建，搭建过复杂的乐高模型，具有探究欲望，并已开始尝试将更多的科技元素、丰富的工程技术知识与作品相融合。

学习过程中可能遇到的问题：只有少部分学生对机械传动原理有所了解，大部分学生对机械传动原理理解和把握不够，无法将机械传动与八音盒内部结构和整体设计相衔接。因此，教师在教学中要引导学生去探索机械传动原理，使其认识到传动原理是八音盒发声、“动”起来的重要因素。

下沉至低年级注意事项：适当多加案例、成品，或将课程进行进一步拆解，适当增加课时。

上升至高年级注意事项：可在声音的延展、会“动”的方法方面进行深度研究。

四、项目涉及的STEM知识与能力

本项目所涉及的STEM知识与能力如图2-4-8所示。

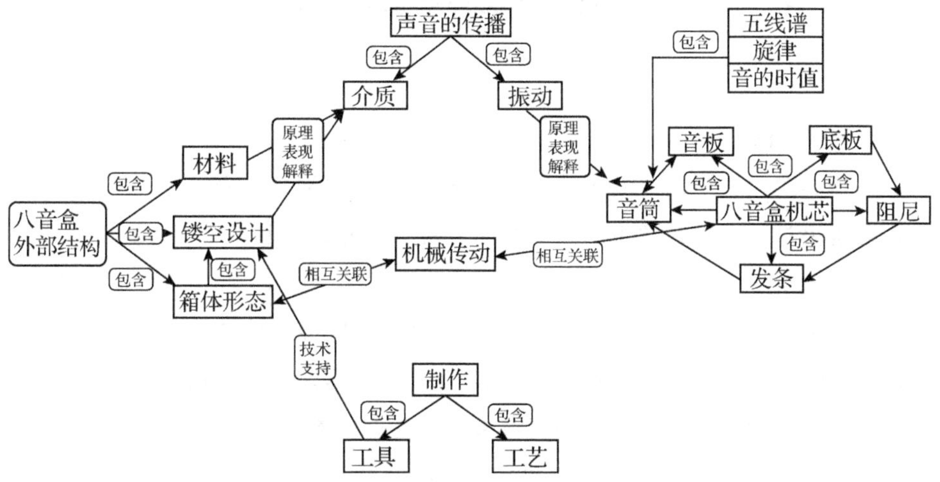

图2-4-8 项目涉及的STEM知识与能力

从STEM项目学习角度来说，项目的知识框架如表2-4-2所示。

表2-4-2 知识框架

S(科学)	1. 简单的传动原理 2. 声音在不同介质中的传播
T(技术)	1. 八音盒机芯的组成部分及工作原理 2. 手工曲线锯锯割技法，手电钻操作方法 3. 常用材料(木板、纸板、砂纸、乳胶)的特性 4. 安全、规范地进行技术操作的意识

续表

E(工程)	1. 建构解释机械传动的模型 2. 运用产品设计的一般流程设计解决方案 3. 根据要求与方案，利用现有材料和工具进行结构设计、制作、组装和测试，形成设计方案，不断提升工程思维水平
M(数学)	1. 图样表达及测量 2. 识图、绘图 3. 平面到立体的思维转化

五、项目目标和工程任务及拆解后的挑战任务

(一)项目目标

1. 总体目标

以培养全面发展的人为核心，聚焦科学探究精神与实践创新能力，在具体问题解决过程中提升学生的技术素养、科学素养、工程思维能力。

2. 具体目标

通过观察能够绘制并说明八音盒机芯的运转路径，体验让八音盒“动”起来的真实情境，能够根据实践需求设计“动”的方案，并绘制模型草图，分析各零件之间的相互关系，逐步提升技术水平及创新能力。

能使用常用锯割工具，会使用常见操作方法(画线、锯割、打磨、黏合、钉合等)，能绘制八音盒草图，并用三合板进行作品的设计与制作。

能通过小组合作观察，提出符合一定科学依据、具有一定创造力的设计方案，提升创新能力、对技术的学习与运用能力，发展工程思维，提升图样表达能力和物化能力，提高解决技术问题的综合能力，增强对技术文化的理解。

设计会“动”的八音盒的整体外观结构，能按照设计思路完成各部分的制作与组装，进一步掌握曲线手工锯的操作要领，感受技术问题在实际操作中的复杂性，形成精益求精、不断反思的态度，从而提升运用工具解决问题的技术水平。

(二)工程任务及拆解后的挑战任务

角色扮演：在课程中学生转换身份，成为一名设计师，参与八音盒挑战比赛，体验作为设计师要面临的挑战。

项目任务：设计并制作一个会“动”的八音盒，将其作为校庆的校园文创产品。

根据整体规划，本项目制定了不同层面的挑战任务(见表 2-4-3)。

表 2-4-3　项目挑战任务说明

维度	挑战点	挑战任务	挑战说明
科学探究 (探究) ↓	搭建八音盒机芯模型，能够演奏一个(节奏或旋律)片段的小组胜出	哪个小组搭建的八音盒机芯模型能演奏出一个片段，音高最稳定，旋律最优美	本环节要求学生理解八音盒机芯发出声音的秘密。评价标准为学生能够尝试动手模拟、搭建一个八音盒机芯的发声模型，并尝试创作一个(节奏或旋律)片段
结构探索 (分析) ↓	能够绘制机械传动类型的运动轨迹图，绘制数量最多的胜出	哪个小组探索的机械传动类型最多	探究不同类型的传动原理。评价标准为学生能够绘制出所研究模仿的机械传动运动轨迹图
功能实现 (应用) ↓	让八音盒成功“动”起来的方法最多的小组胜出	哪个小组让八音盒“动”起来的方法最多	依据不同传动原理结构图，采用给定材料，建构会“动”的八音盒框架，培养学生运用结构和有限的材料动手搭建的能力和完成具有八音盒功能的作品的能力
迭代改进 (创造) ↓	提出提高八音盒音量的方法及设计不同八音盒外观的方法最多的小组胜出	哪个小组提出的八音盒设计的限定性条件最多	本环节考查学生反思和修订方案的能力。评价标准为提出更多提高八音盒音量的方法；绘制更多八音盒外部结构形态设计图，并能根据设计图成功制作出各种外形的八音盒

续表

维度	挑战点	挑战任务	挑战说明
交流展示（评价）	八音盒文创作品推销，得票最高者胜出	以投票的方式，看哪一种八音盒作品最热销	作品推销：利用科学展板、音频、视频、图片、演示文稿等多种媒介，介绍本组推荐的会“动”的八音盒作品。本环节考查学生的交流展示能力。评价标准是学生通过各种方法和手段展示推销自己的作品，听众投票，得票数量多者胜出。听众依据评价标准，为传动原理清晰，外形设计有“动”的元素，且积极、正能量的作品投票。同时，教师依据八音盒主体规整、四周平滑无毛刺、连接部位稳固三个标准，考查学生使用相关工具进行锯割、打磨、黏合的技能

项目任务评价指标如表 2-4-4 所示。

表 2-4-4　项目任务评价指标

指标	指标描述	评价要点
振动传声	能出声	运用材料探究通过振动发出声音的现象
传动原理	能“动”起来	八音盒外观最少体现一种能够“动”起来的元素
主题	具有设计理念	设计理念清晰，其中包含“动”的设计元素 设计元素能够体现设计理念，且积极、正能量
制作	相关工具的使用技能掌握情况	锯割技能：八音盒主体规整 打磨技能：八音盒主体四周平滑无毛刺 黏合技能：八音盒的连接部位稳固

六、项目实施整体活动框架和所需课时及进度安排

（一）项目实施整体活动框架

本项目实施整体活动框架如图 2-4-9 所示。

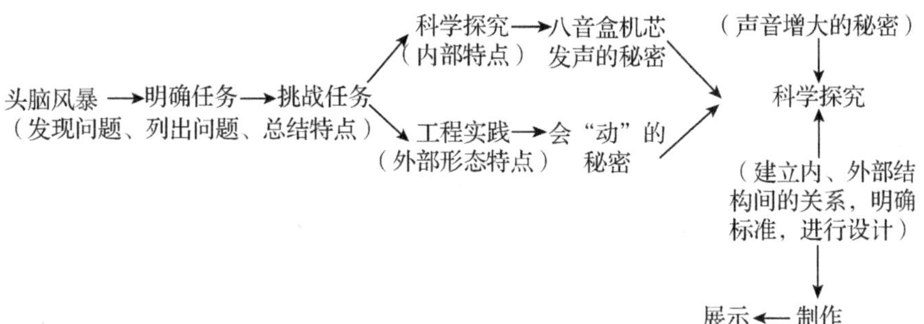

图 2-4-9　项目实施整体活动框架

(二)项目所需课时及进度安排

本项目所需课时及进度安排如图 2-4-10(1)及图 2-4-10(2)所示。

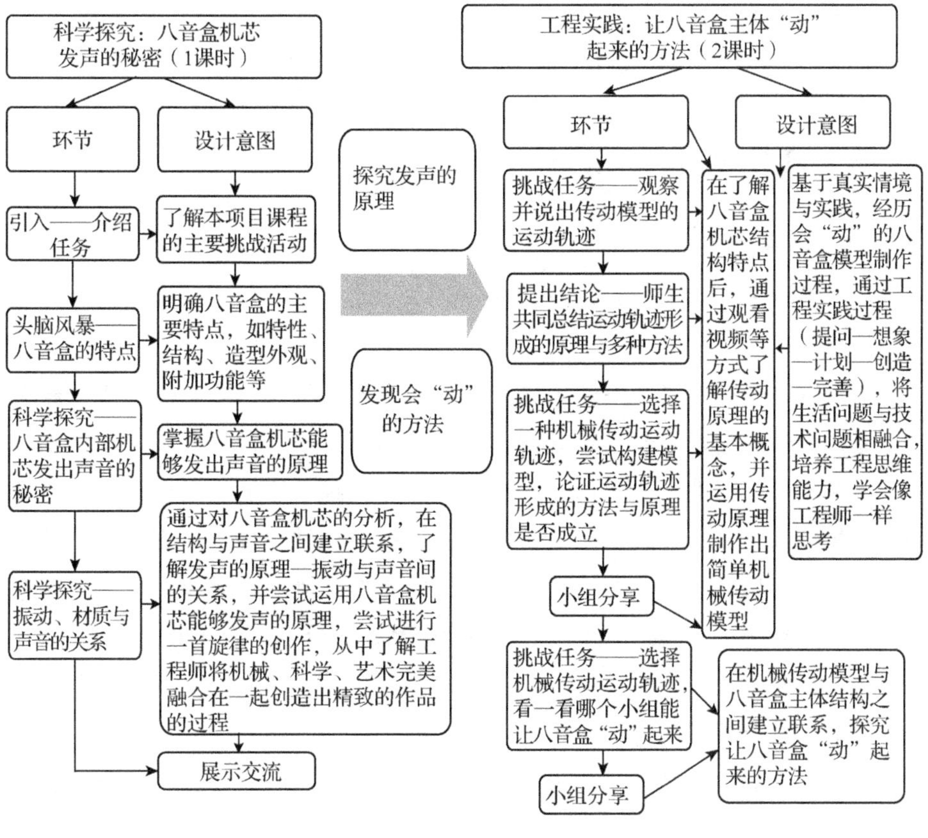

科学探究：八音盒机芯
发声的秘密（1课时）

环节
设计意图

引入——介绍任务
了解本项目课程的主要挑战活动

头脑风暴——八音盒的特点
明确八音盒的主要特点，如特性、结构、造型外观、附加功能等

科学探究——八音盒内部机芯发出声音的秘密
掌握八音盒机芯能够发出声音的原理

科学探究——振动、材质与声音的关系
通过对八音盒机芯的分析，在结构与声音之间建立联系，了解发声的原理—振动与声音间的关系，并尝试运用八音盒机芯能够发声的原理，尝试进行一首旋律的创作，从中了解工程师将机械、科学、艺术完美融合在一起创造出精致的作品的过程

展示交流

探究发声的原理

发现会“动”的方法

工程实践：让八音盒主体“动”
起来的方法（2课时）

环节
设计意图

挑战任务——观察并说出传动模型的运动轨迹

提出结论——师生共同总结运动轨迹形成的原理与多种方法

挑战任务——选择一种机械传动运动轨迹，尝试构建模型，论证运动轨迹形成的方法与原理是否成立

小组分享

在了解八音盒机芯结构特点后，通过观看视频等方式了解传动原理的基本概念，并运用传动原理制作出简单机械传动模型

基于真实情境与实践，经历会“动”的八音盒模型制作过程，通过工程实践过程（提问—想象—计划—创造—完善），将生活问题与技术问题相融合，培养工程思维能力，学会像工程师一样思考

挑战任务——选择机械传动运动轨迹，看一看哪个小组能让八音盒“动”起来

小组分享

在机械传动模型与八音盒主体结构之间建立联系，探究让八音盒“动”起来的方法

图 2-4-10(1)　项目所需课时及进度安排关系图

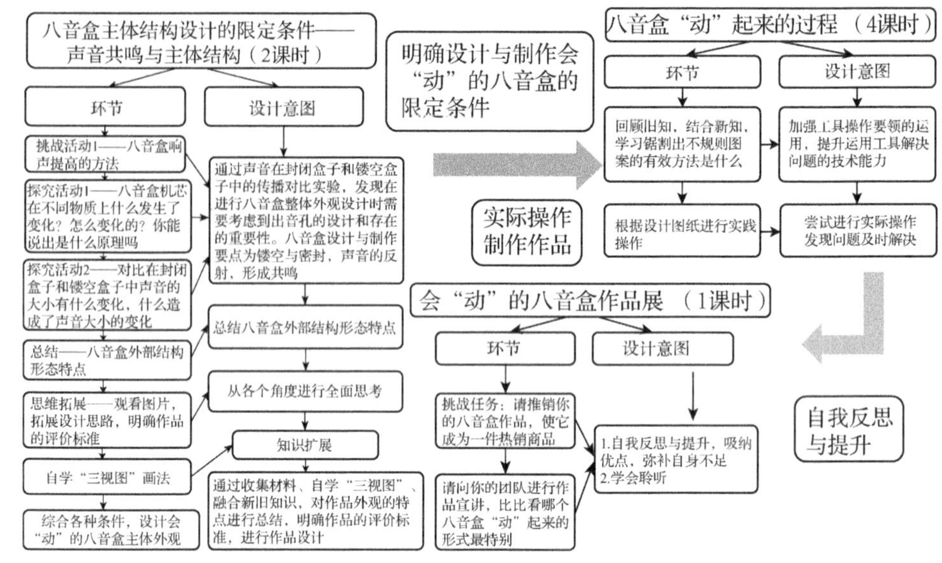

图 2-4-10(2)　项目所需课时及进度安排关系图

七、项目实施过程设计

(一)教学过程

1. 主题一：八音盒机芯发声的秘密

概述

通过观看视频，展开头脑风暴，发现八音盒的特点，然后提出挑战赛要求。通过科学探究，研究八音盒内部机芯能够发出声音的原理，并尝试根据原理使用相关材料进行艺术创作。在工程探究实践中，了解八音盒“动”起来的基本机械原理，从不同角度认识技术实现的多样性，逐步认识八音盒外部结构能增大音量的原理，总结八音盒设计的基本要素。最后设计并制作这个校园文创产品——会“动”的八音盒，展示作品，比较不同设计方式的异同。

活动过程

环节一：介绍任务。

教师演示 PPT，向学生布置本项目的学习挑战任务：设计一款校园文创产品——八音盒。

提出具体要求：作为设计师，参与系列探究实践活动，设计并制作一个会“动”的八音盒。

环节二：头脑风暴。

提问：说说设计师在设计作品的时候都会做什么准备。

引导学生回顾作品设计的一般流程，了解八音盒诞生的过程。

环节三：科学探究——八音盒内部机芯发出声音的秘密。

(1)观看模型(见图 2-4-11)，思考并回答。

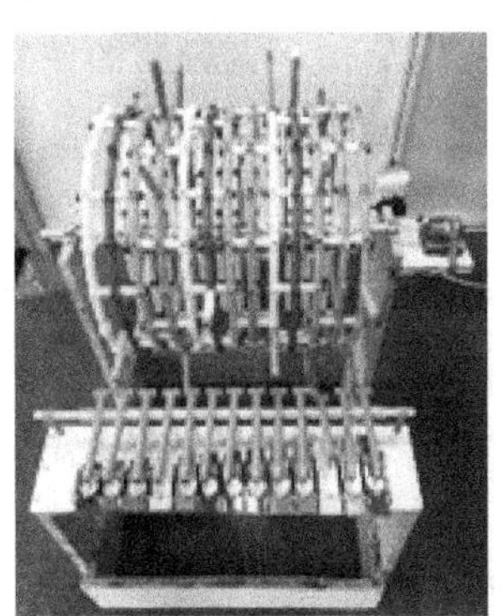
图 2-4-11 模型

・好听的旋律是如何发出的？你能说出这种现象产生的原因吗？

・声音的高低由什么决定？

・哪个零件在运转的过程中使声音形成了旋律？

・在稳定的转速中，圆形桶上凸起位置的前后顺序都不一样，这种现象和五线谱、音乐节奏之间有什么关系吗？

(2)提出问题，通过对比模型间的共同点进行工作原理的描述。

通过对八音盒机芯与大模型进行结构上的对比，思考发声的相同与不同点；根据学习任务单上机芯每个部位的名称，排列零件之间的工作顺序，并进行发声原理和八音盒机芯工作原理的描述。

提示：可以用螺丝刀拆开机芯，和完整的机芯进行对比；也可以与神奇的模型进行对比，论证想法是否正确。可以与神奇模型问题相结合思考以下问题：

・八音盒机芯的动力源在哪里？

・哪个零件使八音盒机芯在运转的过程中形成了旋律？你能说出这种现象的原因吗？

・发出声音的原理是什么？

环节四：科学探究——振动、材质与声音的关系。

提出挑战任务：模仿八音盒机芯模型发出声音的原理，并尝试创作一个(节奏或旋律)片段。

挑战任务说明：请运用桌面上的材料，探究八音盒机芯能够发出声音的秘

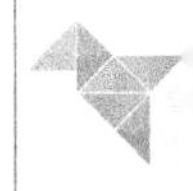

密和规律，尝试运用不同材料创作 4 个(节奏或旋律)片段并进行记录与展示。论证问题：为什么振动就可以产生声音？声音是由物体振动产生的声波。

材料：10 把钢尺、调音器、五线谱、玻璃杯、水、纸碗、纸盘子、剪刀、胶条。

记录片段创作的过程。教师可以在过程中提出引导性问题，如钢尺如何形成音高，调音器的使用方法，小组成员间如何配合。

环节五：展示交流，利用表 2-4-5 进行评价。

表 2-4-5　过程性评价量表

评价内容	铜牌	银牌	金牌
八音盒机芯运转流程图	无描述，思路不够清晰	有描述但不完整，环节有缺失，绘图潦草	内容描述完整，思路清晰
发声探究活动	无描述，无试验图，试验过程描述，思路不够清晰	有描述但不完整，环节有缺失	内容描述完整，思路清晰
探究流程	无探究流程，思路不够清晰	有探究流程但不完整，环节有缺失	探究流程内容完整，包括研究过程、材料使用步骤、探究结果
分工合作	分工不明确，成员不知道具体做什么	有基本分工，但分工不系统，执行分工不到位，有旁观者	有明确分工，任务明确，无旁观者
总结展示(小组)	由小组一人完成汇报，表述不够全面	一人或两人进行汇报，表述内容较完整，表达能力较强	小组所有成员共同汇报，思路清晰，分工明确，条理清晰

2. 主题二：　让八音盒主体“动”起来的方法

概述

学生在了解八音盒机芯结构特点后，通过观看视频等方式了解传动原理的基本概念，并运用传动原理制作出简单机械传动模型，在机械传动模型与八音盒主题结构之间建立联系；经历会“动”的八音盒模型制作，探究让八音盒主体“动”起来的方法；经历工程实践过程(提问—想象—计划—创造一完善），将生活问题与技术问题相融合，培养工程思维，学会像工程师一样思考。

活动过程

环节一：拓展与回顾。

欣赏八音盒作品，进一步了解八音盒的诞生演变过程，通过观看视频发现：八音盒外部形态多样，功能性强；知识结构越复杂，机械性越强，发声种类越多。

回顾上节课的科学探究过程，理解振动、材质与声音的关系，八音盒机芯发声的秘密，八音盒机芯的结构特征，在此基础上构建上节课学习内容与本次课学习内容之间的关联。

环节二：观察结构。

观察桌面上的模型，看看哪些零件能让八音盒“动”起来；尝试转动手柄，观察模型的运动轨迹，研究八音盒是怎么“动”起来的。

提出问题：

桌面上的模型体现了几种运动轨迹？

模型由几部分组成？每个部分的形状与作用是什么？

转动手柄是如何使模型动起来的？是如何形成不同运动轨迹的？形成运动轨迹的原理是什么？

通过模型，小组是否能探索出其他运动轨迹？它们是如何出现的？小组讨论，提出自己的观点并得出运动轨迹的概念：上下、左右等移动方向。

环节三：得出结论。

教师聆听学生汇报，播放不同传动方式的视频，与学生一同确定运动轨迹形成的原理与多种方法。

解释：传动机构是把动力从机器的一部分传递到另一部分，使机器或机器部件运动的构件或机构。

环节四：尝试设计并制作模型，论证结论。

挑战任务——实践操作：哪一组能最快探索出机械传动运动轨迹。

挑战说明：选择一种机械传动运动轨迹，尝试用材料建构模型，论证运动轨迹形成的方法与原理是否成立，探究不同类型的传动原理。

在观察过程中，思考下列问题：

两个圆形的材料叫作皮带轮。请思考不同大小的皮带轮和皮筋之间形成的关系是什么。

皮带轮与八音盒机芯的关系是什么？怎样组合它们可以让八音盒“动”起来？

关注主体结构的稳定性。

关注“动”的速度，思考制动的形态。

提出问题：

什么样的结构能够进行上下运动？

怎样才能更好地把机芯固定住？

材料：ABS塑料棒、铁丝、丝网花胶带、一块PVC板、一个乒乓球或小玩具、螺栓、螺丝、皮带轮(一大一小)、皮筋、实心圆铁棒。

环节五：小组分享。

小组展示汇报，阐述设计与制作过程、遇到了哪些问题、采取了哪些解决问题的手段、形成了哪种运动轨迹等，欣赏他人作品的优点，提出看到的不足。

环节六：功能实现。

挑战任务：依据不同传动原理结构图，采用给定材料，建构会“动”的八音盒的框架。

挑战说明：培养学生根据结构和设计图，运用有限材料动手搭建的能力。观察市场上已有的会“动”的八音盒作品，尝试设计八音盒机芯能“动”的部分。

思考：

如何与机械传动模型相结合？

如何与不同材料相组合展现“动”的过程？

材料：机械传动模型、八音盒机芯、剪刀、刻刀、胶枪、双面胶、透明胶带、三合板、铁丝、ABS塑料棒、一个乒乓球或小玩具。

环节七：小组分享。

小组汇报并评价。

要求：

推广小组的设计理念，阐述设计与制作过程，说明遇到了哪些问题，采取了哪些解决问题的手段，形成了哪种运动轨迹。相欣赏他人作品的优点，提出看到的不足。

投票选出：设计理念最好的作品，最可能进行实践的作品。

过程性评价表如表 2-4-6 所示。

表 2-4-6　过程性评价表

评价内容	铜牌	银牌	金牌
设计图	无设计图，思路不够清晰	有设计图但不完整，环节有缺失	设计图内容完整，包括外部设计、内部构造、材料、制作步骤
“动”的雏形(小组)	基本形成“动”的雏形，但没有形成完整结构，能够用语言描述理念	基本形成“动”的雏形，能够看出结构特征，能够进行语言描述	形成“动”的雏形，结构特征明显，能够进行语言描述，逻辑清晰
分工合作	分工不明确，成员不知道具体做什么	有基本分工，但分工不系统，执行分工不到位，有旁观者	有明确分工，任务明确，无旁观者
总结展示(小组)	由小组一人完成汇报，表述不够全面	一人或两人进行汇报，表述内容较完整，表达能力较强	小组所有成员共同汇报，表达清楚，分工明确，条理清晰

环节八：教师总结。

刚刚我们经历了讨论—探究—试验—论证这一系列的过程，这也是设计师创作一件作品会经历的。在这个过程中，我们了解了八音盒机芯是如何发出声音的，发声材料的选择过程，声音是由物体振动产生的，不同的介质发出的声音是不同的。

3. 主题三：　八音盒主体结构设计的限定条件：　声音共鸣与主体结构

概述

学生在了解八音盒机芯结构、机械传动原理，制作简单机械传动模型、将机械传动模型与八音盒主体结构建立联系后，明确了八音盒外部结构形态

特点，理解了镂空的作用(声音共鸣与主体结构的关系)，进行了材料的选择和箱体形态的探究与设计。

活动过程

环节一：新旧知建立联系。

用所掌握的知识告诉大家八音盒机芯是如何发出声音的。

环节二：迭代改进——探究活动。

挑战任务：提出更多提高八音盒音量的方法，设计并制作更多不同外形结构的八音盒。

挑战说明：本环节考查学生反思和修订方案的能力。

评价标准：提出更多提高八音盒音量的方法；绘制更多八音盒外部结构形态设计图，并能根据设计图成功制作出各种外形的八音盒。

观看实验1：将八音盒机芯放在玻璃板上、三合板上、铁板上的发声实验。

提出问题：

- 八音盒机芯在不同物质上什么发生了变化？是怎样变化的？
- 你能说出是什么原理吗？在哪种介质上的声音更大更清脆？

观看实验2：八音盒在封闭盒子和镂空盒子中发声的对比。

提出问题：

- 声音的大小有什么变化？什么造成了声音大小的变化？
- 声音在不同的盒子中发生了什么样的变化？这是什么原理？

体验活动：

将八音盒机芯放置在一个密封的盒子中，听声音的大小。

将八音盒机芯放置在一个镂空的盒子中，听声音的变化。

总结：当遇到坚硬、光滑的物体表面时，声音会被“反射”，形成共鸣。引导学生总结声音在物体上的传播及在封闭盒子和镂空盒子中发声的对比实验结果，发现在设计八音盒外观时需要考虑出音孔的设计和其存在的重要性。八音盒设计与制作要点为镂空与密封，声音的反射，形成共鸣。

环节三：八音盒外部结构形态特点。

观看实验 3：八音盒机芯位置的变化。

提出问题：

· 八音盒机芯是否接触了材料？为什么需要接触？

· 八音盒机芯旋钮摆放的位置对你的初步设计有什么影响？

总结：八音盒外部结构形态特点，镂空的作用，材料的选择，箱体的形态，八音盒机芯的摆放位置。哪个小组还能提出更多的限定条件？

会“动”的八音盒外观结构设计评价表如表 2-4-7 所示。

表 2-4-7 会“动”的八音盒外观结构设计评价表

评价内容	铜牌	银牌	金牌
限制条件	只是一个整体的密封盒，没有体现共鸣，机芯位置未考虑，对材料没有整体认识	作品设计体现对声音传播的理解，考虑到了机芯位置，整体设计较合理	作品设计体现对声音传播的理解，机芯位置设计合理，整体结构稳定
分工合作	分工不明确，成员不知道具体做什么	有基本分工，但分工不系统，执行分工不到位，有旁观者	有明确分工，任务明确，无旁观者

环节四：观看图片，扩展设计思路，明确作品的评价标准。

引导学生观看八音盒图片与视频，对比限定条件，进行补充。

环节五：自学“三视图”画法。

体验活动：根据物体在墙面上成的像，分析是物体的哪个投影面，初步形成“三视图”的概念。

要求：收集材料，根据视频材料与桌面工具，自学“三视图”的绘图方法。

材料准备：八音盒机芯、封闭木质盒子、玻璃板、铁皮、手电筒、视频资料。

环节六：展示交流评价。

会“动”的八音盒作品整体创意设计评价表如表 2-4-8 所示。

表 2-4-8　会“动”的八音盒作品整体创意设计评价表

评价内容	铜牌	银牌	金牌
整体创意设计	完成一个木质八音盒原创设计与制作 完成任务手册	完成一个会“动”的木质八音盒原创设计与制作 a. 有镂空图形设计 b. 作品整体外观精美，细节处理合理 c. 作品中体现“动”的元素 d. 实物作品与设计图略有偏差 完成任务手册 a. 完成“三视图”绘图，数据完整 b. 创意构思描述清晰	完成一个会“动”的木质八音盒原创设计与制作 a. 有镂空图形设计 b. 作品整体外观精美，细节处理合理 c. 能够将传动原理和作品的设计与制作建立联系并运用在作品创意设计中。传动装置明显并吸引人 d. 实物作品与设计图无偏差 完成任务手册 a. 完成“三视图”绘图，数据完整 b. 创意构思描述清晰

4. 主题四：会“动”的八音盒的诞生过程

概述

本次主题活动主要是制作会“动”的八音盒的主体结构。在此过程中，学生运用相关工具进行技术实践学习，提升运用技术解决实际问题的能力。

活动过程

环节一：提出问题，思考并实际操作。

提出问题：

锯割出不规则图案最好的方法是什么？请描述一下直线锯割使用方法。

教师进行曲线锯割示范，并提出问题：直线锯割与曲线锯割有何异同？桌上的哪些工具可以协助完成钻孔？

提示：工具操作过程中要注意安全。

环节二：使用工具，动手制作作品。

环节三：教师全程进行巡视，进行个别指导。

材料准备：手工曲线锯、乳胶、砂纸、三合板、锥子。

环节四：展示并交流各小组的八音盒作品，并进行评价(见表 2-4-9)。

表 2-4-9　八音盒主体结构评价表

评价内容	铜牌	银牌	金牌
主体结构制作（锯割、打磨、黏合等）	没有教师或同伴协助就无法运用曲线锯进行锯割，作品锯割与设计尺寸相差较多，凹凸不平，边缘木制毛刺多，黏合不够平整	在教师或同伴的协助下运用曲线锯进行锯割，作品锯割与设计尺寸有差距但误差值较小，可以看出进行了打磨，边缘有木制毛刺，黏合不够平整	可以自行运用曲线锯进行锯割，作品锯割与设计尺寸相符合，打磨边缘平整，黏合处干净整洁

5. 主题五：会“动”的八音盒作品展

概述

本课主要进行会“动”的八音盒作品展示。学生采取广告推销的方式展示小组作品，交流与评价本组和其他小组的作品，思考改进策略。

活动过程

环节一：明确挑战任务。

挑战任务：请推销本组最畅销的校园文创作品——会“动”的八音盒。

方式：利用科学展板、音频、视频、图片、演示文稿等多种媒介进行作品推销。

挑战解释：本环节考查学生的交流展示能力。评价标准是学生通过各种方法和手段展示推销自己的作品，听众投票，得票数量多者胜出。听众依据评价标准为传动原理清晰，外形设计有“动”的元素，且积极、正能量的作品投票。同时，教师依据八音盒主体规整、四周平滑无毛刺、连接部位稳固三个标准，考查学生使用相关工具进行锯割、打磨、黏合的技能(可以创编一段广告词、一个小故事……发挥创意介绍自己的作品)。

请向你的团队进行作品宣讲，小组内部进行优点与不足的记录，比比看哪个八音盒外观“动”起来的形式最特别并说明原因。

请说出作品的优点与不足(设计灵感、考虑因素、设计不足)。

请说出作品的特点(亮点)。

请介绍这次作为设计师的收获与遗憾。

环节二：展示、交流、评价活动。

小组内部进行汇报、互评，每人 2 分钟(见表 2-4-10)。

教师进行巡视。

小组推荐本组最佳作品，并阐述原因，每组 3 分钟。

表 2-4-10　过程性评价表

评价内容	初级	中级	高级
感受想象	能够理解别人的体验与自己的不同，不批判他人的想法，能够选择一个方向产生新想法	能够发现别人的体验与自己的不同，主动接受他人的想法并能够说出自己的判断，提出全新的想法和构思	能够在同一问题上提出深层的见解，并系统地、有步骤地向他人介绍想法，激发他人思考，统领团队讨论
实践	能够把想法说出或可视化，但制作状态不理想	能够接纳他人的想法，将想法可视化，并及时改进自己的创意，形成雏形	具备多面思考的能力，并能够将想法进行实践
分享	能够积极参与小组活动，简短地表达自己解决问题的方式	能够在小组活动中主动说出自己解决问题的过程，并确定自己在小组中的角色	能够在小组活动中引导他人共同解决问题，并引发他人思考

(二)学习任务单

1. 主题一：八音盒机芯发声的秘密

(1)八音盒机芯发出声音的秘密。

比一比，连一连，用线连接两个功能相同的部件。

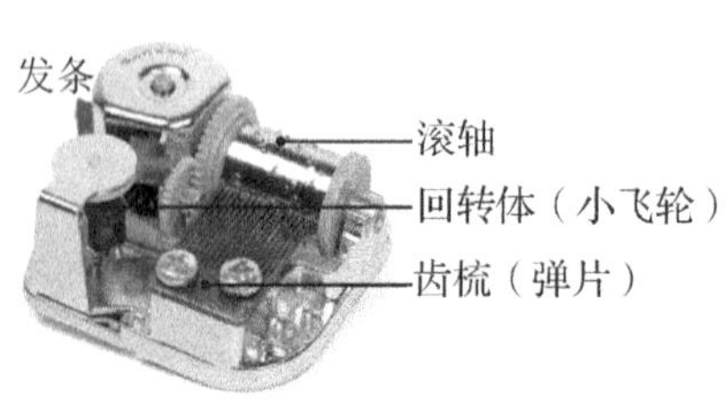

图 2-4-12　八音盒机芯

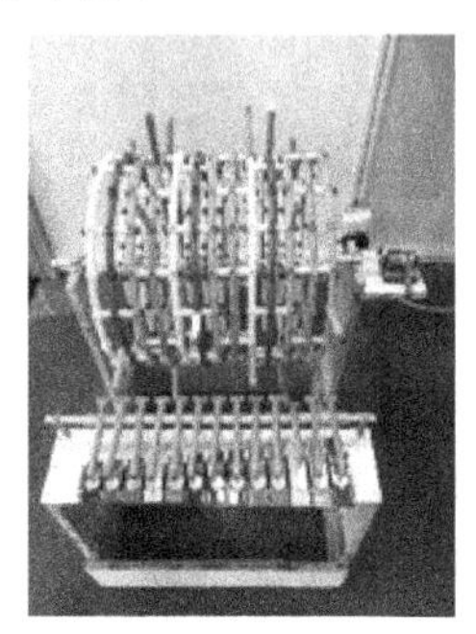

图 2-4-13　模型

和同伴互相讨论下面的问题：

怎么发出声音的　　零件之间的工作流程　　零件的作用

请给零件编号，描述它的工作流程，编号1—4。

(　　)滚轴　(　　)发条　(　　)齿梳　(　　)回转体

(2)挑战任务。

模仿八音盒机芯模型发出声音的过程，尝试创作一个(节奏或旋律)片段并论证声音是由物体振动产生的(见表2-4-11)。

材料：10把钢尺、调音器、五线谱、玻璃杯、水、纸碗、纸盘子、剪刀、胶条。

表2-4-11　模拟八音盒机芯振动发声实验

<table>
<tr><td></td><td></td><td></td></tr>
<tr><td>钢尺组</td><td>烧杯组</td><td>纸碗组</td></tr>
<tr><td></td><td colspan="2">请画出你们建构发出声音的实验图(标明实用材料所摆放的位置和原因)：
____
____
____
说说通过实验你们对所用材料的感受：
______________________</td></tr>
<tr><td colspan="3">· 有没有创造出带有节奏或旋律的片段，什么原因？______________________
____
· 这个材料是怎么发出声音的？______________________
____
· 出现音高了吗？怎么出现的？______________________
____
· 用到了什么辅助性材料？______________________
______________________</td></tr>
</table>

续表

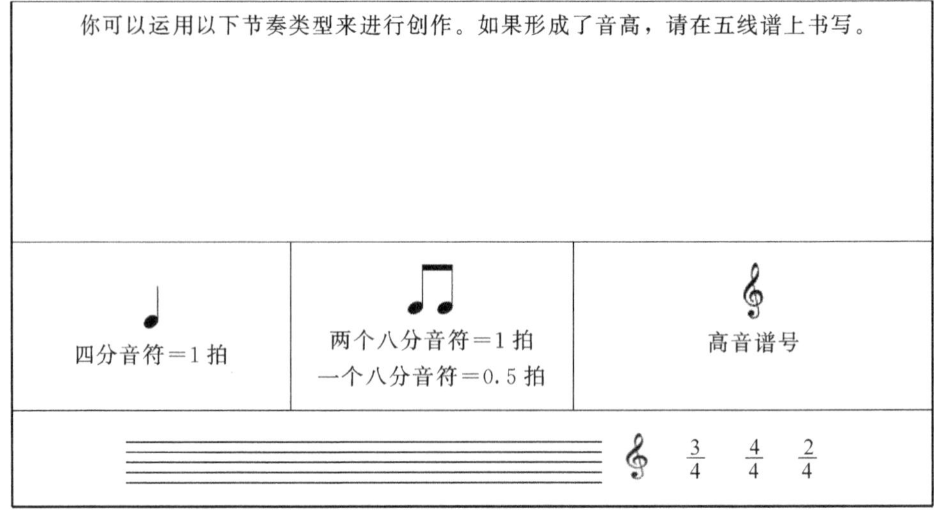

你可以运用以下节奏类型来进行创作。如果形成了音高，请在五线谱上书写。		
四分音符＝1 拍	两个八分音符＝1 拍 一个八分音符＝0.5 拍	高音谱号
3/4　4/4　2/4		

2. 主题二：让八音盒主体“动”起来的方法

(1)挑战任务——实践操作：选择一种机械传动运动轨迹，尝试用以下材料建构模型，论证运动轨迹形成的方法与原理是否成立，借助以下问题引导观察。

在材料中，两个圆形的材料叫作皮带轮。请思考不同大小的皮带轮和皮筋之间形成的关系是什么。

皮带轮与八音盒机芯的关系是什么？怎样组合它们可以让八音盒“动”起来？

关注主体结构的稳定性。

关注“动”的速度，思考制动的形态。

什么样的结构能够进行上下运动？

怎样才能更好地把机芯固定住？

(2)选择机械传动运动轨迹，看一看哪个小组让八音盒“动”起来的方法最多。

①你们的分工，每一个人的职责。

组长：　　　　　时间控制：　　　　　　其他组员：

请考虑制作的时间长短，作品的难度与自身能力，做完不同难度的作品后的进一步人员分工。

②说出每一个材料的作用或特点。

③说出你选择这种传动原理的理由。

④配合文字画出制作的详细步骤(文字、数据)。

“动”的分析任务单见表 2-4-12。

表 2-4-12 “动”的分析任务单

第一种“动”	第二种“动”	第三种“动”
1. 请认真观察材料与八音盒机芯会“动”位置之间的关系 2. 请根据观察制作一个会“动”的八音盒模型 1)主体结构完整 2)写出八音盒机芯会“动”部位的特点 3)描述出你都采用了哪些材料 4)写出制作的步骤 5)画出详细的设计制作图	1. 请认真观察材料与八音盒机芯会“动”位置之间的关系 2. 请根据观察制作一个会“动”的八音盒模型 1)主体结构完整 2)写出八音盒机芯会“动”部位的特点 3)描述出你都采用了哪些材料 4)写出制作的步骤 5)画出详细的设计制作图 3. 以下的问题可以帮助进行观察 1)是八音盒机芯会“动”部分带动主体结构旋转，还是八音盒机芯带动上方装饰部分旋转 2)如何连接两个主体	1. 请认真观察材料与八音盒机芯会“动”位置之间的关系 2. 请根据观察制作一个会“动”的八音盒模型 1)主体结构完整 2)写出八音盒机芯会“动”部位的特点 3)描述出你都采用了哪些材料 4)写出制作的步骤 5)画出详细的设计制作图 3. 以下的问题可以帮助进行观察 1)在材料中，两个圆形的材料叫作皮带轮。请思考不同大小的皮带轮和皮筋之间形成的关系是什么 2)皮带轮与八音盒机芯的关系是什么？怎么组合它们可以让八音盒“动”起来 3)关注主体结构的稳定性 4)关注“动”的速度，思考制动的形态 5)什么样的结构能够进行上下运动 6)怎样才能更好地把机芯固定住

3. 主题三：八音盒主体结构设计的限定条件——声音共鸣与主体结构

八音盒主体结构设计任务单见表2-4-13。

表2-4-13 八音盒主体结构设计任务单

姓名		班级	
实践操作过程记录			
项目名称 (请给自己的作品起一个能够成功吸引他人的名称)			
项目描述 (描述项目背景、功能、用途等)			
项目设计说明 1. 阐述自己设计的作品在功能上具有哪些特点 2. 作品的设计体现了设计的哪些基本要求 3. 作品造型、结构等有何特点			
绘制草图说明设计方案 说明：用草图表达设计意图，要能反映设计方案的内容，要有作品的整体效果图，标注作品的总体尺寸与功能尺寸，可以配以适当的说明文字，说明连接方式、加工工艺等，文字量不宜过多。草图可绘制在另附的A4纸上			
绘制作品构件(部件)的下料图("三视图") 说明：根据绘图标准绘制作品构件(部件)，说明所采用的比例，标注构件(零件)的尺寸信息。可绘制在另附的A4纸上，可以是多张A4纸			
简述在设计和制作作品过程中遇到的问题及解决办法			

4. 主题四：会"动"的八音盒作品展

自我反思任务单见表2-4-14。

表2-4-14 自我反思任务单

请说出作品的优点与不足(设计灵感、考虑因素、设计不足)	
请说出作品的特点(亮点)	
请介绍这次作为设计师的收获与遗憾	

小组内部推荐任务单见表 2-4-15。

表 2-4-15　小组内部推荐任务单

作者姓名	作品优点与特点	作品的不足	你推荐作品的理由，提出的修改意见

小组推荐任务单见表 2-4-16。

表 2-4-16　小组推荐任务单

小组编号	评价内容	简单描述推荐理由

(三)评价设计

1. 非正式—过程性评价设计思路

非正式—过程性评价设计思路见图 2-4-14。

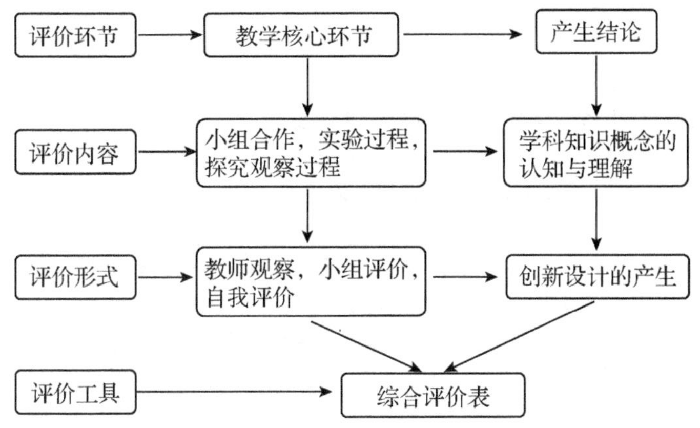

图 2-4-14　非正式—过程性评价设计思路

2. 会“动”的八音盒作品整体创意设计评价

会“动”的八音盒作品整体创意设计评价表见表 2-4-17。

表 2-4-17　会“动”的八音盒作品整体创意设计评价表

铜牌	银牌	金牌
完成一个木质八音盒原创设计与制作 完成任务手册	完成一个会“动”的木质八音盒原创设计与制作 a. 有镂空图形设计 b. 作品整体外观精美，细节处理结构合理 c. 作品中体现“动”元素 d. 实物作品与设计图略有偏差 完成任务手册 a.“三视图”绘图，数据完整 b. 创意构思描述清晰	完成一个会“动”的木质八音盒原创设计与制作 a. 有镂空图形设计 b. 作品整体外观精美，细节处理结构合理 c. 能够将旧知一传动原理与作品的设计与制作建立联系并运用在作品创意设计中，传动装置明显并吸引人 d 实物作品与设计图无偏差 完成任务手册 a.“三视图”绘图，数据完整 b. 创意构思描述清晰

3. 前测

第一课开课前，用于了解学生的知识储备。

1. 你知道两个杯子中间连根线这个玩具吗？它能做什么？它的原理是什么？（　　）
A. 线可以用来传递声音
B. 杯子可以用来传递声音
C. 中间的线选用棉线效果好
D. 中间的线选用塑料线效果好
E. 传音筒利用的科学原理是声音的固体传播

2. 小提琴、中提琴、大提琴、古筝，这几件弦乐器都是木质乐器。请思考乐器上面和下面的镂空的孔，选择下面哪个选项可以解释？（　　）
A. 装饰品
B. 这个孔名为音孔，主要是为了使共鸣板可以自由振动，以加强音色
C. 乐器内部振动发出的声音能够传到乐器外
D. 音孔越大，音色越低沉；音孔越小，音色越清脆

3. 机械手表中圆盘形的装置是什么？（　　）
A. 能量的传递
B. 齿轮
C. 控制速度
D. 齿轮传动原理

4. 后测

最后一课结束后，用于了解学生课程学习结束后对相关知识的掌握与迁移情况。

1. 学完这次课程，你能分辨出下列现象是哪种传动吗？

A. 齿轮传动　　B. 链条传动　　C. 皮带传动

自行车（　　）纺车（　　）手表（　　）拖拉机（　　）

电梯（　　）安检传送带（　　）门把手（　　）

2. 以下哪种说法属于声音传播的概念？（　　）

A. 古人枕着瓷枕在地面探查敌情

B. 声呐捕鱼

C. 远处寺庙敲钟，家中的水壶会莫名地响

D. 大家都说卫生间是一个天然的练声区

八、项目学习成果展示

班级内部展示，说一说作为设计师应该如何推销产品。

以小组的形式进行作品汇报展示，可以从以下几点进行汇报（可以补充其他内容）

- 请说出作品的优点与不足。
- 请说出作品的特点（亮点）。
- 请介绍这次作为设计师的收获与遗憾。

作品展示见图 2-4-15。

图 2-4-15　作品展示

九、课例整体评价与反思

(一)专家意见

专家意见1：这是一节具有新意的课程，符合STEM课程理念，能够基于项目的问题情境、挑战任务和问题开展，但任务层级不够清晰。

专家意见2：明确问题与挑战任务之间的关系，关注从“伪真实”问题情境到“真实”问题情境的转变，体现出技术学习从浅层的技术实践向深层学习的转变。

专家意见3：关注STEM项目中的跨学科概念，理解结构与功能之间的关系，梳理联系。

(二)同事反馈

将STEM理念中的多学科交叉、科学探究、工程思维等理念与学科相融合，符合我国的学科教学背景，解决了STEM在我国落地难度大的难题，有利于更多的学校开展STEM教育，对教师在学科教学过程中融入STEM理念起到一定的示范带头作用。

课例配备了评价表，过程性评价贯穿在各个任务和问题中。通过评价表可以随时跟踪学生的学习行为，全面评价学生，发现学生的优点，有助于学生建立良好的学习习惯。

（三）实施反思

本课例引入劳动技术学科核心概念，融合学科核心素养和工程设计与科学探究，以“会‘动’的八音盒”为课程项目，聚焦八音盒的结构、功能两大核心概念，设计合适的任务和驱动问题，引导学生学习、体验、领悟。项目中融入设计思维和科学探究过程，能够激发学生学习的主动性和自主性，但教学中仍然存在一些问题。针对这些问题，我们也进一步思考了改进策略。

问题1：从设计图纸到物化的过程中，学生有想法但缺乏经验，作品与设计图纸有较大的出入。

改进：加强对评价的设计，通过有层次的评价引导学生关注设计中的不足。

问题2：小组合作时会出现旁观者，核心材料在作品设计中功能不突出。

改进：应适当延长学生探究的时间，每个学生都应该有充分的时间进行核心材料拆解，学生在实践探究中成长的空间应得到扩展。

第三章　从技术到素养的STEM课例进阶

美国《新一代科学教育标准》发布后，全美都在探索和研究如何在科学教育中引入工程技术教育，开展科学实践项目。此后我国引进的美国STEM案例，多以工程技术驱动的STEM项目呈现。这使得我国的STEM教育最先是由一批高中通用技术、初中劳动技术、信息技术或者课外科技活动的教师介入实施的。工程技术驱动的STEM教育注重问题解决、动手做、产品展示、展示交流等环节，既符合技术类课程的特点，又有这些课程缺乏的独特的选题、科学探究过程、工程设计环节、技术学习的内容。很快，技术教师就开始了STEM项目式学习。这种尝试是有益的，但同时也埋下了隐患，即技术老师还不能一下子适应跨学科学习的特点，更不能一下子掌控以学生为中心的项目式学习，对于科学探究环节更是能省则省。所以，大多数时候，STEM项目学习就变成了拿来一个新鲜项目，学生“跟我学、跟我做”，最后完成一个作品，既不问选题，也不探究科学问题，工程设计流程也马马虎虎，最终沦入技术学习和动手做的陷阱中。

《普通高中通用技术课程标准》(2017年版)提出了“技术意识、工程思维、创新设计、图样表达、物化能力”的学科核心素养，强调技术与工程以及创新能力。教学建议明确指出，要积极引领学生进行学习方式的转变，使学生的技术学习过程成为主动建构知识、不断提升能力、发展核心素养的过程；使技术学科的目标从技术学习转向技术素养和创新能力的培养，特别强调通过项目式学习和跨学科实践解决真实问题。《普通高中通用技术课程标准》(2017年版)给技术教育带来从技术学习到素养提升的曙光。但是，现阶段通用技术教育仍然面临如何解决学习过程中“实践有余，创新不足，科学欠缺，工程肤浅”的问题。STEM教育侧重于综合运用多学科知识解决真实问题，采用比传统教学更具参与性和探究性的方法，鼓励学生之间协作，通过创造新项目进行学习。通用技术教育面临的问题可以通过STEM教育与技术教育的结合得到解决。融入STEM教育理念的通用技术学科活动，不仅有利于学生对科学、技术、工程和数学等领域基础知识的理解，而且能锻炼他们综合运用工程、技术等知识解决真实情境中的问题的能力，还有助于学生获得缄默知识和程序性知识，提升技术意识、工程思维、创新设计能力、图样表达能力、物化能力等核心素养。另外，STEM教育可突破技术课程价值文化壁垒，利用自身的多元特性重塑技术知识教育的价值文化，改变社会、学校及学生对技术教育的认识。

本章的四个课例从技术与环境开始，选取了涵盖通用技术学科核心的大概念，如结构、系统、流程、控制等，从设计到制作到测试再到应用，对设计流程中的关键环节进行着重介绍。这些课例主要生发于通用技术课程原有项目的STEM学习项目，或者根据课程标准新开发的STEM项目。这些课例在体现技术特点的基础上，特别关注科学探究思维、设计思维、创新思维的培养，以项目探究活动为主要形式，在实施过程中关注学生的学习主体地位，创设贴近生活的情境，鼓励学生通过协作完成任务。教师作为学生知识建构的帮助者和促进者，在选题阶段引领学生提出有价值的项目探究问题，组织学生明确工程任务和验收标准，精心设计各种学习支架，帮助小组开展独立探索或协作探索，调控和管理每个教学环节，给予学生及时的指导，调动学生的主动性。课例实施效果表明，注重素养的STEM项目可以引导学生对学科知识进行加工、消化和吸收，进而将学科知识内化成自身素养。当然，研发项目的时候，我们遇到了一些挑战。比如，项目的真实性与教学内容的基础性之间的矛盾：设计一个与生活紧密联系的真实项目，涉及多学科的基础知识、基本技能，而以分科为主的课程目标要求学生掌握必备的基本知识和方法，照顾到教学内容的基础性，往往会影响项目的真实性。如何找到平衡点和相关策略是需要我们继续关注和解决的现实问题。

课例一　技术与环境：小镇咖啡馆灯具模型设计与制作①

项目简介

“小镇咖啡馆灯具模型设计与制作”课例源于北京市十一学校龙樾实验中学内新建咖啡馆灯具设计的真实需求。该课例以激光切割为主要技术手段，开展基于素养导向的劳动技术项目教学，引领7～8年级学生经历“设计－制作－展示－评价”全过程，从关注技术本身走向关注技术与真实环境的和谐统一，充分体现基于真实需求解决真实世界中的问题，也充分聚焦工程设计实践。

第一部分　三级进阶课例解析

随着经济的快速发展，科技创新对社会的引领作用更加凸显，技术对人类生活的影响更加广泛，社会对高素质创新型人才的需求与日俱增。初中劳动技术课程作为学生接受技术教育的课程，必须要关注基本的技术学习内容，帮助学生逐步掌握基本技术知识、相应技术方法，形成技术思维。此外，要想成为未来的新型人才以及适应未来科技发展的合格的现代人，学生需要具备综合运用多学科知识、以创新思维解决现实问题的能力。

因此，当前初中劳动技术教师在注重符合时代需要和学生发展需要的基础知识与基本操作技能传授的同时，更加强调对学生核心素养的全面培养。基于素养导向的劳动技术课程教学关注技术与真实世界的联系，重视创设真实具体的问题解决情境，强调形成问题解决方案或产品；引导学生领悟与运用技术思维，感悟和理解技术的人文因素；注重技术探究与创造，发展学生的情感态度与价值观以及共通能力。

---

① 本课例由北京市十一学校龙樾实验中学崔晓红老师具体设计和实施。指导教师为北京市海淀区教师进修学校劳动技术教研员陈雪梅。由北京教育学院于晓雅博士主持的北京市“STEM教育与创客教育课程实践”卓越教师工作室集体打磨完成。

“小镇咖啡馆灯具模型设计与制作”课例来源于学校咖啡馆灯具设计的真实需求。这个真实需求促使劳动技术课程的学习从课堂延伸到真实世界，从关注技术本身拓展到关注技术与真实环境的和谐统一。课例所属的“模型设计与制作”课程模块恰与《中小学综合实践活动课程指导纲要》中的基于激光切割与雕刻创意设计相一致。《模型设计与制作》课程的主要内容是通过设计、制作或装配等，利用激光切割技术来完成立体结构创意作品的制作。学生经历“设计—制作—展示—评价”这一工程设计流程，体验数字化设计与加工技术，制作灯具模型，并在校园咖啡馆进行测试。

一、STEM 课例进阶

本课例在设计过程中紧密围绕学校培养“未来小镇科技公民”的育人理念，以培养能够“在未来生存、在未来生活、在未来创造”的小镇科技公民为目标。整个团队认为 STEM 教育能够支撑初中劳动技术学科更好地实现育人目标。如何将典型的初中劳动技术课程案例转换为体现 STEM 教育理念的课程案例是团队面临的一个现实问题，STEM 项目特有的“模糊的任务、开放的过程、明确的结果”成为转换的依据。① 整个课例主要从项目名称、学习目标、工程任务及挑战性任务方面进行了迭代设计。

(一)项目名称的进阶

项目名称的进阶如图 3-1-1 所示。项目名称体现课例所对应的学习活动主题，聚焦主要学习任务。第一版项目名称为“灯具模型设计与制作”，凸显本单元的学习任务——设计与制作灯具，但是缺乏与真实世界的关联。第二版项目名称为“以激光切割为载体的灯具模型设计与制作”，凸显了工程技术特征，但更多关注的还是在课堂中学习技术和应用技术，仍缺乏与真实世界的关联。专家、团队成员在共同研讨后，普遍认为项目名称要体现出 STEM 教育所强调的真实情境中的真实问题解决这一特征，因此最终将项目名称调整为“小镇咖啡馆灯具模型设计与制作”。这样的真实任务既体现了学习内容和现实生活的关联，还能够吸引学生的注意力，以增强学生完成任务的动力。

① 赵慧臣、唐优镇、姜晨：《STEM 教育理念下中小学综合实践活动课程的实施路径》，载《数字教育》，2018(6)。

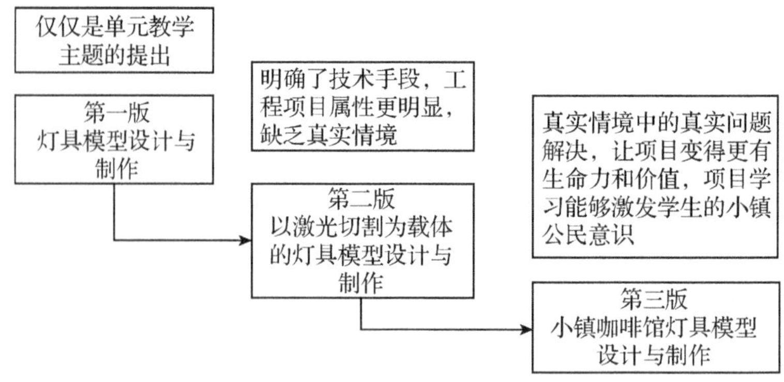

图 3-1-1　项目名称进阶图

(二)学习目标和知识图谱的进阶

在确定学习目标方面，我们充分考虑了课程内容要求及育人要求，注重对核心概念的关注和落实。

作为学校“模型设计与制作”课程的一个学习单元，本项目最初更多关注灯具模型的设计与制作，关注劳动技术课程作为分科课程所体现的学科核心概念，如结构、系统流程、控制等，但是对于跨学科的概念，如稳定性和变化、结构和功能、尺度和比例等关注度不够，尤其是对项目的核心概念缺乏深度思考。因此，从第一版看，学习目标更多关注分学科知识点的学习和落实，缺乏跨学科核心概念的引领，导致项目缺乏深度。

在探讨如何界定项目核心概念的过程中，团队充分考虑本项目所体现的未来小镇科技公民培养要求，结合中国学生发展核心素养需要，将项目核心概念界定为技术与环境的关系。我们运用这样一个核心概念，统领相关概念的学习，帮助学生认识到技术的更新和发展会改变环境，同时环境也会影响技术的应用。通过探讨技术与环境的关系，学生可以从更本质的视角认识和理解工程技术对真实世界的作用与意义。

在确定项目核心概念后，我们对项目学习目标做了相应的调整(见图 3-1-2)。项目最初是围绕初中劳动技术学科核心素养达成，聚焦产品设计制作的一般过程的学习，使学生初步掌握设计的基本知识与方法，并能够运用激光切割技术对方案进行物化。调整后的项目学习目标在关注工程设计的相关概念及跨学科概念的基础上，强调了对技术与环境关系的认识和理解。项目核心概念的调整和优化促进了项目学习目标的调整；反过来，明确的项目学习目标也有利于学生对项目核心概念的领悟和理解。

1.目标不够具体，影响未来考核和评价
2.缺乏对科学知识和能力目标的设定
3.情感、态度、价值观方面的目标没有得到很好的升华
4.游标卡尺的学习在学习目标中没有体现

第一版
1.经历灯具模型的设计过程；能够根据设计要求进行灯具模型方案设计，能够运用二维设计软件表达灯具模型方案，分析灯具模型各组成部件并绘制灯具模型部件加工图样，逐步提升技术创新意识，形成工程思维以及培养图样表达能力
2. 经历灯具模型各部件的制作过程以及组装测试过程，学会使用激光切割机完成灯具模型各构件的切割制作，能够按照设计图完成各部件组装，根据功能要求进行测试和优化，从而逐步提升运用工具解决问题的技术实践能力
3.经历灯具模型作品的交流、展示与评价，了解作品评价应该考虑的因素，逐步形成系统全面进行作品评价的意识，发展批判性思维，逐步提升使用技术的自信心

1.从“过程”到“知识能力”到“素养达成”，目标表述更加清晰，知识和技能达成更加明确
2.开始从工程项目走向STEM项目，有了科学层面的学习目标

第二版
补充了游标卡尺在目标中的要求（能够使用游标卡尺辅助测量，完成灯具及灯具模型配合面的设计）
增加：经历灯具模型外形结构的分析比对和方案确定过程，了解重心和稳定性概念

1. 学习目标更加明确和具体，为有效评价的实施奠定了基础
2.情感价值方面做了升华，突出强调了公民意识和信息技术责任

第三版
增加：在真实情境（为咖啡馆设计灯具）中解决问题的全过程，提升学生的信息技术能力

图 3-1-2 学习目标进阶图

知识图谱的进阶见图 3-1-3。

第一版
1.知识和能力没有拆分
2.对STEAM知识和技能做了简单罗列
3.不能聚焦具体知识点

第二版
1.将知识和能力做了拆分
2.将项目内容细化到知识和能力描述中
3.在能力层面体现了从低阶思维到高阶思维的变化

第三版
1.用陈述性语言描述了能力提升
2.进一步体现了学习目标

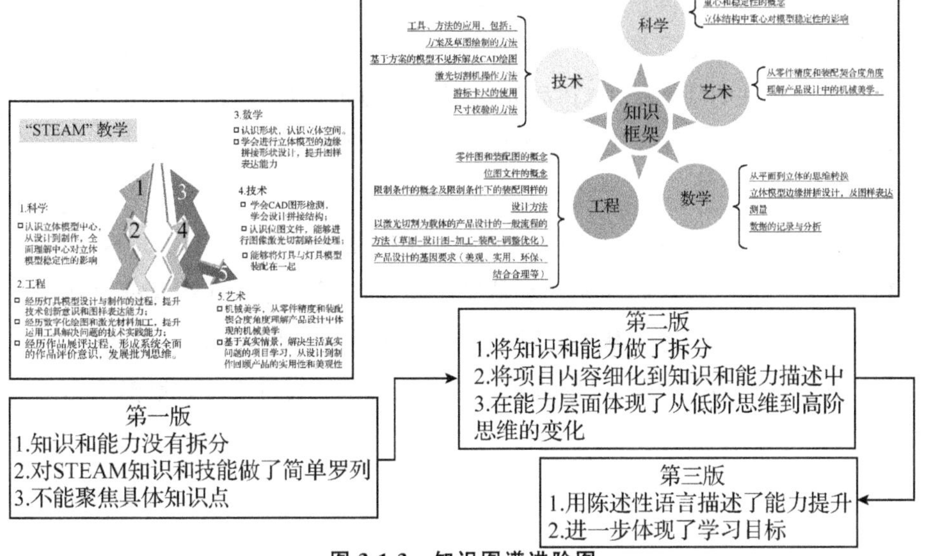

图 3-1-3 知识图谱进阶图

(三)工程挑战任务与驱动问题的进阶

制定合理的工程任务有助于帮助学生理解相应的课程知识和相关概念。为帮助学生更好地理解技术与环境的关系，我们将最初的“灯具设计与制作”这一工程任务转化为“为校园咖啡馆设计制作一款原创灯具，应该如何去做”这一工程任务，通过模仿真实世界的任务，引导学生经历灯具设计、制作、展示及评价等过程，逐步认识相关核心概念，学习相应的技能和方法。

考虑到项目学习周期较长，学生在学习过程中会产生相应的懈怠情绪，因此，我们将工程任务拆解为若干较小的挑战任务。这些小的挑战任务可以帮助学生体验学习的快乐，同时强化学生对学科核心概念、跨学科核心概念的理解。在工程任务拆解之前，我们先梳理了项目实施流程，如将咖啡馆的灯的设计分为外观设计、拼插设计、加工制作、展评交流等；然后依据不同的项目实施流程，确定相应的学习内容，设计相应的挑战性任务，如针对外观设计将挑战任务定为“用 CAD 软件绘制灯具草图(含灯具结构与尺寸)，哪个同学用时最短”。通过类似的挑战任务的设计，帮助学生在项目学习过程中逐步体验和领悟相关知识与技能。

为帮助学生更好地理解核心概念和相关知识，我们将第一版中的诸如“灯具设计与制作的一般流程与方法是什么”这类比较空泛的问题，调整为推动挑战任务达成、体现学习目标的驱动问题，如针对“看看谁测量得最准确”这一挑战任务，将驱动问题定为“在激光切割前如何进行尺寸校验”。通过类似问题，帮助学生理解尺寸校验在材料加工中的重要性，认识尺寸对灯具结构的影响。

工程挑战任务的进阶(见图 3-1-4)与驱动问题的进阶(见图 3-1-5)，既体现了项目学习与真实世界的联系，也帮助学生认识了咖啡馆灯具模型设计与制作中所蕴含的核心概念和基本知识，有利于引导学生明确项目学习结果(如设计草图、灯具模型等)，拓展创新思维、工程思维等高阶思维，培养问题解决能力。

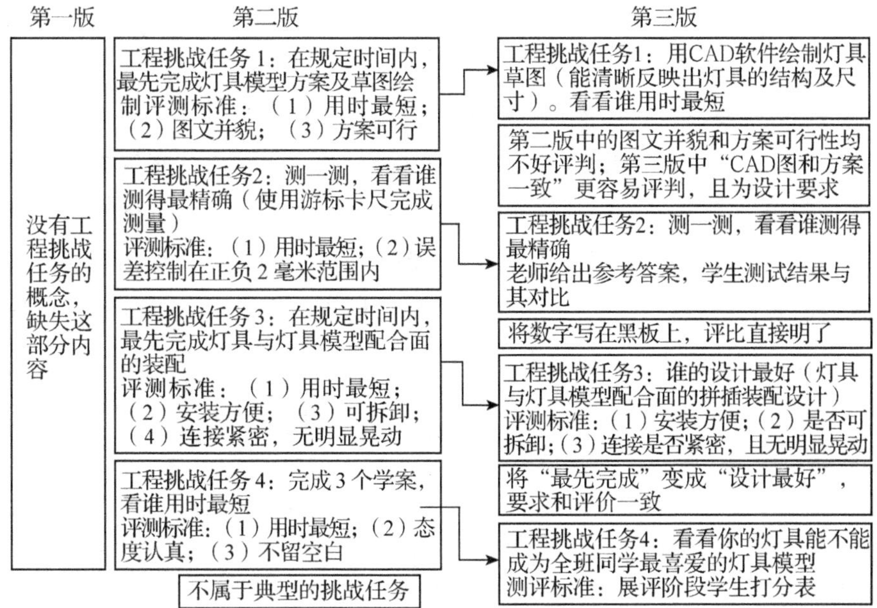

图 3-1-4　工程挑战任务进阶图

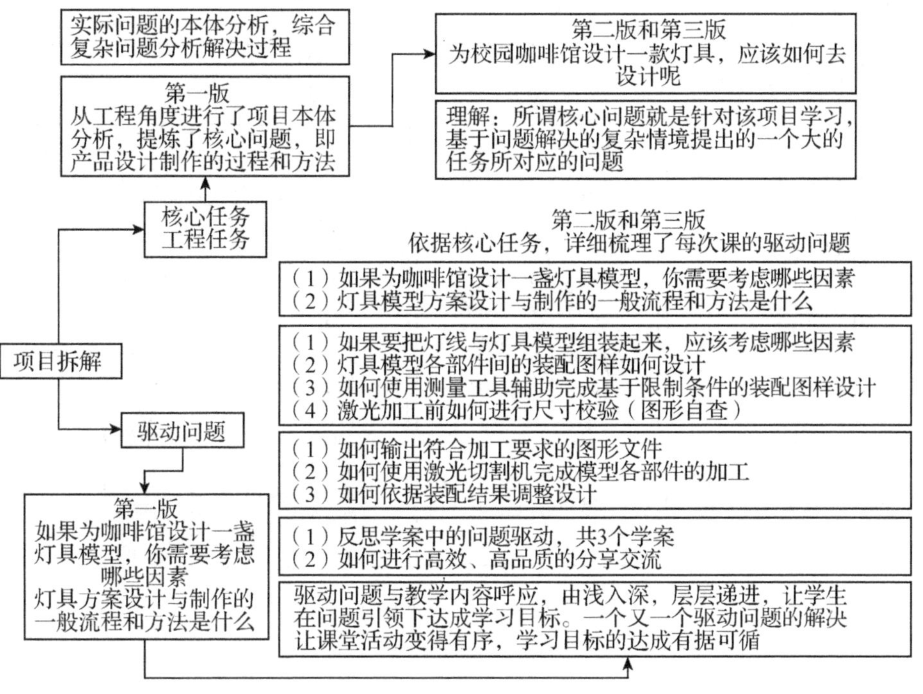

图 3-1-5　驱动问题进阶图

二、教师成长

通过该项目的设计与实施，教师在项目选择及教学目标设计方面、对评价的理解和践行方面、获取支持的途径以及对待学生行为的态度方面，都发生了深刻变化(见图 3-1-6)。教师深刻理解到以学生为中心、基于真实问题是 STEM 课例开发需要遵循的基本原则，能够系统开展 STEM 课例设计：从项目缘起出发，进行目标设定，绘制知识能力图谱，完成项目拆解和工程挑战任务设计，开始关注学生高阶思维的培养。

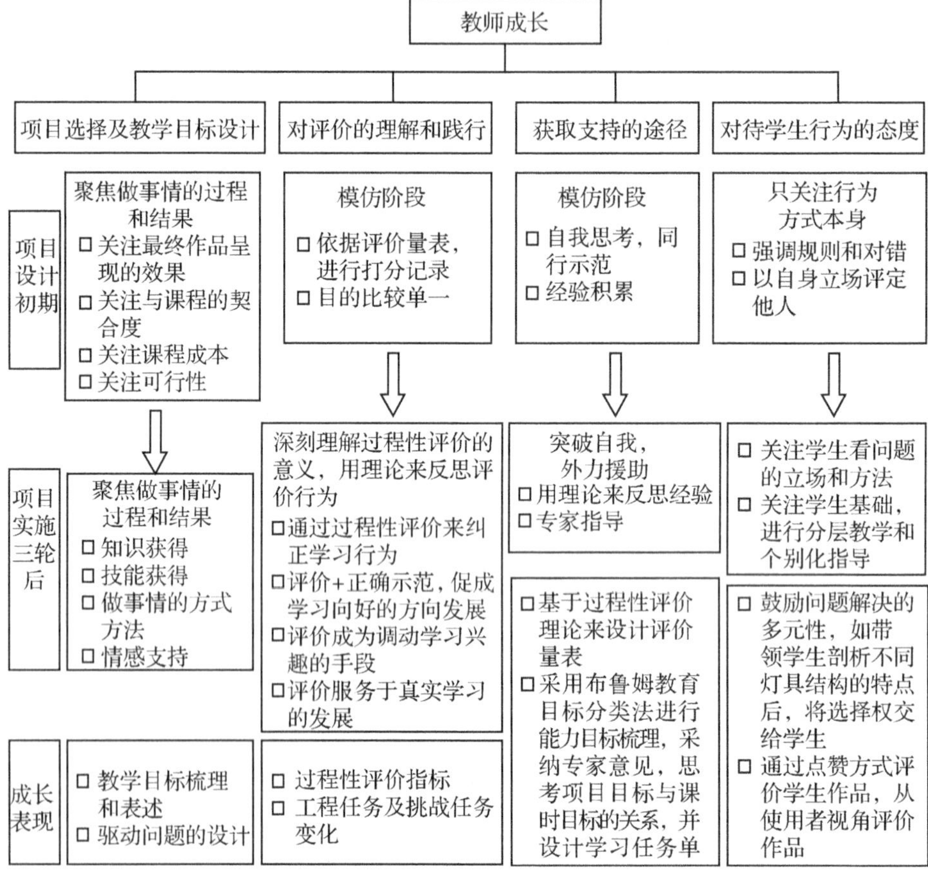

图 3-1-6　教师成长

三、学生成长

学生成长主要体现在以下方面：规划意识得到了提升，能有意识地按照进度表进行学习；技术责任感、小镇公民意识和社会责任感得到了提升；能应用工具与量表进行工程设计和图样表达；能依据评价量表完成自评和互评；能结合真实环境需要，利用激光切割技术进行作品设计，并能在真实环境中进行测试和评价。学生通过项目学习并完成自我总结，充分展示自己的学习过程和成果(见图 3-1-7 和图 3-1-8)。

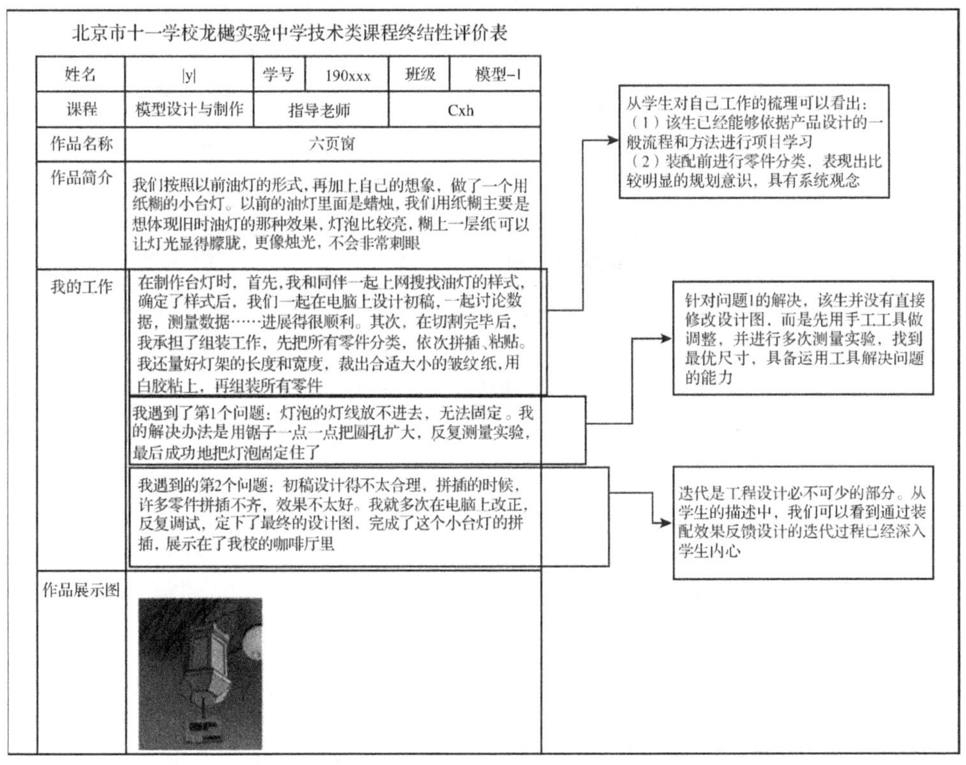

北京市十一学校龙樾实验中学技术类课程终结性评价表

姓名	lyl	学号	190xxx	班级	模型-1
课程	模型设计与制作	指导老师		Cxh	
作品名称	六页窗				
作品简介	我们按照以前油灯的形式，再加上自己的想象，做了一个用纸糊的小台灯。以前的油灯里面是蜡烛，我们用纸糊主要是想体现旧时油灯的那种效果，灯泡比较亮，糊上一层纸可以让灯光显得朦胧，更像烛光，不会非常刺眼				
我的工作	在制作台灯时，首先，我和同伴一起上网搜找油灯的样式，确定了样式后，我们一起在电脑上设计初稿，一起讨论数据，测量数据……进展得很顺利。其次，在切割完毕后，我承担了组装工作，先把所有零件分类，依次拼插、粘贴。我还量好灯架的长度和宽度，裁出合适大小的皱纹纸，用白胶粘上，再组装所有零件 我遇到了第1个问题：灯泡的灯线放不进去，无法固定。我的解决办法是用锯子一点一点把圆孔扩大，反复测量实验，最后成功地把灯泡固定住了 我遇到的第2个问题：初稿设计得不太合理，拼插的时候，许多零件拼插不齐，效果不太好。我就多次在电脑上改正，反复调试，定下了最终的设计图，完成了这个小台灯的拼插，展示在了我校的咖啡厅里				
作品展示图					

从学生对自己工作的梳理可以看出：
（1）该生已经能够依据产品设计的一般流程和方法进行项目学习
（2）装配前进行零件分类，表现出比较明显的规划意识，具有系统观念

针对问题1的解决，该生并没有直接修改设计图，而是先用手工工具做调整，并进行多次测量实验，找到最优尺寸，具备运用工具解决问题的能力

迭代是工程设计必不可少的部分。从学生的描述中，我们可以看到通过装配效果反馈设计的迭代过程已经深入学生内心

图 3-1-7　学生成长案例(1)

北京市十一学校龙樾实验中学技术类课程终结性评价表

姓名	Zyh	学号	190xxx	班级	模型-1
课程	模型设计与制作	指导老师		Cxh	
作品名称	梦与夜樱				
作品简介	正方形的灯体，古风的支架，由薄薄的木头做成。没有多余的颜色，保留最自然的感觉。这个灯的亮点是四周的图案——四个倾国倾城的古风少女，两个Q版的和两个正常的（其中两个是初音未来哦）。少女们背后，是朵朵樱花。在插上电之后灯会发出温和的米黄色光芒，十分温馨，是夜灯和咖啡馆的完美选择。如果伴着这盏樱花灯入眠，梦里也一定会有五彩樱花吧。这个作品的名字是我起的，是我们的人物之一初音未来的一首歌。“梦，夜”体现了它的用处——夜灯，“樱”则体现了樱花的图案。整个名字“梦与夜樱”也有开着它，就会梦到樱花的美好寓意				
我的工作	这个作品是由我和同学共同完成的。我们分担了这项工作。在这盏灯的制作中，我们先讨论定下了灯的主题——古风。我们找了一张古代的灯具图片作为参考原型。然后我定下了灯的尺寸：30 毫米 ×30 毫米 在进行充分讨论，并与老师沟通方案的可行性后，我们开始进行电子图板绘图。灯具的整体造型和人物图样的设计都很重要，我们开始分工：由我来整体设计灯具模型的框架，我的同伴进行人物设计。这个过程，也需要两个人的配合，我们需要把图导出来到一个电脑里，进行图样合成，来确定两部分的尺寸大小和效果。我们大致进行了三次合图 才达到满意的效果。遇到最大的问题：在第一次激光打印出之后，我们的底板有点问题，底板留的拼插设计，没有充分考虑板材的厚度，导致安装不上，在老师的帮助下，我们进行了图样的修改，修改的过程中，我深刻体会到数学的重要性				
图品展示图					

通过该生的描述，我们可以看出：小组合作的方式，让两位同学更加深刻理解了配合的重要性

迭代是工程实际必不可少的部分。从学生的描述中，我们可以看到通过装配效果反馈设计的迭代过程已经深入学生内心。同时，该生能够从技术学习中，感受到数学对与工程技术的重要性，其实也是实现了迁移

图 3-1-8　学生成长案例(2)

第二部分　实施后反思改进版示范课例

一、项目缘起

“小镇咖啡馆灯具模型设计与制作”项目缘于学校新建了一家咖啡馆，学校品牌中心希望学生能为咖啡馆设计制作灯具，来点亮咖啡馆。该需求恰与学校以“未来小镇”及“小镇公民”为蓝本致力于未来学校建设的理念相一致。

项目设计遵循的基本思路是基于学科概念开展整合学习，基于学科特性落实实践学习，基于学生特点建立连接学习，最终指向学生素养的达成（见图 3-1-9）。

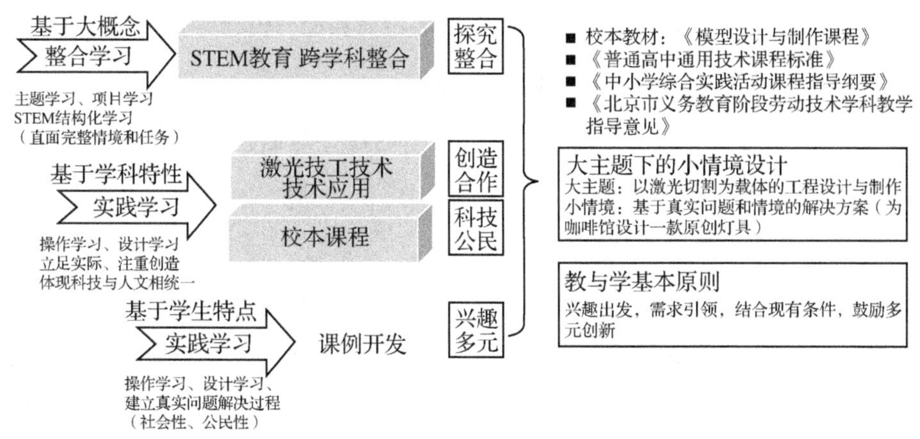

图 3-1-9 项目设计思路

二、项目实施的环境与硬件要求

项目实施的环境与硬件要求见表 3-1-1。

表 3-1-1 项目实施的环境与硬件要求

项目实施的环境要求	一间专业的模型设计与制作教室，满足 24 人上课。教室空间分操作区和设计区： 1. 操作区包括 1～3 台激光切割设备和 4～6 个操作台 2. 设计区有 24 台电脑并装有专业 CAD 制图软件，如 CAXA 电子图板 建议：如果条件有限，可酌情减少电脑数量和激光切割机数量
项目实施的硬件要求	所需要的材料清单： 1. 砂纸和打磨棒 24 份 2. 灯泡和灯线 24 套 3. 皮筋若干(装配时辅助安装) 4. 胶枪 12 把，2 人共用 1 把(辅助装配，做固定连接)

三、项目适合的学段

学段：该项目适合在七至九年级实施，学生年龄分布在 12～15 岁。

学情分析：在该项目实施之前，学生已完成基于激光切割技术的平面书签、桌面摆件的项目学习，为立体模型设计与制作奠定了基础。

(一)知识、经验、技能基础

学生已掌握了模型设计与制作的一些基本流程和方法，并能通过激光切

割技术将设计物化，但针对复杂立体模型的拼插和配合设计存在困难。

(二)学习发展需求、发展路径分析

学生不满足于平面模型或简单立体模型的设计与制作，部分学生已自主尝试复杂立体模型的配合设计。

(三)学习过程中可能遇到的困难

对方案设计的要点理解和把握不同，对多个零件安装配合认识不深，可能出现从方案设计到草图绘制到零部件 CAD 图样绘制的认知和理解偏差。因此，完成从平面到立体的转换、理解装配在立体模型设计中的重要作用成为教学的重点内容。

四、项目涉及的 STEAM 知识与能力

“小镇咖啡馆灯具模型设计与制作”课例围绕以激光切割作品为载体的工程设计与制作任务开展，通过创设情境，引导学生以实际用途为设计需求，以“为小镇咖啡馆设计与制作一款灯具模型”为学习载体，围绕“为校园咖啡馆设计一款灯具，应该如何去做”这一核心问题开展单元主题学习。学习过程遵循产品设计与制作的一般流程。在此过程中，学生亲历从设计到制作的各个环节。

本课例涉及科学、技术、工程、艺术、数学等方面的知识和概念(见图 3-1-10)。

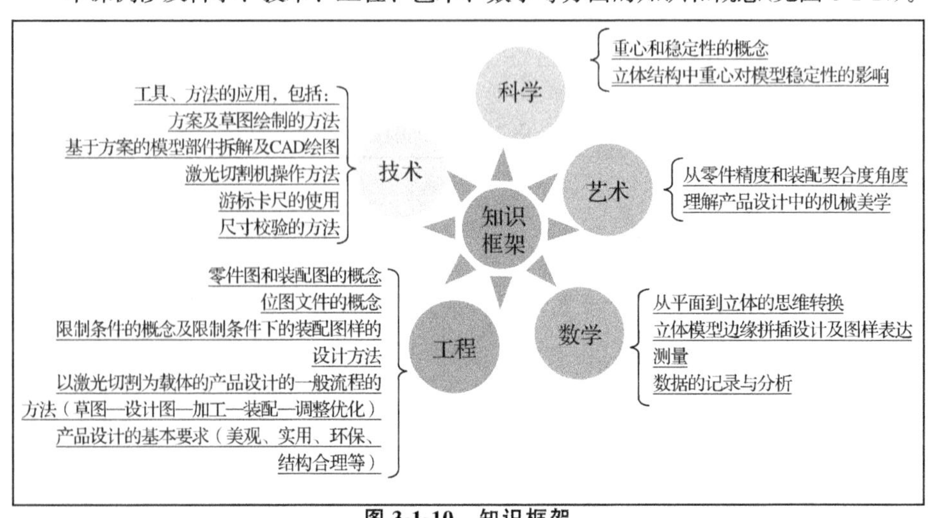

图 3-1-10　知识框架

依据布鲁姆的教育目标分类法，本课例系统梳理出了认知领域、情感领域和动作技能领域的教育目标，将学生能力目标分为记忆、理解、应用、分析、评价、创造六个层次①，制定了从低阶素养到高阶素养的能力目标框架(见图 3-1-11)。

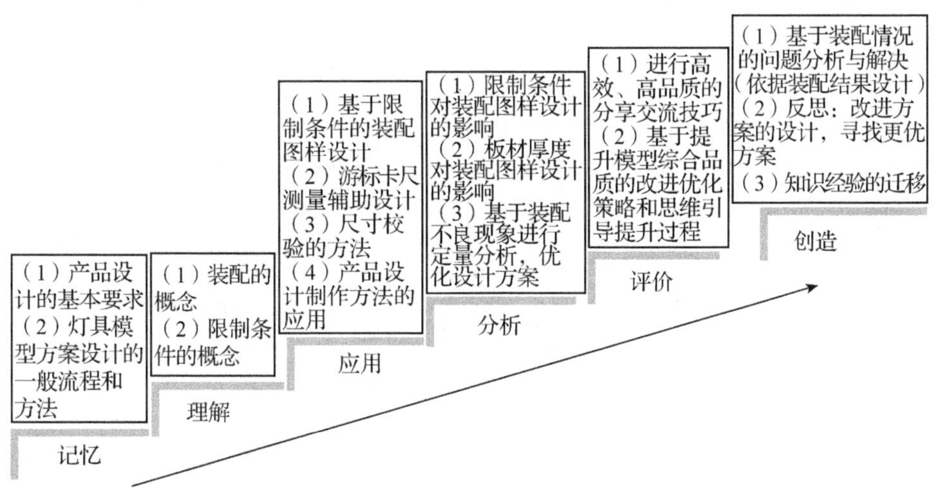

图 3-1-11　能力目标框架(低阶素养—高阶素养)

五、项目目标和工程任务及拆解后的挑战任务

(一)项目目标

“小镇咖啡馆灯具模型设计与制作”课例基于学生认知发展规律和学习需要，在平面模型设计制作基础上衍生出立体模型设计与制作，蕴含丰富的课程目标(见图 3-1-12)。

(二)工程任务及拆解后的挑战任务

工程任务：为学校新建的咖啡馆设计与制作一款灯具。

聚焦问题：咖啡馆光线昏暗，不温馨。

从问题出发，与学生开展头脑风暴，提出影响因素，如照明、主题性、

① 项兰：《翻转课堂教学模式研究：以布鲁姆的教育目标分类学为视角》，载《外语教育研究》。2016(3)。

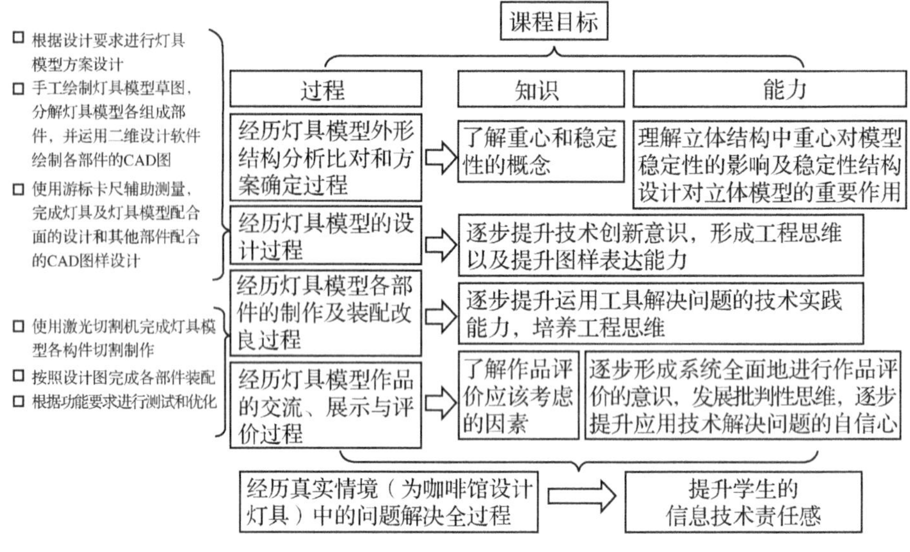

图 3-1-12　课程目标

大小尺寸、气氛、色彩搭配、适合学生等，分析影响因素，形成评价指标框架(见表 3-1-2)。

表 3-1-2　评价指标框架

指标	指标描述	评价要点
照明	能透光	进行合理的镂空设计
尺寸	大小合适	限制条件：投影面积在一张 A4 纸大小范围内
主题	具有设计理念	设计理念清晰，设计元素能够体现设计理念，且积极、正能量
色彩	颜色搭配合理	结合咖啡馆已有的以木色为主的色调进行色彩搭配，烘托温馨的气氛
结构合理	稳定，好拆装	能够稳定摆放或悬挂，灯具灯线能够拆卸

挑战任务 1：在规定时间内，将灯具模型方案转换成 CAD 图。

评测标准：草图方案与 CAD 图在基础尺寸和样式主题上保持一致。

挑战任务 2：测一测，在规定时间内，看看谁测得最精确(使用游标卡尺完成测量)。数据测量记录表见表 3-1-3。

评测标准：与教师测量的结果一致，误差控制在正负 2 毫米范围内。

表 3-1-3　数据测量记录表

测量内容	数据(毫米)
灯线宽度	
灯线厚度	
旋钮最大直径	
外螺纹最大直径	

挑战任务 3：谁的安装、拆卸最方便。

评测标准：计时测评，安装和拆卸 1 次，时间最短。

挑战任务 4：看看设计与制作的灯具是不是大家最喜爱的。

评测标准：以“作品设计与制作总体评价表”(见表 3-1-15)为依据，进行展评过程评价。

六、项目所需课时及进度安排

一方面，将项目目标进行拆解，落实到具体课时；另一方面，综合考虑产品设计制作的一般流程，将“设计”“制作”“展评”环节进行拆分细化，将大的工程任务拆分成 4 个小主题(见图 3-1-13 和图 3-1-14)。

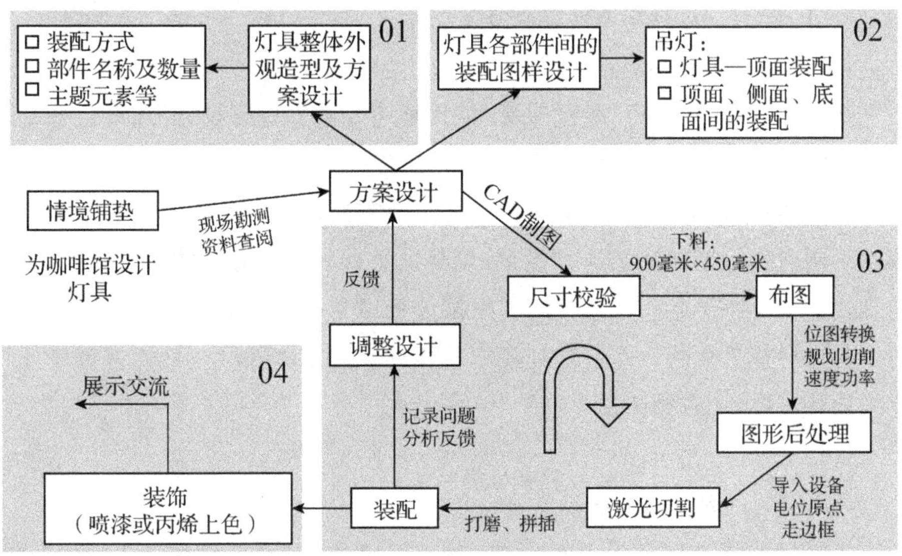

图 3-1-13　项目实施流程及主要技术环节

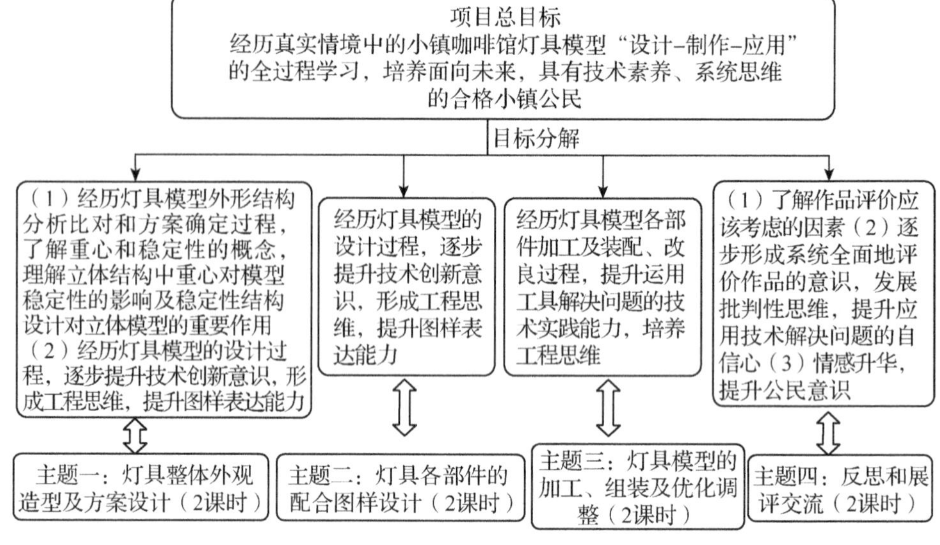

图 3-1-14　课时及进度安排

七、项目实施过程设计

(一)教学过程

1. 主题一：灯具整体外观及方案设计

概述

作为项目的第一课，本课围绕“灯具整体外观及方案设计”展开，核心内容为“灯具模型方案设计及CAD制图”，聚焦“依据光源外形讨论可行方案”。考虑到方案不同，对灯具造型和各部件间的拼插设计产生的影响及制作难易程度不同，我们选择4类典型设计(箱体式、回转式、悬挂式、支架式)，引导学生剖析设计要点和注意事项。根据分析结果，学生制订适合自己的设计方案，进行草图绘制，确定灯具模型整体外观和基本尺寸，最后依据设计方案完成各部件CAD制图。

活动过程

环节一：问题导入，明确学习任务。

(1)展示校园咖啡馆内部的图片，提出问题：校园咖啡馆服务于师生生活，大家是否愿意为咖啡馆设计一款原创灯具？咖啡馆里的灯具的作用是什么？

(2)展示灯线实物(光源外形)。

提出问题：在有限的条件下设计灯具模型，会有哪些可行方案?

(3)明确学习任务：依据光源外形进行灯具模型方案设计，完成各部件CAD制图。

环节二：依据光源外形讨论可行方案，剖析不同结构灯具模型的设计要点。

环节三：依据分析结果，确定设计方案，手绘设计草图；根据所定方案细化设计，确定整体形状、外观尺寸，明确部件总类和数量。

环节四：依据设计方案，利用CAXA制图软件完成各部件CAD制图并进行尺寸校验。

了解箱体式、回转式、悬挂式、支架式灯具结构的特点，根据设计方案进行CAD制图。

箱体式：完成箱体造型及内部图样设计，不考虑拼插。

回转式：完成骨架造型设计，确定骨架形态和数量。

悬挂式：确定悬挂面的位置并思考悬挂面与灯具的配合方式。

支架式：进行支撑方式的探索，并完成支架部件的设计，支架与底面的拼插可先不考虑。

教师观察学生的制图过程，并进行个别化指导；下课前5分钟，确认一下学生的完成情况，并提醒学生按照约定保存设计文档，提交草图方案。

灯具模型整体造型及方案设计评价表见表3-1-4。

表3-1-4 灯具模型整体造型及方案设计评价表

评价内容	一般	良好	优秀
灯具模型整体造型及方案设计	1. 完成方案草图，草图完整 2. 完成各部件CAD制图。CAD图完整，数量与方案一致	1. 完成方案草图，草图完整且主题明确 2. 完成各部件CAD制图。CAD图完整且与草图一致，有灯具透光设计	1. 完成方案草图。草图清晰完整，有明确主题且积极向上，能够体现整体造型，契合咖啡馆整体定位 2. 完成各部件CAD制图。CAD图完整且与草图一致，有镂空设计，零件数量与方案一致，细节处理得当

2. 主题二：灯具各部件的装配图样设计

概述

本课围绕“灯具各部件的装配图样设计”展开，聚焦装配图样设计中“装配、装配方式、装配设计中的限制条件、装配图样尺寸等”内容。为帮助学生有效测量灯线各个部位的尺寸，引入游标卡尺的学习和测量练习。

活动过程

环节一：问题导入，明确学习任务。

(1)出示灯具灯线实物。

提出问题：如果要把灯具灯线与模型组装起来，应该考虑哪些问题？

(2)展示板材材料：最大幅面 900 毫米×450 毫米，板材厚度可选 2.5 毫米、3 毫米、3.5 毫米、4 毫米。

提出问题：板材厚度对拼插设计有哪些影响？

(3)引出学习任务：明确灯具安装要求，了解灯具和灯具模型连接处的图样设计需要考虑哪些限制条件，进行安装配合面的图样设计。

灯具安装要求：不剪线，能卡紧，能拆卸，结构简便。

环节二：新课学习——灯具模型制作中的限制条件和装配方式。

(1)分析灯具模型装配(安装配合)面图样设计中的限制条件。

理解灯具模型制作中的限制条件(灯具灯线两头大，中间细，无法拆卸)，装配等含义。

(2)提出问题：灯具模型中有哪些部件需要装配呢？这些限制条件会对我们的任务造成什么影响？

分析影响因素，提出影响各部件的装配方式。

(3)出示 2 款不同类型的灯具模型图片(见图 3-1-15)，讲解装配(安装配合)的基本条件。

(4)提问：在灯具设计中，什么影响部件的装配图样设计呢？

引导学生分析影响装配图样设计的尺寸。

(5)引导学生：思考配合设计中的注意事项有哪些以及可能出现的问题。

实物展示 2 个不成功的案例(见图 3-1-16)，引发学生思考：什么原因引起了配合设计的失败？

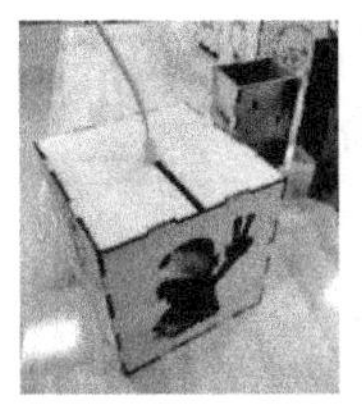

图 3-1-15　不同类型的灯具模型

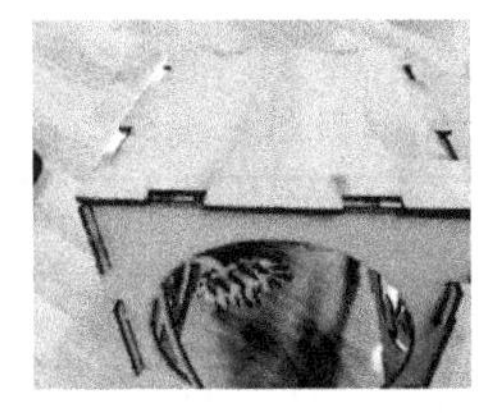

图 3-1-16　装配不成功的案例

环节三：新课学习——游标卡尺。

(1)提问：怎么才能测量部件的尺寸呢？引出游标卡尺的学习。

(2)组织指导学生完成游标卡尺学习任务。

任务 1：以“游标卡尺不估读”引出游标卡尺读数方法的学习，引导学生进行读数练习。

任务 2：根据分析结果测量灯线尺寸并记录测量数据。

(3)总结分析：游标卡尺的特点及读数注意事项。

环节四：技术实践——灯具各部件安装配合图样设计。

(1)提出任务：

完成灯具与顶面的安装配合图样设计。

完成顶面、侧面、底面之间的安装配合图样设计。

(2)再次明确设计要求：满足安装要求和限制条件。

安装要求：不剪线，能卡紧，能拆卸，结构简便。

限制条件：灯具灯线尺寸，板材厚度。

提示：安装时板材允许有微小变形，合理使用 CAD 制图中的“复制”“粘贴”“镜像”“旋转”等制图命令辅助快速设计。

环节五：尺寸校验，展示小结。

(1)提问：图样尺寸如何校验？哪些尺寸需要校验？

通过布图进行图样校验，即通过边缘齿形啮合来辅助尺寸校验，通过尺寸测量工具来校验齿形的长度和宽度。

(2)展示：选取 2～3 位同学展示装配图样，并简要说明心得体会。

(3)小结：灯具模型制作中的限制条件、装配的概念。

延伸配合的概念，引导学生理解配合在现实生活中的意义。

灯具及灯具模型各部件间的配合设计评价表见表 3-1-5。

表 3-1-5 灯具及灯具模型各部件间的配合设计评价表

评价内容	一般	良好	优秀
灯具及灯具模型各部件间的配合设计	完成灯具和灯具模型配合面的拼插设计 1. 基本满足装配要求 2. 完成灯具模型各部件间的拼插设计 3. 各部件能够进行拼插装配	完成灯具和灯具模型配合面的拼插设计 1. 考虑限制条件，满足装配要求，细节上有处理 2. 完成灯具模型各部件间的拼插设计 3. 各部件能够进行拼插装配，在拼插接口处考虑了板材厚度	完成灯具和灯具模型配合面的拼插设计 1. 考虑限制条件，满足装配要求，细节处理得当，外观精美 2. 完成灯具模型各部件间的拼插设计 3. 各部件能够进行拼插装配，细节处理得当，基于板材厚度进行设计

3. 主题三：灯具模型的加工、组装及优化调整

概述

本课围绕“灯具模型的加工、组装及优化调整”展开，核心内容为“通过激光切割加工后，设计装配结果反馈方案并进行调整优化”。

活动过程

环节一：导入，明确学习任务。

(1)展示板材规格，要求：将灯具模型各部件进行布图，即在 900 毫米×450 毫米的方框内合理布置零件。

(2)明确学习任务：根据板材幅面布图并进行加工。依据加工、装配结果，反馈图样设计并进行调整优化。

环节二：新课学习。

依据板材尺寸进行加工布图，设计加工参数，导入激光设备，观察激光切割过程。

环节三：技术实践。

根据部件的加工情况，进行简单的毛刺处理，完成部件装配并记录装配情况，针对装配中出现的问题对 CAD 图样进行调整修改，修改后再加工，重复以上过程。

切割加工及装配情况评价表见表 3-1-6。

表 3-1-6　切割加工及装配情况评价表

评价内容	一般	良好	优秀
切割加工及装配情况	能够依据设计合理加工和装配灯具模型	能够依据设计合理加工和装配灯具模型，能够在老师或同伴的帮助下依据装配情况有效解决装配中遇到的问题	能够依据设计合理加工和装配灯具模型。能够依据装配情况独立有效解决装配中遇到的问题，并进行方案优化与调整

4. 主题四：反思和展评交流

概述

本课是本单元第四次课，也是最后一次课，主要内容包括明确学习任务，回顾设计制作的过程并进行单元学习内容总结，基于学生任务单提示反思设计制作过程，开展展示、交流与评价活动，进行师评、互评、自评。

活动过程

环节一：导入，明确学习任务。

教师展示班级学生的实物作品，引导学生进行有效观摩。

环节二：回顾设计制作的过程，进行单元学习内容总结。

环节三：反思设计制作过程。

学生依据学习任务单提供的问题，反思设计制作的过程，进行自我总结。

环节四：开展展示、交流与评价活动。

(1)学生打开提前准备的 PPT，循环播放。人手一份打分表，教师组织学生进行互评。没有 PPT 的学生带着灯具模型到前面来随堂发挥，每人限时 2 分钟。

学生在互评的同时，教师进行打分。

(2)教师对展评环节做整体总结，从光影的明暗分布角度进行知识迁移，拓展单元教学内容，引发学生再次回顾与反思。

展示、交流表现评价表见表 3-1-7。

表 3-1-7　展示、交流表现评价表

评价内容	一般	良好	优秀
展评情况	在规定时间内完成展示、交流且展示内容基本完整	在规定时间内完成展示、交流；展示内容从设计到制作，从方案到作品基本一致；展示中有反思、思考的过程	在规定时间内完成展示、交流；展示内容体现从设计到制作，从方案到作品的一致性；展示内容包括设计主题、整体造型特征、应用场景拓展、至少1点反思；展示形式丰富且具有创新性

(二)学习任务单

1. 主题一：灯具整体外观及方案设计

思考1：咖啡馆里的灯具的作用是什么？

____

思考2：依据提供的光源外形，思考哪些方案可行？

____

思考3：剖析设计要点和注意事项。

完成表 3-1-8。

表 3-1-8　灯具类型、特征、设计要点、难点分析

灯具类型		特征	设计要点	难点
箱体式				
回转式				

续表

灯具类型		特征	设计要点	难点
悬挂式				
支架式				

核心任务：依据分析结果，完成方案设计(见表 3-1-9)。

表 3-1-9　灯具方案设计模板

灯具名称		
方案说明	基本造型	箱体式(　)回转式(　)悬挂式(　)支架式(　)
	零件个数	
	整体外观尺寸	
	设计理念说明	
在下方绘制出方案草图(可单独附图纸)		

2. 主题二：灯具各部件的配合图样设计

思考1：如果要把灯具灯线与模型组装起来，应该考虑哪些问题？

____

思考2：板材厚度对拼插设计有什么影响？

____

思考3：灯具模型制作中的限制条件是什么？

____

思考4：灯具模型中有哪些部件需要装配呢？

____

思考5：常见的可以测量直径的工具有哪些？

____

测量任务：

测量记录表见表3-1-10。

表3-1-10 测量记录表

测量内容	数据(毫米)	测量内容	数据(毫米)
灯线宽度		旋钮最大直径	
灯线厚度		外螺纹最大直径	

3. 主题三：灯具模型的加工、组装及优化调整

记录1：根据自己的设计，列出选择的板材尺寸(单位：毫米)

长度：__________ 宽度：__________ 厚度：__________

记录2：再次明确你所绘制的灯具模型的零件个数：__________

记录3：激光切割加工的步骤：

____

在装配的过程中你遇到了哪些问题？是如何改进设计的？

装配问题清单见表3-1-11。

表 3-1-11　装配问题清单

遇到的问题描述	针对问题如何改进

4. 主题四：反思和展评交流

(1)填写灯具模型反思表(见表 3-1-12)。

表 3-1-12　灯具模型反思表

任务单一：灯具整体外观及方案设计反思	
方案设计的灵感来自哪里	
在方案制订的过程中，你考虑了哪些现实因素	
你觉得你的方案最大的亮点是什么	
如果让你重新来一遍，你最想改进的地方是什么	
任务单二：灯具各部件的配合图样设计反思	
在配合图样设计中，你最初的设计是否满足了灯具模型的安装需求	
在你的灯具模型中，你认为哪部分的配合图样设计难度最大	
灯具与固定面的配合设计，你认为还有更优的解决办法吗？请写出	
任务单三：加工、组装及优化调整反思	
你对激光切割加工技术有何看法	
在组装开始前，你是否考虑了组装次序？你觉得组装次序对装配结果会有影响吗	
第一次加工后你都进行了哪些图样调整	
经过几轮加工调整，你的灯具模型完美了吗	
经历调整优化过程后，你的感悟是什么	

(2)展评过程评价。

展评表现评价表见表 3-1-13。

表 3-1-13　展评表现评价表

评价内容	一般	良好	优秀
展评情况	在规定时间内完成展示、交流且展示内容基本完整	在规定时间内完成展示、交流；展示内容从设计到制作，从方案到作品基本一致；展示中有反思的过程	在规定时间内完成展示、交流；展示内容体现从设计到制作，从方案到作品的一致性；展示内容包括设计主题、整体造型特征、应用场景拓展、至少1点反思；展示形式丰富且具有创新性
组别	打分表(合理评估展评情况，按顺序在对应等级处打√)		
	一般	良好	优秀
第 1 组			
第 2 组			
第 3 组			
第 4 组			
第 5 组			
第 6 组			
第 7 组			
第 8 组			
第 9 组			
第 10 组			

(三)评价设计

1. 前测设计

前测问卷见表 3-1-14。

表 3-1-14　前测问卷

形式	计时挑战：你问我答
目的	了解学生的使用工具情况、有关立体模型设计与制作方面的经验

续表

<table>
<tr><td rowspan="2">内容</td><td>1. 图 1 所示工具是什么工具？(　　)
A. 游标卡尺　B. 表　C. 测量仪
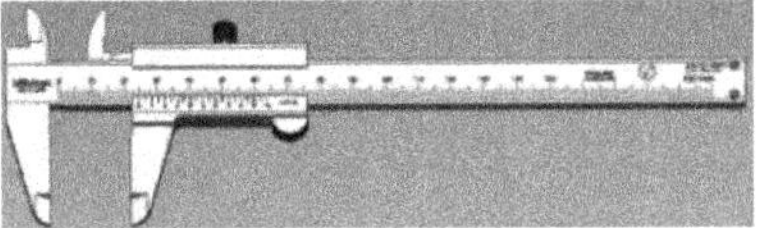
图 1
2. 图示工具可以测量哪些尺寸？(　　)
A. 直径　B. 深度　C. 长度
3. 以激光切割方式完成立体模型，拼插接口的尺寸需要考虑(　　)因素。
A. 板材厚度　　B. 组成模型的零件的具体尺寸　　C. 整体造型的美观性</td></tr>
<tr><td>4. 图 2 所示模型共有(　　)零部件。
A. 4 个　　B. 5 个　　C. 6 个
5. 图 3 所示笔筒的边缘凸起(不平整)是由什么原因引起的？(　　)
A. 拼插接口设计没有考虑板材厚度
B. 拼插设计没有考虑笔筒的整体尺寸
C. 装配方式有误，重新装配后可解决
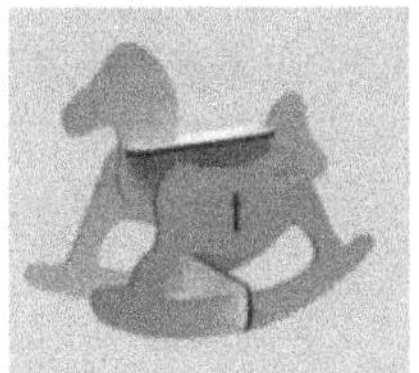 
图 2　　图 3</td></tr>
</table>

2. 终结性评价表

(1)完成一款灯具模型的方案设计。

要求包含设计草图及说明、模型零部件的 CAD 电子图。

(2)通过激光加工制作装配，完成一款自主设计的灯具模型。

要求：具有较高的实用性，外观美观，主题积极，结构合理，无明显瑕疵，灯具与灯具模型配合稳固。

(3)完成展评和产品测试。

作品设计与制作总体评价表见表 3-1-15。

表 3-1-15　作品设计与制作总体评价表

评价内容	一般	良好	优秀
分工合作	分工不明确，任务由少数组员完成	有基本分工，但分工不系统，或执行分工不彻底，或出现没有承担任务的成员	分工明确，各司其职，且工作量占比合理，各成员均能按进度完成各自任务
设计图	有方案草图和各部件的CAD图，但内容质量一般	草图完整且主题明确，CAD图完整且与草图一致，考虑了灯具透光设计	草图清晰完整，有明确主题且积极向上，能够体现整体造型，契合咖啡馆整体定位；各部件的CAD图完整且与草图方案一致；有镂空设计；零件数量与方案一致；细节处理得当
实用性	结构不稳定，达不到使用的要求	能够进行摆放或悬挂，但灯具灯线不能拆卸，影响后期维护	能够稳定摆放或悬挂，灯具灯线能够拆卸
美观性	不够美观，缺乏设计感，与咖啡馆环境不匹配，小组投票票数最少	有一定的主题设计，但设计水平一般	针对咖啡馆已有木色为主的色调进行色彩搭配，烘托出温馨的气氛，小组投票票数最多
展示说明	小组对设计过程的描述缺乏逻辑，不能说明自己小组的特点和优势	小组对设计过程进行了部分展示，内容较具体，但仍有混乱和不清楚之处	展示清晰明确，有效展示团队成果和创意

3. 后测设计

后测问卷见表 3-1-16。

表 3-1-16　后测问卷

形式	问卷式(导学任务单)
目的	了解学生对学科核心概念、立体模型设计制作方法等的掌握程度
内容	1. 学科核心概念 (1)什么叫装配? (2)什么叫基于限制条件的立体模型设计?

续表

	2. 立体模型设计制作的过程 (1)以激光切割为途径的立体模型设计与制作的关键流程是什么？ (2)图 4 的装配情况是由什么原因引起的？如何改进设计？  图 4

八、项目学习成果展示

(一)点赞活动

教师结合学校科技节活动，为学生自主设计与制作的灯具举办了小型展览会，邀请师生参与点赞活动。图 3-1-17 左侧所示为灯具展览现场效果，右侧所示为点赞情况。其中，获得点赞次数最多的灯具是含有学校名称和校徽的灯具。

图 3-1-17　作品展示活动

(二)技术与环境微访谈——照亮咖啡馆的灯

教师将学生设计与制作的灯具模型安置在咖啡馆中(见图 3-1-18)，邀请部分学生开展微调研(见表 3-1-17)。

图 3-1-18　照亮咖啡馆的灯

表 3-1-17　灯具调研表

你注意到咖啡馆的灯具了吗	
你觉得它们跟咖啡馆的环境协调吗？理由是什么	
你认为还有哪些需要改进的地方？理由是什么	
咖啡馆的灯具由同学自己设计与制作，你对此有何看法	

九、课例整体评价与反思

(一)课例实施调研

1. 专家意见

专家意见 1：在整体实施过程设计上下了很大功夫，需要注意一下专业词汇的表述是否准确，对挑战任务的设计仍需斟酌。

专家意见 2：前测的目的是考查学生当前的知识水平和能力基础，设计的题目应贴合单元学习内容和希望学生要提升的能力，可参考国际学生评价项目测试形式。体现 STEM 教育理念之处应重点设计，注意挑战任务的设计。

专家意见 3：教师提问的问题要能够变成探究任务，增强学生学习的主动性；测量要注意严谨性，如给学生提供网格纸，或者提示学生寻找一种现代技术或机器进行测量，从而感受技术的方便和严谨；针对激光切割中的误差这一实际问题，要让学生认识到误差存在的客观原因，提醒学生要正确对待和减少误差。

2. 校内师生的意见

我们通过向师生发放问卷进行微调研。调研显示，学生制作的灯具作品获得了大多数师生的认同和肯定。他们普遍认为以木色为主要色调的灯具与咖啡馆现有的风格比较一致，镂空设计的灯具模型透出的光线能够让咖啡馆显得安静和温暖。他们期待更多的学生作品能够装点校园空间。部分学生提出了新要求，如考虑加入动态的设计(传动设计)，让灯具更有灵性；考虑加入声音控制部分，让主题更贴合学校的定位(未来小镇)，体现小镇中学生的科技素养(小镇科技公民)。

(二)实施反思

整个课例聚焦学生工程设计实践活动，引导学生关注真实技术问题解决，体现了 STEM 教育理念，较好地达成了本课例预设的学习目标。但课例也存在需要改进的地方。虽然考虑了立体模型的稳定性，但对图样设计如何影响稳定性渗透较浅，使得学生将大部分时间和精力投入图样设计和加工装配方面，没有有效驱动学生对立体模型稳定性进行深度反思与学习。

在实施过程中，学生对测量和设计的关系理解不深刻，这可能是由于课堂中严谨测量环境的创设不充分。创建合适的测量任务、提供合适的测量工具和器材、在装配设计中应用网格纸或网格线等，对测量的精确性和有效性将会有更大的帮助。

对于灯具方案草图及 CAD 图的绘制，大部分学生虽然完成了绘制任务，但表现出以下一些问题。例如，有些学生在绘制方案草图的过程中，画法不清晰，导致设计方案的图样表达水平参差不齐；还有些学生虽然完成了装配

(安装配合)图样设计，但对板材厚度对设计的影响理解不彻底，出现部分装配图样设计不合理的现象。在后续的教学中，教师要注意从以下两方面加以改进：

其一，为学生提供一个较为详细的方案草图或者提供方案设计的流程和方法，提升学生绘制设计方案的水平。

其二，通过给出一些反面案例辅助学生理解板材厚度对设计的影响，或者让学生亲自装配，真实感受不同设计所导致的结果的差异性。

课例二　结构与功能：鱼类“牧羊犬”——仿生机械鱼设计与制作①

项目简介

STEM 教育的核心理念是培养创新思维。“鱼类‘牧羊犬’——仿生机械鱼设计与制作”从引导鱼群脱离危险区域这一真实情境出发，是水中机械运动的开放性研究项目。学生可以展开丰富的想象，综合运用各个学科的知识以及自身的经验来解决实际问题。该项目可以让学生经历完整的技术设计过程。在这个过程中，学生面临的问题具有真实性、复杂性和多阶段性等特征。同时学生可以在实践过程中不断发现问题、解决问题，为创新思维的形成奠定基础。

第一部分　三级进阶课例解析

一、STEM 课例进阶

中小学各学科与 STEM 最接近的莫过于高中的通用技术课程了。高中阶

① 本课例由中国人民大学附属中学纪朝宪老师具体设计和实施。指导教师为中国人民大学附属中学通用技术组长李作林。由北京教育学院于晓雅博士主持的北京市“STEM 教育与创客教育课程实践”卓越教师工作室集体打磨完成。

段开设的通用技术课程以提升学生的技术能力，培养学生的创新精神、动手操作能力为根本目标。通用技术学科立足于让学生自己动手操作，亲自体验，在学习中学会观察、调查、思考、设计、实验、反思，从而获得各项源于实际的操作经验，为今后发展创新能力打下坚实的基础。通用技术的多样性、创新性与技术性正好符合 STEM 教育对于人才培养的要求，STEM 教育对于正在探索实验道路上的通用技术课程也具有很大的借鉴意义。

该课例从设计之初到课例基本完善经历了三个版本的进阶优化，从单纯的技术教学不断进阶为基于真实情境、面向真实问题的 STEM 教学。

(一)项目名称的进阶

课例开始之初，从通用技术学科出发，我们将第一版项目的名称定为“机械鱼设计与制作”，主要突出体验设计的一般过程。经过实践、反思与改进后，我们在课程中融入了激光切割等技术，突出技术的学习与应用，将第二版名称定为“基于智能制造的机械鱼设计与制作”。前两版的项目名称都没有落实到真实的情境之中，很难激发学生的学习积极性。基于 STEM 教育强调的在真实情境中解决真实问题的理念，我们将第三版的名称更改为“鱼类‘牧羊犬’——仿生机械鱼设计与制作”。鱼类“牧羊犬”在发生危险的水域会引导鱼群脱离危险。以此引导学生，他们自然会通过各种方法解决问题，从而增强了求知欲望。我们的课程从单纯的机械鱼设计与制作转变为从真实情境出发引导学生发现和解决问题，可以诱发学生主动构思，培养学生的发散性思维，激发学生的创造热情。项目名称进阶如图 3-2-1 所示。

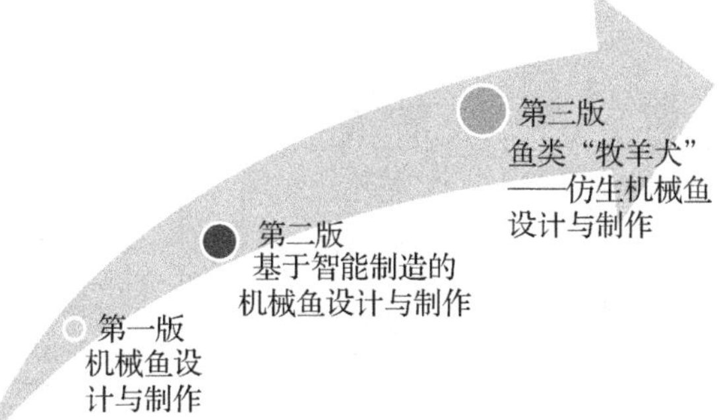

图 3-2-1　项目名称进阶图

(二)教学目标的进阶

课例开始之初，教学目标是提高学生通用技术学科的五个核心素养(技术意识、工程思维、创新设计能力、图样表达能力、物化能力)。融入STEM教育理念之后，教学目标更加丰富和完善，增加了通过对仿生机械鱼多个挑战任务的实践与反思，培养自主探究能力及综合各个学科知识解决问题的能力；经历作品的交流、展示与评价，了解作品评价应该考虑的因素，逐步形成系统全面地进行作品评价的意识，发展批判性思维，逐步提升使用技术的自信心(见图3-2-2)。

图3-2-2　教学目标进阶图

(三)项目拆解和工程挑战任务的进阶

课例开始之初，课程计划是在通用技术课上教授学生如何运用激光切割设备，加工制作机械鱼。融入STEM教育理念之后，课程内容不断优化，被拆解为多个工程挑战任务，包括仿生机械鱼的姿态平衡探究，仿生机械鱼传动机构探究、设计与使用，仿生机械鱼引导鱼群原理探究和设计。通过多个工程挑战任务的实践，学生运用跨学科知识解决问题的能力得到了提升(见图3-2-3)。

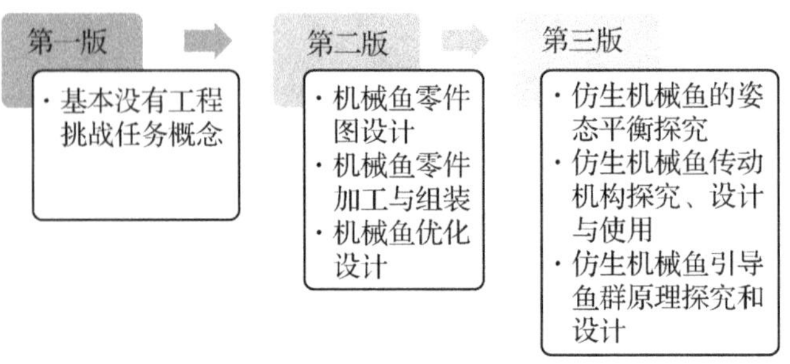

图3-2-3　挑战任务进阶图

二、教师成长

通过该项目的设计与实施，教师对 STEM 课程设计的框架、结构、内容有了更清晰的认识。教师成长主要体现在以下几个方面。

(一)教学方式的进阶

在之前的教学活动中，教学方式是教师教授知识和技术。融入 STEM 教育理念，经过反复地实践与修改后，教师在课程中逐步转变角色，成为学生的引导者和帮助者，更多采用自主学习、探究式学习的方式。学生以自我研究发现、自我构思设计、自我实践创作为出发点，培养敏锐的观察力、丰富的想象力和灵巧的动手能力。

通过几个阶段的实践与反思，教师慢慢体会到对于 STEM 教师而言，并不能照搬原先任何一个学科的教学方法，必须形成开放、动态、发展共进的 STEM 教育课程观，必须更加关注学生的学习过程，不断反思教学进度和指向，使得 STEM 课程是生成的而非预设的、开放的而非封闭的、动态的而非静态的。

(二)逐步形成团队教学

在之前的教学活动中，教师是课堂的主人。从教材内容到活动过程，到学生什么时候听讲、什么时候做练习，都在教师的安排下进行。

在实际上课过程中，教师慢慢发现单纯的技术知识是不可能解决现实问题的。这就需要拥有多学科背景或各个学科的教师组成教学团队，相互配合，保证学生在每个学科的学习过程中都能得到专业的指导和帮助。“鱼类‘牧羊犬’——仿生机械鱼设计与制作”是水中机械运动的开放性研究项目，学生需要综合运用多个学科的知识寻求解决问题的方法。这就需要各个学科的教师组成团队，从不同方面给予指导和帮助。比如，在机械鱼姿态平衡探究的阶段，技术、生物、物理、数学等学科教师组成团队进行相应的指导和教学。

三、学生成长

“鱼类‘牧羊犬’——仿生机械鱼设计与制作”从引导鱼群脱离危险区域这一真实情境出发，是水中机械运动的开放性研究项目。学生在此课例的学习和实践过程中通过综合应用学科知识解决实际问题，加强了对多学科知识的完整理解，全面提升了素质。

同时，此 STEM 课例主要以基于项目的学习、问题的学习为主要教学(学习)方式，引导学生通过合作与实践，解决真实情境中的难题。作为一种超越传统的教育模式，STEM 教育可以缩小学生现有知识储备与解决困难所需知识技能间的差距，提升学生的综合素质。

第二部分　实施后反思改进版示范课例

一、项目缘起

基于 STEM 课程理念和通用技术课程标准要求，高一年级开展了“鱼类‘牧羊犬’——仿生机械鱼设计与制作”的课程。此课例从引导鱼群脱离危险区域这一真实情境出发，是水中机械运动的开放性研究项目。学生可以展开丰富的想象力，综合运用各个学科的知识以及自身的经验来解决实际问题。学生既可以经历完整的技术设计过程，又可以在实践过程中不断发现问题、解决问题，从而对创新素养的形成提供很多帮助。本项目旨在提高学生的技术意识、图样表达能力、工程思维、创新设计能力、物化能力等核心素养。

二、项目实施的环境与硬件要求

项目实施的环境与硬件要求见表 3-2-1。

表 3-2-1　项目实施的环境与硬件要求

项目实施的环境要求	创客空间教室或通用技术专业教室，配备激光切割机和电脑
项目实施的硬件要求	1. 电脑(安装 Coreldraw 等绘图软件) 2. 水池(机械鱼试验场地) 3. 常用木工工具及材料

具体材料清单见表 3-2-2。

表 3-2-2　具体材料清单

材料	数量	应用
三合板(250 毫米×250 毫米)	1 块	基础材料
7 号电池盒及电池	1 套	供电
气球	1 个	电池盒防水
扎带	1 个	电池盒防水
乒乓球	2 个	提供浮力
减速电机	1 个	提供动力
透明胶柱(15 毫米)	8 个	固定浮力球
摇杆	4 个	连接
带孔铁片	1 个	连接
轴套	6 个	固定
铁轴	4 个	连接
小弹簧	4 个	连接
备注：M3×30 毫米螺丝与螺母 2 个、M2.6×8 毫米螺丝 10 个、M2.2×7 毫米螺丝 8 个、M2×10 毫米螺丝 4 个，数量应用时有剩余		

需要的物品见图 3-2-4。

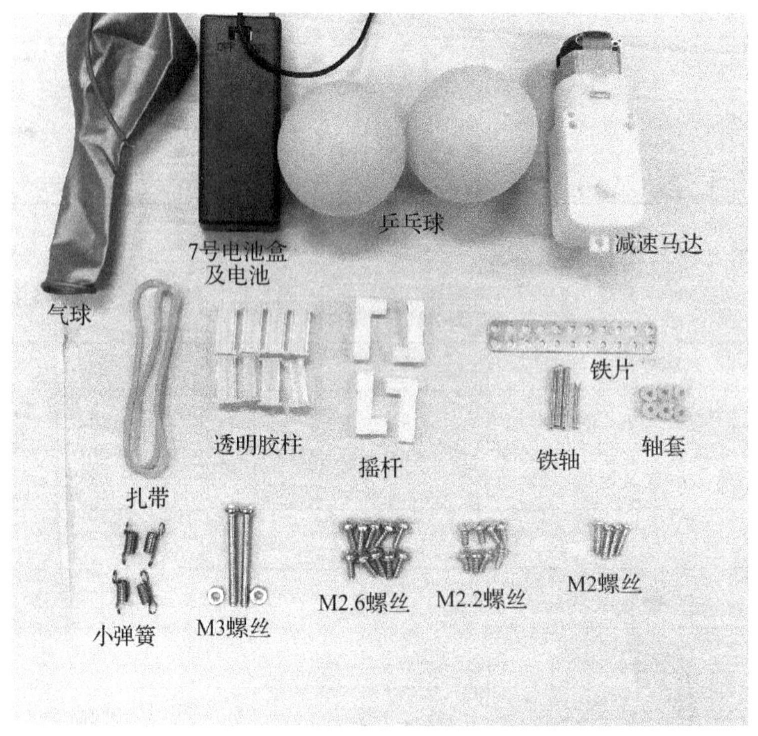

图 3-2-4 需要的物品

三、项目适合的学段

学段：高一年级。

学情分析：本课例面向高一年级学生。他们在高一上学期已经经历了“个性化台灯的设计与制作”过程，基本体验了技术设计的一般过程，并学习和掌握了简单木工加工工具的使用以及基于 Arduino 的电子智能控制方法，能够在教师的指导下完成台灯的设计与制作。基于已有知识，整合跨学科知识，并迁移运用这些知识解决现实问题，对于学生来说是一个大的挑战。

四、项目涉及的 STEM 知识与能力

(一)项目涉及的 STEM 知识与能力结构

在此课例中学生会经历发现问题、解决问题的全过程，要整合各个学科的知识去解决问题。学生应用到的 STEM 知识与能力结构见表 3-2-3。

表 3-2-3 STEM 知识与能力结构分析表

学科领域	所涉及的学科知识
科学	☆了解机械传动原理 ☆理解重心、浮力对机械鱼在水中的平衡的影响
技术	☆能手工绘制机械鱼模型草图，能用 Coreldraw 软件绘制机械鱼的部件图等 ☆掌握激光切割机的操作方法 ☆能设计制作出机械鱼的传动机构
工程	☆能够结合具体需求和所提供的材料，进行机械鱼方案设计 ☆能根据设计方案，利用激光切割机制作各个部件 ☆能进行机械鱼各个部件的组装，并进行技术测试
数学	☆能确定各个零件之间的位置 ☆能通过计算浮力与重力的关系来使机械鱼保持平衡

(二)交叉学科融合

通过本课例的学习和实践，学生能在真实问题解决过程中综合运用科学、技术、工程、数学的知识和方法；初步掌握物理学科的科学原理及其应用、数学知识及其应用、材料及其加工、模型制作等基本知识与基本技能，初步形成运用结构与功能、权衡与优化、设计与创新等技术和方法的能力，提高设计创新能力；能形成系统与工程思维，培养团队意识和合作能力。

五、项目目标和工程任务及拆解后的挑战任务

(一)项目目标

经历仿生机械鱼的设计过程，能够根据设计要求进行仿生机械鱼方案设计，手工绘制模型草图，分解仿生机械鱼的各组成部件并运用二维设计软件

绘制各部件的零件图，通过分析准确确定各零件的位置关系，逐步提升技术创新意识，形成工程思维，培养图样表达能力。

经历仿生机械鱼各部件的制作过程以及组装测试过程，学会使用激光切割机完成各个零件的加工制作，能够按照设计思路完成各部件组装，根据功能要求进行测试和优化，感悟技术问题解决的复杂性和艰巨性，形成实事求是和精益求精的态度，从而逐步提升解决问题的技术实践能力。

通过对仿生机械鱼多个挑战任务的实践与反思，培养自主探究意识与能力，培养跨学科、综合各个学科知识解决问题的意识与能力。

经历作品的交流、展示与评价，了解作品评价应该考虑的因素，逐步形成系统全面地进行作品评价的意识，发展批判性思维，逐步提升使用技术的自信心。

(二)工程任务及拆解后的挑战任务

工程任务：设计制作一款仿生机械鱼，使其在发生危险的水域可以引导鱼群脱离危险。

挑战任务 1：将仿生机械鱼草图方案转换成 CAD 图。

挑战点：看哪一组学生最快完成 CAD 图。

评测标准：CAD 图与草图在基础尺寸和主题形状上保持一致，并能够在激光切割机上进行加工。

挑战任务 2：仿生机械鱼姿态平衡探究实验。

挑战点：测一测，哪一组率先完成仿生机械鱼姿态平衡探究实验。

评测标准：对仿生机械鱼可以水平浮立在水中，明确仿生机械鱼各个零件的安装位置。

挑战任务 3：仿生机械鱼传动机构设计。

挑战点：哪一组设计的仿生机械鱼传动方式最多。

评测标准：通过仿生机械鱼的传动机构研究，得到适合本作品的传动方式。传动方式能够使仿生机械鱼的鱼尾保持平稳，有规律地摆动。

挑战任务 4：仿生机械鱼加工组装、测试。

挑战点：测一测，哪一组率先完成仿生机械鱼的加工组装、测试。

评测标准：通过激光加工制作装配，完成仿生机械鱼的制作，结构装配稳固，传动运行正常，在水中游动平稳。

六、项目所需课时及进度安排

我们基本上是按照发现问题、解决问题的思路进行课程设计的。课程计划分为五个主题，每个主题为2课时(见表3-2-4)。

表3-2-4　项目所需课时及进度安排表

课程	主要内容
主题一：发现问题，形成设计方案(2课时)	创设情境，发现问题，检索文献，形成设计方案：设计一款可以在发生污染或危险的地方引导鱼群脱离危险的仿生机械鱼。学生综合运用各个学科的知识去思考设计方案，分组进行相关文献检索和资料查询，探究鱼类引流原理。小组讨论，形成初步的设计方案并记录
主题二：仿生机械鱼的外形设计及加工(2课时)	仿生机械鱼外形设计及加工：掌握运用Coreldraw软件绘制仿生机械鱼零件的基本方法和步骤，并设计仿生机械鱼外形以及加工组装方式
主题三：仿生机械鱼的姿态平衡探究及传动机构设计(2课时)	仿生机械鱼的姿态平衡探究及传动机构设计：通过研究真实鱼类的结构来理解仿生机械鱼的重心以及浮力对仿生机械鱼在水中平衡的影响；设计适合本组仿生机械鱼的传动方式
主题四：仿生机械鱼的优化设计及零件加工、组装(2课时)	仿生机械鱼改进设计及零件加工组装
主题五：测试、评价和进一步优化创新(2课时)	对仿生机械鱼进行技术测试、评价和进一步优化创新

七、项目实施过程设计

(一)教学过程

1. 主题一：发现问题，形成设计方案

概述

项目的第一次课围绕“发现问题，形成设计方案”展开。核心内容为完成仿生机械鱼的基本设计方案，聚焦仿生机械鱼外形设计讨论可行方案。学生

分组讨论，查阅资料，根据分析结果制订适合自己的设计方案，进行草图绘制，确定仿生机械鱼的整体外观和基本尺寸。

活动过程

环节一：情境引入，明确设计主题。

(1)提出设计主题：设计一款仿生机械鱼——鱼类“牧羊犬”。这款仿生机械鱼可以在渔业养殖中引导捕鱼，还可以在发生水域污染时引导鱼群远离污染区域。

(2)设计要求如下。

基础要求：仿生机械鱼可以在水中平稳游动。

创新要求：仿生机械鱼可以引导鱼群游动(见图 3-2-5)。

细节要求：仿生机械鱼大小为 25 厘米～30 厘米。

提供材料：三合板、减速电机、电池及电池盒、乒乓球、螺丝、螺母等。

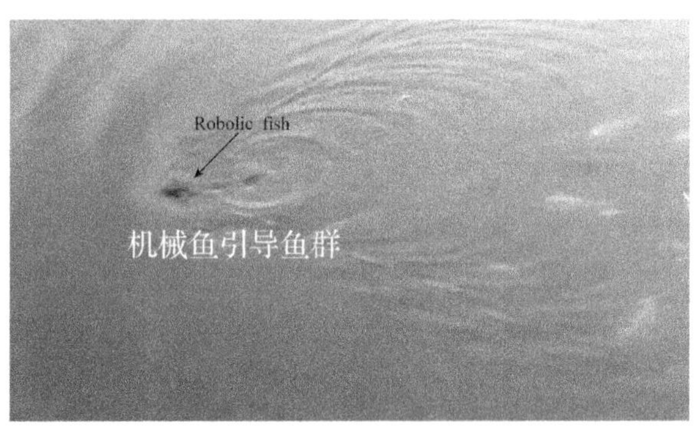

图 3-2-5 机械鱼引导鱼群

环节二：分组讨论、文献检索。

(1)引导学生分组讨论初步的设计方案。

(2)展示一些文献检索的方法，引导学生进行文献检索。

环节三：确定设计方案。

确定设计方案，手绘设计草图；根据所定方案细化设计，确定整体形状、外观尺寸，明确部件总类和数量。

环节四：方案展示交流。

组织学生介绍自己的构思方案，展开自评与互评。

引导学生进行说明：设计方案有何优点和缺点，在构思的过程中综合考虑了哪些方面。

方案设计评价表见表 3-2-5。

表 3-2-5　方案设计评价表

评价内容	一般	良好	优秀
仿生机械鱼方案设计	1. 小组讨论完成初步方案，并完成基本草图绘制 2. 基本可以将设计方案表达清楚	1. 小组讨论完成初步方案，并完成基本草图绘制。草图完整，主题明确 2. 方案的思路比较清晰，设计较为合理	1. 完成方案草图，草图清晰完整，有明确的主题，设计思路合理科学 2. 表达流畅，思路清晰，设计合理

2. 主题二：　仿生机械鱼的外形设计及加工

概述

本课在前面课程的基础上通过数字化设计来表达构想，运用现代技术语言将无形、抽象的思路转化成可视化的模型，并通过现代化的加工设备进行零件加工。本次课的核心内容为掌握绘制仿生机械鱼零件所需的基本方法和步骤，并设计仿生机械鱼外形以及加工组装方式。

活动过程

环节一：导入，明确学习任务。

(1)提出问题：如何加工我们所设计的仿生机械鱼外形?

(2)列举常用的加工工具，并分析其应用场景，引出本课题应用的加工设备、激光切割机的原理。用激光切割机加工的前提是能够准确绘制机械鱼的CAD 图。

(3)明确学习任务：掌握运用 Coreldraw 软件绘制仿生机械鱼零件的基本方法和步骤，并设计仿生机械鱼外形以及加工组装方式。

环节二：绘图软件学习，绘制仿生机械鱼外形图。

(1)通过微课视频讲解 Coreldraw 软件的基本操作步骤以及一些注意事项。

(2)引导学生根据自己的设计方案，在软件中绘制仿生机械鱼的外形图(见图 3-2-6)。

图 3-2-6　仿生机械鱼的外形图

环节三：仿生机械鱼外形加工。

(1)现场演示激光切割机的加工操作步骤及操作过程中的注意事项。

(2)引导学生加工仿生机械鱼的外形零件。

外形设计及加工评价表见表 3-2-6。

表 3-2-6　外形设计及加工评价表

评价内容	一般	良好	优秀
仿生机械鱼的外形设计及加工	1. 不会使用 Coreldraw 软件，没有完成外形设计 2. 激光切割机操作不当，零件加工失败	1. 能够基本掌握 Coreldraw 软件的操作，在他人的帮助下能顺利完成外形设计 2. 可以使用激光切割机，操作不够熟练	1. 能够熟练使用 Coreldraw 软件，能够独立完成外形设计 2. 可以熟练使用激光切割机，独立完成零件加工

3. 主题三：　仿生机械鱼的姿态平衡探究及传动机构设计

概述

本节课的学习内容属于“鱼类‘牧羊犬’——仿生机械鱼设计与制作”中的仿生机械鱼姿态平衡探究和传动机构设计环节，是学生在经历了设计方案的制订、仿生机械鱼外形设计及加工等过程后的针对仿生机械鱼的难点进行的探究实践活动。核心内容是针对仿生机械鱼的姿态平衡问题和传动机构设计的探究实践。

活动过程

环节一：导入，明确学习任务。

(1)观看视频，发现问题：视频中的仿生机械鱼没有经历平衡调节这个环节，在水中不能水平浮立(平衡)。明确问题：仿生机械鱼的姿态平衡调整。

(2)传动机构一般都是以电池为动力的，那么动力是如何传到仿生机械鱼尾部的呢？请设计仿生机械鱼的传动机构。

环节二：仿生机械鱼姿态平衡探究。

(1)引导学生阅读资料，从生物结构角度出发，分析鱼类的内部结构(见图 3-2-7)，找到一些值得借鉴的解决问题的方法。

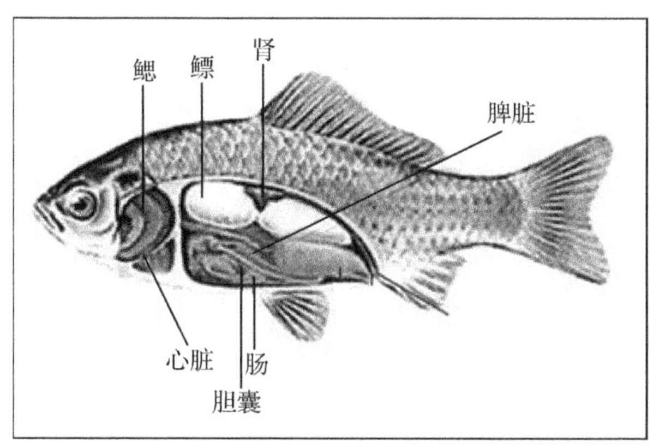

图 3-2-7　鱼类的内容结构图

(2)引导学生通过两个探究试验(见图 3-2-8)，并借助通用技术课本中有关稳定性的知识，逐步将仿生机械鱼调节至稳定地水平浮立于水中(姿态平衡)的状态，并分析影响平衡的因素，填写探究报告。

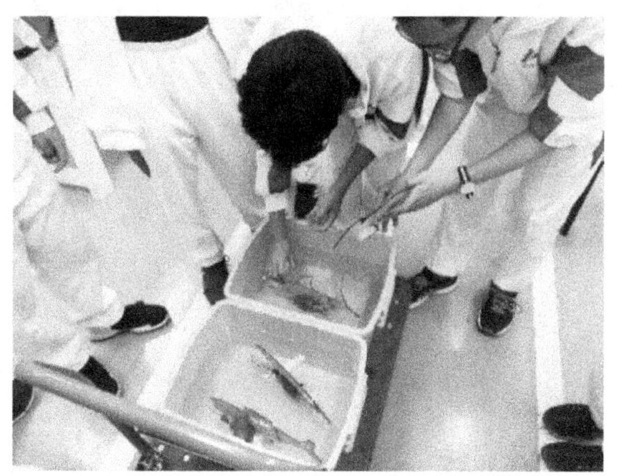

图 3-2-8　学生们在探究

环节三：仿生机械鱼传动机构设计。

(1)学习几种常见的传动机构。

平面连杆机构见图 3-2-9。

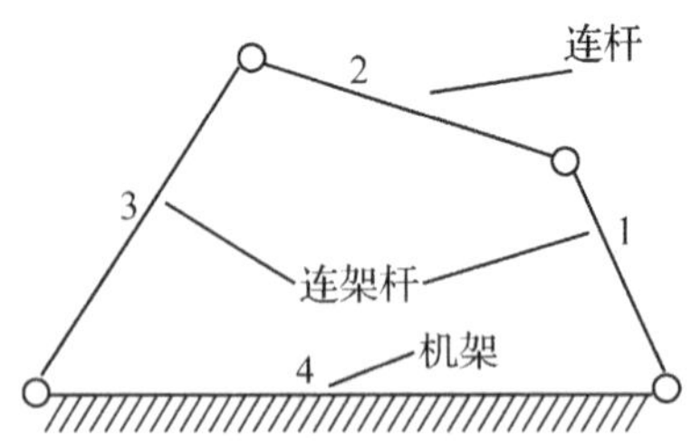

图 3-2-9 平面连杆机构示意图

三种基本形式如下。

双摇杆机构：两个连架杆均为摇杆。

双曲柄机构：两个连架杆均为曲柄。

曲柄摇杆机构：两个连架杆，一个为曲柄，另一个为摇杆。

齿轮机构：齿轮是一种具有齿形的滚轮，可以传递轴之间的动力(见图 3-2-10)。

图 3-2-10 齿轮示意图

(2) 动手实践：组织各组运用现有的材料设计一款适合本组作品的传动机构(见图 3-2-11)。

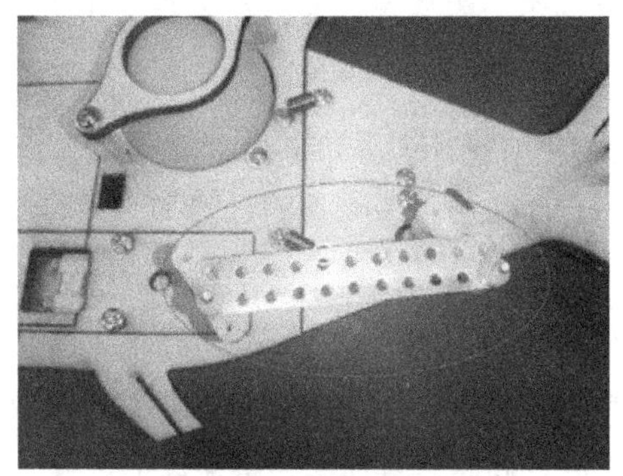

图 3-2-11　制作的传动机构

姿势平衡与传动评价表见表 3-2-7。

表 3-2-7　姿势平衡与传动评价表

评价内容	一般	良好	优秀
仿生机械鱼的姿态平衡探究及传动机构设计	1. 没有完成仿生机械鱼姿态平衡探究实验任务 2. 没有完成仿生机械鱼传动机构设计	1. 基本能够完成探究实验任务，可以找出部分增强仿生机械鱼在水中平衡性的方法 2. 能够在他人的帮助下找到一种适合本组的传动机构	1. 经历探究实验，能够找到仿生机械鱼稳定、平衡的方法，并且找到增强仿生机械鱼在水中平衡性的方法 2. 能够独立完成设计仿生机械鱼的传动机构，机构科学合理

4. 主题四：仿生机械鱼的优化设计及零件加工、组装

概述

本课在上次课“姿态平衡探究及传动机构设计”的基础上进一步优化仿生机械鱼外形设计以及各零件的细节设计，然后运用激光切割机加工出各个零件并组装。

活动过程

环节一：导入，明确学习任务。

通过上次课，学生可以进一步优化仿生机械鱼外形设计以及各零件的细节设计，然后运用激光切割机加工出各个零件并组装。

环节二：优化设计仿生机械鱼各零件图。

(1)用 PPT 复习 Coreldraw 软件的基本操作步骤以及一些注意事项。

(2)优化设计机械的各个零件图，并根据木板大小进行零件图位置的合理调整。

环节三：仿生机械鱼的零件加工、组装。

(1)播放视频，带领学生复习激光切割机的加工操作步骤及操作过程中的注意事项。

(2)引导学生利用激光切割机进行零件加工。

(3)引导学生完成零件装配并记录装配情况，针对装配中出现的问题，对CAD图样进行调整修改，修改后再加工，重复以上过程。

学生制作的零件见图3-2-12。

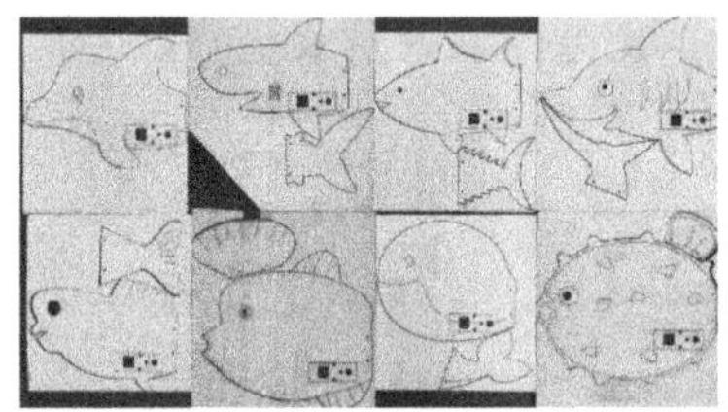

图3-2-12　学生制作的零件

优化设计及零件加工、组装评价表见表3-2-8。

表3-2-8　优化设计及零件加工、组装评价表

评价内容	一般	良好	优秀
仿生机械鱼的优化设计及零件加工、组装	1. 无法完成对仿生机械鱼的优化设计，对软件使用生疏 2. 激光切割机操作不当，需要他人帮助进行零件加工	1. 在他人的帮助下可以完成仿生机械鱼的优化设计 2. 激光切割机操作不够熟练，能够完成零件的加工、组装	1. 能够独立、科学、合理地完成仿生机械鱼的优化设计 2. 能够熟练运用激光切割机加工零件，并进行组装

5. 主题五：测试、评价和进一步优化创新

概述

本次课是课例的第五次课，也是最后一次课，主要内容包括仿生机械鱼的测试、展示、评价，后续再次优化设计。

活动过程

环节一：导入，明确学习任务。

测试、展示各组的仿生机械鱼作品，引导学生进行有效观摩。

环节二：测试与评价。

(1)引导各个小组在水中进行测试(见图 3-2-13)，并简单介绍本组仿生机械鱼的设计思路和特色。

(2)组织各个小组进行自评和互评。

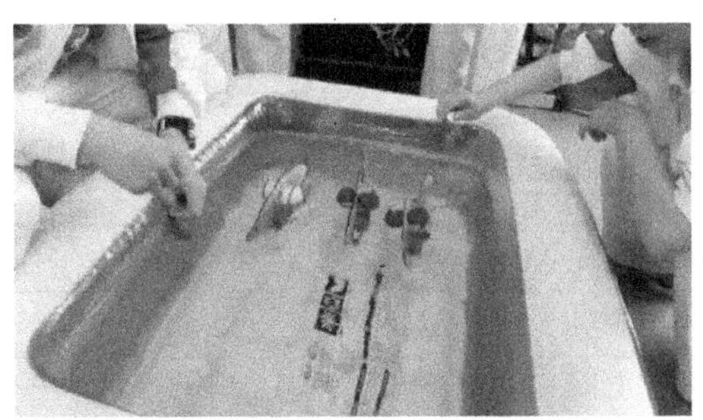

图 3-2-13　学生测试

环节三：再次创新优化设计仿生机械鱼。

引导学生根据教师、同学的建议再次进行仿生机械鱼的创新优化设计，提出后续改进设想。

测试与优化创新评价表见表 3-2-9。

表 3-2-9　测试与优化创新评价表

评价内容	一般	良好	优秀
测试与优化创新	1. 在测试展示环节，仿生机械鱼在水中不能平稳游动，对本组的设计思路表达不明确 2. 没有优化创新想法	1. 在测试展示环节，仿生机械鱼在水中可以平稳游动，对本组的设计思路表达明确 2. 提出了优化创新想法	1. 在测试展示环节，仿生机械鱼在水中平稳、快速游动，有创新机构设计，对本组设计思路表达明确，设计合理 2. 提出了合理的优化设计思路

(二)学习任务单

1. 主题一：发现问题，形成设计方案

思考 1：仿生学在生活中有哪些应用？

____

思考 2：查阅资料，仿生机械鱼可以应用什么原理引导鱼群？

____

核心任务：完成仿生机械鱼的基本设计方案(见表 3-2-10)。

表 3-2-10　仿生机械鱼方案设计表

仿生机械鱼名称		
方案说明	零件及个数	
	整体外观尺寸	
	设计理念说明	
绘制草图，并标注必要尺寸		

2. 主题二：仿生机械鱼的外形设计及加工

思考 1：通用技术课上常用的加工工具都有哪些？分析其应用场景。

____

记录 1：用 Coreldraw 软件绘制仿生机械鱼零件所需的基本方法和步骤。

____

记录 2：激光切割机使用步骤及注意事项。

____

3. 主题三：仿生机械鱼的姿态平衡探究及传动机构设计

思考 1：资料中的生物学内部结构对仿生机械鱼的平衡(水平浮立)、稳定性方面有什么可以借鉴的地方？

____

仿生机械鱼姿态平衡探究实验记录表见表 3-2-11。

表 3-2-11　姿态平衡探究实验记录表

<table>
<tr><td colspan="5">探究实验一</td></tr>
<tr><td colspan="5">实验内容：移动电池盒的位置及增加磁铁让仿生机械鱼水平浮立在水中
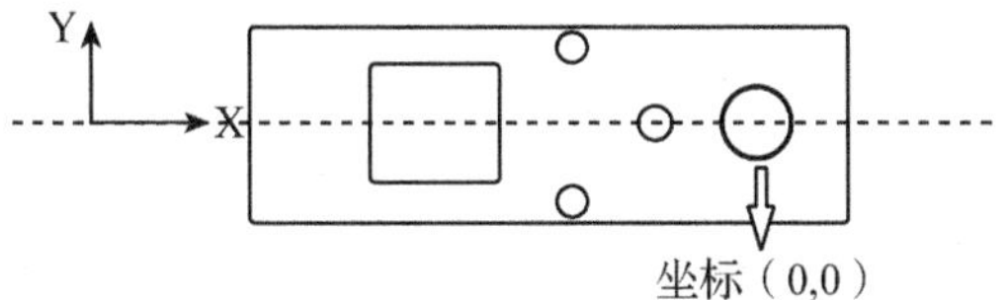

说明：电机轴心的坐标为(0，0)</td></tr>
<tr><td rowspan="6">实验记录</td><td></td><td>磁铁数量</td><td>电池盒安装位置</td><td>仿生机械鱼姿态</td></tr>
<tr><td>1</td><td></td><td></td><td></td></tr>
<tr><td>2</td><td></td><td></td><td></td></tr>
<tr><td>3</td><td></td><td></td><td></td></tr>
<tr><td>4</td><td></td><td></td><td></td></tr>
<tr><td>5</td><td></td><td></td><td></td></tr>
<tr><td>实验
分析</td><td colspan="4">综合仿生机械鱼结构，找出电池盒安装的最佳位置关系</td></tr>
<tr><td>备注</td><td colspan="4"></td></tr>
<tr><td colspan="5">探究实验二</td></tr>
<tr><td colspan="5">实验内容：增加浮力球，调节浮力球的位置，使仿生机械鱼可以稳定地水平浮立(平衡)在水中，分析其影响因素
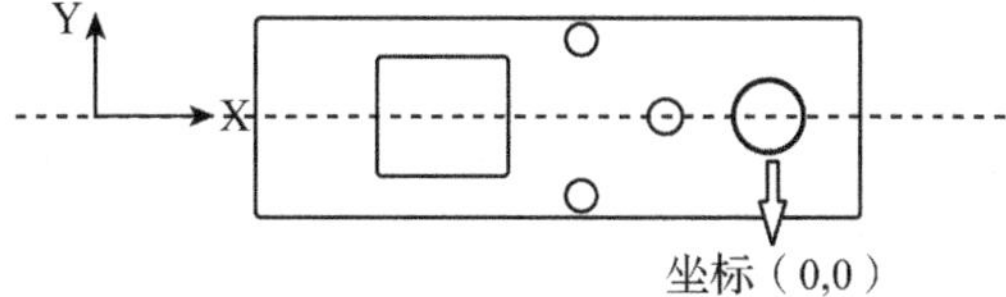

说明：电机轴心的坐标为(0，0)</td></tr>
</table>

续表

		浮力球数量	安装位置	仿生机械鱼姿态
实验记录	1			
	2			
	3			
	4			
	5			
关验分析	1. 综合仿生机械鱼结构，找出最佳的浮力球个数和安装位置关系 2. 使得仿生机械鱼水平浮立(平衡)应满足哪些条件			

思考 2：结合几种常见的机械传动机构，设计本组的仿生机械鱼传动方式。

4. 主题四： 仿生机械鱼的优化设计及零件加工、 组装

记录：在优化设计、加工、组装的过程中你遇到了哪些问题？是如何解决的？

设计、加工、组装的过程记录表见表 3-2-12。

表 3-2-12　设计、加工、组装的过程记录表

你遇到的问题描述	针对问题如何解决

5. 主题五：测试、评价和进一步优化创新

测试与优化创新打分表见表 3-2-13。

表 3-2-13　测试与优化创新打分表

评价内容	平稳游动与优化思路		
	一般	良好	优秀
测试与优化创新	1. 在测试展示环节，仿生机械鱼在水中不能平稳游动，对本组的设计思路表达不明确 2. 没有优化创新想法	1. 在测试展示环节，仿生机械鱼在水中可以平稳游动，对本组的设计思路表达明确 2. 提出了优化创新想法	1. 在测试展示环节，仿生机械鱼在水中平稳、快速游动，有创新机构设计，对本组设计思路表达明确，设计合理 2. 提出了合理的优化设计思路
组别	一般	良好	优秀
第 1 组			
第 2 组			
第 3 组			
第 4 组			
第 5 组			
第 6 组			
第 7 组			
第 8 组			
第 9 组			
第 10 组			

(三)预期成果

1. 完成仿生机械鱼的方案设计

要求：设计草图及说明，外形的 CAD 图。

2. 通过对仿生机械鱼的姿态平衡研究，确定仿生机械鱼各个零件的安装位置

要求：仿生机械鱼可以水平浮立在水中，填写实验报告。

3. 通过研究仿生机械鱼的传动机构，确定适合本作品的传动方式

要求：传动方式可以使仿生机械鱼的鱼尾平稳、有规律地摆动，填写实

验报告。

4. 通过激光加工制作装配， 完成仿生机械鱼的制作

要求：结构合理，装配稳固，传动运行正常。

5. 完成交流展示，进行自评、 互评

要求：条理清楚，语言清晰，能够清楚地说明学习过程中应用的知识技能、解决困难的方法，突出产品特色。

(四)评价设计

1. 课程前测设计

课程前测设计见表 3-2-14。

表 3-2-14　课程前测设计

形式	调查问卷
目的	了解学生CAD绘图软件的使用情况、常用加工工具使用情况、模型设计制作的经验
内容	你了解的仿生机械有哪些？ 你知道的常用的CAD绘图软件有哪些？它们各有什么特点？ 通用技术课常用的加工工具有哪些？ 你知道的智能加工设备有哪些？它们的加工特点是什么？ 你了解的常用的文献检索工具有哪些？ 你之前参与过哪些设计制作项目？

2. 终结性评价表

本课程的实践性和综合性非常强。课程终结性评价内容包括小组合作的有效性、预期成果实现程度等多个维度(见表 3-2-15)。

表 3-2-15　终结性评价表

指标	一般	良好	优秀
分工合作	分工不明确，任务没有完成	有基本的分工，但分工不够明确，或执行分工不彻底，或出现没有承担任务的成员	有明确的分工，每个成员都有相应的任务，并且每个人都能明确自己的任务，有组织地执行
仿生机械鱼的方案设计	草图思路不够清晰，设计思路不够科学，CAD 图绘制不能按时完成	草图可以表明主题，但不够清晰，设计思路略有不足，CAD 图绘制基本完成	草图清晰完整，有明确的主题，设计思路合理、科学，CAD 图绘制精确、合理
姿态平衡探究	姿态平衡探究实验没有完成，实验报告填写杂乱	姿态平衡探究实验基本完成，可以找到 1 处合适的零件安装位置，实验报告填写基本完成，还存在一些不合理的地方	调整后机械鱼可以水平浮立在水中，并找到多处合适的零件安装位置，实验报告填写完整、合理
传动机构设计	没有设计出本组的传动机构，实验报告填写杂乱	设计的传动方式可以使仿生机械鱼鱼尾摆动，但运行不够平稳；实验报告填写基本完成，还存在一些不合理的地方	设计的传动方式可以使仿生机械鱼的鱼尾平稳、有规律地摆动，实验报告填写完整、合理
仿生机械鱼的加工、组装	没有在规定时间内完成仿生机械鱼的零件加工、组装任务	基本完成仿生机械鱼的结构组装，但部分零件安装不合理	组装完成后的仿生机械鱼结构合理，装配稳固，传动运行正常
展示说明	对设计思路的描述缺乏逻辑，不能说明本小组作品的优点	对设计思路、理念进行了展示，内容较具体，但仍有混乱和不清楚之处	展示条理清楚，语言清晰，能够清楚地说明学习过程中应用的知识技能、解决困难的方法，突出产品特色

3. 课程后测设计

课程后测设计见表 3-2-16。

表 3-2-16　课程后测设计

形式	调查问卷
目的	了解学生对学科核心概念、图样表达、产品设计制作的方法等的掌握程度
内容	通过本课程的学习，你了解到仿生机械鱼的应用有哪些？ 通过本课程的学习，列出一款产品的设计与制作所包含的步骤。 请列出你了解的 CAD 绘图软件，它们各有什么特点？ 通过本课程的学习，你了解了哪些智能加工制造技能？

八、项目学习成果展示

“鱼类‘牧羊犬’——仿生机械鱼设计与制作”项目成果在校内被展示出来（见图 3-2-14），得到了师生的一致好评。

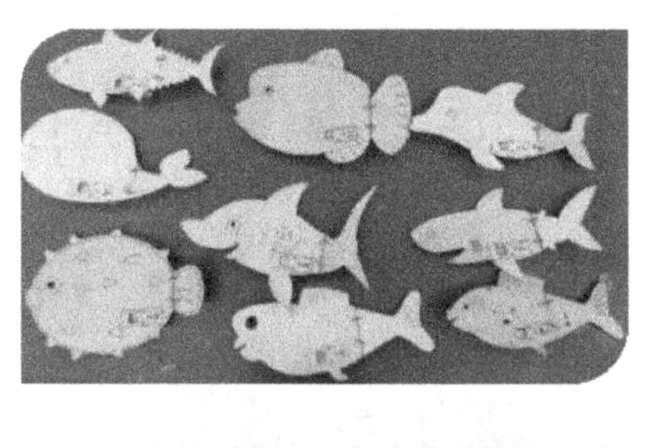
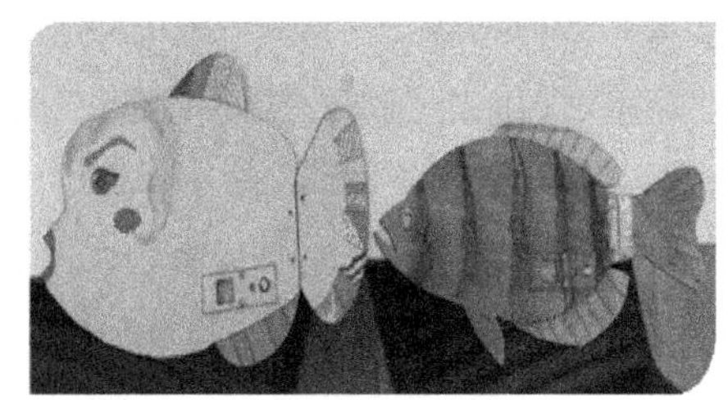

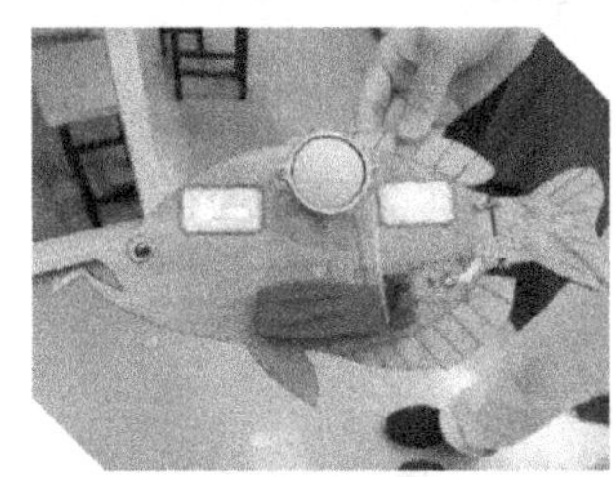
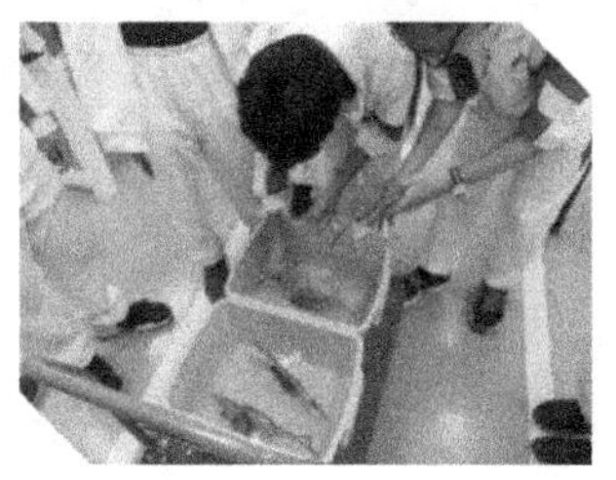
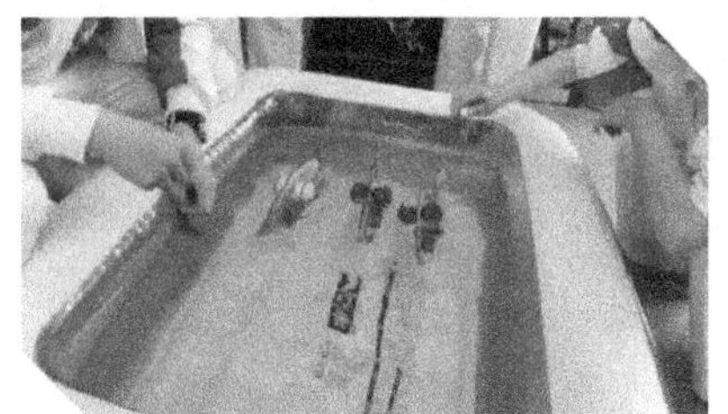

图 3-2-14　部分学生成果

九、课例反思

我们在通用技术学科核心概念的基础上融合了 STEM 教育理念，引导学生学习、体验、领悟，充分体现了设计思维和科学探究意识，带动了学生学习的主动性和自主性。但教学中仍然存在一些问题。

反思与改进如下。

反思 1：课程很多地方为追求进度，采用教师教授、学生单纯听讲的方式，没有给学生留出想象空间。

改进 1：优化课程设计，注意引导学生自主探究、思考。多以开放式教学为主，尽可能地把时间留给学生，多引导学生质疑，让学生在预留的时间和空间内进行独立探究或相互讨论和交流，为学生学习提供选择余地，允许学

生发表自己的见解。

反思 2：小组合作效果不明显，经常出现一个小组只有一两名学生参与的情况。

改进 2：不断优化评价体系以及课程内容，充分调动小组成员的积极性。

课例三　系统与结构：动力大挑战 ——新能源动力小车设计与制作①

项目简介

新能源动力小车设计与制作项目紧密联系学生生活，富有一定的挑战性。它以新能源为动力的主要来源，设计制作定点发车、定点停车的小车。项目通过技术设计与技术探究等，强化学生对科学原理的运用，深化学生对技术的认识，开拓学生的视野。

第一部分　三级进阶课例解析

在本课例中，我们提炼了两个通用技术学科大概念：系统与控制。项目重点放在通用技术课程的系统与设计、控制与设计两个专题上。整个项目的设计与制作过程，注重发展学生对知识的整合能力、应用能力、物化能力，提高学生解决技术问题的能力和实践能力。丰富多彩的设计性、探究性、创造性活动可以发展学生的开放性、批判性思维，挖掘学生的创造性潜能，使学生的创新意识、创新思维得到进一步发展。从橡皮筋动力小车到新能源动力小车的转型过程体现了动力的进阶，也体现了从技术学科项目到STEM项目的进阶。新能源动力小车设计与制作项目在坚持基础性的同时，具有时代

① 本课例由北京市中关村中学胡小琳、中国人民大学附属中学分校刘海青、北京十一学校王磊具体设计和实施。指导教师为北京市海淀区教师进修学校通用技术教研员张桂凤。由北京教育学院于晓雅博士主持的北京市“STEM教育与创客教育课程实践”卓越教师工作室集体打磨完成。

气息，体现了未来科技走向，充分展示了 STEM 的项目特征。

一、STEM 课例进阶

本课例在设计过程中紧密围绕环境污染和非再生能源枯竭问题。项目偏重于将清洁无污染的可再生能源作为小车的动力来源，这也源于真实的汽车产业面临的转型问题。新能源动力小车是为帮助高中学生认识新能源汽车的更多动力方式而研发的项目。这一项目让学生经历发现与明确问题、收集资料、分析资料、构思方案、制作模型、测试、交流、评价与优化的过程，形成基本的技术意识、图样表达能力、工程思维、创新设计能力、物化能力等核心素养。

STEM 教育强调以真实问题解决为任务驱动，在实践中应用知识，获得知识，培养学生的问题解决能力、复合思维和创新思维。本课例基于 STEM 教育理念，经历了从第一版到第三版三个版本的优化。课例设计中不断添加新的内容，不断丰富学习资源，实现了从通用技术的项目教学到 STEM 案例教学的进阶。

整个课例主要从项目名称、项目学习目标以及项目学习方式方面进行了迭代设计。

(一)项目名称的进阶

从第一版到第三版，项目名称的变化体现了从技术学科项目到 STEM 教学项目的进阶(见图 3-3-1)。第一版项目名称为“橡皮筋动力小车的设计与制作”。从名称上看，该项目更像是一个目标确定的技术任务，只要按照一定的流程基本可以完成。第二版项目名称为“定位小车的设计与制作”，凸显动力系统设计的多样化。学生可以结合自己擅长的物理、数学、化学等学科知识进行动力系统、传动系统、制动系统以及车体结构的设计。第三版项目名称为“新能源动力小车的设计与制作”，强调以真实问题解决为任务驱动，体现新能源理念，让学生结合学科知识与现实生活构思新能源动力系统、传动系统和制动系统。

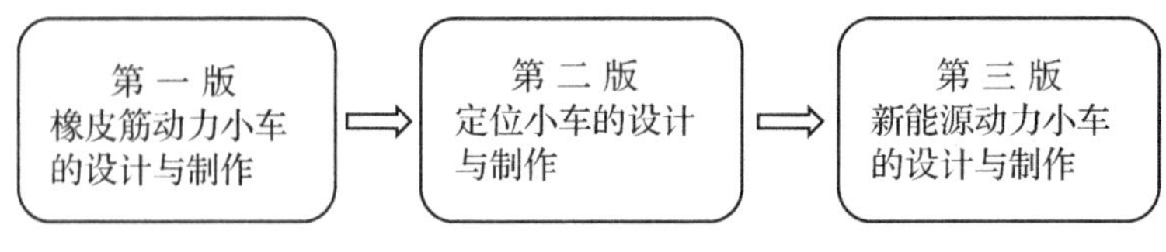

图 3-3-1　项目名称进阶图

(二)学习目标的进阶

STEM 学习为学生提供了一个机会：通过各种学习活动，把各学科的零散知识构建成互相联系的“技能树”，用于解决真实问题。

本项目的学习目标不是学习知识，而是提升创新能力。STEM 学习中要体现学生的逻辑思维过程。在本课例中，学生通过技术实验，对比实验数据，进行分析，得出科学的结论。项目目标变化见图 3-3-2。

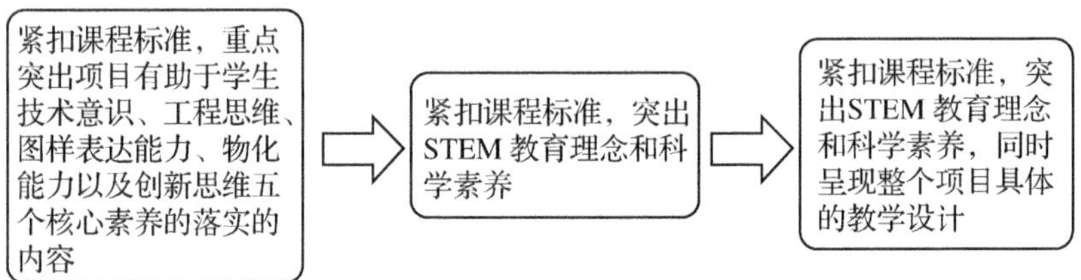

图 3-3-2　学习目标进阶图

(三)学习方式的进阶

基于 STEM 教育理念的探究任务经历了三个版本的优化，探究任务不断升级，挑战性越来越高(见图 3-3-3)。通用技术学科素养向 STEM 素养进阶的关键是跨学科和全人发展。首先，从学生出发，强调以学生为主体的原则；其次，根据教学目标和教学内容，明确项目目标，强调项目的工程设计和实践创新的特点；再次，根据 STEM 教育理念、学情分析(所知所能、应知应会、能知能会)等，强调以小组分工、合作探究、工程管理的形式组织项目教学活动，注意项目管理中的时间、质量、成本三方面；最后，根据 STEM 教育理念、项目教学的特点等，强调动态、开放的活动过程和多元的活动结果。STEM 教育理念在教学中的呈现形式应该为明确的目标、动态的过程、开放的结果。STEM 课例的进阶是通用技术素养到 STEM 素养进阶的具体呈现形式(见图 3-3-4)。

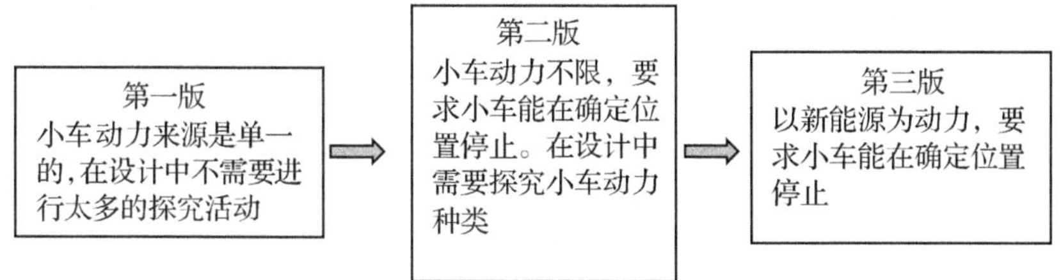

图 3-3-3　探究任务进阶图

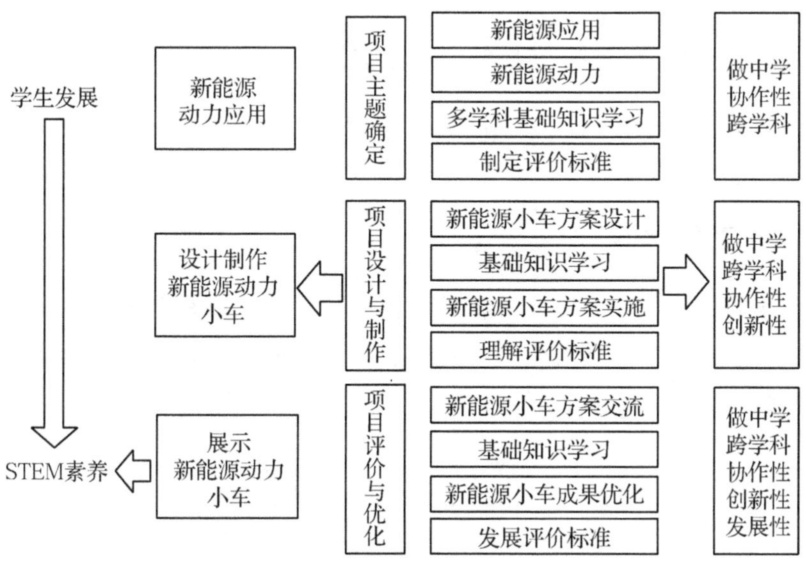

图 3-3-4　通用技术素养向 STEM 素养进阶图

二、教师成长

本课例是 STEM 教育理念下通用技术课程项目式教学的设计与实践。从真实的背景和需求出发，教师引导学生从生态平衡的大视角去思考设计新能源动力小车的意义，由通用技术学科教师逐渐成长为 STEM 教师。教师能力进阶见图 3-3-5。

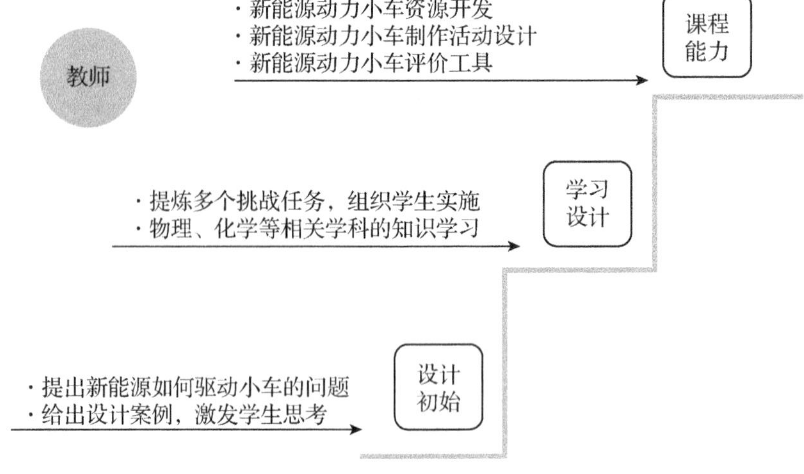

图 3-3-5　教师成长

三、学生成长

学生的思考角度远超技术学科的范畴，形成的成果凸显了跨学科的外显形式，实现了学科到跨学科的进阶、工匠人到全人的进阶。学生成长见图 3-3-6。

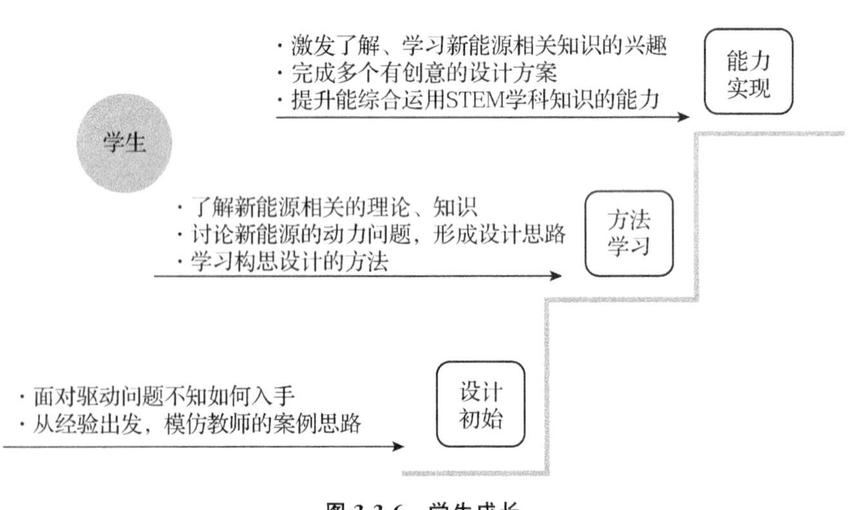

图 3-3-6　学生成长

第二部分　实施后反思改进版示范课例

一、项目缘起

当今世界，汽车的主要动力来源为石油和天然气，排放的尾气中含有多种污染物，对我们的生态环境造成了破坏。石油是制造汽油和柴油的原料，属于非再生能源。全球的石油储量有限。随着人们的不断开采，解决石油资源枯竭的问题迫在眉睫。为了解决环境污染和非再生能源枯竭的问题，我们应采用清洁无污染的可再生能源。

新能源动力小车以新能源为动力来源。教师通过小车的整体布局设计与外观设计、动力和制动系统设计、模型制作、技术测试、优化方案、评价与交流等科学探究和技术活动，引导学生在工程项目中使用科学思维来提出假设、探究实验、得出结论、应用结论，使用工程思维进行系统分析、整体规划、比较权衡、综合决策，使用设计思维发现并明确课题、制订设计方案、制作模型、测试和优化方案，从而提升创新设计能力、图样表达能力和物化能力，解决真实世界中的复杂问题。

二、项目实施的环境与硬件要求

建议环境：可在通用技术教室实施和开展。

硬件要求：

材料：三合板、五合板、1000 毫米×8 毫米×8 毫米桐木条、1000 毫米×16 毫米×16 毫米桐木条、直径 4 毫米的钢筋轴、直径 5 毫米的碳纤维杆(中空)、减速电机、扇叶及配套电机、太阳能板及配套电机、电池盒、导线、开关、80 目和 100 目砂纸、乳胶、502 胶等。

工具：手工直线锯、曲线锯、钢锯、木锉、钢锉、台钻、砂带机、热风枪、胶枪等。

如有条件，可以配置一定数量的学生电脑和 3D 打印机。

三、项目适合的学段

本项目适合在高一、高二年级实施。学生在经历了必修 1 的学习后，对技术设计的一般过程和基本技术原理有了较深认识，习得了学科知识，培养了一定的学科核心素养。这些为开展综合性强、体现学科融合和开放性的 STEM 专题实践提供了基础。该项目可作为通用技术必修 2 或选择性必修技术与创造中的“科技人文融合创新专题”课程的实施内容。

在知觉方面，高一年级学生的知觉和观察更具有目的性，能用已有知识和技能自主解决教师提出的问题，侧重于模仿和改进；高二年级学生的知觉和观察更具系统性，在动手实践基础上更趋于弄清事物的本质，能整合已有知识和技能，自主发现并探究解决身边的问题，侧重于发现和探究。在思维方面，高一年级学生的发散思维强于收敛思维，创新思维不足，抽象逻辑思维趋向理论型；高二年级学生的收敛思维增强，创新思维和能力都有很大提高，理论型思维发展趋于成熟并基本定型。在情感方面，高一年级学生学习自主性提高，也愿意与同伴合作解决问题，学习热情高，喜欢在教师的指导下自主解决问题；高二年级学生学习自主性强，喜欢独立自主地解决问题，学习热情参差不齐，个人兴趣占主导。

四、项目涉及的 STEM 知识与能力

新能源动力小车项目要求以新能源为动力来源。学生可结合自己擅长的学科知识设计小车的驱动(动力)系统、驱动力传动系统以及控制(制动)系统，并可依据设计方案选择合适的材料与工具，完成模型制作。

项目涉及的 STEM 知识与能力见图 3-3-7。

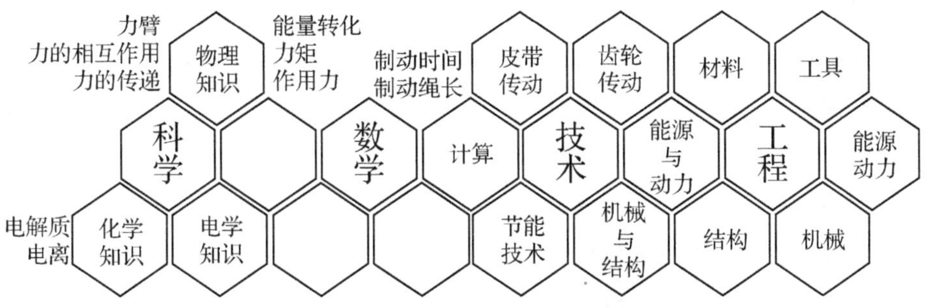

图 3-3-7 项目涉及的 STEM 知识与能力

五、项目目标和工程任务及拆解后的挑战任务

(一)项目目标

通过新能源动力小车的设计与制作，学生能够分析出保证小车整体结构强度和稳定性的关键点，能够根据项目要求明确主要的挑战任务，即小车系统包含的主要的子系统(动力系统、传动系统和制动系统)，分析小车系统的组成部分，领悟结构设计、流程设计、系统设计、控制设计的设计思想，掌握技术设计的基础知识和技能，掌握运用技术设计方法解决技术问题的基本能力和基本经验，并形成有效迁移。技术设计与技术探究可以强化科学原理的应用，发展学生对数学、物理、化学、生物等多学科知识的整合、应用、物化的能力，增强学生对技术思想和方法的学习与运用能力，发展学生的工程思维和创造能力。

(二)工程任务及拆解后的挑战任务

工程任务：以新能源为动力的主要来源，设计制作定点发车、定点停车的小车

项目拆解后的工程挑战任务：

挑战任务一：小车结构的设计。

探究任务一：如何保证小车结构的稳定性。

评测标准：小车结构稳定。

探究任务二：如何保证小车结构的强度。

评测标准：小车结构强度满足设计需求。

挑战任务二：小车动力系统的设计。

探究任务一：小车动力系统必须是新能源，并说明是一级能源还是二级能源。

评测标准：利用的是新能源。

探究任务二：动力系统易制作且成本低。

评测标准：容易制作且成本低。

挑战任务三：小车传动系统的设计。

探究任务一：常用的传动方式。

评测标准：结构科学合理且成本低。

探究任务二：小车传动系统的设计。

评测标准：容易设计且成本低。

探究任务三：如何保证有效传动。

评测标准：能有效传动。

挑战任务四：小车制动系统的设计。

探究任务一：制动方式。

评测标准：结构科学合理且成本低。

探究任务二：小车制动系统的设计。

评测标准：容易设计且成本低。

六、项目所需课时及进度安排

新能源动力小车设计与制作教学项目共计 16 课时，具体课时及进度安排见表 3-3-1。

表 3-3-1　项目所需课时及进度安排

项目所需课时及进度安排	明确项目要求	(1 课时)
	学习识图基础知识	(2 课时)
	轴测图的绘制	(1 课时)
	新能源动力小车设计方案构思	(1 课时)
	新能源动力小车下料图的绘制	(1 课时)
	了解常用材料及连接方式	(1 课时)

续表

	常用工具使用方法	(6 课时)
	新能源动力小车的制作	(1 课时)
	新能源动力小车测试、交流与评价	(1 课时)
	优化设计	(1 课时)

七、项目实施过程设计

(一)教学过程

1. 主题一： 明确项目要求

概述

本次课是“新能源动力小车设计与制作”项目的第一次课，课题围绕项目要求展开。本次课的主要内容为明确项目要求。学生能在明确项目要求的基础上分析出项目设计的关键点。

活动过程

环节一：说明项目要求。

(1)小车应能放进一个边长为 250 毫米的正方体内。

(2)动力设计体现新能源理念，说明是一级能源还是二级能源。

(3)制动方式不限，但不得使用遥控器。

(4)小车在起点处自由停放，能够行进到指定的位置。

(5)车辆在静止及行驶过程中不能有遗撒物，不能对周围环境有危害。

(6)测试评价方法。

得分＝100－L/2 (L 为小车最前端到终点线的垂直距离，单位为厘米)

每组有三次测试机会，最终得分取三次平均成绩。

环节二：小组成员对小车的动力系统、传动系统以及传动方式和制动系统的设计进行交流。

系统设计过程性评价表见表 3-3-2。

表 3-3-2 系统设计过程性评价表

评价内容	一般	良好	优秀
系统设计	明确项目要求，与小组成员讨论交流气氛一般，能在学习任务单上列出项目实施的1个关键点	明确项目要求，积极讨论，能在学习任务单上列出项目实施的2个关键点，并说明新能源是一级还是二级	明确项目要求，积极讨论，能在学习任务单上列出项目实施的3个关键点，并说明新能源是一级还是二级

2. 主题二：学习识图基础知识

概述

本次课是项目的第二次课。课题围绕识图基础知识展开。本节课的主要内容为三个视图的位置关系、投影关系、图线的应用及“三视图”尺寸标注方法，为后面新能源动力小车下料图的绘制打好基础。

活动过程

环节一：提出问题——制作新能源动力小车是直接制作还是先绘制图纸再制作？引出识图知识的重要性。

环节二：经历一个简单模型的“三视图”的绘制过程，归纳总结“三视图”绘制过程中出现的问题，明确三个视图的位置关系、投影关系和图线的正确应用。

环节三：提出问题——能否根据给定的“三视图”制作出确定的模型？引出“三视图”尺寸标注的重要性。

环节四：通过完成简单模型“三视图”的尺寸标注掌握“三视图”尺寸标注的方法。

“三视图”知识学习过程性评价表见表 3-3-3。

表 3-3-3 “三视图”知识学习过程性评价表

评价内容	一般	良好	优秀
“三视图”基础知识	明确三个视图的位置关系、投影关系和图线的正确应用，能在给定时间内正确绘制给定模型的“三视图”并能正确进行尺寸标注	明确三个视图的位置关系、投影关系和图线的正确应用，能比较快速准确地绘制给定模型的“三视图”并能正确进行尺寸标注	明确三个视图的位置关系、投影关系和图线的正确应用，能快速准确地绘制给定模型的“三视图”并能正确进行尺寸标注

3. 主题三：轴测图的绘制

概述

本次课通过引导学生根据“三视图”绘制轴测图，领悟轴测图的绘制技巧，形成图样表达能力，为构思新能源动力小车草图奠定基础。

活动过程

环节一：通过问题引出轴测图内容。

环节二：通过实例引导学生根据“三视图”绘制轴测图。

环节三：根据环节二绘制的“三视图”绘制其对应的轴测图。

平面到立体图形转化评价表见表 3-3-4。

表 3-3-4　平面到立体图形转化评价表

评价内容	一般	良好	优秀
根据“三视图”绘制轴测图	能在给定时间内根据给定的“三视图”绘制其对应的轴测图	能比较快速准确地根据给定的“三视图”绘制其对应的轴测图	能快速准确地根据给定的“三视图”绘制其对应的轴测图

4. 主题四：新能源动力小车设计方案构思

概述

本次课的主要内容是用草图（轴测图）构思新能源小车的设计方案。设计重点是结合学科知识构思小车的动力系统、传动系统和定位系统。

活动过程

环节一：用草图构思新能源动力小车的设计方案。

环节二：设计方案展示、交流与评价。

方案构思过程性评价表见表 3-3-5。

表 3-3-5　方案构思过程性评价表

评价内容	一般	良好	优秀
新能源动力小车设计方案构思	基本上能把新能源动力小车的设计方案通过轴测图呈现出来	能较好地把新能源动力小车的设计方案通过轴测图呈现出来	能非常完美地把新能源动力小车的设计方案通过轴测图呈现出来

5. 主题五：新能源动力小车下料图的绘制

概述

本次课的主要内容是结合新能源动力小车设计草图绘制主要构件下料图，通过模型的制作形成物化能力。

活动过程

环节一：提出问题——要制作小车构件需要什么备料？引出下料图绘制的重要性。

环节二：根据新能源动力小车草图绘制主要构件下料图。

下料图绘制及尺寸标注评价表见表 3-3-6。

表 3-3-6　下料图绘制及尺寸标注评价表

评价内容	一般	良好	优秀
绘制新能源动力小车主要构件下料图及标注尺寸	能绘制出新能源动力小车主要构件下料图，尺寸标注有个别错误之处	能比较规范地绘制出新能源动力小车主要构件下料图，尺寸标注正确	能非常规范地绘制出新能源动力小车主要构件下料图，尺寸标注正确

6. 主题六：了解常用材料及连接方式

概述

本次课的主要内容是让学生了解常用材料及其连接方式。了解了模型制作中常用的材料及其特性之后，在后面的制作过程中就能够结合小车设计方案选择合适的加工材料。了解了材料的连接方式之后，在后面的制作过程中就能够根据制作材料选择合适的连接方式。

活动过程

环节一：通过实物介绍模型制作过程中常用的材料及其特性，引导学生了解模型制作过程中常用的材料及其特性。

环节二：通过实物介绍材料的连接方式，引导学生了解材料的连接方式。

材料及其连接方式评价表见表 3-3-7。

表 3-3-7　材料及其连接方式评价表

评价内容	一般	良好	优秀
对常用材料及其连接方式的了解程度	部分了解课堂上介绍的常用材料及其连接方式	基本了解课堂上介绍的常用材料及其连接方式	完全了解课堂上介绍的常用材料及其连接方式

7. 主题七：常用工具使用方法

概述

本次课的主要内容是让学生了解常用工具及其使用方法，以便在后面的制作过程中能够结合小车设计方案选择合适的加工工具，并能正确使用。

活动过程

环节一：演示常用工具的使用方法，强调操作要点及注意事项。

环节二：进行实际操作，熟悉各种工具的使用方法。

工具使用评价表见表 3-3-8。

表 3-3-8　工具使用评价表

评价内容	一般	良好	优秀
操作常用工具	基本上可以规范正确地操作常用工具	能比较规范正确地操作常用工具	能非常规范正确地操作常用工具

8. 主题八：新能源动力小车的制作

概述

本次课的主要内容是在制定合理的制作流程的基础上，根据设计选择合适的加工材料和加工工具，完成新能源动力小车模型的制作。

活动过程

环节一：制定合理的制作流程。

环节二：根据设计选择合适的加工材料并依图备料。

环节三：根据材料特性选择合适的加工工具并进行构件加工、打磨、组装。

模型制作评价表见表 3-3-9。

表 3-3-9 模型制作评价表

评价内容	一般	良好	优秀
材料性能测试、工具性能测试、主动规避安全事故、组装的工序及注意事项	基本上能根据设计要求进行简单的材料性能测试；能对工具进行性能测试；掌握基本的工具使用和部件加工方法；主动规避安全事故；在组装环节，基本能确定工序和注意事项	能根据设计要求进行简单的材料性能测试，根据材料性能列出用料表；根据材料性能和加工需要对工具进行性能测试，掌握基本的工具使用和部件加工方法；主动规避安全事故；在组装环节，能确定工序和注意事项，能够通过图形清晰地解释组装流程，能针对出现的问题选择解决方案	能根据设计要求积极进行比较全面的材料性能测试，根据材料性能列出用料表；根据材料性能和加工需要对工具进行性能测试，掌握基本的工具使用和部件加工方法；主动规避安全事故；在组装环节，能确定工序和注意事项，能够通过图形清晰地解释组装流程，能针对出现的问题选择解决方案

9. 主题九：新能源动力小车测试、交流与评价

概述

本次课的主要内容是新能源动力小车测试、交流与评价，引导学生应用结构、流程、系统控制的知识以及物理、化学、数学等学科知识来对测试过程和结果进行较全面的自评与互评，思考下一步如何改进优化。

活动过程

环节一：创设问题情境，引出主题。

环节二：明确测试的意义、内容和方法。

环节三：小组测试、交流与评价。

10. 主题十：优化设计

概述

本次课的主要内容是基于新能源动力小车的测试过程中发现的问题，分析产生的原因，优化设计。

活动过程

环节一：根据评价表列出本组小车在测试中出现的问题。

环节二：多角度分析问题产生的原因。

环节三：优化设计。

测试与优化设计评价表见表 3-3-10。

表 3-3-10　测试与优化设计评价表

评价内容	一般	良好	优秀
测试与优化设计	应用结构、流程、系统控制的知识以及物理、化学、数学等学科知识对测试过程和结果进行基本的分析，提出基本的改进优化方案	应用结构、流程、系统控制的知识以及物理、化学、数学等学科知识对测试过程和结果进行较全面的分析，提出较全面的改进优化方案	应用结构、流程、系统控制的知识以及物理、化学、数学等学科知识对测试过程和结果进行全面的分析，提出全面的改进优化方案

(二) 学习任务单

1. 主题一：　明确项目要求

请在明确项目要求的前提下分析出项目设计的关键点。

---

2. 主题四：　新能源动力小车设计方案构思

请用草图构思新能源动力小车的设计方案。

---

3. 主题五：　新能源动力小车下料图的绘制

请结合新能源动力小车设计草图绘制主要构件下料图。

---

4. 主题九：　新能源动力小车测试、　交流与评价

请在测试、交流与评价过程中完成自评与互评(见表 3-3-11)。

表 3-3-11　自评与互评表

评价指标	自评	小组互评					师评
		一组	二组	三组	四组	五组	
动力(驱动)系统设计符合新能源							
一级能源(A)　　二级能源(B)							
有互补能源							
制动系统设计合理							

续表

评价指标	自评	小组互评					师评
		一组	二组	三组	四组	五组	
驱动力传动系统设计合理，能实现有效传动							
有轴向限位							
成本低							
小车基本构件自制率高							
小车制作工艺精良							
小车能够实现在确定的位置停止							
等级标准：A. 非常符合　B. 基本符合　C. 部分符合　D. 不符合							

5. 主题十：　优化设计

请分析小车测试过程中出现问题的原因，写出优化设计方案。

(三)评价设计

1. 前测设计

如果你是一位工程项目负责人，你知道如何规划、统筹项目以保障项目顺利实施吗？如果知道，请写出具体规划。

你认为工程项目需要成本核算和约束条件吗？如果需要，它们的意义是什么？包括哪些方面？

你认为良好的团队合作有什么特征？作为团队中的一员，你该贡献什么？

你知道实施一个工程项目的流程是什么吗？如果知道，请绘制出流程图。

请写出你认为的工程思维的内涵。

你知道设计制作一个技术作品的流程是什么吗？如果知道，请绘制出流程图。

请写出你认为的设计思维的内涵。

2. 项目的过程性评价

新能源动力小车项目评价表见表 3-3-12。

表 3-3-12　新能源动力小车项目评价表

评估指标	约束条件 20	成本控制 20%	时间规划 20%	人员分工 10%	风险评估 10%	技术创新 20%
解释说明（满分 100）	该项为基础项，项目总体得分为在该项得分基础上乘系数，具体如下：20 分，系数为 1；15～20 分，系数为 0.8；10～15 分，系数为 0.5	项目完成时，根据每组经费结余情况计分 项目未完成的计 0 分				每个创新点最高 20 分，多个创新点可累加 涉嫌抄袭的减 20 分
示范	项目完成度为 100%，且满足每项限制条件	项目完成度为 100%，结余为 0	项目时间规划清晰合理	组内人员分工合理，配置精简，各司其职，分工明确，每人清楚自己的工作内容是什么、能为团队做什么贡献	对项目中存在的风险预估准确，能够在过程中及时调控，规避风险	创造性地提出方案并能有效地实施方案
合格	项目完成度为 80%，且满足每项限制条件	项目完成度为 100%，每结余 1 元，在 20 分的基础上加 1 分	项目时间规划模糊笼统	组内人员分工有待改进，但配置精简，基本能够各司其职	对项目中存在的风险有一定的预估，没有很好地调控和规避风险	借鉴前人的解决方案，有部分自主创造，并有效实施了方案

续表

评估指标	约束条件 20	成本控制 20%	时间规划 20%	人员分工 10%	风险评估 10%	技术创新 20%
待改进	项目完成度为 50%，且满足每项限制条件，或项目完成度为50%以上，但不满足 1～2 条限制条件	项目完成度为100%，结余为负(亏损)的，在 20 分的基础上每亏损 1 元减 1 分	无具体规划	组内人员分工不合理，数量冗余，不能各司其职	没有意识到项目中存在的风险，对可能出现的风险没有调控和规避，没有风险意识	基本没有提出创造性、独特性的方案

3. 工程项目竞标书

工程项目竞标书见表 3-3-13。

表 3-3-13　工程项目竞标书

项目名称	
项目进度规划表	
人员分工表	
项目实施流程图	
实施过程(使用的材料与工具)	
设计草图	
下料图	
实物照片	
测试成绩	

4. 项目终结性评价表

项目终结性评价占整个课程考核的 40%(见表 3-3-14)。

表 3-3-14　终结性评价表

评价指标	指标描述	权重	评价方式		
			自评	互评	师评
科学性	小车结构设计科学合理，强度高，稳定性强	20%			
功能性	实现了行驶及定点停止功能	20%			

续表

评价指标	指标描述	权重	评价方式		
			自评	互评	师评
美观性	外观造型符合美感设计的原则	20%			
创新性	采用了有创造性的外观设计或结构设计	20%			
工程性	项目规划合理，投入产出比低，按时保质保量地完成了项目	20%			
等级标准：A. 非常符合(16～20 分) B. 基本符合(11～15 分) C. 部分符合(6～10 分) D. 不符合(0～5 分)					

5. 项目汇报展示方案

完成阶段成果：子课题研究记录图表，基于研究结论的工程方案，包括项目实施流程图、设计草图、工程图纸、实物模型等。

成果展示：小车行驶情况竞赛＋海报展示＋主题演讲。

6. 后测设计

(1)新能源的定义是什么？一级新能源有哪些？二级新能源有哪些？

(2)常用的传动方式有哪些？你认为哪些传动方式在项目制作中更容易实现？

(3)请画出项目的实施流程图。

(4)请画出设计制作技术作品的流程图。

(5)请写出设计思维的内涵。

(6)请说说在设计中是如何解决技术冲突的。

八、项目学习成果展示

学生结合自己的学科特长设计的新能源动力小车方案呈现多样化的特征，动力系统主要有电能、太阳能和电能互补三种方式，传动方式主要有皮带传动、齿轮传动两种方式，制动方式主要有线绳、定时器和单片机三种。学生作品见图 3-3-8。

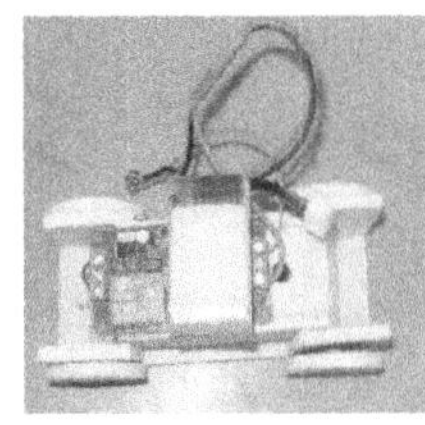

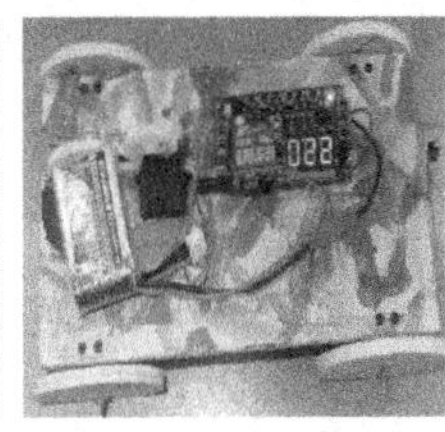
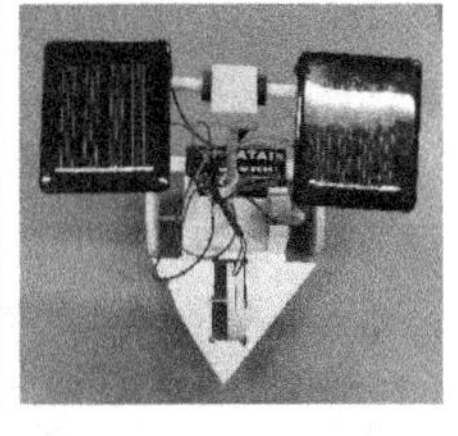

图 3-3-8 学生作品

九、课例反思

该项目是基于STEM理念的通用技术项目，与传统的通用技术课堂相比，增加了多学科知识融合应用与科学探究环节，将工程问题进一步科学化、量化，为解决问题提供了理论支撑和依据，弥补了通用技术课堂只知用技术而不知为何用的不足。

项目设计中增加了竞赛环节，有效地调动了学生学习的积极性，激发了学生的内动力，使学习更高效。

课例四　测试与控制：校园汉堡机酱料添加装置的探究①

项目简介

项目来源于学生的真实问题。学校电子社团的学生研究和制作校园汉堡机，酱料添加是汉堡机必须具备的一个功能，酱料黏稠而又可以流动的特性使得这一功能的实现比较困难。我们将探究酱料添加装置作为教学内容，采用项目式教学方式。项目目标清晰具体，结果可以给予学生启示。项目包括原理分析和方案设计、实施、测试、优化等环节，注重由通用技术学科素养培养走向跨学科素养培养。

第一部分　三级进阶课例解析

《普通高中通用技术课程标准》指出，课程要选择体现时代特点、与生活紧密联系的内容，着力培养学生的学科核心素养，包括技术意识、工程

---

① 本课例由中国人民大学附属中学刘长焕具体设计和实施完成。指导教师为中国人民大学附属中学通用技术组长李作林、北京市海淀区教师进修学校通用技术教研员张桂凤。由北京教育学院于晓雅博士主持的北京市“STEM教育与创客教育课程实践”卓越教师工作室集体打磨完成。

思维、创新设计能力、图样表达能力、物化能力；以设计学习、操作学习为主要特征，立足实践，注重创造。在通用技术课程中，学生通过技术实践活动构建默会知识和程序性知识，强化手脑并用与知行合一，增强技术思想和方法的学习与运用，发展工程思维和创造能力。课程要培养学生的图样表达能力和物化能力，提高学生解决技术问题的综合能力，增强学生对技术文化的理解。“校园汉堡机酱料添加装置”课例来源于真实情境中的问题，以探究酱料添加装置为教学内容，工程量适中，目标具体，适合采用项目式教学方式。

一、STEM 课例进阶

STEM 课例有其自身的特点，课例中涉及的科学、技术、工程与数学知识应有机融合。我们以此为原则，对项目名称进行了多次修改与完善。

(一)项目名称的进阶

校园汉堡机作为学生社团的一个课外研究项目，已经基本成型，可以正常工作，但是其中的一些功能并不完善，还有许多需要改进的地方。

第一版项目名称对项目大小的界定还不是很清楚。汉堡机的基本功能包括吸取肉饼和面包胚、加热肉饼、加酱料、加菜碎、传送带传送等环节。内容太多，项目太大，课时不够。

第二版项目名称将项目的范围缩小为汉堡机的某个功能。吸取肉饼和面包胚需要使用千瓦级别的大功率电动机，对于学生来说太危险。加热肉饼需要使用的电器功率也比较大，也是比较危险的事情。酱料添加装置所使用的电器功率都不大，小型电动机就可以带动起来。为了保证精度，学生们自己动手加工和制作的工作量并不大，设计和组装的工作更多一些。

第三版项目名称将项目的重点划定为测试与控制项目在测试与控制环节增加需要深入理解和认知的内容，将项目的育人价值充分发挥出来。

项目名称的进阶见图 3-4-1。

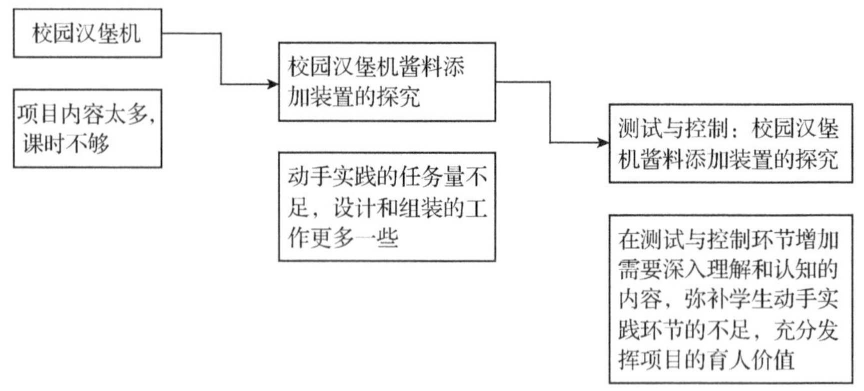

图 3-4-1　项目名称进阶图

(二)教学目标的进阶

在第一版的教学目标设计中，我们将目标定为汉堡机的基本功能研究。一个班的学生共同研究汉堡机的各个功能，但是从任务分解的角度来看，不好操作，任务之间会相互影响。

在第二版的设计中，我们将项目目标定为学生研究酱料添加装置。社团学生制作的校园汉堡机已经可以正常工作了，所设计的酱料添加装置可以实现自动添加酱料的功能，但是添加酱料的精度不高。因此我们将教学目标定为研究该装置的科学原理、学习该装置的控制方法、评价该装置的效果、提出该装置的改进方案。但是这个目标对于高二年级的学生来说偏简单，不具有挑战性。

在第三版的设计中，我们将校园汉堡机酱料添加装置的探究确定为全班学生研究具有同样功能的酱料添加装置，但是方案是各自小组提出的。这版课例的设计可以让学生获得新的看待问题的方法，拓展看待问题的视角。学生明白了每一个方案都可以实现添加酱料的目的，只是在不同的评价指标上各有所长，每一种方案都会在特定的情况下凸显它的优势，进而可以升华为认识到每个学生都有各自的特点，都有自己的劣势和特长，不能仅仅用一个分数指标来评价。

教学目标的进阶见图 3-4-2。

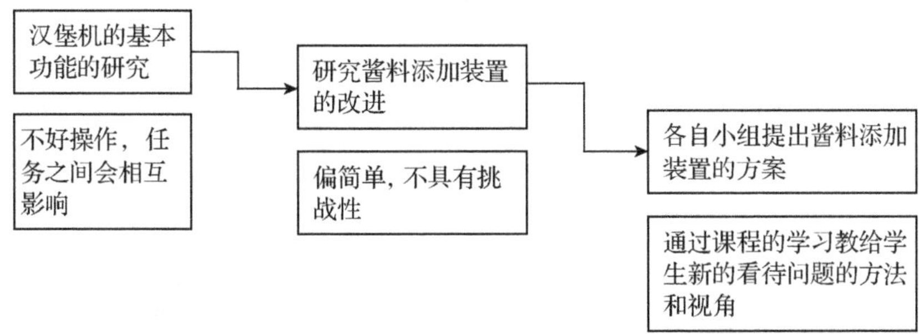

图 3-4-2　教学目标进阶图

(三)项目拆解和工程挑战任务的进阶

在第一版的教学目标设计中，项目拆解方案如下：一个班的学生分组针对不同的环节进行研究，每个小组的研究主题不相同。工程挑战任务是每组完成其所负责环节的方案设计及物化。运用这种方式，每个小组使用的科学原理、所需的基础知识都不相同，无法统一进行基础知识的普及，学生遇到的问题也不同，教师只能有针对性地辅导，小组之间也不能进行共性问题的交流，工程挑战任务太大，对于学生来说比较困难。因此需要缩小项目的范围，针对校园汉堡机这个大项目中的一个具体功能进行探究。所有小组的目标相同，可以自由设计方案。

在第二版的教学目标设计中，项目拆解方案如下：研究酱料添加装置的科学原理，学习该装置的控制方法，评价该装置的效果，提出该装置的改进方案。安排的工程挑战任务是对已有装置提出改进方案。但学生思路受限，没有机会思考是否可以通过改变方案来增强效果。工程挑战任务要求学生改进方案，而对同一个装置的改进可发散的点不多，小组之间的思路容易重合，任务的挑战性不强。

在第三版的教学目标设计中，项目拆解方案如下：针对汉堡机的一个具体功能展开探究，从研究酱料的性质开始，选择具体挤出方式，然后进入方案设计、原材料选购、加工制作、装配调试环节，最后对工程样机进行测试、评价、修改和优化。工程挑战任务分为以下三个：第一，总结归纳生活中黏稠物质存储和取出的方法；第二，尝试借鉴生活中存储和取出黏稠物质的方法；第三，分析方案在当前实验条件下的可行性。先分析共性的问题，即酱料的性质，再思考和查询挤出酱料可能用到的科学原理，选择具体的挤出原理后进行不同方案的设计，在测评环节可以用综合评价法，对各组方案的效果进行测评，分析和对比各组方案的效果，找出各组方案的优劣势。工程挑战任务安排得也比较具体。这些挑战任务被分析清楚了，接下来的方案设计与制作环节就会非常顺利。项目拆解和工程挑战任务的完善见图 3-4-3。

项目拆解：一个班的学生分组针对不同的环节进行研究，每个小组的研究主题不相同 工程挑战任务：每组完成其所负责环节的方案设计及物化	→	项目拆解：研究装置的科学原理，学习装置的控制方法，评价装置的效果，提出装置的改进方案 工程挑战任务：对已有装置提出改进方案	→	项目拆解：分析可能实施的方案，选择具体挤出方式，进入方案设计、原材料选购、加工制作、装配调试环节，最后对工程样机进行测试、评价、修改和优化 工程挑战任务：总结归纳生活中黏稠物质存储和取出的方法，尝试借鉴生活中存储和取出黏稠物质的方法，分析方案在当前实验条件下的可行性
学生遇到的问题不同，小组之间不能进行共性问题的交流。工程挑战任务太大		学生思路受限，没有机会思考是否可以通过改变方案来增强效果。工程挑战任务中可发散的点不多，挑战性不强		有挑战性，但在最近发展区内的挑战对学生是一种激励。工程挑战任务详细具体，挑战任务的成功完成对后续工作有很大的帮助，可激发学生的学习热情

图 3-4-3　项目拆解和工程挑战任务进阶图

二、教师成长

在确定项目名称和教学目标、分解项目任务的过程中，教师经历了项目的选题、范围的界定、教学目标的修改、任务的分解等过程，综合考虑了学生的具体情况、目标的难易程度、课时的多少等诸多因素。经过一轮一轮的修改，教师不仅提升了教学设计能力，而且增长了学科专业知识和教学理论基础知识。

对于跨学科项目的切身实践加深了教师对 STEM 教育的认识和理解。实践中遇到了诸如哪些知识属于科学的范畴，设计的项目里有没有；技术和工程有什么区别，在项目中该如何体现；项目中体现的数学知识仅仅停留在加减乘除的计算上，能不能算得上 STEM 中的数学知识等问题。教师在设计和教学过程中，加深了对跨学科 STEM 项目设计的理解。

三、学生成长

学生在调试过程中对酱料的性质以及外界因素对酱料性质的影响的理解逐步加深。

一组学生的方案用到了酱料瓶。他们在进行调试的过程中，发现酱料挤出的量比较随机。经过多次测试后，他们发现了酱料瓶的问题。酱料瓶在被挤压后有时候不能够及时恢复原型，那么下一次挤压就会没有任何作用，导致挤出酱料的量无法达到标准。另外，酱料瓶的挂壁现象很严重，有些酱料最后无法被挤出来。做程序的学生想到了从程序控制上解决挤出的量比较随机的问题，做结构的学生测试了其他几种瓶子的挂壁现象，最后选择了将矿泉水瓶作为酱料储存容器。

另一组学生的方案因为结构自身的原因精度本身就比较高，理论上应该误差很小，但是第一次和最后一次的量有 2 克的偏差，并且这个偏差在比较小的范围内线性变大。他们百思不得其解。几天后，学生想通了。容器内酱料比较多的时候，电动机的阻力比较大。虽然控制程序是一样的，但是阻力大，出酱量就会少一点；后来酱料越来越少，阻力越来越小，所以出酱量就会多一点。

▸第二部分　实施后反思改进的课例

一、项目缘起

电子工程社的学生发现现实生活中外卖和食堂都存在缺陷，希望结合机电一体化技术，设计一套兼具外卖和堂食优点的自助快餐系统。校园汉堡机

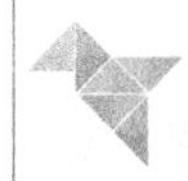

是学生社团为解决校园食堂就餐高峰拥挤的问题而设计的，已经基本成型，可以正常工作；但是其中的各个功能并不完善，还有许多需要改进的地方。项目与学生的生活紧密相连。该自动汉堡机的酱料添加装置效果不太理想，这是真实情境中的一个问题。选择将探究酱料添加装置作为教学内容，工程量适中，目标很具体，适合采用项目式教学方式。这也是一个工程性很强的项目，包括原理分析和方案设计、实施、测试、优化等环节，可以很好地提升学生的核心素养。

二、项目实施的环境与硬件要求

该项目需要学生对材料进行加工、组装和调试，对实施环境与硬件有一定要求，如表3-4-1所示。

表3-4-1　项目实施的环境与硬件要求

项目实施的环境要求	最好的环境：创客空间教室(配备各种钳工工具、电动切割工具、激光切割机、手电钻、数控雕刻机、万用表、焊接工具等) 可替代的环境：通用技术教室(根据需求进行外协加工) 建议：活动空间大，便于小组讨论合作，且每组学生都可以拥有一台联网电脑
项目实施的硬件要求	1. 64位电脑一台 2. 可以连接互联网 3. Arduino IDE编程环境

三、项目适合的学段

学段：高二年级。

学情分析：学生在学习本单元之前已初步具备方案设计、图样表达、使用工具进行加工的能力。本次项目要求学生在设计时更多地考虑工程上的问题。有些图样因为精度的要求学生自己加工不出来，需要自动化加工设备来帮助。由于牵扯到运动，因此需要加入一些电子控制的东西，从而对装置进行控制。因此，每个班的学生分为4组，每组3～4人，且每组都安排了1～2名具有电子控制技术基础的学生，以便在酱料添加装置制作完成之后进行控制调试。

高二年级学生既对真实问题的复杂性感到畏惧，又对真实问题充满好奇心，其探究的欲望很强烈。

如果该项目要在较低的年龄段实施，建议教师在制作环节尽可能根据学生的方案准备一些只需进行少量加工就能满足学生要求的材料。

四、项目涉及的STEM知识与能力

(一)知识与能力结构图

项目涉及的STEM知识与能力见图3-4-4。

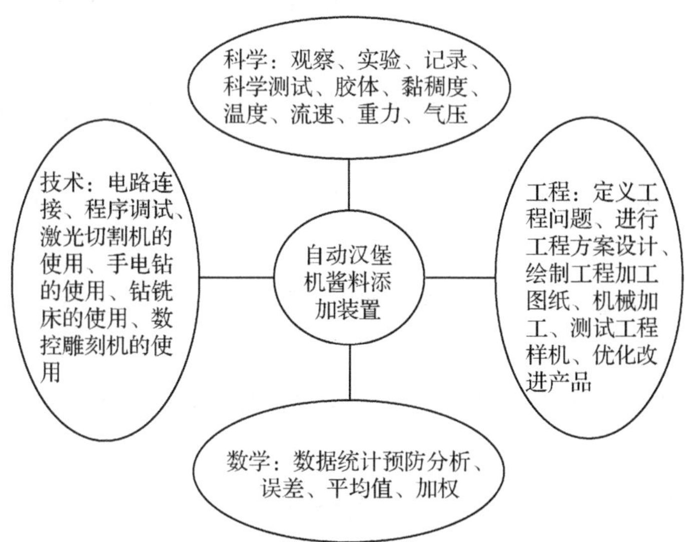

图3-4-4　项目涉及的STEM知识与能力

(二)交叉学科融合

在科学方面，由于要制作汉堡酱料添加装置，因此需要观察汉堡酱料。不同酱料的黏稠度不一样，需要测验不同的酱料是否可以被存储在密闭空间内而不会轻易流出来。酱料在不同的温度下，黏稠度不同，流动速度也不同。如果被存储在非密闭空间内，利用重力使酱料自然流出，那么黏稠度对出口的密闭性要求会不同。

在技术方面，制作时需要使用各种工具进行硬件的加工，如激光切割机、手电钻、钻铣床、数控雕刻机等，还需要使用钳工工具进行装配。在进行控制的时候，需要用到电路的连接、程序的编写与调试等方面的知识。

在工程方面，首先需要定义好工程问题，然后设计工程方案，绘制工程加工图纸，进行机械加工，测试工程样机，优化改进产品。

在数学方面，需要测试产品的各种性能，进行误差的统计和分析，对各个性能进行加权测评等。

五、项目目标和工程任务及拆解后的挑战任务

(一)项目目标

经过几轮修改后，我们最终确定了以下课程目标。这些目标凸显出对培养学生核心素养的关注。

经历考察和选择酱料挤出方式的过程，在综合运用其他学科知识方面能够有所锻炼。

经历提出新方案的过程，技术意识、工程思维、创新设计能力能够有所提升。

经历设计和制作酱料添加装置的活动，图样表达能力和物化能力得到提升。

经历对原型样机的测试、评价和反思，技术意识和工程思维能力有所提升。

(二)工程任务及拆解后的挑战任务

工程任务：完成汉堡机自动添加酱料的功能。需要经历三个大阶段：创意方案设计、工程样机制作、工程样机测评和优化。

创意方案设计阶段，学生需要先分析项目要实现的功能——自动添加酱料，需要思考酱料从容器中自动流出的科学原理，根据原理设计方案，根据方案选择合适的动力、材质等。

工程样机制作阶段，学生需要将方案具体化。

工程样机测评和优化阶段，学生需要测评自己的方案是否能满足需求，需要学习和了解多指标评价方法，寻找样机的测评指标；然后需要针对这些指标设计不同的实验方案，根据实验方案进行实验，记录并统计、处理数据，对数据进行加权汇总，得到工程样机的评测分值。根据评测结果，分析工程

样机的优劣势及其原因，进行改进优化。

在完成工程任务的过程中，有些地方是具有挑战性的，如下所示。

挑战任务 1：比一比，哪个小组能够找到更多黏稠物质存储和取出的方法。

评测标准：能举例并能说清存储和取出的方法。如能再说出原理，则加奖励分值。

挑战任务 2：试一试，哪个小组最先想到“移花接木”的方案，即借鉴生活中存储和取出黏稠物质的方法，进行汉堡酱料的存储和取出方案的设计。

评测标准：能提出可行的借鉴方案。如能说明如何改动使装置可以用于汉堡机酱料的自动添加，则加奖励分值。

挑战任务 3：找找茬，说说其他小组的方案在当前实验条件下是否可行。

评测标准：能够设计出方案，并分析在当前实验条件下设计方案是否具有操作性。如能根据实验条件修改设计方案，则加奖励分值。

六、项目所需课时及进度安排

本项目由真实问题引发而来，需要制作出真实能用且效果好的装置，并对装置进行测试和评价，需要 10 课时。课时与进度安排如图 3-4-5 所示。

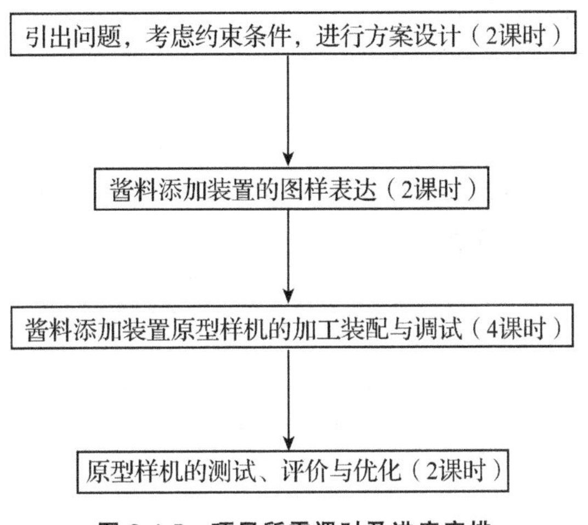

图 3-4-5　项目所需课时及进度安排

七、项目实施过程设计

(一)教学过程

1. 主题一：汉堡机酱料添加装置方案设计

概述

本次课通过播放相关视频，引入项目需要解决的问题，即为校园汉堡机设计和制作简单可靠的酱料添加装置。小组讨论各自的调研结果，思考课前布置的关于汉堡酱料的思考题，提出初步的设计方案。

活动过程

环节一：情境引入。

教师播放校园就餐高峰拥挤的视频或图片，再播放社团学生为了解决这个问题而研发的自动汉堡机的视频或图片，请学生观看视频或图片，引出设计和制作酱料添加装置的需求。

环节二：工程挑战任务。

教师请学生拿出课程前测的测试结果，小组进行交流和讨论，初步讨论出汉堡机酱料添加的方案。

环节三：展示交流。

小组交流，展示各自的讨论结果，相互提出改进意见，完善各个小组的设计方案。

环节四：总结。

从酱料添加原理的角度分析各个小组的方案，并给出建议。

设计方案过程性评价表见表 3-4-2。

表 3-4-2　设计方案过程性评价表

评价内容	一般	良好	优秀
方案设计情况	能够设计出可行方案，原理正确，不能清楚表达出细节	能够设计出可行方案，原理正确，能表达出部分细节	能够设计出可行方案，原理正确，能清楚表达出所有细节

2. 主题二：装置各部件图纸的绘制

概述

本次课将进行方案的详细设计及各零件图纸的绘制。在绘制图纸时需要考虑加工条件的限制。如果需要进行激光切割零件，则需要绘制平面下料图；如果需要进行3D打印的零件，则需要进行三维模型的建立。学习各种加工手段，而后再开始设计。在设计时要考虑各零件的加工手段，以免能设计出来但做不出来。

活动过程

环节一：常见的加工手段。

提问：如果你需要做一个木质的笔筒，你知道的加工方式都有哪些？可以在家里实现的方式有哪些？可以在教室实现的方式有哪些？如果可以外协加工，还有什么方式可以选择？

学生一边回答问题，教师一边补充和解释。

环节二：教室加工设备的介绍。

(1)激光切割机。

激光切割机使用的材料是厚度在3毫米以内的板材，加工的最大尺寸是600毫米×450毫米。

(2)3D打印机。

3D打印机使用聚乳酸材料，熔融挤压式打印。打印过程中熔丝会变形，所以精度上与理想值会有一定的偏差，在需求精度比较高的场合最好多做测试。

环节三：设计各个零件。

在了解教室加工设备的加工能力的前提下，详细设计每一个零件，同时考虑零件的加工方式。

图纸绘制过程性评价表见表3-4-3。

表3-4-3 图纸绘制过程性评价表

评价内容	一般	良好	优秀
图纸绘制情况	能够绘制出所有零件的图纸，图纸的标注有较多错误和遗漏	能够绘制出所有零件的图纸，图纸的标注有较少错误和遗漏	能够绘制出所有零件的图纸，图纸的标注基本没有错误和遗漏

3. 主题三：装置的加工组装与调试

概述

本次课将进行装置的加工组装与电子控制系统的调试。加工中会产生误差，在对精度要求较高的场合，零件可能无法成功装配，或者能装配起来但不能产生期望的运动，这都需要细心调试。有时还可以想其他办法来完成，如运用一些手动工具进行打磨，这种操作在装配时是很有必要的。另外，机械结构在正常运转之后，还需要配置电子控制系统。在调试时，做电子控制系统的学生需要在空载电动机上进行实验，成功之后再到真实装置上进行测试和调试。

活动过程

环节一：机械零件的加工组装。

拿出使用 3D 打印机打印的一组轴孔零件，装配完成后轴和孔需要相对转动。在建立模型时轴的外径与孔的内径使用的是相同的尺寸，请一名学生进行组装。

展示组装效果。因为轴和孔在 3D 打印材料凝固的过程中有微小的变形，所以轴不能够顺利地插入孔内。

教师示范使用砂纸对轴进行打磨，然后成功装配。轴和孔可以灵活地相对转动。

学生在组装过程中如果因为加工误差的原因不能顺利装配，那么可以使用手动工具进行打磨操作。

环节二：电子控制系统的测试与调试。

教师讲解电子控制系统使用空载电动机进行测试，待测试成功后，再让学生进行真实装置的测试。

提问：为什么先使用空载电动机测试？这样做有什么好处？

教师总结学生的答案：电子控制系统的程序可能不正确；如果使用真机进行测试，可能损坏真机；先用空载电动机测试，可以避免对真机造成损坏。

环节三：学生对各自的装置进行组装和调试。

为了保证进度，小组成员需要分工合作。电子控制系统的制作和调试并不依赖真实机械装置，所以可以与加工装配的工作同时进行。

加工装配过程性评价表见表 3-4-4。

表 3-4-4 加工装配过程性评价表

评价内容	一般	良好	优秀
加工装配情况	经过多次加工才能做出合适的零件，装配时需要较多的手动加工	经过少次加工就能做出合适的零件，装配时需要较少的手动加工	经过一次加工就能做出合适的零件，装配时基本不需要手动加工

4. 主题四：装置的测试与评价

概述

本次课对学生制作的四种酱料添加装置进行测试与评价，采用多指标测评法对各个方案进行测评，计算得出加权平均分，比较选出综合性能最好的方案。

活动过程

环节一：情境引入。

教师展示学生设计的四种酱料添加装置，请学生分析各自酱料添加装置的原理。各组学生代表说出自己的结构方案。教师展示各个方案及原理，引出测试和评价的需求。

环节二：了解测试和评价方法。

教师讲解测试的过程及评价方法，说明测试过程中出现意外的处理方法，让学生知道测试单如何填写及测试如何进行。

环节三：测试和评价。

小组进行测试，收集评价依据。

环节四：测试数据处理。

小组进行数据处理，准备展示各组的评价结果。

环节五：对比测试结果，小组交流。

对比测试结果后，各组分别说说各自的优势指标，并分析该指标分值比较高的原因；说说各自的劣势指标，并分析该指标分值比较低的原因，从而明白每个方案都有各自的优势和劣势。

环节六：总结。

面糊分配器方案：靠重力，成本低，可以尝试通过程序调整来提高精确度。注射器方案：等体积固体推压，精准，但是成本高，可以考虑通过再优化结构降低成本。手挤酱瓶方案：封闭空间，气体挤压，重量比较随机，可以尝试通过控制来调整。洗手液瓶方案：非封闭空间，固体挤压，气体挤压进料，挤压体积固定，但进料体积可能会不同，可以尝试通过优化结构或者控制来解决进料体积的问题。

测试过程性评价表见表3-4-5。

表3-4-5　测试过程性评价表

评价内容	一般	良好	优秀
测试、评价与优化情况	能够理解多指标测试法，对测试过程不熟悉，需要较长时间完成测试和数据的记录、处理	能够理解多指标测试法，对测试过程比较熟悉，较短时间就能完成测试和数据的记录、处理	能够准确理解多指标测试法，对测试过程熟记于心，很快就能完成测试和数据的记录、处理

(二)学习任务单

1. 主题一：汉堡机酱料添加装置方案设计

汉堡机酱料添加装置方案设计调研表见表3-4-6。

表3-4-6　汉堡机酱料添加装置方案设计调研表

查找网络资源或者回忆现实生活中哪些地方用到了与汉堡酱料一样黏稠的物质，它们是如何被存储和取出的				
应用场景	存储器材	挤出装置	挤出原理	原理和装置能否被借鉴

思考题：

(1)人们在制作汉堡时使用了哪些种类的酱料？

(2)汉堡的酱料是流体吗?

(3)酱料自动从容器中出来,可以依靠哪些种类的力?

(4)酱料的黏稠度会变化吗?影响因素有哪些?

2. 主题二: 装置各部件图纸的绘制

思考题:

(1)在进行零部件设计时,可能会有好几种方案,选择方案时需要考虑到哪些因素?

(2)在进行设计时,如果将激光切割机和3D打印机作为加工手段的话,那么首选哪种方式?

3. 主题三: 装置的加工组装与调试

思考题:

(1)在组装时,如果发现因为加工误差轴径偏大或偏小,该如何处理?

(2)在组装时,如果发现因为加工误差孔径偏大或偏小,该如何处理?

4. 主题四: 装置的测试与评价

思考题:

学生设计出的自动酱料添加装置的可行方案有如下几种,你认为精度最高的是哪种?

(1)可以利用酱料的流动性,使酱料在重力作用下自动下落。

(2)可以使用等体积固体挤压,如利用打气筒或者注射器的原理。

(3)可以使用气体挤压,但是气体的体积在挤压的过程中会变化,所以对酱料添加的效果可能会有一定的影响。

(4)一般情况下,人可以用手来挤压酱瓶,从而挤出酱来,所以可以用机械装置模拟手进行挤压完成酱料的添加。①

自动酱料添加装置的可行方案见图3-4-6。

① 孙开元、张丽杰:《机构设计及应用图例》,111页,北京,化学工业出版社,2018。

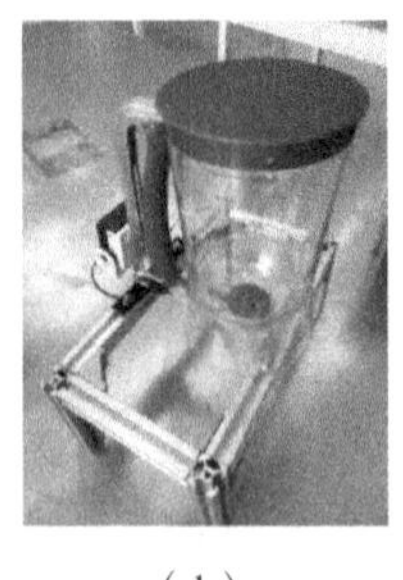
（1）

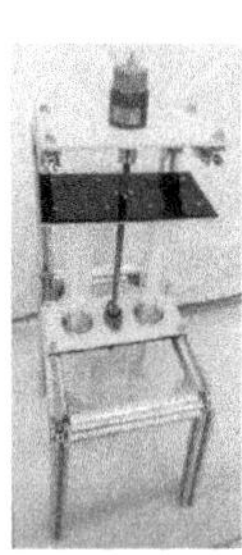
（2）

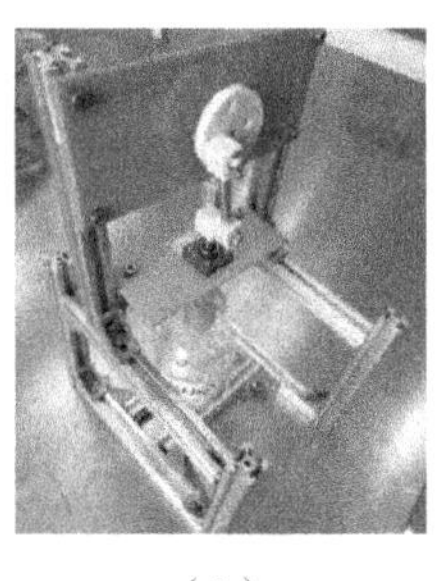
（3）

（4）

图 3-4-6　自动酱料添加装置的可行方案

学生实验单

酱料添加装置方案评价表

方案名称________________

实验人员________________

实验方法：每小组的番茄酱均为 150 克，学生使用各自的方案对汉堡进行添酱处理，填写实验记录表。

注意：每个汉堡添加的酱料理想值为 15 克，制作的汉堡理想数量为 10 个。酱料添加值为 13～17 克时，制作汉堡的为合格的。不合格的汉堡所添加的酱料重量将不计入利用率，酱料利用率＝合格汉堡所添加酱料的总重量/150 克。

1. 分量均匀性实验、添加效率实验、酱的利用率实验

添加次数	是否合格（画“√”或“×”）	每次添加的分量（克）	每次添加分量的误差（克）	计入利用率的累计重量	每次添加所需时间（秒）
1					
2					
3					
4					
5					
6					
7					
8					
9					
10					

150 克酱制作汉堡总个数为________，合格的数量为________。

计入利用率的累计重量为________，酱的利用率为________。

添加分量绝对误差的平均值为________，平均耗时为________。

分量均匀性评分＝________(绝对误差平均值≤2，计 100 分；值每增 1，减 5 分)。

装置的效率评分＝________[1－(平均耗时－最少平均耗时小组)/最少平均耗时小组]×100。

酱的利用率评分＝________(利用率×100)。

2. 装置的易清洗性自评实验

你认为自己的酱料添加装置的易清洗程度如何？请在合适的格内打“√”。

(　　)直接就可以将装酱容器拿下来浸入水中清洗，100 分。

(　　)用手稍微调整装置即可拿下装酱容器，容器可浸入水中清洗，80 分。

(　　)用手稍微调整装置即可拿下装酱容器，容器不可浸入水中清洗，60 分。

(　　)需使用工具调整装置才可拿下装酱容器，容器不可浸入水中清洗，40 分。

(　　)无法拆下装酱容器，只能将水放到汉堡机内清洗，20 分。

(　　)装酱容器不可清洗，0 分。

3. 装置的成本自评实验

直流电动机成本 25 元，舵机(含安装固定板)成本 60 元，塑料酱瓶 1 元，面糊分配器 20 元，按压挤出瓶 6 元，每个注射器 8 元。假定将其他需要设计与加工的零件视为一类零件，成本为每件 10 元；将型材铝杆、丝杠、不锈钢杆视为一类部件，成本为每件 2 元；型材铝连接角件、轴承及联轴器每个 1 元，其他不计入。

序号	类型	单价	个数	总价
1	装酱容器			
2	电动机			
3	设计加工零件	10		
4	型材铝杆	2		
5	角件、轴承、联轴器	1		
总计				

成本评分为________(理想价位为 100 元，成本小于或等于 100 元的方案得分计 100 分，大于 100 元的方案得分＝100－超过 100 元的部分)。

(重力掉落/按压挤酱/注射器推酱/仿人手挤酱)方案最终评价表

	分量均匀	高效	易清洗	成本低	酱的利用率
各项加权值	0.3	0.2	0.2	0.2	0.1
各项的分数					
加权后分数					
总分					

(三)评价设计

1. 过程性评价表

表 3-4-7 从教学常规、课堂参与、自主学习三个方面对学生进行综合评价。

表 3-4-7　过程性评价表

评价维度	评价内容	具体描述	测评依据	分值
教学常规	行为规范	上课不能保持安静，6 分 上课能保持安静，10 分	组长记录 自评互评	10 分
课堂参与	态度	活动不太积极，14 分 活动积极，20 分	组长记录 自评互评	20 分
自主学习	组内讨论	讨论发言不积极，12 分 讨论发言一般，16 分 讨论发言积极，20 分	师评互评	20 分
	组间讨论	讨论发言不积极，12 分 讨论发言一般，16 分 讨论发言积极，20 分	师评互评	20 分
	互动时有创新	展示交流，15 分 特色亮点，15 分	师评互评	30 分

2. 终结性评价表

为了更好地评价学生的项目方案，我们设计了如表 3-4-8 所示的评价表，从项目方案的科学性、技术性、工程性、数学性四个方面进行综合评价。

表 3-4-8　终结性评价表

评价维度	评价内容	具体描述
科学 15 分	酱料挤出原理的科学性，15 分	挤出原理科学，效果好，15 分 挤出原理科学，效果不太好，12 分 挤出原理科学，效果不好，9 分
技术 45 分	结构设计的合理性，15 分	实现功能，零部件较少，15 分 实现功能，零部件很多，12 分 勉强实现功能，9 分
	零部件的加工精度，15 分	零部件重复加工次数不多于 2 次，15 分 零部件重复加工次数为 3～5 次，12 分 零部件重复加工次数多于 5 次，9 分
	控制系统的制作，15 分	成功添加酱料，精度较高，15 分 成功添加酱料，精度较差，12 分 添加酱料分量随机，9 分
工程 30 分	方案草图的设计，15 分	能清楚表达整体结构和细节，15 分 能表达整体结构和部分细节，12 分 整体结构表达不够清晰，9 分
	工程图纸的绘制，15 分	工程图纸表达清晰、准确，15 分 有工程图纸表达不准确，12 分 有工程图纸表达不清楚，9 分
数学 10 分	试验数据中平均值的计算，误差的计算和统计，10 分	数据统计和处理得准确无误，10 分 数据统计和处理有部分错误，6 分

3. 项目的后测评价

为了让学生经历此项目后能够有更深刻的认识和体会，教师设计了后测评价来总结 STEM 项目的收获。

问答题：

(1)你所在小组的方案在测评阶段得分如何？在哪些指标上具有优势和劣势？

(2)你所制作的装置的优势和劣势是由什么因素导致的？

(3)如果继续优化你设计的装置，可以从哪些方面来改进？

总结与收获：

用不超过 200 字的文字表达你经历此项目后的收获与体会。

八、项目实施反思

学生在课堂上对项目非常感兴趣，参与度很高，能积极思考和讨论方案以及出现的问题。课堂表现如图 3-4-7 所示。

图 3-4-7　学生上课时的课堂表现

项目起源于学生，所以学生对这个项目非常感兴趣。学生有非常多的想法值得借鉴。

项目在实施过程中的数据记录和处理采用的是纸质表格的形式。学生在处理数据时使用笔算和计算器计算，效率低下。专家提出采用专业软件来处理数据会提高数据处理效率。这一点在以后的课程设计时需要注意。

对课堂本身的思考有以下三点。

(1)思考酱料挤出的科学原理时，为避免学生的思路受限，可以让学生思考日常生活中与酱料性质类似的东西是如何被挤出的。例如，洗手液和洗发水也是黏稠的液体，思考是否可以借鉴它们的挤出方式。

(2)在项目实施的时候，要给学生一定的自主权。学生自己查找和搜寻材料更能提升能力。

(3)在项目测试和评价阶段，测评指标的选择一定要全员参与，大家共同思考和总结出测评指标。这样一方面可以打开学生的思路，另一方面可以锻炼学生对测评方法的理解和迁移应用能力。

第四章　劳动教育与综合课程的科学与工程进阶

美国数学家和教育家波利亚(Polya)说过：“学习任何知识的最佳途径是由学生自己去发现，因为这种发现，理解最深，也最容易掌握其中的内在规律和联系。”[①]培养德、智、体、美、劳全面发展的时代新人，是新时代对教育工作的要求。“五育”融合是当前及未来基础教育改革重要的发展方向和路径。新时期劳动教育以新的形态引导学生在认识世界的基础上学会建设世界、塑造自己，以实现树德、增智、强体、育美为目的，具有鲜明的思想性、突出的社会性和显著的实践性特征。我们期望通过劳动教育和综合实践课程，融合多学科内容，让学生的成长与生活紧密地联系起来，激发创造力，唤醒生命力。2020 年 3 月，中共中央、国务院发布《关于全面加强新时代大中小学劳动教育的意见》，指出劳动教育是中国特色社会主义教育制度的重要内容，直接决定社会主义建设者和接班人的劳动精神面貌、劳动价值取向和劳动技能水平。目前师生缺乏对新时期劳动教育的再认识，在探索现有劳动技术的过程中有些忽视实践。劳动教育是融合各种工具的使用和实践的问题解决的过程。STEM 教育的科学与工程实践特征对于实践劳动教育有很强的指导作用。

2017 年 9 月，教育部颁布《中小学综合实践活动课程指导纲要》(以下简称《指导纲要》)，突出强调要坚持教育与生产劳动、社会实践相结合，充分发挥中小学综合实践活动课程在立德树人中的重要作用。《指导纲要》指出，综合实践活动课程强调跨学科、开放性，是设计与实施综合实践活动的课程。教师要引导学生运用各门学科知识分析并解决实际问题，使学科知识在综合实践中得到延伸、综合。

STEM 教育的特征之一是解决真实情境问题。STEM 教育最终是返回生活的教育，这与我国劳动教育和综合实践活动教育的目标一致。在劳动教育

① 董昭芬：《让教学回归和美本位》，68 页，北京，光明日报出版社，2015。

和综合实践活动课程中，用STEM教育理念来引领学生，注重加强科学探究和工程技术实践，会大大增强劳动和实践教育的效果，将简单的劳动上升为与解决真实情境问题相配合的真实世界的劳动。

本章的三个课例中，“实验与探究：家庭小卫士——守护食品健康与安全”主要从综合实践活动课程的设计与实施角度出发，围绕一个研究主题，利用跨学科知识，充分考虑多种因素的合成，最终让学生在研究的过程中找到解决问题的方法，最终得出合理的解释和结论。“技术与人文：流浪猫驿站——智能投喂器的设计与实现”和“控制与应用：哈利·波特主题演奏会”侧重于运用信息技术和人工智能技术等解决人文生活领域的实际问题，将设计与需求、应用与实践相结合，合理运用STEM的教育理念，指导学生开展研究，最后制作出多样的作品。从这三个课例中我们可以看出，围绕解决真实情境问题发生的STEM学习，是一个应用跨学科知识的过程。学生应用科学、技术、工程和数学学科知识，探究式地解决现实问题。在参与和体验学习的过程中，学生不仅获得了结果性知识，而且提高了学习能力，学会从多学科、多视角、多维度来分析和解决问题，收获了蕴含在真实问题情境中的过程性知识，实现了从“学会”到“会学”的质的突破。学生在获得综合应用知识解决真问题的能力的过程中，极大地提高了创造力和创新能力，同时具备了应用科学思维、工程思维进行批判性思考的能力，提升了综合素养，也增强了对社会和国家层面的真实问题的关注。这是培养学生具备《中国学生发展核心素养》要求的必备品格和关键能力的有效途径，也是我们探索“五育”并举和“五育”融合的尝试。

本章包含三个课例：

课例一 实验与探究：家庭小卫士——守护食品健康与安全

课例二 技术与人文：流浪猫驿站——智能投喂器的设计与实现

课例三 控制与应用：哈利·波特主题演奏会

课例一　实验与探究：家庭小卫士
——守护食品健康与安全[①]

项目简介

项目围绕学生生活中常见的食品安全问题展开，借助生物、化学、科学等学科知识，开展跨学科的综合实践活动。

▸第一部分　三级进阶课例解析

STEM 教育囊括了多个学科，发展为包容性更强的跨学科综合素养教育。STEM 教育强调把学生学习学科知识的过程变成一个探究世界相互联系的不同方面的过程，强调学生在学习情境中提升设计能力、合作能力、问题解决能力和实践创新能力，强调立德树人和"五育"融合的教育价值。

教师围绕学生日常生活中的食品安全问题，创设情境并设计跨学科的问题，引导学生体验应用所学的知识去解决生活中出现的与食品安全相关的实际问题。本次课程从教学角度体现联系实际，学以致用；从学生角度体现做中学，增强学生的求知欲，强调团队合作。最终本次课程体现了"综合""实践"与"探究"的相互融合。学生通过对本项目的学习，可以运用跨学科知识对食品安全进行深入探究。

一、STEM 课例进阶

守护食品健康与安全原本的设计只是让学生进行一次有意义的学科综合实践活动，涉及多个学科的知识，同时侧重培养学生的探究能力，让学生能

---

① 本课例由首都师范大学附属中学大兴南校区冯晓飞与周栋梅老师具体设计和实施。指导教师为北京市大兴区教师进修学校综合实践活动教研员程锦。由北京教育学院于晓雅博士主持的北京市"STEM 教育与创客教育课程实践"卓越教师工作室集体打磨完成。

够在生活中充分运用课堂知识，而对数学、艺术和工程方面的描述较少。所以在修改时我们注重补足数学、艺术和工程方面的内容，重视信息的处理和学生能力的培养。

整个课例主要从项目名称、学习目标、教学内容和学生情况方面进行了迭代设计。

(一)项目名称的进阶

项目名称经历过两次改动。第一版定位于“食品安全小卫士”，只侧重科学实验，对某些食品安全行进行探究，涉及知识面太广，如果放任学生探究，很可能会偏离课程的设想，并且很难得出有效结论。第二版项目名称改为“家庭晚餐食用性探秘”，确定了区域范围为家庭，让学生设计的实验、探究的内容贴近实际生活。“晚餐”确定了时间范围，增强了学生对家庭安全的责任感。但是“食用性”这个概念过于宽泛、发散，不易聚焦食品安全。第三版项目名称改为“家庭小卫士——守护食品健康与安全”，更加明确了本课例所涉及的STEM教育理念，聚焦如何有效地进行科学探究。项目名称的进阶过程见图4-1-1。

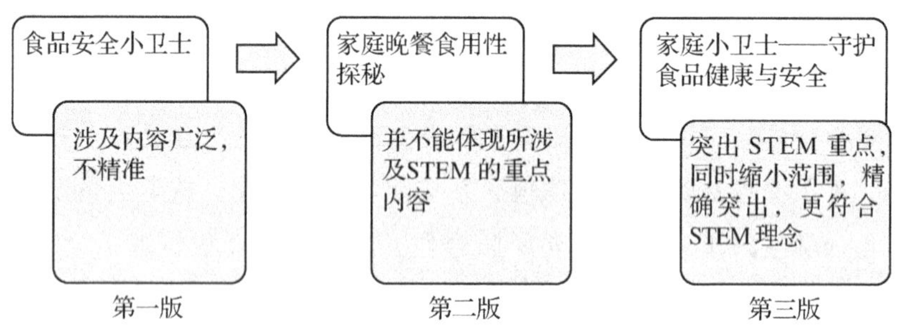

图 4-1-1　项目名称进阶图

(二)学习目标的进阶

对于学习目标，第一版聚焦的是单课时的教学目标，忽略了从项目整体的角度进行学习目标设置，仅关注三维目标，缺乏对学生核心素养发展的整体思考；项目学习重难点缺乏整体考虑，更多关注的是每课时具体的重难点，没有体现项目所承载的核心知识与概念。第二版明确了此次课例是基于完整项目的项目学习设计，重新构建了项目承载的知识与能力框架，从核心素养全面发展的角度对学习目标进行了预设。第三版构建了融合 STEM 教育理念的知识能力框架，完善了学习内容、学习目标之间的关联，指向了科学探究、工程思维等体现 STEM 教育理念的学习目标。学习目标的进阶见图 4-1-2。

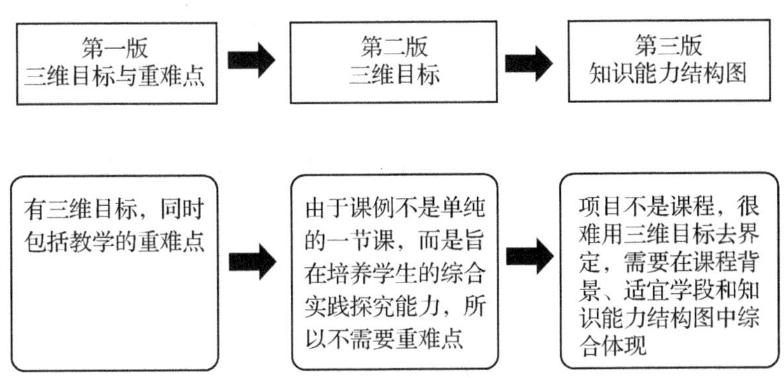

图 4-1-2　学习目标进阶图

(三)教学内容的进阶

在第一版当中，教学内容更多关注的是学科实践活动，关注各个学科在该活动当中起到的作用，强调学科在实施过程中的地位，忽视了跨学科的重要性，忽略了学科与学科之间的联系。第二版体现了 STEM 教育理念在项目中的应用，突出了内容与 STEM 课程之间的关联，增加了对九年级学生的分析。学生在实施过程中感受到了 STEM 教育理念带给他们不一样的课程体验。第三版删除了教学内容的分析，把有关教学内容的部分整合进了课程内容，在不同年龄段的基础上给予不同的活动建议，增强了该项目在不同学段、不同年级实施的可能性。教学内容的进阶见图 4-1-3。

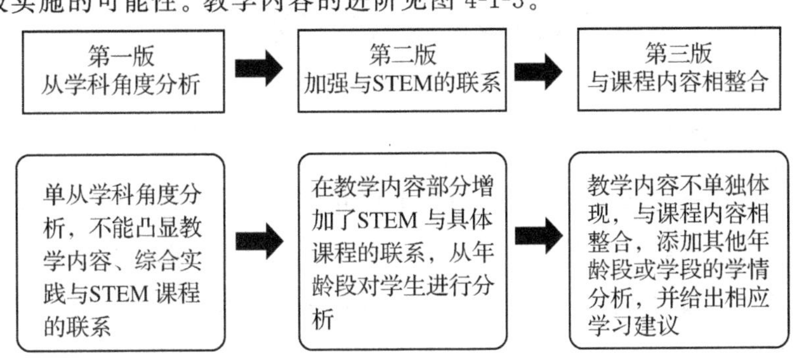

图 4-1-3　教学内容进阶图

二、教师成长

该项目设计与实施后，教师成长主要体现在以下几个方面：

第一，拓展了跨学科知识，丰富了自身知识储备；

第二，对挑战任务的设立与拆解更熟悉，对问题与问题之间的梯度理解得更加清晰；

第三，对工程、技术的概念理解得更加到位，能够在尊重自然规律的同时加以利用。

三、学生成长

该项目设计与实施后，学生成长主要体现在以下几个方面：

第一，提升了发现问题并解决问题的能力；

第二，项目实施过程中涉及实验探究，学生通过在活动中不断尝试，能根据实验设计方案熟练并准确操作；

第三，能够根据所观察到的实验现象总结归纳出相应的实验结论；

第四，项目实施过程中需要小组分工合作完成，学生提高了团队协作能力；

第五，在展示实验成果环节中，学生需要自己完成本组的PPT，在此过程中学生制作PPT的技术和审美能力得到了提升。

第二部分　实施后反思改进版示范课例

一、项目缘起

STEM教育强调学生在学习情境中提升设计能力、合作能力、问题解决能力和实践创新能力；提倡课程的选择要从实际出发，贴近学生生活，激发学生的好奇心和求知欲，使学生能够应用所学知识解决生活问题。本课例实施的背景具体如图4-1-4所示。

开展缘由

某校食堂被爆出学生午餐有食品安全问题，虽然最后被证实学校午餐并无问题，但人们对食品安全问题仍感到担忧。

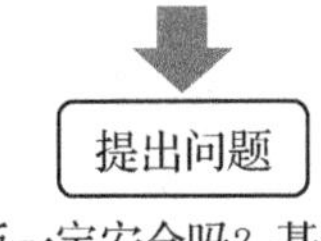

家里的晚饭一定安全吗？基于此开展项目。

新闻：妻子买来卤牛肚，丈夫在家食用后上吐下泻。医院诊断为吃下不洁牛肚，引发急性肠道细菌感染。引出课题——守护食品健康与安全，并通过所学知识，全面进行探究。

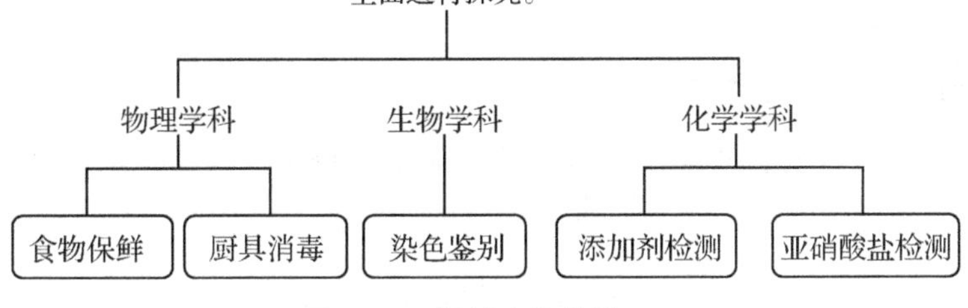

图 4-1-4　课例实施背景

二、项目实施的环境与硬件要求

基础要求：有相应的实验室、需要用到的检测和解剖工具、试剂盒等。

进阶要求：如果实验室配备基因扩增仪和琼脂糖凝胶电泳仪，那么在本实验的基础上可以继续探究食品安全的相关问题。例如，探究平时在地摊上吃的羊肉串是否是真的羊肉串，从而判断出是否存在安全隐患。

拓展要求：室内环境与室外环境不同，可能对结果产生影响。例如，在室外环境中进行，设计出不同层次的实验探究过程；染色鉴别组需要收集染色食物进行对照。

(一)物理保鲜组

食物：辣椒、土豆、白菜。

工具：塑料袋、保鲜膜、桶、湿度计、尺子、喷壶、土。

(二)物理厨具消毒组

工具：抹布、烧杯、紫外线灭菌灯、超声波仪器。

(三)生物染色鉴别组

食物：紫玉米、黑枸杞、黑米、紫洋葱。

工具：解剖工具、滤纸、烧杯、培养皿、研钵、pH 试纸、白醋、食用碱。

(四)化学添加剂检测组

食物：腐竹、馒头、榨菜、银耳、莲子、薏米、白糖、彩椒、芹菜。

工具：烧杯、纯净水、吊白块检测试剂盒、二氧化硫检测试剂盒、硫酸铜检测试剂盒。

(五)化学亚硝酸盐检测组

食物：火腿肠、酱牛肉、烤肠、虾米皮、泡菜、榨菜、凉拌菜、红烧肉、炒菠菜。

工具：烧杯、纯净水、亚硝酸盐检测试剂盒。

三、项目适合的学段

本项目适合的学段为九年级。从学生的年龄特点与认知特点来看，九年级的学生爱动手，爱发表见解，思考问题相对全面，在处理问题时考虑得较全面。比如，在鉴定食品安全与否时运用生物知识，在鉴定亚硝酸盐时运用化学知识，在探究食物保鲜方法时运用物理知识等。通过课程整合活动，学生体验综合运用知识分析并解决问题的过程，增强了运用知识解决问题的意识。

高中学生无论是动手操作能力、问题解决能力还是知识的掌握程度，都比初中学生要高出一个层次。关于食品安全这个项目可以拓展到高中阶段。高中学生可以利用基因扩增仪和琼脂糖凝胶电泳仪来检测平时在地摊上吃的羊肉串是否是真的羊肉串，从而判断出是否存在安全隐患。

四、项目涉及的 STEM 知识与能力

项目涉及的 STEM 知识与能力见图 4-1-5。

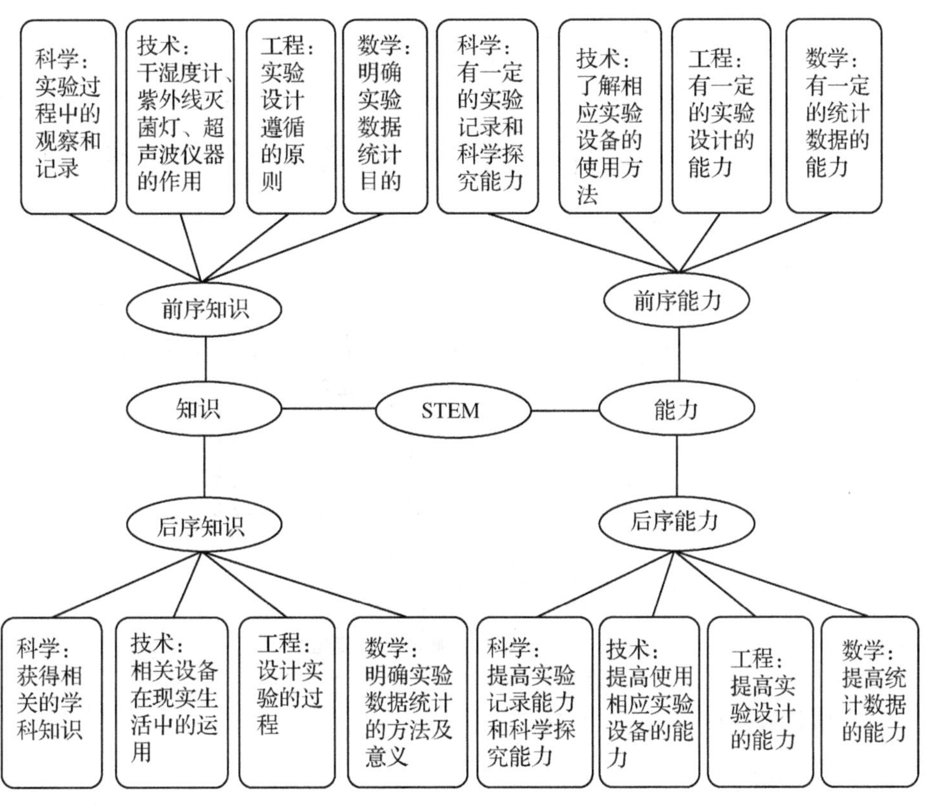

图 4-1-5　项目涉及的 STEM 知识与能力

五、项目目标和工程任务及拆解后的挑战任务

(一)项目目标

1. 项目依据的课程标准

项目依据的课程标准见图 4-1-6。

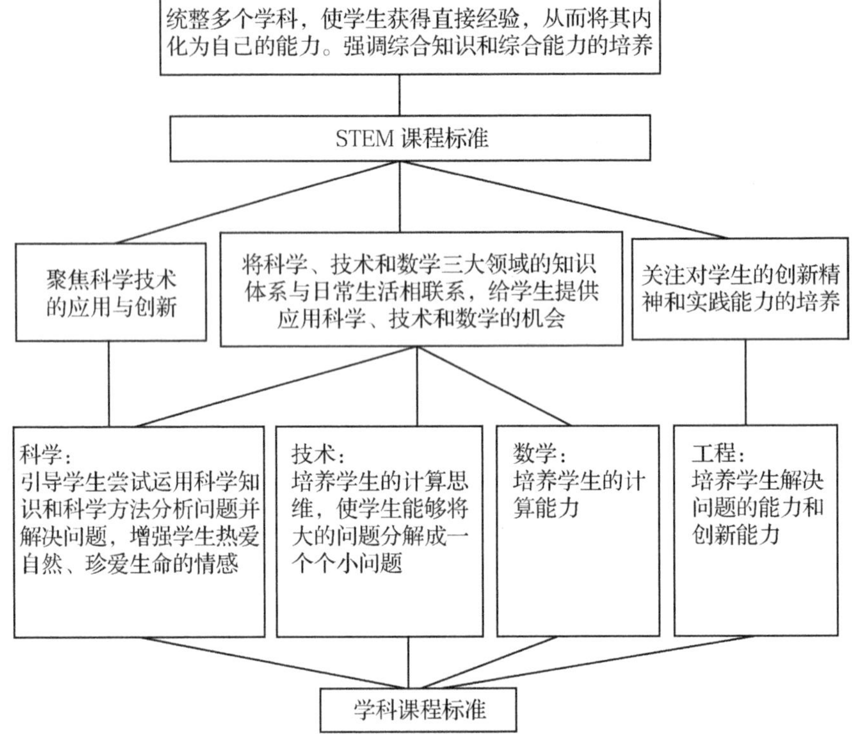

图 4-1-6　项目依据的课程标准

2. 项目总体目标和具体目标

总体目标：

认识生活中的食品安全问题，提升科学素养以及探究能力，保障家庭食品安全。

具体目标：

第一，通过综合实践探究，对跨学科知识更为熟悉；

第二，能够熟练设计实验流程，并通过实验得出相应的结论；

第三，把实验得到的结论应用于实际生活，做到学以致用。

(二)工程任务及拆解后的挑战任务

工程任务：撰写保障家庭晚餐安全的分析过程。

聚焦问题：探究延长食物的新鲜时间的方式和食物的有效消毒方式，辨别人工染色食物和食物中的有害添加剂，测定食物中的亚硝酸盐含量。

分组任务：

物理保鲜组：尽可能延长食物的新鲜时间。

物理厨具消毒组：尽可能多地罗列家庭消毒方式。

生物染色鉴别组：搜索生活中可能被人工染色的食物并进行辨别。

化学添加剂检测组：查阅资料，找出食物中可能添加的有害添加剂并进行检测。

化学亚硝酸盐检测组：测定不同食物中亚硝酸盐的含量。

小组挑战任务见表 4-1-1。

表 4-1-1　小组挑战任务

物理保鲜组	如何使食物存放时间更久	生活中常用的物理保鲜方法有哪些
		在实验室中可以用哪些方法进行探究
		通过实验探究，你能为父母提出什么建议
物理厨具消毒组	生活中常见的物理消毒方法有哪些	这些方法中哪种方法方便在实验室运用
		根据实验探究结果，哪种消毒方式最适合保障家庭食品安全
生物染色鉴别组	生活中有哪些食物可能被染色	生活中常见的紫色食物中，哪种可能被染色
		可能被染色的食物中都有哪些适合作为实验材料进行实验探究
		通过实验探究，在家庭生活中如何避免选择被染色的食物
化学添加剂检测组	食品中常见的有害添加剂有哪些	在日常生活中，哪些食物可能会添加有害添加剂
		哪些含有有害添加剂的食物适合作为实验材料进行实验探究
		通过实验探究，在选取腐竹、馒头等食物时，你能为父母提出什么合理建议，以避免购买添加有害添加剂的食物
化学亚硝酸盐检测组	在生活中，如何检测食物中的亚硝酸盐	日常生活中，哪些食物会添加亚硝酸盐
		常见的食物中的亚硝酸盐是否会损害身体健康
		通过实验探究，如何正确看待亚硝酸盐

六、项目所需课时及具体进度安排

课时安排与具体内容如图 4-1-7 所示。

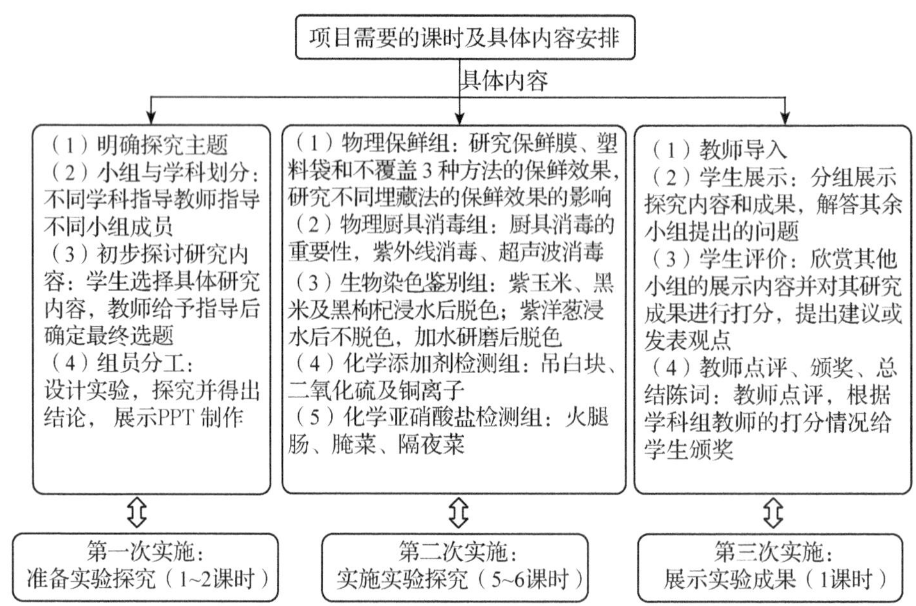

图 4-1-7　课时安排与具体内容

项目实施流程如图 4-1-8 所示。

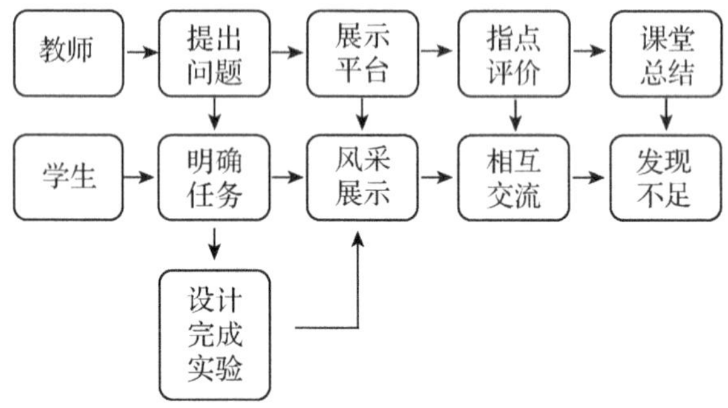

图 4-1-8　项目实施流程

七、项目实施过程设计

(一)教学过程

1. 主题一： 明确研究内容

概述

本次课是“守护食品健康与安全”的第一课，主要目的是确定研究内容。全班学生进行分组，确定与自己小组的探究方向相关联的学科与主题，进行较为细致的组内分工。

活动过程

环节一：情景导入

教师导入：最近新闻报道中出现某校食堂食物不安全的事情，虽然最后被证实学校的食物并无问题，但给所有人一个警示：食物不仅要可口，而且要安全。

再从社会问题引入家庭生活：如何保障家庭的食品安全?

环节二：建立小组。

教师帮助学生划分学科小组。学生根据兴趣选择想要研究的学科，并进行小组结对。

环节三：探讨方向。

小组探讨研究方向。在学生没有明确方向时，教师给予学生一定的指引。

环节四：组内分工。

小组成员分工合作。工作内容包括：实验设计、实验探究、得出结论、PPT 制作、成功展示等。全体成员都要参与。

2. 主题二： 探究实验

概述

小组进行分组后，根据所选定的探究方向，自行设计实验，并寻求相应学科教师的帮助，完善实验设计；在实验结束后，分析实验数据，得出相应的结论，并制作 PPT，把自己的研究成果在课堂上与其他同学分享。

活动过程

环节一：确定主题后，学生查找和主题相关的资料，通过查询资料初步了解自己所要研究的内容。

环节二：学生自行设计实验，教师指出不足。学生完善，锻炼设计实验的能力。

环节三：不同小组分组进行实验探究。

(1)物理保鲜组：家庭所用的保鲜方法是否得当。

通过查阅资料、走访人群、实地观察常见的保鲜方法，确定运用两种保鲜方法进行实验。

对于同种蔬菜，分别用塑料袋保鲜、保鲜膜保鲜、放置于露天环境做实验，进行观察。发现保鲜膜内表面水分最多，塑料袋其次。一段时间后，保鲜膜内的蔬菜最为光鲜，塑料袋内的蔬菜其次，放置于露天环境的蔬菜已经萎蔫。这一结果说明运用不同的处理方法保鲜效果不同。

利用实验室现有器材对埋藏食品的保鲜程度进行研究。用细沙对土豆进行埋藏，通过改变埋藏的深度、细沙的湿度观察土豆的保鲜程度。

前测与后测如图 4-1-9 所示。

前测：埋藏深度与保鲜程度无关。

后测：埋藏深度与保鲜程度有关。

前测题目：保鲜最好的是（　）。
A.塑料袋　B.保鲜膜　C.一样
预期答案：C
后测结论：保鲜膜的保鲜效果明显优于塑料袋。

前测题目：能够改变埋藏法的保鲜效果的条件有（　）。
A.埋藏深度　B.细沙湿度　C.湿度与深度　D.无关
预期答案：B
后测结论：湿度越低保鲜效果越好，埋藏深度也与保鲜效果有关。

图 4-1-9　物理保鲜组前测与后测

(2)物理厨具消毒组：厨具消毒的必要性。

通过调查家庭厨房体会消毒的重要性，了解生活中常用的消毒方法，结合所学物理知识提出用紫外线和超声波消毒的方法。

选择三块相同的布，将其浸泡于水中，分别做如下处理：紫外线消毒、超声波消毒以及不消毒。

一段时间后观察布的变化(气味等)。

前测与后测如图 4-1-10 所示。

前测题目：将三块相同的干净布浸泡于水中，分别做超声波消毒、紫外线消毒以及不消毒处理，哪块布没有明显变化？（ ） A.超声波 B.紫外线 C.不消毒 D.都没有 预期答案：D 后测结论：不消毒的布有明显异味，消毒的布异味较弱。

图 4-1-10 物理厨具消毒组前测与后测

(3)生物染色鉴别组：鉴别真假紫色食物。

通过观看视频提出问题：紫色食物浸泡后出现脱色现象，是否为染色所致？

了解花青素的特性，并尝试提取花青素，制作花青素试纸。

小组成员分成 4 组，分别提取黑米、黑枸杞、紫玉米和紫洋葱中的花青素。学生通过研磨紫洋葱可得到紫色溶液，通过浸泡黑米、黑枸杞、紫玉米可得到紫色溶液。

把裁剪好的滤纸分别浸泡到 4 种紫色溶液当中，静置 1 分钟，取出，晾干。

每一组有两个小培养皿，在其中分别放入无色透明的酸性溶液和碱性溶液，把制作好的花青素试纸浸泡于小培养皿中，观察试纸的变化。

除了紫玉米以外，其余全部有明显颜色变化。和 pH 试纸对照，确定在酸性溶液中花青素变红；在碱性溶液中花青素变蓝或绿，黑枸杞发蓝，紫洋葱和黑米发绿。说明同样是花青素，也有种类的差异。

紫玉米浸泡后液体在酸碱溶液中没有明显变色，但 pH 试纸明显变色，说明酸碱溶液没有问题，判定所用紫玉米为染色玉米。

前测与后测如图 4-1-11 所示。

前测题目：以下哪种食物为染色食物？（　）

A.紫玉米　B.黑米　C.黑枸杞　D.紫洋葱

预期答案：ABC

后测结论：紫玉米为染色食物，其他三种皆为天然食物。

图4-1-11　生物染色鉴别组前测与后测

(4)化学添加剂检测组：鉴别食物是否经过吊白块、二氧化硫、硫酸铜处理。

通过新闻报道引出问题：生活中很多食物都经过了处理，以使颜色更鲜亮，口感更好，保存时间更长。但是有些添加剂对人体是有害的，食品中禁止添加。

小组分成2组，一组做检测吊白块的实验，一组做检测二氧化硫和硫酸铜的实验。

取2～3克剪碎的样品放于试管或器皿中，加入一倍量的水，浸泡5～10分钟。取1毫升浸泡的液体至离心管中，盖上盖子混匀，放置10分钟以上，观察溶液颜色变化情况。

用于检测吊白块的样品：腐竹、馒头、榨菜。

腐竹：有的变色，有的不变色。

馒头：不变色。

榨菜：不变色。

总结：生活中常见的食品可能大部分不含吊白块。最容易添加的是腐竹，颜色越鲜亮、越浅的用过吊白块的可能性越大。

用于检测二氧化硫的样品：银耳、薏米、莲子、白糖。

银耳：变色。

薏米：不变色。

莲子：有的不变色，有的变色。

白糖：不变色。

总结：含有二氧化硫的食品比较多，但是二氧化硫用量控制在安全范围内还是可以接受的。

用于检测硫酸铜的样品：彩椒、芹菜。

彩椒：不变色。

芹菜：不变色。

前测与后测如图 4-1-12 所示。

前测题目：应该选择什么样的食材？（　）
A.色泽鲜艳　B.价格低廉　C.不应过多关注食材外表
预期答案：A
后测结论：光鲜的食物有可能添加了吊白块、二氧化硫等，不应仅从外表判断。

图 4-1-12　化学添加剂检测组前测与后测

(5)化学亚硝酸盐检测组：网络传言亚硝酸盐使人死亡是真是假？查询亚硝酸盐的来源、亚硝酸盐的性质和亚硝酸盐中毒原理。

一组实验目的：检验不同食品中是否含有亚硝酸盐。

实验样品：火腿肠、酱牛肉、烤肠、虾米皮、纯净水、亚硝酸盐检测试剂。

实验操作：第一步，取少量样品，将其碾碎，称取 2 克，用 20 毫升纯净水浸泡 10～15 分钟；第二步，吸取样品检测液上层清液于检测管中，分别依次滴加检测液 B 2 滴，检测液 A 2 滴，5 分钟后和比色卡对照。

实验现象：火腿肠、烤肠、酱牛肉、虾米皮检测中试剂没有明显变化。

实验结论：火腿肠、烤肠、酱牛肉、虾米皮中均不含有或是含有极少量的亚硝酸盐。

二组实验目的：检验腌菜中是否含有亚硝酸盐。

实验样品：泡菜、榨菜、放置 6 小时的凉拌菜。

实验操作：同上。

实验现象：榨菜、凉拌菜检测试剂变色，泡菜不变。

实验结论：榨菜和凉拌菜中含有亚硝酸盐，且凉拌菜比榨菜含量高；泡菜中不含亚硝酸盐或是含有极少量的亚硝酸盐。

三组实验目的：检验隔夜菜中是否含有亚硝酸盐。

实验样品：新鲜红烧肉、炒菠菜，常温放置 72 小时的红烧肉、炒菠菜，

冰箱冷藏 72 小时的红烧肉、炒菠菜。

实验操作：同上。

实验现象：两种新鲜样品检测试剂均无变化；常温放置 72 小时的炒菠菜检测试剂颜色变化明显，红烧肉检测试剂无变化；冰箱冷藏 72 小时的炒菠菜检测试剂颜色有变化，但没有常温放置的炒菠菜颜色变化明显，红烧肉检测试剂无变化。

实验结论：新鲜的食物中不含亚硝酸盐，放置 72 小时的食物中炒菠菜含有亚硝酸盐，且常温放置的比冰箱冷藏的含量高。

前测与后测如图 4-1-13 所示。

前测题目：关于亚硝酸盐，以下说法正确的是（　）。
A.不摄入任何亚硝酸盐
B.安全食物中不应含有亚硝酸盐
C.腌菜中含有大量亚硝酸盐
D.隔夜菜中含有大量亚硝酸盐
预期答案：ABCD
后测结论：不应“妖魔化”亚硝酸盐，亚硝酸盐控制在一定范围内可以食用。网络传言腌菜等含有大量亚硝酸盐并不属实，不能人云亦云，应该科学求证。

图 4-1-13　化学亚硝酸盐检测组前测与后测

环节四：小组成员分工，工作内容包括实验设计、实验探究、得出结论、PPT 制作、成功展示。全体成员都要参与。

3. 主题三：成果展示（学生制作 PPT 并进行汇报）

概述

本节课是“守护食品健康与安全”的展示课，主要目的是向其他小组展示自己小组的研究内容，包括研究原因、研究过程、小组分工以及实验结论，帮助其他同学了解相关的食品安全知识。

活动过程

环节一：通过三种常见的家庭饮食方式，引入食品安全问题：我们平时常见的食品真的安全吗。

环节二：学生分组展示探究的内容、过程以及成果。

环节三：其他小组对该组成员的展示内容给予评议，主要从 5 个方面谈谈自己的疑惑、建议或感受。

环节四：教师给予展示小组肯定，并指出不足，根据教师评价表颁发最佳团队奖、最佳展示奖、最佳合作奖、最佳实用奖、最佳创意奖。

(二)学习任务单

实验探究任务单见表 4-1-2。

表 4-1-2　实验探究任务单

<table>
<tr><td colspan="2">实验探究任务单</td></tr>
<tr><td>探究内容</td><td></td></tr>
<tr><td>准备工作</td><td></td></tr>
<tr><td>实施过程</td><td>1. 提出问题：
2. 做出假设：
3. 具体流程：</td></tr>
<tr><td>实验现象</td><td></td></tr>
<tr><td>实验结论</td><td></td></tr>
<tr><td>生成问题</td><td></td></tr>
<tr><td>自我反思</td><td></td></tr>
</table>

(三)评价设计

1. 教师评价

教师评价表见表 4-1-3。

表 4-1-3　教师评价表

<table>
<tr><td colspan="2">评价分类</td><td>评价内容</td><td>得分</td></tr>
<tr><td rowspan="3">过程性评价</td><td rowspan="3">探究内容的
合理性与应用性</td><td>1. 探究内容合理</td><td></td></tr>
<tr><td>2. 探究内容能在日常生活中应用</td><td></td></tr>
<tr><td>3. 探究内容能进行延伸，并得到广泛应用</td><td></td></tr>
</table>

续表

评价分类		评价内容	得分
过程性评价	解决措施的提出	1. 提出的措施合理	
		2. 提出的措施能够用生活中常见的物品完成	
		3. 能够运用物理、化学或生物的知识	
	实验准备	1. 团队成员分工明确	
		2. 实验设计完整，步骤明确	
		3. 实验设计合理且详细	
		4. 实验准备工作充分	
	实验流程	1. 实验操作流畅无误	
		2. 实验过程中体现团队合作	
		3. 遇到突发问题，有能力解决	
		4. 观察并分析实验现象	
		5. 通过实验现象总结归纳，得出相应的实验结论	
终结性评价	课堂展示	1. 展示体现团队合作	
		2. 内容真实有效	
		3. 语言通顺流畅	
		4. PPT 制作精美	
		5. 展示的方法、结论可在生活中广泛应用	
合计			

注：根据学生在解决问题时实际运用各学科知识的情况给予打分，最高分 5 分，最低分 0 分，满分 100 分。

2. 学生评价

学生评价表见表 4-1-4。

表 4-1-4　学生评价表

		物理保鲜组	物理厨具消毒组	生物染色鉴别组	化学添加剂检测组	化学亚硝酸盐检测组
语言表达	语言得体，表达清晰、有条理(5 分)					
	表达条理不清，吐字不清晰，用词不准切(3 分)					
	建议或感受					
研究方法	研究方法明确，实验设计合理(5 分)					
	研究方法不明确，实验设计有瑕疵(3 分)					
	建议或感受					
课题意义	课题研究有实际意义，有利于保障食品安全(5 分)					
	课题研究实际意义不明确，并不能保障食品安全(3 分)					
	建议或感受					
实际运用	能够运用到实际生活当中(5 分)					
	难以运用到实际生活当中(3 分)					
	建议或感受					
总分						

八、项目学习成果展示

学生通过 PPT 展示自己小组的探究内容，展示的 PPT 封面如图 4-1-14 所示。

图 4-1-14　学生 PPT 展示

九、课例整体评价与反思

(一)课例实施调研

1. 专家意见

专家意见 1：课题题目范围太大，需要缩小范围，准且精。题目越小、越具体，实践的时候才会越有针对性。

专家意见 2：重点放在本次课程的背景分析上，结合课程背景说明开展此次活动的原因、目的和意义，主要结合 STEM 教育与综合实践活动两方面来叙述，同时所学内容和学生的实际生活有何种联系需要体现出来。

专家意见 3：学生任务单不要单列，要放到相应的课时环节当中。项目成果中也要添加学生任务单的具体内容和学生评价。教学设计中前测、后测不明确。

专家意见4：修改和完善学生评价表。有些内容，如“建议或感受”要表达清具体针对什么内容。

2. 集体备课组意见

集体备课组意见1：修改课程目标，结合STEM教育理念，把要研究的内容具体化，科学探究、工程思维等目标还要再细化和完善。

集体备课组意见2：添加其他年龄段或学段的学情分析，并给出相应的学习建议。

集体备课组意见3：增加与STEM相关联的学科的课程标准。

(二)实施反思

本次项目的实施时间较长。从学期初的题目制定，到学期末的学生展示，教师和学生共同努力，完成了项目的实施。整个实施过程中有亮点，也有不足。

1. 实施过程中的亮点

(1)对项目进行碎片化处理。

九年级的学生学习比较紧张，又有中考压力，难以拿出足够的时间来进行综合实践类课程的学习，所以需要教研组教师充分参与，引导学生组成小组学习。除了第一课时和最后一课时进行集体授课外，大多数课时是分小组进行的。不同的小组利用不同的时间段进行不同问题的探究，充分利用了碎片时间。这种方式让学生提升综合能力的同时不耽误知识的学习。

(2)问题延伸，思维拓展。

学生聚焦一个共同问题的不同方面，各小组从不同方面对同一个问题进行研究。通过讨论交流，学生意识到问题具有多面性，对生成问题给予重视，体现了探究的延展性。综合实践活动的主要目的不是实验，而是通过实验培养学生的思维能力，为学生未来的发展打下坚实的基础。

(3)教研组的通力协作。

一个人的力量是有限的。一位教师对五组学生进行统领具有一定的难度，不仅会产生时间冲突，也会造成小组学习进程的间断。同时教师的疲惫状态

也会影响学生的实践过程。这时候需要运用集体的力量，分别让物理、生物、化学老师带领与自己学科更为贴近的小组进行学习。

(4)主题贴近生活，结果运用于生活。

实践的主要目的是解决真实的问题，因此选题必须是和生活息息相关的内容。通过查阅资料，以学生为主导进行子任务的设立，有利于使学生保持探究的动力。在学生毫无头绪时，教师要给予方法上的引导和学习资源上的支持，如给学生提供资料，引导学生明确发现问题、提出问题、解决问题的思路和方法。

2. 实施过程中的不足

(1)实践跨度过大。

整个实践过程历时超过三个月，接近一个学期，周期较长。在项目实施的后期，学生学习容易松懈，好奇心会逐渐减弱，不利于问题的生成和解决。

(2)学生分组不平均。

分组主要是结合个人探究的方向、擅长的学科，遵循自愿原则进行的。虽然分组完全遵循学生自愿的原则，但是小组成员人数不一致，对任务的分配有不利的影响。

STEM 课程不仅需要前期的准备，还要有后期的追踪；注重培养学生的能力，而非提高学生的成绩。每一次课程都会对学生的未来发展产生影响，因此 STEM 课程是有意义的课程。

课例二　技术与人文：流浪猫驿站
——智能投喂器的设计与实现①

项目简介

项目来自校园真实情境，针对校园里流浪猫的喂食需求，结合技术的使

① 本课例由北京中学许珂老师具体设计和实施。指导教师为北京市朝阳区教育研究中心王戈老师。由北京教育学院于晓雅博士主持的北京市“STEM 教育与创客教育课程实践”卓越教师工作室集体打磨完成。

用，将数学、工程、科学等学科有机融合，通过实践与探究设计并制作智能投喂器，培养学生与自然、与动物和谐共处的情怀。项目基于开源硬件制作作品，关注学生创新能力、工程实践能力的培养。

第一部分　三级进阶课例解析

智能投喂器项目来源于真实的情境，依托信息技术在真实情境中的应用，融合信息技术课程教学与综合实践领域的跨学科应用，在重视信息技术学习的同时更加重视科学探究过程以及相应的工程设计实践。学生经历了从设计、制作到真实应用流浪猫智能投喂器的完整的项目学习过程。在这个过程中，教师引导学生评估并选用身边的资源，创造性地解决问题，并通过关爱流浪猫培养人文情怀及用技术回哺社会的责任感。课例借助综合实践活动，将信息技术学习与 STEM 教育进行有效融合。

一、STEM 课例进阶

将智能投喂器的设计这个课例与校园流浪猫喂食的真实需求相结合，融入 STEM 教育理念，以工程设计为依托，引导学生体验作品的设计、制作、测试、运用等过程，有助于激发学生的兴趣，培养学生的动手实践能力。

(一)项目名称的进阶

如图 4-2-1 所示，项目主题从“投喂器的创作”，到“智能投喂器的创作”，再到“流浪猫驿站——智能投喂器的设计与实现”，看似是简单地添加了几个字，本质上体现了对真实情境中真实问题的关注。项目主题的变化不仅体现了作品的技术要求，还体现了 STEM 教育强调的真实情境和解决真实问题。项目主题的变化有利于引导学生从以完成任务为目的转变为以解决问题为目的，从被动接受转变为主动探究；既充分激发了学生的主动性和创新兴趣，又有利于培养学生的社会责任意识，使学生形成通过劳动让社会更美好的价值观。

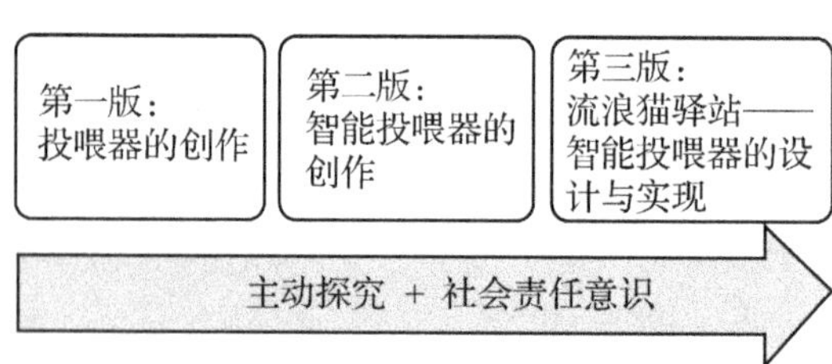

图 4-2-1 项目名称进阶图

(二)学习目标的进阶

本项目作为一个侧重于综合实践的学习课例，旨在让学生在学习和体验运用信息技术解决实际问题的过程中了解设计的一般步骤，提升参与社会实践活动的能力。在项目设计与实施过程中，学习目标不断进阶，形成了“从重视获取知识到重视提升素养，从重视目标到重视过程”的进阶思路，体现了本项目的综合性和实践性导向(见图 4-2-2)。

1. 通过运用技术解决实际问题的过程，培养自觉、主动地寻求恰当的方式获取与处理信息的能力，提升综合素养

2. 通过运用开源硬件创作作品的过程，学习传感器、信号等知识，学会探索传感器的使用方法，培养选用常见的资源与工具创造性地解决问题的能力，提升科学素养

3. 通过撰写与分析综合性程序，学习用图形化编程实现所需要的特定功能，培养运用合理的算法解决问题的能力

4. 通过对项目小组作品的评估，培养以多角度评判作品的意识、反思意识及艺术审美能力，树立资源共享、共赢合作的价值观念

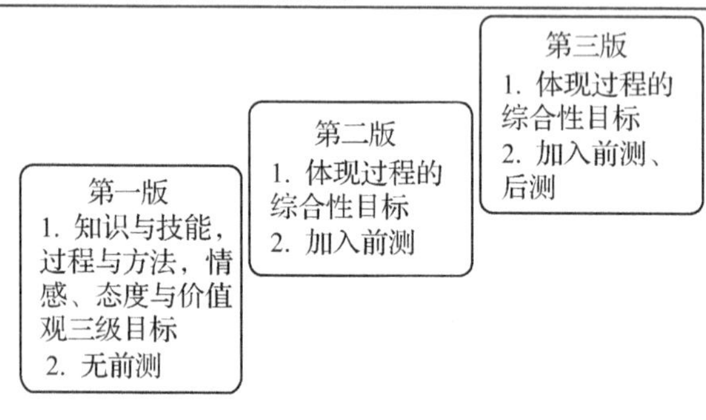

图 4-2-2 学习目标进阶图

(三)完善任务和问题，为动手实践和科学探究搭设支架

在本项目实践之前，学生对科学探究的一般步骤、材料的选用、设计合

理性论证等缺少系统的了解。大部分学生有解决问题的想法，但缺乏科学地解决问题的思路。针对上述现象，项目引入了大量的学习支架。学习支架不仅引导学生掌握发现问题、分析问题、处理问题的科学思维方法，还能推进项目顺利开展，帮助学生树立探究的自信心。

第一版仅有总体任务，缺少过程性任务的分解，学习任务不清晰。团队经过深入研讨和学习之后，将第二版学习任务加以分解和细化，列出了每次课的学习任务。考虑到合理的工程挑战任务可以最大限度地激发学生的好胜心和学习兴趣，第三版明确了工程挑战任务，并且给出了每个工程挑战任务的评价方法。

二、教师成长

在项目设计与教学实践过程中，教师更新了教学理念，提升了科学素养和课程设计能力。

在第一版的设计过程中，教师更多关注教学任务的完成。从第二版到第三版，教师开始关注学生在学习过程中对学习内容的吸收和内化。在科学素养和工程思维方面，在第一版中，教师缺乏提升科学素养的意识；在第二版中，教师开始设计科学探究的环节，但缺少支架的具体设计，导致学生在进行科学探究时缺少规范性的操作方案；第三版为学生科学素养的提升搭设了操作性强的支架。在课例进阶过程中，教师在思维上接受了科学的训练，在行动上明确了具体的方案。教师对于科学素养有了全面的认识，认识到科学知识、科学探究、科学态度等是有机的整体。教师对学生科学素养的培养从无到有，从被动到主动，并为助力学生开展科学探究而研究如何设计学习任务单、如何提供支架和帮助(见图 4-2-3)。

第三版
◆ 思想：关注学生对知识习得和内化的过程
◆ 行动：1.给出探究问题的具体支架
2.引导探究，总结结论
3.根据结论引导设计

第二版
◆ 思想：关注学生的学习
◆ 行动：1.让学生探究，得出结论
2.根据结论进行设计

第一版
◆ 思想：关注教学目标的达成
◆ 行动：直接给出任务

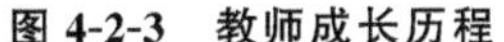

图 4-2-3 教师成长历程

从第一版到第三版的进阶过程中，教师对 STEM 课程的理解能力和实践能力也有显著提升，从最初对 STEM 教育认识模糊、对 STEM 教育具体操作感到疑惑，转向熟练设计与实施 STEM 课程。教师进一步明确了 STEM 教育中教师的角色。教师不是位于知识上位的指导者，也不是任由学生创作的放任者，而是启发者、支持者和分享者。在鼓励学生自主探究的同时，教师应当给予学生相应的支架和学习资源，给予学生足够的支持。

三、学生成长

STEM 教育最大的特点之一是注重兴趣和方法，而不仅仅是进行作品制作。STEM 教育并不是仅仅教给学生知识点，而是注重培养学生的兴趣和思维。这才是 STEM 教育能够"授人以渔"的关键所在。

真实情境和真实问题的产生、工程挑战任务的拆解和评价等使学生的爱心、责任心和进取心受到激发。学生明确了课例的意义和要解决的问题，经历了探究、设计、论证、修改、实践、反思的全过程，体会到了科学的严谨性，学习了系统的方法，知道了工程项目实施的一般步骤和解决问题的科学方法。在探究和主动学习的过程中，知识、能力目标能够得到实现，学生的创新兴趣能够得到激发，社会责任意识逐步增强。学生成长历程见图 4-2-4。

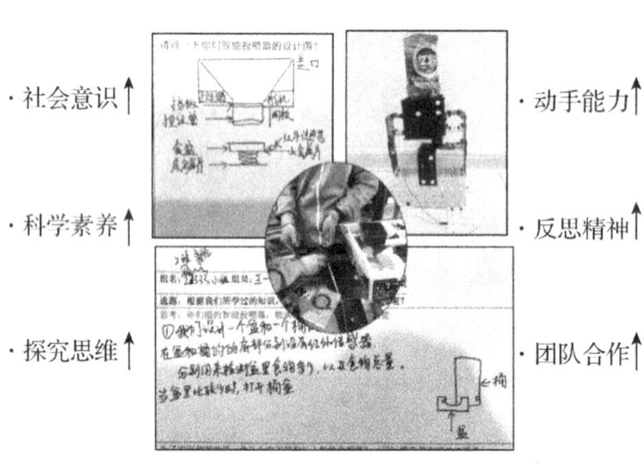

图 4-2-4　学生成长历程

第二部分　实施后反思改进版示范课例

一、项目缘起

北京中学东坝校区的校园里有很多流浪猫。为了照顾它们，教师和学生设置了一个投喂地点，用两个碗盛放食物。这个固定的投喂点被称作“流浪猫驿站”。“流浪猫驿站”成了流浪猫的“乐园”，但也存在卫生、人力等问题。

随着智能产业的发展，智能设备和技术逐步融入生活的方方面面，为生活提供了很多便利。结合信息技术中开源硬件的学习，我们希望校园里的“流浪猫驿站”变得“智能”起来。

二、项目实施的环境与硬件要求

项目实施的环境与硬件要求如表 4-2-1 所示。

表 4-2-1　项目实施的环境与硬件要求

项目实施的环境要求	最佳环境：创客空间教室 可替代环境：较大的普通教室 建议：教室活动空间尽可能大，便于小组讨论、合作、动手制作以及存放物品
项目实施的硬件要求	1. 可以上网的电脑(每个小组一台) 2. 主板若干(每个小组一个) 3. 磁力、重力、超声波等常见的单片机适用的传感器若干，按钮、舵机、马达等执行器若干

三、项目适合的学段

(一)学段

本课程内容适合初中学段学生学习，建议八年级实施。

(二)学情分析

在本课例学习前，学生具备以下知识基础：

学习过简单的开源硬件的使用方法，掌握了 2～3 种传感器的传感原理和基本接线方法；

至少掌握 1 种图形化编程软件，有运用图形化编程解决简单实际问题的经验。

学生处于初中阶段，富有爱心和好奇心，思维活跃，并且已经具备了较强的动手能力和一定的材料甄选能力，在教师的引导下和学习材料的支撑下，能够独立进行作品创作。

(三)案例拓展使用注意事项

低年级使用：可以适当减少传感器种类，降低作品的功能及制作要求，以便于低年级的学生进行作品制作。

高年级使用：可以对作品的智能性提出更高要求，对传感器的使用予以最低限制，对作品材料的选取和成品的稳固性提出更高要求。

四、项目涉及的 STEAM 知识与能力

项目涉及的 STEAM 知识与能力见图 4-2-5。

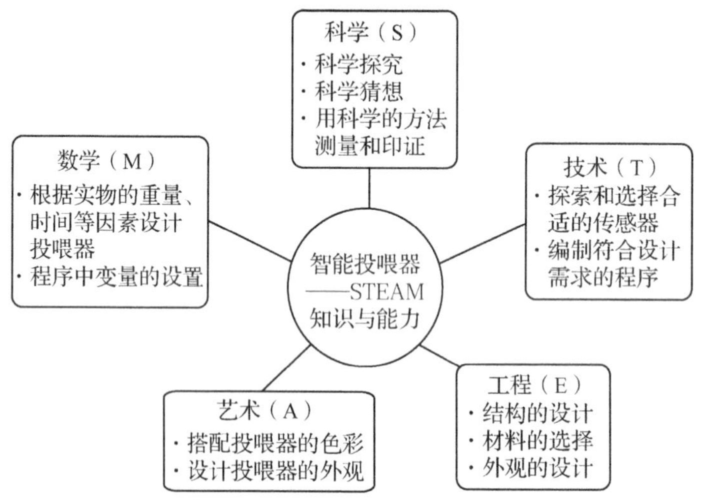

图 4-2-5　项目涉及的 STEAM 知识与能力

五、项目目标和项目任务及拆解后的挑战任务

(一)项目目标

总体目标：通过发现问题、探究问题、解决问题的过程，培养数字化学

习的习惯、严谨的态度、缜密的计算思维、较强的动手能力以及勇于担当的社会意识。

具体目标如下。

通过运用技术解决实际问题的过程，培养自觉、主动地寻求恰当的数字化资源来获取知识、解决问题的能力，了解数字化学习环境的优势和局限性，适应数字化学习环境，培养数字化学习的能力和习惯。

通过选择和运用开源硬件创作作品的过程，学习开源硬件的一般原理，掌握未知传感器的使用方法，学会评估并选用常见的数字化资源与工具，创造解决问题，完成学习任务，提升创新能力。

通过综合性程序的编写与分析，学会用图形化编程实现所需要的特定功能，培养理解现实问题，进而运用合理的算法解决现实问题的能力。

通过科学探究、选材和搭建的过程，学习科学探究的一般步骤、工程搭建的具体方法，提升综合解决问题的能力。

通过小组之间的协同工作、知识分享，学习和拓展信息共享的方法与途径，树立信息共享、合作共赢的价值观念；通过反思和评价，养成反思的意识和迭代优化的工程思想。

(二)项目任务及拆解后的挑战任务

项目任务：为校园里的流浪猫设计并制作智能投喂器。

本项目强调学生发现问题、探究问题、设计方案、论证方案，最后动手解决问题。学习中以产品为导向，聚焦当前投喂器存在的问题，以作品的美观、实用为指标。项目作品评价的具体框架如表 4-2-2 所示。

表 4-2-2 “流浪猫驿站——智能投喂器的设计与实现”项目作品总评表

指标	指标描述	评价要点
外观	尺寸适中	尺寸要与存储食物的多少相匹配
	色彩合理	色彩搭配合理并与校园美景相融合
	选材环保	材料符合环保要求，可塑程度能够满足结构和功能的需求
结构	创意丰富	巧妙地使用结构力学等知识，体现创意性
	结构坚固	结构能承重，成品有一定的“鲁棒性”
	搭配巧妙	结构的设计能满足功能的需求，如可以合理地放置各种传感器以延长使用时间

续表

指标	指标描述	评价要点
功能	满足需求	功能的设计能够解决现存的问题
	硬件合理	传感器搭配合理，能够体现智能性
	程序支持	应用程序书写规范，能够很好地驱动传感器，实现智能化

挑战任务如下。

挑战任务 1：在规定时间内，创作出智能投喂器的设计方案并参与答辩，看谁的设计能够获得“明星设计奖”。

评价标准：针对实际问题，可操作性强，智能投喂器设计方案详尽合理，能够通过答辩。

挑战任务 2：根据方案搭建智能投喂器，看看哪个小组的作品实用性最强。

评价标准：将智能投喂器投入使用，考察它的结实、耐用、食物保鲜的程度。3 天后，观察智能投喂器是否还能保持原有结构。记录猫是否能通过智能投喂器进食。查看剩余食物的新鲜状态。

挑战任务 3：人气大比拼——看看哪个组的智能投喂器能够收到最多的点赞数，成为“人气作品”。

评价标准：从外观、结构、功能等 9 个点进行评比，收到点赞数最多的组获胜。

六、项目所需课时及进度安排

项目所需课时及进度安排见表 4-2-3。

表 4-2-3　项目所需课时及进度安排

课时	主题	具体内容
1 课时	发现问题	课前：自选观察法、访谈法等科学探究方法，探究现在的“流浪猫驿站”存在哪些可以改进的地方 课上：汇报和展示研究方法、发现的问题，聚焦共同问题

续表

课时	主题	具体内容
2 课时	研究问题	课前：根据给出的研究支架分析并探究问题 课上：分析课前探究结果，迭代性地设计智能投喂器
4 课时	动手实施	课上：根据设计图进行智能投喂器的设计和搭建 课后：将智能投喂器投入使用并记录使用状态
2 课时	展示评比	课上：智能投喂器的展示，本项目的反思 课后：智能投喂器改进后再实施

七、项目实施过程设计

(一)教学过程

1. 主题一：发现问题

概述

通过课前科学任务单的填写，发现当前“流浪猫驿站”存在的主要问题，体验科学探究的过程，了解科学调查的一般步骤和方法；通过分享和讨论，寻找共性问题，锻炼表达能力，学会把复杂多样的问题进行拆解；通过总结和梳理，聚焦关键的问题，探究运用所学知识解决问题的基本方案，尝试将知识与情境进行联结，解决问题。

活动过程

环节一：展示课前所做的科学调查单。

课前学生自由组建学习小组，进行科学调查。课上每个组展示调查报告、具体的调查方法、调查过程和结论。

环节二：总结研讨，聚焦问题。

梳理本组发现的关键问题，倾听他人提出的问题，将同学们的结论进行分类总结，找出目前“流浪猫驿站”存在的共性问题，得出目前亟待解决的问题，如食物的新鲜和浪费的问题，占用人力的问题。

环节三：头脑风暴，制订方案。

运用头脑风暴方法，厘清问题解决思路，明确观点——利用传感器等知识创作智能投喂器可以解决当前问题。

本阶段教师对学生的科学探究能力、合作能力和个人表现做出过程性评价。

2. 主题二：研究问题

概述

本阶段主要引导学生开展智能投喂器方案的构思与设计。学生通过填写科学调查单，梳理当前存在的问题，进行需求分析，树立科学意识，明确解决问题要依靠有力的依据。通过前测，学生对自己的知识结构有一定的了解，为结成创作小组提供依据。通过结成新团队的过程，学生学习如何组建团队，树立合作共赢的团队观念。

具体方案的设计是本课的重点。学生首先要复习传感器知识，还要利用教师提供的资源以及运用网络检索等途径进行自学，寻找合适的传感器，进行整体设计。这个过程培养了学生的数字化学习能力，使学生明确了学以致用的意义。

论证和答辩环节引导学生接受质疑并进行反复修改和设计。在这个过程中，教师需要提醒学生脚踏实地地进行设计，全面地思考，落实产品的迭代设计理念，增强优化意识。

活动过程

环节一：分析信息，得出结论。

教师将学生的科学调查单进行梳理，用数据、图表等方式将统计结果展示出来，引导学生进行分析。

学生根据教师的展示结果，得出科学探究的结论：

猫对食物的质量有一定的要求，不洁净的食物(如混有雨水的)猫一般都不会食用；

猫进食会适可而止；

目前的投喂有专人负责，浪费人力的情况比较严重。

环节二：进行前测，掌握情况。

根据前测单，引导学生完成前测。

环节三：了解自身，组建团队。

提示学生自愿结组，4 人为一组。建议参考下面的因素进行异质化组队：

团队成员的传感器知识水平；

团队成员的工程动手能力；

要有小组长，组织本组成员进行电子设计、结构搭建、美术设计。

环节四：探索学习，设计初稿。

挑战任务：在规定时间内，创作出智能投喂器的设计图并参与答辩，看谁的设计能够获得“明星设计奖”。

根据教师提供的学习材料，小组探讨传感器的使用方法，研讨设计方案，并且填写设计单。

环节五：答辩论证，迭代优化。

小组根据设计单，对设计进行答辩，从以下几个方面汇报各自的设计稿：

解决的问题；

需要的材料；

具体的分工。

环节六：修改设计，评选最佳。

小组根据答辩情况，将自己的设计稿进行修改，并将最终的设计稿上传至日常评比的电子平台。教师组织大家评选“明星设计”，学生从以下几个方面进行评比：

设计的原创性；

解决问题的多样性；

设计图的科学性；

材料的节约性和环保性。

本阶段注重培养学生绘制设计图、表达分享和小组合作等方面的素养。

3. 主题三：动手实施

概述

本课是学生动手实践课。在这个过程中，学生需要深入认识所选用的传感器，完成结构设计，并通过编程来实现作品的智能化。整个过程中，教师需要给予学生大量的资源，以辅助学生完成学习和实践。

活动过程

环节一：复习拓展，课前热身。

学习和复习传感器的知识，体会学习和应用的区别与联系。

学习如何查阅参数和探究原理。

环节二：动手搭建，硬件制备。

挑战任务：根据方案将智能投喂器进行搭建、编程并投入使用，看看哪个小组的作品的实用性最强。

以小组为单位进行硬件的制备：

根据需求寻找需要的物料；

根据设计图，设计智能投喂器的外观；

将传感器与结构进行合理的搭配，尽力保证传感器的安全和结构的稳固；

可以对原设计进行优化和改进。

环节三：软件应用，程序设计。

组内合作和研讨。根据本组选用的传感器的实际型号进行程序设计和软硬件匹配，驱动硬件设备，实现作品的智能性。

环节四：模拟使用，迭代调试。

教师提供模拟猫粮等材料，学生进行模拟调试：

模拟各种应用场景，反复调试传感器和程序，直至满足要求；

对搭建过程中小组配合的情况进行记录，填写小组评价单；

将本组的作品投入使用，根据记录单记录 3 天的使用情况。

4. 主题四： 展示评比

概述

各组展示设计制作的作品，进行人气作品评比，反思作品设计与制作中存在的问题以及成功的经验，关注在问题解决过程中遇到的困难、克服困难的方法、习得的技能，促进知识的迁移和能力的提升。

活动过程

环节一：展示作品。

学生展示本组作品的设计亮点和本组作品在3天内的实施效果：

智能投喂器的外观；

智能投喂器能解决哪些问题；

智能投喂器都用到了哪些智能硬件；

3天内智能投喂器是否功能良好，有无失效的电子器件；

3天总共消耗了多少猫粮；

智能投喂器是否实现了预想的效果，如果没有实现，你觉得原因是什么(排除天气等客观原因)。

环节二：过程回顾，总结提升。

学生回顾整个创作的环节，分享在创作的过程中都遇到了哪些困难，是如何解决这些困难的，每组1分钟。

建议使用“我们在创作的过程中遇到的最大的困难是(　　　)，我们组的成员是(　　)解决的”方式来表述。

环节三：评价反思，项目后测。

挑战任务：人气大比拼——看看哪个组的智能投喂器收到的点赞数最多，能够成为“最佳人气作品”。

教师提供电子化的评价工具和指标，进行课堂评价。

学生以投票的方式，选出“最佳人气作品”。

要求：从稳定性、功能、经济性、实用性、安全性、个性等方面进行点赞活动，评选“最佳人气作品”。

按照如表4-2-7所示的过程性评价表，进行项目效果的自评和他评。

(二)学习任务单

1. 主题一：发现问题，聚焦问题

发现问题阶段科学调查任务单见表4-2-4。

表 4-2-4 发现问题阶段科学调查任务单

“流浪猫驿站——智能投喂器的设计与实现”科学调查单 姓名：
北京中学东坝校区有几只流浪猫，热心的学生和教师给它们搭建了一个“流浪猫驿站”，给猫提供日常所需的食物。 一年多来，“流浪猫驿站”经常有小猫光顾，也存在种种问题。同学们能调查分析“流浪猫驿站”存在哪些亟待改进的地方吗？ 将你的调查写成简短的调查报告，要求写明调查方法、调查过程和调查结论。 预设问题：食物多少问题、食物卫生问题、投喂问题。
你采用了什么样的调查方法(如访谈、问卷、实地观察等)？
根据你的调查，目前“流浪猫驿站”存在哪些问题(请写明调查过程和结论)？

2. 主题二：研究问题，设计方案

研究问题阶段科学探究任务单见表 4-2-5。

表 4-2-5 研究问题阶段科学探究任务单

“流浪猫驿站——智能投喂器的设计与实现”科学探究单 姓名：	
猫的饮食习性探究	1. 猫的食量(是否有食物就一直吃)： 2. 猫的饮食习惯(是否会吃不洁的食物)： 3. 猫的饮食时间(是否倾向固定时间)： 4. 你的其他关注点： 5. 你所运用的具体的研究方法：
投喂现状探究	1. 现在的“流浪猫驿站”是如何投喂的？ 2. 现在的“流浪猫驿站”大概每天/周投喂几次？ 3. 现存的投喂方式有哪些问题？ 4. 你关注的其他问题： 5. 你的具体研究方法：

3. 主题三： 动手实施， 解决问题

动手实施阶段作品设计单见表 4-2-6。

表 4-2-6　动手实施阶段作品设计单

“流浪猫驿站——智能投喂器的设计与实现”设计单
组名：　　组员：　　　　　　组长：
1. 总体思想：你们组的智能投喂器主要能解决哪方面的问题？(人力、食量、食物新鲜度……)
2. 你们组的智能投喂器能实现什么样的智能功能？
3. 请画出你们组的智能投喂器的设计图：
4. 你们组的智能投喂器都需要哪些传感器？
5. 还需要哪些材料才能完成你们组的智能投喂器(尽可能使用通过努力可以寻找到的环保材料)？
6. 实施的过程中需要发挥个人所长，通力合作。你们将怎样分工呢？ 小组组长： 电子设计负责人： 结构搭建负责人： 美术设计负责人：

4. 主题四：效果展示，反思评比

效果展示阶段作品使用情况记录单见表 4-2-7。

表 4-2-7　效果展示阶段作品使用情况记录单

"智能投喂器使用情况"记录单 （投入使用的时间为 2～3 天，每天观察 3 次，请如实记录）		
第一天： 第 1 次： 粮食数量： 作品运行状况： 其他情况 第 2 次： 第 3 次：	第二天： 第 1 次： 粮食数量： 作品运行状况： 其他情况 第 2 次： 第 3 次：	第三天： 第 1 次： 粮食数量： 作品运行状况： 其他情况 第 2 次： 第 3 次：

（三）评价设计

1. 智能投喂器项目阶段性学习过程评价量表

发现问题阶段过程性评价表见表 4-2-8。

表 4-2-8　发现问题阶段过程性评价表

评价内容	优秀	良好	一般
科学探究	能够进行实地探究，任务单填写规范、完整，能够对获取的信息进行总结、梳理，体现思维过程	能够进行实地探究，任务单填写规范、完整，获取的信息量能够满足探究需求	能够进行实地探究，任务单填写不全面
合作效果	在小组分工协作下出色完成任务，并通过小组讨论交流得到新的想法	在小组分工协作下基本完成任务，能达到预期的目的，证明得出的结论	能够完成学习任务，但是效率较低，没有体现小组分工和协作的精神
发言情况	积极举手发言，积极参与讨论与交流，流畅表达自己的想法	能举手发言，参与讨论与交流，完整表达自己的想法	偶尔举手发言，较少表达自己的思维

研究问题阶段过程性评价表见表 4-2-9。

表 4-2-9 研究问题阶段过程性评价表

评价内容	优秀	良好	一般
设计图	设计图逻辑清晰，内容完整，包括外部设计、内部构造、材料、制作步骤	有设计图但不完整，环节有缺失	有设计图但过于简单，缺少关键步骤
展示过程	小组所有成员共同汇报，表达清楚，分工明确，条理清晰	一人或两人进行汇报，表述内容较完整，表达能力较强	一人完成汇报，表述不够全面
合作效果	小组在分工协作下出色完成任务，并通过小组讨论交流得到新的想法	小组在分工协作下基本完成任务，能达到预期的目的，证明得出的结论	能够完成学习任务，但是效率较低，没有体现小组分工协作的精神

动手实施阶段过程性评价表见表 4-2-10。

表 4-2-10 动手实施阶段过程性评价表

评价内容	优秀	良好	一般
小组分工	小组分工合理，不同学生根据各自优势担任不同的工作，能出色地完成自己的任务	小组成员分工基本合理，任务基本明确，各成员能完成自己的任务	小组缺乏分工，任务不明确，出现一人包办现象，各成员不能很好地完成工作
合作态度	小组成员愿意参与到合作学习中来，积极开展合作学习，在分工的同时能很好帮助本组其他成员完成工作，体现协作精神	小组成员能较好开展合作学习，成员能基本参与到合作中来，能在教师引导下帮助本组同学完成任务	小组成员能开展合作学习，但效果不佳，缺乏信任和凝聚力，基本能完成任务但效率不高
小组交流	小组内交流热烈，能通过讨论得到新的方法和新的启示	小组成员有一定的交流，能基本完成学习任务	小组成员缺乏沟通，不能有效进行交流
合作效果	小组在分工协作下出色完成任务，并通过小组讨论交流得到新的想法	小组在分工协作下基本完成任务，能达到预期的目的，证明得出的结论	能够完成学习任务，但是效率较低，没有体现小组分工协作的精神

展示评选阶段过程性评价表见表 4-2-11。

表 4-2-11　展示评比阶段过程性评价表

评价内容	优秀	良好	一般
作品外观	作品完整，色彩搭配合理，大小适中，选材合理，外观富有创意	作品完整，色彩搭配合理，大小和选材在合理范围内	作品有缺失，色彩单一，外观待改进
作品结构	作品的结构较好地支持了功能的实现，传感器的安置合理，易于长期使用	作品的结构可以支持功能的实现，结构合理，传感器能够在结构上安置	作品结构有待改善，仅能支持部分功能的实现
作品功能	作品能够解决现有问题，有创新性	作品能够解决现有问题，具有一定的耐用性和智能性	作品的功能仅解决现存的部分问题

2. 前测

项目前测见表 4-2-12。

表 4-2-12　项目前测

"流浪猫驿站——智能投喂器的设计与实现"前测		
1. 程序的三大结构分别为(　　)。【单选题】 A. 顺序 分支 循环 B. 顺序 分支 轮回 C. 线性 分支 循环 D. 线性 支线 轮回	2. 下列关于数字输入和模拟输入说法正确的是(　　)。【多选题】 A. 数字输入仅有 0 和 1 两个状态 B. 模拟输入数值是可按照 0、1、2、3…连续变化的 C. 模拟输入数值范围是 0～1023 D. 模拟输入数值范围是 0～255	3. 超声波传感器、温度传感器、声音传感器分别可实现类似于人体的(　　)功能。【单选题】 A. 眼 皮肤 耳朵 B. 鼻子 耳朵 皮肤 C. 嘴巴 皮肤 耳朵 D. 耳朵 眼 皮肤
4. 实践题目：请自选一种主板，运用红外传感器实现感应灯的程序：人来灯亮(请将你选择的主板型号和主程序附上)。		

3. 后测

项目后测见表 4-2-13。

表 4-2-13　项目后测

"流浪猫驿站——智能投喂器的设计与实现"后测
1. 从传感器传送的信号类型来讲，传感器分为(　　)传感器和(　　)传感器。 2. 数字信号只有(　　)和(　　)。 3. 在本项目中，你都用到了哪些传感器？写出本组用到的所有传感器，将它们进行分类，并给出分类的缘由。

八、项目学习成果展示

（一）点赞活动

在案例实施的过程中，教师组织学生进行了成果点赞活动。

统计提示：选项 1 为此项得 1 个赞，选项 2 为此项得 2 个赞，最终获得的总赞数最多的获胜。

部分小组获得的点赞结果如图 4-2-6 所示。

第3组：第二小组 [矩阵量表题]
该矩阵题平均分：1.63 查看详细数据

题目/选项	1	2	平均分
1.实现了预想的功能	6(28.57%)	15(71.43%)	1.71
2.功能很实用	4(19.05%)	17(80.95%)	1.81
3.功能丰富	9(42.86%)	12(57.14%)	1.57
4.程序很好的支持了功能	5(23.81%)	16(76.19%)	1.76
5.外观漂亮	8(38.1%)	13(61.9%)	1.62
6.有创意	9(42.86%)	12(57.14%)	1.57
7.结构很好的支持了功能	5(23.81%)	16(76.19%)	1.76
8.结构结实耐用	9(42.86%)	12(57.14%)	1.57
9.材料丰富/环保/有创意	7(33.33%)	14(66.67%)	1.67
10.传感器丰富	16(76.19%)	5(23.81%)	1.24
11.传感器运用合理	4(19.05%)	17(80.95%)	1.81
12.其他赞点	12(57.14%)	9(42.86%)	1.43
小计	94(37.3%)	158(62.7%)	1.63

图 4-2-6　学生点赞情况

（二）成果展示

学生成果展示展示如表 4-2-14 所示，表中以两种结构为例进行展示。

表 4-2-14　学生作品展示

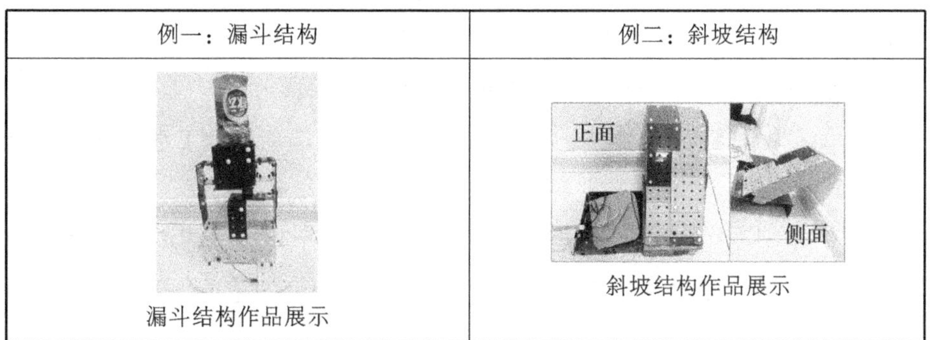

例一：漏斗结构	例二：斜坡结构
漏斗结构作品展示	斜坡结构作品展示

续表

例一：漏斗结构	例二：斜坡结构
1. 运行原理 (1)食物存放在矿泉水瓶中 (2)当下方盒子的平板上粮食不足时，弹簧弹起，磁力传感器感应 (3)舵机收到信号，控制中间开关转动 (4)粮食足够多，压下弹簧，磁力传感器感应到平板背部的磁铁，再次发出信号，舵机控制关闭开关 2. 解决的问题 (1)食物保鲜，杜绝浪费 (2)节省人力 3. 主板和传感器使用 (1)Micro：bit 主板 1 块 (2)磁力传感器 1 个 (3)舵机 1 个	1. 运行原理 (1)斜坡结构能够存放更多食物 (2)红外传感器感应到猫来的时候，由舵机控制的侧面开关打开，猫能够吃到里面的食物 (3)1 分钟后并且感应不到猫的时候，由舵机控制的侧面开关闭合 2. 解决的问题 (1)存放大量食物 (2)节省人力 3. 主板和传感器使用 (1)Micro：bit 主板 1 块 (2)红外传感器 2 个 (3)舵机 1 个

九、课例整体评价与反思

本课例聚焦运用技术解决实际问题，给学生提供详细的任务单、多样的资源，通过细化的评价为项目提供规则，激发了学生进行创新设计与制作的愿望，唤起了学生的兴趣和社会责任意识。在整个实施的过程中，学生克服了很多困难，成果显著，但是还存在一些问题。

反思 1：学生绘图专业性不够，设计图没有完全按照比例或者三维视图的结构来设计。

改进：补充标准工程绘图的相关知识。学生掌握常见的设计草图的画法后，做出的设计图会对项目实施有更好的作用。

反思 2：部分学生在课例实施的过程中有游离情况。

改进：项目学习要关注学习行动能力不强的学生，加强个别指导和小组内的自评。

反思 3：个别组的智能投喂器设计过于简单，如使用了单一的结构和传感器。

改进：学生的水平本身存在差异，要多关注学生的进步和所得。对于自主能力较弱的学生，可以适当降低作品要求，明确具体实现方式，以激发学生的创作兴趣。

课例三　控制与应用：哈利·波特主题演奏会①

项目简介

“哈利·波特主题演奏会”项目基于真实的情境，以智能交互乐器为载体，利用 Arduino 开发板设计开发智能乐器，具有一定的情境性、趣味性，符合学生的生活实际。

▸第一部分　三级进阶课例解析

中共中央、国务院发布的《关于全面加强新时代大中小学劳动教育的意见》强调，要把劳动教育纳入人才培养全过程。随着人工智能时代的到来，劳动资源供给环境更加开放，工具技术更加先进，更能激发学生创造的强烈意识和浓厚兴趣。本课例通过创设体现创新文化的教育环境，设计丰富多彩的探究性、创造性活动，帮助学生用新的态度和思维方式获得劳动体验，习得劳动本领，创造劳动价值，享受劳动成果。

“哈利·波特主题演奏会”项目源于学校的真实需求，要求学生以小组为单位为学校的“哈利·波特主题演奏会”设计并制作智能乐器。项目以兴趣为起点，以活动为载体，在实践活动中融合了知识学习和技能发展。学生通过感知、分析、概括、比较、评价、创新等思维活动，发展思维能力，促进技

① 本课例由北京十一学校何大娇具体设计和实施。指导教师为北京市海淀区教师进修学校通用技术教研员张桂凤。由北京教育学院于晓雅博士主持的北京市“STEM 教育与创客教育课程实践”卓越教师工作室集体打磨完成。

术学科核心素养的形成与发展。在项目中，学生将会体验设计的一般过程，获得涵盖科学、技术、艺术等领域的知识和技能，并将其进行综合应用。这一过程体现了 STEM 项目跨学科、多元融合的特征。

一、STEM 课例进阶

为了提高学生对知识的整合和应用能力、解决真实问题的能力、实践能力，发展学生的思维品质，该课例经历了三个版本的进阶优化。整个课例主要从项目名称、学习目标、项目拆解和工程挑战任务的三个方面进行了进阶设计。

(一)项目名称的进阶

项目名称应体现课例对应的学习任务与活动主题。第一版项目名称为“基于 Arduino 的智能交互乐器设计与制作”，突出显示了单元的学习任务是制作乐器，但缺乏情境性。第二版项目名称调整为“演奏会智能乐器设计与制作”，有了一定的情境性，但更多地局限在技术层面，主题不突出。第三版项目名称调整为“哈利·波特主题演奏会”，主题明确，与真实情境建立了联系，给了学生更多自主发挥的空间。项目名称进阶见图 4-3-1。

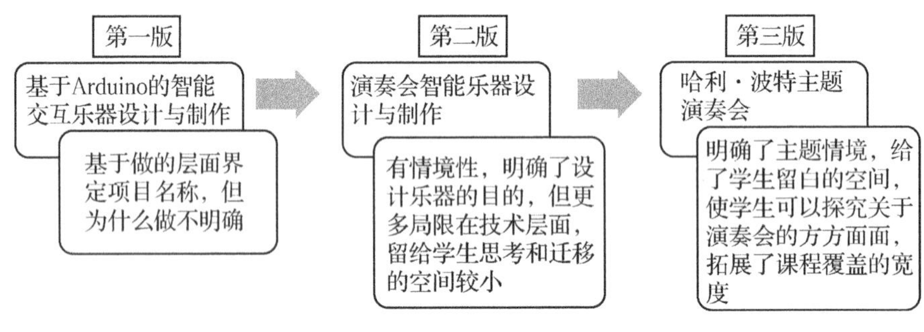

图 4-3-1　项目名称进阶图

(二)学习目标的进阶

明确的项目学习目标有利于学生领悟和理解项目的核心概念。第一版的学习目标为“完成乐器的控制系统与外部结构的设计和制作”。该学习目标更多关注通用技术学科知识和技能的学习，缺乏对跨学科核心概念的学习。第二版的学习目标注重引导学生经历设计、实践的过程，但更多停留在如何应用技术解决问题上，项目缺乏深度。第三版的学习目标在关注工程思想的基础上进一步强调对相关文化的认识与理解。学习目标进阶见图 4-3-2。

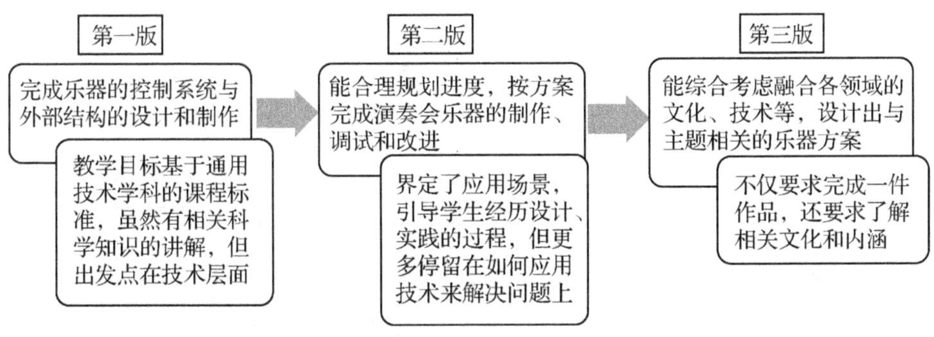

图 4-3-2　学习目标进阶图

(三)项目拆解和工程挑战任务的进阶

课例开始时，课程想法是在通用技术课上，教授学生如何动手做，但整体框架不清晰，任务不明确。第二版将课程实施分为四部分，但是基础阶段设置的任务与核心任务关联性不大。第三版融入 STEM 教育理念，将课程实施分为驱动任务、挑战任务、成果展示三部分，明确了核心任务，进一步整合梳理了子任务，有利于提高学生跨学科综合解决问题的能力。项目进阶见图 4-3-3。

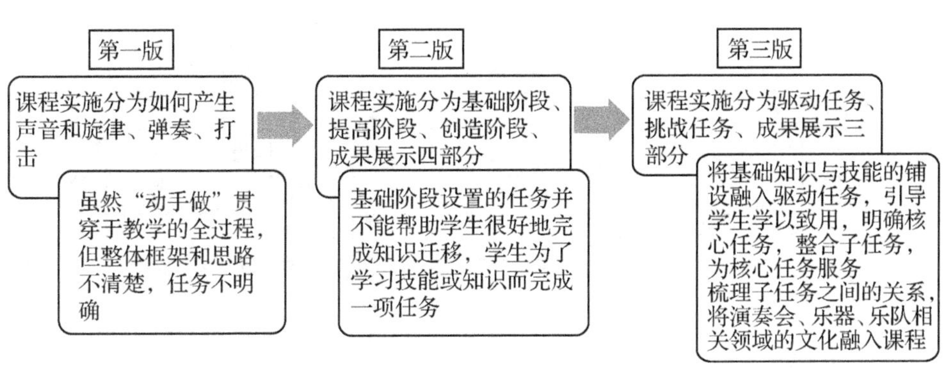

图 4-3-3　项目进阶图

二、教师成长

在课例不断打磨、实践、再打磨的过程中，教师的教学设计能力不断提升，学科专业知识、文化知识和教学理论基础知识不断丰富。教师通过切身实践，加深了对 STEM 教育的认识和理解。教师成长见图 4-3-4。

第一版	第二版	第三版
要打破学科界限，进行跨学科的融合，而不仅仅是简单包含科学、技术、工程、数学这些课程的相关知识	关注学生的学习需求、学习过程和创造性，设计好前测。与真实情境结合，明确核心任务，整合子任务，为核心任务服务，评价要细化	将合作渗透到课程的多个环节，通过交流研讨和合作调查，提供机会让学生重新理解所学的知识

图 4-3-4　教师成长

三、学生成长

通过该项目的设计与实施，学生成长主要体现在以下几个方面：学生会主动发现问题，思考没有确定答案的问题，采取多样性的方法来解决问题，学习路径更加多元。学生通过团队合作与实践，解决真实情境中遇到的难题，提升了综合素质。学生成长见图 4-3-5。

第一版	第二版	第三版
通过学习和工程实践，发现问题解决的方法，实践问题解决的途径，分析问题解决的结果	思考没有确定答案的问题，尝试采取多样化的方法解决问题，主动性增强	团队可以集合更多人的智慧和创造力，提高效率，学习路径和探索结果更多元

图 4-3-5　学生成长

第二部分　实施后反思改进版示范课例

一、项目缘起

一年一度的北京十一学校技术节旨在为学习电子技术课程的学生提供一个展示成果的平台。本次技术节系列活动之一为开一场主题演奏会。为了丰富演奏形式，演奏会要采用智能乐器。活动要求选修电子技术课程的学生以小组为单位，为演奏会设计一种智能乐器。乐器在与人或者外部环境进行交互的同时要实现演奏功能。

二、项目实施的环境与硬件要求

项目实施的环境与硬件要求见表 4-3-1。

表 4-3-1　项目实施的环境要求和硬件要求

要求	内容
项目实施的环境要求	可在机房、电子技术教室、创客中心开展，要求每两人至少配置一台电脑
项目实施的硬件要求	1. 64 位系统的电脑一台 2. 可以连接互联网 3. Arduino 编译环境 4. Arduino 开发板、面包板、电子元器件、Arduino 传感器套件、瓦楞纸(60 厘米×60 厘米)或五层板(60 厘米×60 厘米)、面包线等

三、项目适合的学段

学段：高中年级。

学情分析：学生对乐理知识比较熟悉，对于新颖的音乐展现形式和演奏方式充满好奇与期待。学生已有电子电路的搭建基础，对 Arduino 开发板的应用及编程架构有了初步的了解，知道声音产生的原理及决定因素。引导学生设计并制作一种智能乐器成为本课例的重点内容。

四、项目涉及的 STEAM 知识与能力

本课例涉及的科学、技术、工程、艺术、数学方面的知识与能力如图 4-3-6

所示。

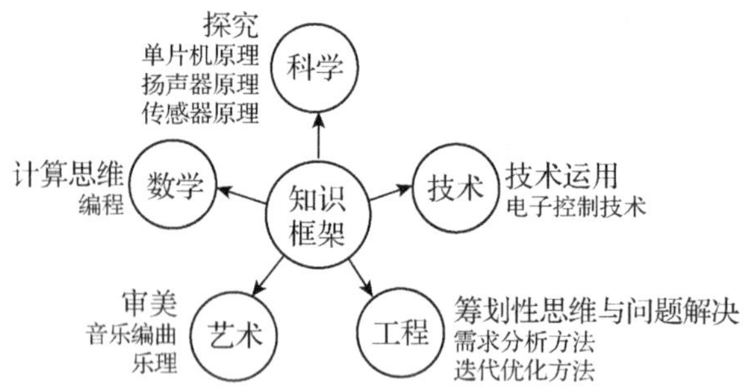

图 4-3-6　项目涉及的 STEAM 知识与能力

依据布鲁姆教育目标分类，本课例梳理出了认知领域、情感领域和动作技能领域的教育目标，将学生能力目标分为记忆、理解、应用、分析、评价、创造六个层次，制定了从低阶素养到高阶素养的能力框架目标，如图 4-3-7 所示。①

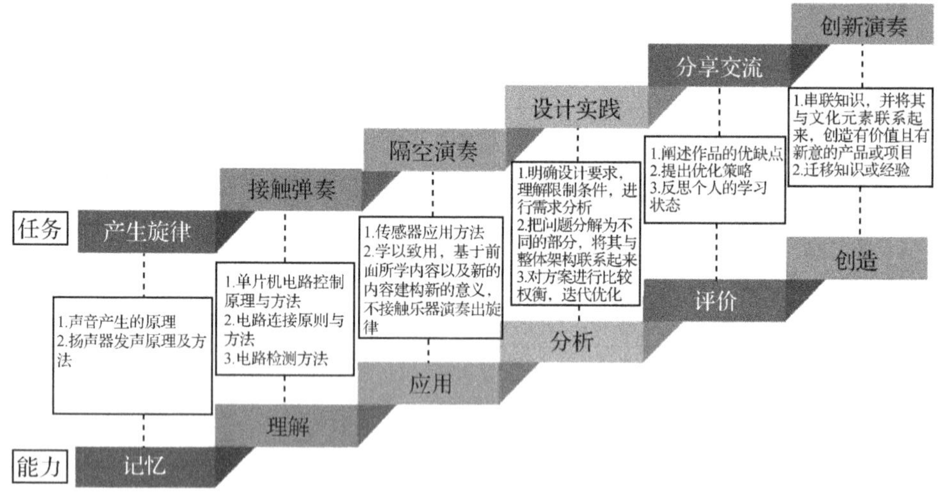

图 4-3-7　任务能力进阶

五、项目目标和工程任务及分解后的挑战任务

(一)项目目标

第一，能融合各领域的信息、文化、技术，设计出与主题相关的方案。

① 曹东云、熊玲玲、程月青：《〈绘制成功之路：美国 STEM 教育战略〉解读及启示》，载《世界教育信息》，2019(11)。

第二，能应用功能电路设计开环电子控制系统和简单的闭环电子控制系统。

第三，能合理规划进度，按方案完成乐器的制作、调试和改进。

(二)工程任务及分解后的挑战任务

工程任务：为“哈利·波特演奏会”设计智能乐器。

挑战任务 1：谁改进的电路使得乐器响度最大。

评测标准：用分贝仪软件测量。

挑战任务 2：谁的乐器演奏形式最新颖独特。

评测标准：班级投票。

六、项目所需课时及进度安排

本项目按照驱动任务、挑战任务、成果展示三个阶段进行课程设计，课程计划为 10 课时。项目所需课时及进度安排见图 4-3-8。

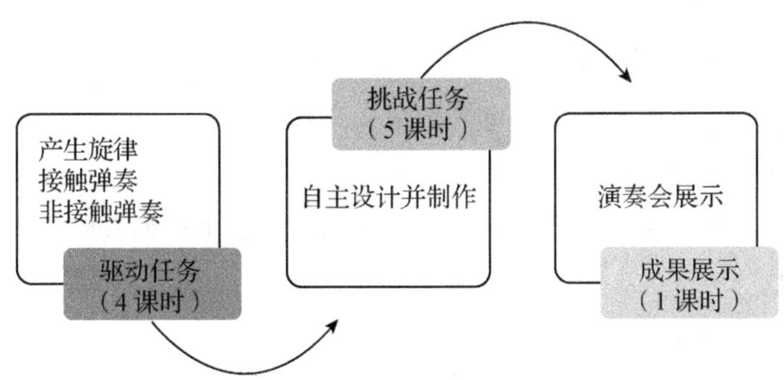

图 4-3-8　项目所需课时及进度安排

七、项目实施过程设计

(一)教学过程

1. 第一阶段：　驱动任务

概述

本阶段是设计与制作乐器最重要的环节——如何应用 Arduino 控制扬声器产生声音和旋律。学生通过体验驱动任务，直观感受用单片机和扬声器发

声，并在此过程中思考软硬件是如何结合来实现这一功能的。学生先体验音乐播放器的效果，在了解原理的基础上进行改编。教师引入游戏化晋级机制，激发学生兴趣，引导学生完成乐器的进阶任务。

活动过程

环节一：导入，明确学习任务。

回顾上节课的内容，提出演奏会主题，说明具体要求。

环节二：新课讲解。

(1)展示一种交互乐器的发声效果。

(2)引导学生思考扬声器是如何发声的。

环节三：动手体验1。

(1)发布晋级任务。

(2)自主改编乐曲。

(3)选择学生作品，进行点评。

环节四：动手体验2。

(1)提问：如何实现按键发声？

(2)讲解按键发声的方法及电路的连接方式。

(3)学生弹奏演示，教师点评。

(4)发布挑战任务——改进电路，提高响度。学生根据教师提供的参考资料进行尝试。

(5)评比，小结。

环节五：进阶体验1。

(1)提问：如何实现接触弹奏和非接触弹奏两种模式？学生根据学习任务单完成用超声波传感器实现弹奏的任务。

(2)提问：还有其他的发声模式吗？发布新任务，实现打击乐器的效果。

(3)选择学生展示作品、点评。

第一阶段过程性评价表见表4-3-2。

表 4-3-2　第一阶段过程性评价表

评价内容及权重	一般(0～5 分)	良好(6～15 分)	优秀(16～20 分)
团队合作与态度(20 分)	1. 团队在规定时间内未完成任务 2. 遇到问题时队员之间互相推诿，停滞不前	1. 团队在规定时间内高效完成任务 2. 队员分工合理，各司其职 3. 队员之间有分歧和争执，但有大局观，最终能共同解决问题	1. 团队在规定时间内高效完成任务 2. 队员分工合理，各司其职 3. 队员之间沟通合作顺畅，互相帮助，能齐心协力解决遇到的问题
电路功能(20 分)	电路连接错误，导致元件烧毁，无法实现功能	1. 在教师的帮助下能实现功能，运行无中断 2. 能在原有方案的基础上自行改进	1. 自行调试成功，运行无中断 2. 能在原有方案的基础上自行改进，并添加新功能，实现新效果

2. 第二阶段：挑战任务

概述

本阶段是课程实施的关键阶段，学生在此阶段完成智能乐器的设计与制作。学生通过填写任务规划书梳理设计的过程，综合考虑成本、实现难度、创新性等因素，不断优化设计方案，并做好时间管理规划，确保按时完成任务。

活动过程

环节一：再次明确任务要求。

再次介绍演奏会主题与要求，播放智能乐器视频。

环节二：梳理思维过程。

(1)展示并下发任务规划表。

(2)介绍填写任务规划表的注意事项，提醒外观设计要体现主题元素。

环节三：填写任务规划表。

(1)明确要求，选取相关主题元素。

(2)填写任务规划表，给出设计方案及所需要的材料。

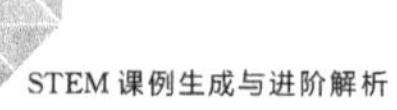

(3)提交任务规划表及外观设计图。

环节四：方案优化改进。

(1)对学生提交的设计方案给出改进意见。

(2)学生改进方案，确定最终方案。

环节五：动手实践。

(1)指导学生进行电路连接，程序编写。

(2)指导学生进行外观制作。

(3)观察学生的完成情况，进行个别答疑，收集学生的过程性成果。

第二阶段过程性评价表见表4-3-3。

表4-3-3　第二阶段学习过程评价表

评价标准	需要改进	尚可	完成	示范级
结构搭建与电路组装(10分)	需要改进(4分)	尚可(6分)	完成(8分)	示范级(10分)
	连线错误，导致电路烧毁	连线不正确，在教师或同伴的帮助下能够改正	连线正确，但路散乱	连线规范正确，线路捆绑整齐
软件应用(20分)	需要改进(4分)	尚可(12分)	完成(16分)	示范级(20分)
	程序编写存在多处错误	程序编写正确，能在教师的帮助下完成下载	程序编写编译正确，能在教师的帮助下完成下载	能独立应用编程软件、编译软件完成单片机程序的编制与下载
原理与调试(10分)	需要改进(4分)	尚可(6分)	完成(8分)	示范级(10分)
	出现故障时无法分析出原因，能在教师的帮助下解决问题	出现故障时能根据原理大致分析出问题所在，能在教师的帮助下解决问题	出现故障时能根据原理找出问题所在，能在同伴的帮助下解决问题	调试中出现问题时能根据电路原理进行分析，找出问题并解决
安全操作(10分)	需要改进(0分)			示范级(10分)
	违反安全操作规范			严格遵守安全操作规范。工具摆放有序，桌面整洁

续表

评价标准	需要改进	尚可	完成	示范级
主动参与（10分）	需要改进(4分)	尚可(6分)	完成(8分)	示范级(10分)
	常常表现出消极态度，总是因受到挫折或犯错而气馁，在过程中没有付出努力	往往因受到挫折或犯错而气馁，有时还表现出消极情绪，有时候会为成功付出相应的努力	态度大多是积极的，在挫折面前很少气馁，通常需要一些提醒才会坚持完成作品	表现出积极的态度，在挫折面前不气馁，通过努力尝到了成功的滋味
团队合作（10分）	需要改进(4分)	尚可(6分)	完成(8分)	示范级(10分)
	团队分工明确，行事前有规划，关注时间管理和效率管理；按照教师的要求在规定的时间内完成课程任务后，可以帮助其他同学解决问题	团队分工明确，行事前有规划，能够按照教师的要求在规定的时间内完成课程任务	团队分工不够明确，能够按照教师的要求在规定的时间内完成课程任务	团队没有明确的分工，行事前没有规划，不能按照教师的要求在规定的时间内完成课程任务
对比建议报告（20分）	需要改进(4分)	尚可(12分)	完成(16分)	示范级(20分)
	自主收集与主题有关的信息并进行分析和整理，提交前期调研报告。报告内容包括主题研究概况、初步解决思路，可行性分析合理	能收集与主题有关的信息并进行分析和整理，提出初步解决思路。方案可行，但未做可行性分析	能收集与主题有关的信息并进行分析和整理，提出初步解决思路。方案可行性不强，需改进	仅仅收集资料，未做任何分析，未提出解决方案

3. 第三阶段：成果展示

概述

本阶段是该项目的最后一个阶段，通过演奏会的形式，为各组提供展示机会，验收成果；营造演奏会氛围，设计自评、互评等评价方式，促进各小组之间的交流，让学生看到自己的问题，发现其他小组的优点，回顾设计制

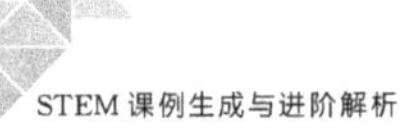

作的过程，进行总结反思，以便改进提升。

活动过程

环节一：导入，明确学习任务。

展示演奏会背景PPT，宣布演奏会开始。

环节二：展示、交流与评价活动。

(1)请学生以小组为单位进行演奏展示，结束后进行简单点评。

(2)发布学生投票系统，请学生为喜欢的乐器投票。

(3)为最受欢迎的乐器小组发放纪念徽章。

环节三：总结反思。

(1)回顾设计制作过程。

(2)引导学生反思在本项目中的不足并思考改进策略。

(3)建议各组可以尝试组建乐队。

第三阶段过程性评价表见表4-3-4。

表4-3-4　第三阶段过程性评价表

评价标准	需要改进	尚可	完成	示范级
展示	未实现预计的演奏功能	经调试后完成展示交流，展示内容基本完整	顺利完成演奏在规定时间内完成展示交流；展示内容从设计到制作，从方案到作品基本一致；展示中有反思、思考的过程	在规定时间内流畅完成乐器演奏，简洁清晰地介绍从方案设计到作品展示的过程，包括设计主题、整体造型特征、应用场景拓展，提出进一步改进的构想、展示形式的丰富性和创新性

(二)学习任务单

第一阶段：驱动任务

任务晋级卡见表4-3-5。

表4-3-5　任务晋级卡

学院新生(报警器)	魔法学徒(播放器)	高材毕业生(自主改编)	见习魔法师(接触弹奏)	魔法师(超声波奏乐)	大魔法师(打击乐器)	高级魔法师(自主设计)	梅林勋章(演奏会)

第二阶段：挑战任务

(1)填写任务规划表。

任务规划表见表 4-3-6。

表 4-3-6　任务规划表

<table>
<tr><td colspan="11">智能乐器设计规划表</td></tr>
<tr><td>姓名</td><td colspan="10"></td></tr>
<tr><td>背景</td><td colspan="10">现在的你们是魔法学校的新学员，魔法学校想在科技节开幕式上开一场演奏会。请设计并制作一种智能乐器，在开幕式上进行展示，并演奏一首与哈利·波特主题相关的乐曲。完成出色的学员可以晋级为高等级的魔法师</td></tr>
<tr><td>设计要求</td><td colspan="10">为“哈利·波特主题演奏会”设计一种乐器，乐器在与人或者外部环境进行交互的同时实现演奏功能</td></tr>
<tr><td rowspan="6">一、收集与处理资料</td><td colspan="5">参考资料来源</td><td colspan="5">收集资料内容</td></tr>
<tr><td colspan="5">教师提供的 PPT、案例、视频</td><td colspan="5">传感器、控制器、智能乐器的形式及设计要求</td></tr>
<tr><td colspan="5"></td><td colspan="5">×××传感器的工作原理等</td></tr>
<tr><td colspan="5"></td><td colspan="5">智能乐器工作的方式</td></tr>
<tr><td colspan="5"></td><td colspan="5">某传感器价格</td></tr>
<tr><td colspan="5">某小说、电影或动画</td><td colspan="5">×××主题元素</td></tr>
<tr><td rowspan="3">二、构思设计方案</td><td colspan="10">请综合考虑因素：成本、材料加工难度、创新性、功能实现难度</td></tr>
<tr><td>参考案例</td><td>传感器选择</td><td>控制器选择</td><td>发声元件</td><td>其他器件</td><td>功能及演奏形式</td><td>外观材料</td><td>连接方式</td><td>工具</td><td>主题元素体现方式</td></tr>
<tr><td>第一阶段案例</td><td>超声波传感器</td><td>Arduino</td><td>无源蜂鸣器</td><td>面包板</td><td>超声波检测距离，无源蜂鸣器根据不同距离发出不同的音调，或者在某一距离演奏一段与主题相关的乐曲</td><td>瓦楞纸</td><td>拼插</td><td>壁纸刀</td><td>外观做成分院帽或者扫把等样式</td></tr>
</table>

续表

<table>
<tr><td rowspan="4">二、构思设计方案</td><td colspan="10">请综合考虑因素：成本、材料加工难度、创新性、功能实现难度</td></tr>
<tr><td>参考案例</td><td>传感器选择</td><td>控制器选择</td><td>发声元件</td><td>其他器件</td><td>功能及演奏形式</td><td>外观材料</td><td>连接方式</td><td>工具</td><td>主题元素体现方式</td></tr>
<tr><td>第二阶段案例</td><td>手势传感器</td><td>树莓派</td><td>扬声器</td><td>导线</td><td>根据手势演奏不同的音调或乐曲</td><td>五层板</td><td>榫卯或者螺纹连接</td><td>锯、凿子、螺丝刀</td><td>通过程序编写演奏哈利·波特乐曲</td></tr>
<tr><td>第三阶段案例</td><td>按键或触摸传感器</td><td>Arduino</td><td>压电陶瓷片</td><td>面包板、导线</td><td>通过按键或触摸演奏不同的音调或乐曲</td><td>瓦楞纸</td><td>拼接+胶接</td><td>壁纸刀、胶</td><td>钢琴，外观装饰（绘画或贴纸）有与主题相关的元素</td></tr>
<tr><td>三、表达构思方案(综合考虑主控板、传感器、发声元件及其他元器件大小尺寸、安装位置，参考图例绘制草图)</td><td colspan="10">草图表达：(拍照片后粘贴在空白纸上，将原示例删除) 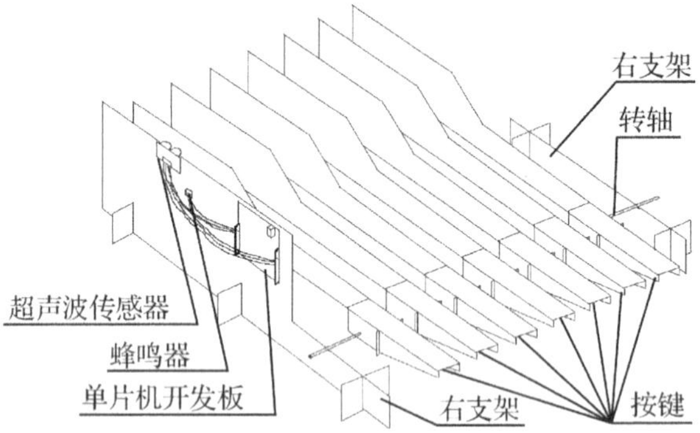

草图示例 1</td></tr>
<tr><td rowspan="8">四、元器件及材料采购</td><td colspan="10">所需材料明细表</td></tr>
<tr><td colspan="3">名称</td><td>规格</td><td>数量</td><td>价格</td><td colspan="4">备注购买网址</td></tr>
<tr><td colspan="3">超声波传感器</td><td>SR04</td><td>1</td><td>3</td><td colspan="4"></td></tr>
<tr><td colspan="3">Arduino</td><td>uno</td><td>1</td><td></td><td colspan="4"></td></tr>
<tr><td colspan="3">树莓派</td><td>B3</td><td>1</td><td></td><td colspan="4"></td></tr>
<tr><td colspan="3">瓦楞纸</td><td></td><td></td><td></td><td colspan="4"></td></tr>
<tr><td colspan="3">五层板</td><td></td><td></td><td></td><td colspan="4"></td></tr>
<tr><td colspan="3">面包板</td><td></td><td></td><td></td><td colspan="4"></td></tr>
</table>

(2)调试记录表。

调试记录表见表 4-3-7。

表 4-3-7　调试记录表

调试次数	硬件调试项目	软件调试参数	结果如何	失败原因	解决方案

(3)项目评分表。

项目评分表见表 4-3-8。

表 4-3-8　项目评分表

评价项目	评价指标	指标描述	得分
常规评价(30 分)	出勤(5 分)	迟到或早退一次减 1 分，旷课一次减 5 分	
	安全操作(10 分)	损坏工具每次减 10 分，并承担相应责任； 拿危险工具挥舞或指向同学每次减 10 分； 不按操作规范操作每次减 10 分	
	器材管理(5 分)	器材丢失或损坏减 5 分	
	学习态度(5 分)	课上打闹每次减 5 分，带水、饮料、零食入实验室每次减 3 分	
	卫生管理(5 分)	课后未整理工具材料，工位脏乱每次减 5 分	
任务评价(30 分)	进度(10 分)	按照预计进度逐步推进(5 分) 专心创作，不需要教师督促(5 分)	
	改进(10 分)	发现设计方案的不足之处(3 分) 不断学习，持续努力(3 分) 修改、完善方案或提出新的解决方案(4 分)	
	协作(10 分)	分工明确，各司其职(4 分) 组员沟通互动顺畅(3 分) 产生分歧能妥善处理，不吵架(3 分)	

(4)总结反思记录单。

总结反思记录单见表 4-3-9。

表 4-3-9 总结反思记录单

展示交流反思	
主题元素是如何选择的	
你觉得你的方案最大的亮点是什么	
你遇到的问题有哪些	
针对问题你是如何改进的	
如果让你重新来一遍，你最想改进的地方是哪里	
还可以如何拓展	

(三)评价设计

1. 前测设计

前测设计见表 4-3-10。

表 4-3-10 前测设计

形式	问卷
目的	梳理完成这项任务学生需要具备的知识和技能，并对学生现有水平进行摸底，确定学生感兴趣的演奏会主题，有针对性地设计教学活动
内容	1. 以下表述正确的是(　　)。(多选题) □ A. 振动的物体会发声，振动的频率决定了音调 □ B. 振动的振幅决定了响度(响度还与其他因素有关) □ C. 不同发声体发出的乐音的音色不同 □ D. 音色决定声音的品质 2. 将鼓轻敲一下，然后再重敲一下，两次敲击声音不同的是(　　)。(单选题) ○ A. 音调 ○ B. 响度 ○ C. 音色 ○ D. 以上三项均未改变 3."女高音""男低音"中的"高"和"低"指的是(　　)。(单选题) ○ A. 音调 ○ B. 音色 ○ C. 响度 ○ D. 速度

续表

形式	问卷
	4. 听音乐时，要判断是什么乐器在演奏，依据的是(　　)。(单选题) ○ A. 声音的响度 ○ B. 声音的音调 ○ C. 声音的音色 ○ D. 声音的节奏 5. 下列能发声的电子元件有(　　)。(单选题) ○ A. 扬声器 ○ B. 压电陶瓷片 ○ C. 蜂鸣器 ○ D. 以上三者都是 6. 关于扬声器的表述正确的是(　　)。(多选题) □ A. 扬声器利用电磁力将电流转化为运动 □ B. 扬声器背面装有一个大的永磁体 □ C. 音圈引脚输入电流的变化会产生磁场 □ D 产生的磁场与永磁体相互吸引或排斥，就会使得音圈和膜片振动 7. 现阶段你能想到的智能交互方式有哪些(如根据障碍物距离的远近来演奏等)？(简答题)

2. 终结性评价

终结性评价见表 4-3-11。

表 4-3-11　终结性评价

评价项目	分值	指标描述	得分
资料整理与科学探究	20 分	提交调研报告 (1)自主收集与主题有关的信息并进行分析与整理(10 分) (2)调研报告内容包括主题研究概况、初步的解决思路(10 分) 不提交调研报告不得分	

续表

评价项目	分值	指标描述	得分
管理规划	20 分	提交任务规划书 (1)分析了项目的可行性(4 分) (2)提出了解决思路(4 分) (3)给出了所需的材料(4 分) (4)给出了进度规划(4 分) (5)预测了会遇到的问题及所需的资源和技术等的支持(4 分) 不提交任务书不得分	
实物演示	20 分	(1)在规定时间内解决了问题，方案满足设计要求，功能演示正确(10 分) (2)对调试中出现的问题进行了分析(5 分) (3)演奏效果有新意(5 分)	
PPT 答辩	20 分	(1)清晰阐述了解决问题的思路，回答了裁判提出的问题(10 分) (2)格式正确，内容翔实，思路清晰(10 分)	
安全文明操作	20 分	(1)严禁带电操作(不包括通电测试)，保证人身及设备安全 (2)工具摆放有序，保持桌面整洁 (3)工具放置规范，防止烫伤或损坏物件 (4)使用测量仪表，选用合适的量程，防止损坏 违反一项扣 5 分，带来危险或潜在危险酌情扣分	
总计	满分 100 分，分 A、B、C、D 四个等级。A 级 90～100 分，B 级 80～89 分，C 级 70～79 分，D 级 60～69 分		

3. 后测设计

后测设计见表 4-3-12。

表 4-3-12　后测设计

形式	问卷式(导学任务单)
目的	了解学生对学科核心概念、单片机控制原理、编程语法等的掌握程度
内容	扬声器为什么能发出声音 电路中扬声器的音量靠什么改变，音调靠什么改变 Arduino 程序中如何产生声音和旋律 如何改进电路以优化扬声器的发声效果 为什么微型钢琴电路中要给按钮加一个下拉电阻 所选用的传感器原理是什么 控制的思想是什么

八、项目学习成果展示

学生作品见图 4-3-9。

图 4-3-9　学生作品

九、课例整体评价及反思

（一）课例实施调研

1. 专家意见

专家意见 1：根据学生的需求设计的这个项目有演奏会的情境要求，梳理了整体架构，使整个实施过程更流畅。

专家意见 2：课程开始直接向学生提出学习核心任务，即为主题演奏会设计乐器。课程的子任务要进一步整合，为核心任务服务。课堂评价要清晰、适切、可操作。

专家意见 3：进一步梳理子任务之间的关系。比如，学生学会控制 LED 灯后，要进一步引导学生将灯加入乐器的设计中，创造机会让学生学以致用。

2. 校内师生的意见

进一步将演奏会、乐器、乐队相关领域的文化融入课程。小组组建乐队，丰富演奏形式。对中国传统乐器，如编钟等乐器进行调研。可尝试加入科技元素，如语音识别等，传承中国优秀传统文化。

(二)实施反思

在学生完成前测问卷后，教师要通过获得的数据对学生的情况进行分析，有创意地对学习目标和活动进行设计、调整，为不同班级的学生提供有针对性的指导。

教师需要在整个教学过程中不断关注学生的学习状态，适时地为学生解决问题提出建设性的意见，支撑他们理解知识。

教师需对学生设计的方案的可行性进行分析，从工程设计角度出发，注重培养学生的工程思维；对各组的时间安排与分工协作给出建议；针对不同方案，提示学生完成每个步骤需要特别注意的问题；按照方案预计进度督促各组学生推进项目，在学生遇到问题时提供解决思路以及资源或技术支持，帮助学生解决问题。

在实际教学中，学生虽然明确了课程目标，但对于解决问题的流程还没有清晰的认识。教师还需为学生提前搭好“脚手架”，并提供一些工具，帮助学生完成任务，从而提高课堂效率。

第五章　艺术统整的STEAM课例进阶

跨学科教育是问题导向、项目导向的教育。艺术与人文是培养全面发展的人必不可少的元素，是培养创新型人才的重要方面。在我国教育改革中，美育占据“五育”的重要一席，可以与任何学科相融合。STEM 教育中加入艺术(Arts)变为 STEAM 教育，就是为了突出艺术的作用。

针对儿童和成人如何通过艺术来学习这一问题，哈佛大学早在 1967 年就策划了“零点计划”(Project Zero)，组建了跨学科团队来探讨艺术教育的本质。其组织负责人曾提出，21 世纪的世界公民无法应用单一学科的知识来解决瞬息万变的真实问题。“零点计划”的文化思维研究小组提出学习环境中的八个文化力，即语言、时间、环境、机会、例行、示范、互动和期望，并带领教师通过跨学科合作的研究来解决生活中的真实问题。其研究表明，联合教学和统整教学对学生的学习有正面的影响。哈佛大学的“零点计划”致力于以学生为主导的跨学科优质教育，从个人能力、性格等方面来培养学生的全球竞争力和全球意识。

STEAM 教育期望运用综合跨界的统整教育，培养学生的创造力。学生通过学习艺术以及探索艺术，提升自身的综合素养。本章的这些例子，不仅以学生能理解的方式来说明设计是什么，人们需要什么样的设计，而且通过创造作品的过程，让学生感受和体会艺术家的视野与思考问题的角度。

STEAM 教育希望让学生在学习中无意识地提升跨学科学习能力，而不是刻意地进行学习。我们不仅关注学生手部的技能和脑部的智慧，而且关注学生在课程中的状态。

本章的不足之处就是在信息技术和人工智能时代，还没有明确综合创意的融合型艺术教育如何发挥作用。这是我们下一步探索和实践的一个方向。

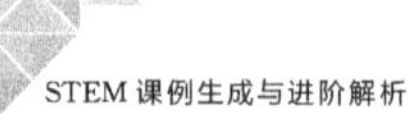

课例一　创意与表达：“腾飞中国梦”号飞机模型设计与涂装[①]

项目简介

学生利用 A4 纸、竹签或铁丝、胶带、颜料、水粉笔等材料，设计、涂装、展示一架有吉祥图案的立体飞机模型。

第一部分　三级进阶课例解析

传统的小学美术学习方式忽略了艺术与生活的联系，限制了学生创造性地解决实际问题的能力。对于真实问题的解决，学生没有经历全过程。例如，艺术创作中，用什么样的材料和结构才能使作品更为稳固等。

STEAM 教育注重创新型人才培养，是我国本土化实践中跨学科学习的重要依据。“‘腾飞中国梦’号飞机模型设计与涂装”这个课例，正是根据学生的实际情况开展的 STEAM 跨学科课程本土化教育模式的实践。《全日制义务教育美术课程标准(实验稿)》及文化和旅游部在“十三五”时期发布的艺术创作规划中都提到“传承和弘扬中华优秀传统文化”。STEAM 教育要坚持“创造性转化、创新性发展”，用中华优秀传统文化滋养艺术创作，将优秀传统文化融入艺术创作，创造更多体现中华文化精髓、反映中国人审美追求、传播当代中国价值观念、符合世界进步潮流的优秀作品。本课例以小学美术教材中的吉祥图案为切入点，注重对与时代接轨的文化的传承，让中华优秀传统文化与我校航空特色巧妙结合。

① 本课例由北京市朝阳区垂杨柳中心小学馨园分校张旭丽老师和北京市第八十中学睿实分校王彤校长共同设计，由张旭丽实施完成。指导教师为北京市第八十中学睿实分校王彤校长。由北京教育学院于晓雅博士主持的北京市“STEM 教育与创客教育课程实践”卓越教师工作室集体打磨完成。

一、STEAM 课例进阶

中华优秀传统文化博大精深，对正处于人生观、价值观、世界观形成期的中小学生具有重大的引领作用。在 STEAM 教育理念的影响下，开展传承与创新教育是新时代教师肩负的使命。如何让博大精深的中华优秀传统文化受到身处高科技时代的小学生的关注和喜爱？如何结合美术学科特色和学校特色设计课程？如何培养学生解决实际问题的能力？这些是教师在课例实施过程中一直思考的问题。

整个课例主要从项目名称、学习目标、工程挑战任务方面进行了迭代设计。

(一)项目名称的进阶

项目名称的进阶是一步步逼近真实具体的工程任务，一步步体现跨学科融合特征的过程。第一版项目名称为“吉祥图案画风筝”，以“画”字突出艺术方向，将两节美术课程的主题合二为一，但在学习方式上并没有实质性转变，在知识迁移、能力培养、团队协作等方面需要改进。第二版项目名称调整为“吉祥图案装饰纸飞机”，结合学校的航空特色，将纸飞机作为创作载体，但并没有明确跨学科学习的内涵，不能体现 STEAM 教育的综合性。第三版项目名称调整为“‘腾飞中国梦’号飞机模型设计与涂装”，在艺术设计的基础上体现了项目的真实性，创设情境给学生以代入感，凸显了项目任务的学习内容。学生能通过项目名称了解到学习任务与现实生活的关联，思考相关知识。项目名称的进阶见图 5-1-1。

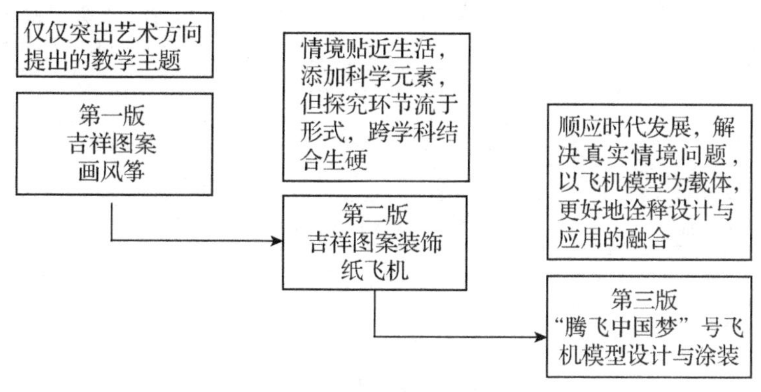

图 5-1-1　项目名称进阶图

(二)学习目标的进阶

本项目最初是将国家课程(人教版)美术教材六年级上册第 4 课《风筝》、六年级下册第 3 课《吉祥图案》存在知识关联的部分进行联结。这是单一学科下将知识与实际操作组合的尝试,主要采用鉴赏与临摹的方式,更多关注的是美术学科的核心概念,如构图、线条、色彩、技法等,只涉及美术学科,没有创设真实问题情境,跨学科项目的核心概念较为模糊。

在不断研讨跨学科综合性课例的过程中,考虑到课程在科学探究与工程问题方面的架构需要,我们做了一些改进。项目选取了更为贴近学生生活的内容,借助童年游戏“纸飞机”,在艺术引领的基础上引导学生探究纸飞机的制作及美化方法。虽然作品中能体现些许效果,但“照搬”还是主流,学习目标缺乏对跨学科融合的体现。

调整后的项目学习目标充分考虑到跨学科核心理念的引领作用,结合中国学生发展核心素养,在培养学生美术素养的基础上,将内容拓展到科学、技术、工程、艺术、数学五个领域。创设航空公司市场需求的真实情境给学生代入感,设计作品并参与竞标的形式引导学生自主参与项目学习。项目从航空公司的真实需求出发,使学生转换视角,明确项目内容,了解客户需求,预估可能出现的问题并思考解决方案。具有真实情境的项目学习能与解决实际问题紧密联系,帮助学生建立跨学科的概念。学习目标的进阶见图 5-1-2。

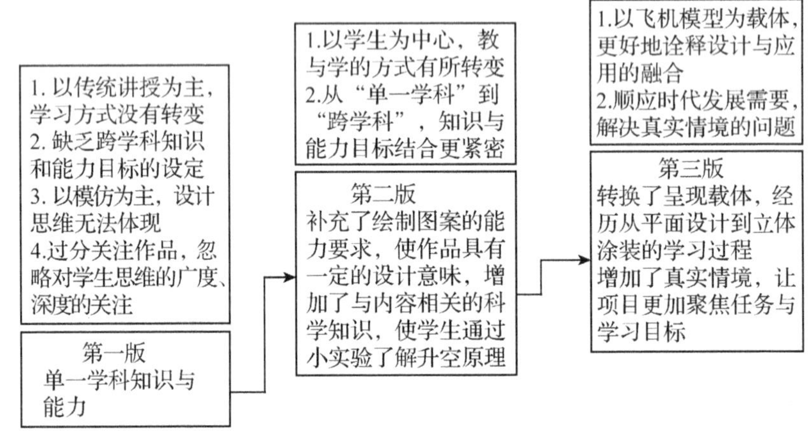

图 5-1-2　学习目标进阶图

知识图谱的调整见图 5-1-3。

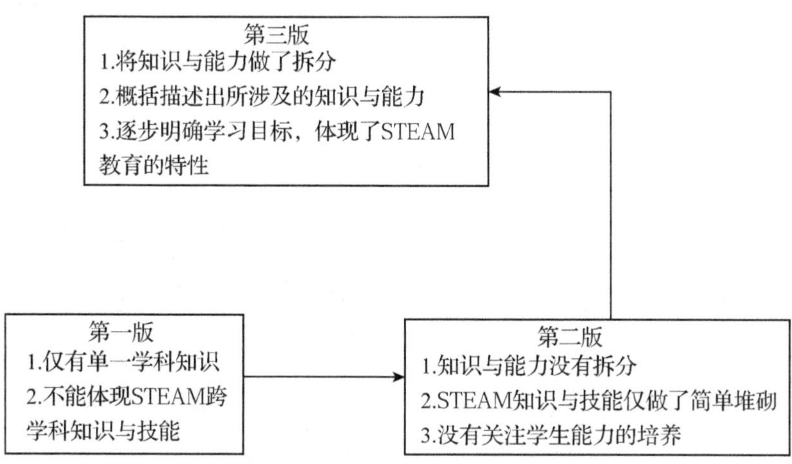

图 5-1-3　知识图谱的调整

(三)工程挑战任务的进阶

为了使学生更好地理解设计与应用的关系，我们在科学探究和艺术设计两方面布置了任务，让挑战任务更具竞争性。在项目设计过程中，我们将最初的“风筝组装与装饰”这一工程任务转化为“运用吉祥图案为纸飞机添画图案及颜色”这一工程任务。虽然任务设置更细，活动更多，但框架之间没有联系，任务分散，不易使学生聚焦焦点，缺乏对设计与应用的深入思考。

经过调整后的第三版项目融入了“工程设计周期”的 STEAM 教学模式，确定了“运用吉祥图案元素对飞机模型进行涂装设计并表达美好寓意”这一工程任务，将航空公司真实的设计需求与项目任务相结合。艺术设计也由单一的二维平面设计转为平面与立体相结合的实用设计。学生经历飞机外观的装饰设计、涂装、展示及评价全过程，逐步了解艺术设计与真实应用的相关概念，并通过探究式学习获得相应的技能与方法。工程挑战任务见图 5-1-4。

第一版	第二版	第三版
工程挑战任务1：在规定时间内，完成风筝组装	工程挑战任务1：小试验：纸条飞起来	工程挑战任务1：在规定时间内说出吉祥图案元素的寓意 评测标准：（1）用时最短；（2）准确无误；（3）能说出理由
没有考虑到评价标准	工程挑战任务2：根据图示将吉祥图案元素与寓意连线	第二版中没有设置相应的评价标准，第三版中给出了一定的限制范围
工程挑战任务2：为风筝中的吉祥图案添涂颜色 评测标准：（1）填色均匀、整洁；（2）色彩搭配有美感	以上两个任务均未涉及评价标准，也不属于典型的工程挑战任务	工程挑战任务2：画一画，在规定时间内，将吉祥图案元素转换成平面设计图 评测标准：（1）将复杂图案简化；（2）合理运用数学知识
		第二版中没有考虑到图案的改良设计，没有考虑到数学中图形与几何概念相互兼容
	工程挑战任务3：运用吉祥图案装饰纸飞机 评价标准：（1）线条流畅，图案造型生动；（2）色彩鲜艳，与图案内容协调一致；（3）作品美观，具有观赏性	工程挑战任务3：涂一涂，完成飞机模式涂装设计 评价标准：以飞机蒙皮表面涂层的工艺为参照，用遮蔽保护方式模拟飞机涂装过程
		第二版转中没有考虑到涂装工艺流程中的工程问题，加入此内容，使学习情境更真实，学生体验更丰富，图形与几何概念相互兼容

图 5-1-4　工程挑战任务进阶图

任务设置上更加关注时间、设计与应用、合作三部分。学生经历发现问题和解决问题的过程，提升整体思维能力，在反复改进中优化设计；也能够在项目学习中展现创造力，运用思维灵活解决现实问题。

二、教师成长

在项目设计与实施的过程中，教师发现STEAM学科整合教育框架与《全日制义务教育美术课程标准（实验稿）》的核心育人点相契合。经过不断研习与实践，教师在项目选择及教学目标设定等方面有了更深入的理解。

第一，来自真实生活的问题，兼具艺术性和实用性。

第二，注重学习的过程，打破思维禁锢，让学生敢于尝试、不怕犯错。

第三，敢于质疑，拥有自主学习能力。

第四，优秀传统文化、社会热门话题、流行文化等都可以被纳入STEAM课程。

第五，明确的评价体系：三分之一的知识，三分之一的技术能力，三分之一的综合能力。

三、学生成长

学生成长主要体现在以下几个方面。

第一，结合真实环境需要，能利用简单的平面设计知识进行作品设计，并能够不断反思、改进。

第二，时间规划意识增强，能够有意识地合理分配时间，并利用分工合作的方式提高效率，提升了团队协作的能力。

第三，能够站在客户的角度思考，恰当使用绘图工具，运用设计思维绘制工程设计图，表达作品内涵，切实发挥解决问题、动手实践的能力。

第四，学会自我总结，各方面的能力都有了不同程度的提升。

第五，能根据评价表正视自己，明确取长补短的方向，完成自评与互评。

第二部分　实施后反思改进版示范课例

一、项目缘起

北京市朝阳区垂杨柳中心小学馨园分校响应国家发展号召，落实全面育人理念，明确创建“航空特色学校”的方向，把推进航空特色校园文化建设作为当下的发展目标，在向广大师生普及相关文化知识。在此形势下，教师将学校航空特色作为推进STEAM教育在跨学科整合中的落脚点。

该课例以绘制平面设计图为手段，通过项目教学，培养学生的设计思维、创新意识、工程思维。项目设计注重以艺术为统领的跨学科整合内容，巧妙结合航空特色校园文化，以习近平在全国教育大会上强调的增强学生文化自信，坚持以美育人、以文化人，提高学生审美和人文素养为主旨。项目符合课程标准要求，使学生逐步学会以议题为中心，将美术与其他学科融会贯通，提高综合解决问题的能力、小组合作能力、观察能力、绘画能力。选择吉祥图案作为航空企业涂装中的基本设计元素，用设计简单、构想大胆、色彩绚丽的吉祥图案装饰飞机模型，可以渗透中国优秀传统文化，让学生感受历史积淀的美感，体会其中的美好寓意，激发爱国情怀。课程基于 STEAM 教育理念，进行基于艺术的多元化整合，采用项目式学习的教学模式，吸取工程设计周期的学习流程，让学生通过对真实问题的探究，感受设计思维在现实生活中的应用，将知识学以致用，最终解决问题。

二、项目实施的环境与硬件要求

项目实施的环境与硬件要求见表 5-1-1。

表 5-1-1　项目实施的环境与硬件要求

项目实施的环境要求	最佳环境：供 6 个以上小组活动的空间 教室空间分设计区、材料区 平板电脑(每组至少一台) 可替代环境：教室 建议：教室活动空间大，便于小组讨论合作；泡沫飞机模型每组一个；每名学生都拥有一套美术用具
项目实施的硬件要求	所需要的材料清单：实物投影、美术学具、学习资料(人手一份)、任务单 辅助用具：A4 纸、竹签/铁丝、胶带、吹风机/电风扇、海报纸、丙烯颜料、水粉笔、调色盘、水桶

三、项目适合的学段

学段：小学中高段(4～6 年级)。

学情分析：通过问卷调查、访谈和课堂观察发现，学生能熟练运用水彩笔、油画棒等简单工具，较少接触丙烯颜料；在绘画技法上以平涂为主，不够精细，手法稍显稚嫩。学生对吉祥图案元素和设计小报有一定的了解，但在真实情境中进行项目头脑风暴还是初次尝试，对于飞机外观设计及涂装的相关知识了解得并不多。

为此，引导学生学习利用吉祥图案元素进行涂装设计的基本步骤成为学习重点内容。

四、项目涉及的STEAM知识与能力

"'腾飞中国梦'号飞机模型设计与涂装"课例围绕涂装设计与应用任务开展，通过创设情境，以"为吉祥航空公司设计涂装一架飞机模型"为学习载体，引导学生从客户角度思考设计需求。学习过程依照工程设计周期的一般流程，学生经历从设计到涂装的全过程。

本课例涉及的科学、技术、工程、艺术、数学方面的知识与能力如图5-1-5所示。

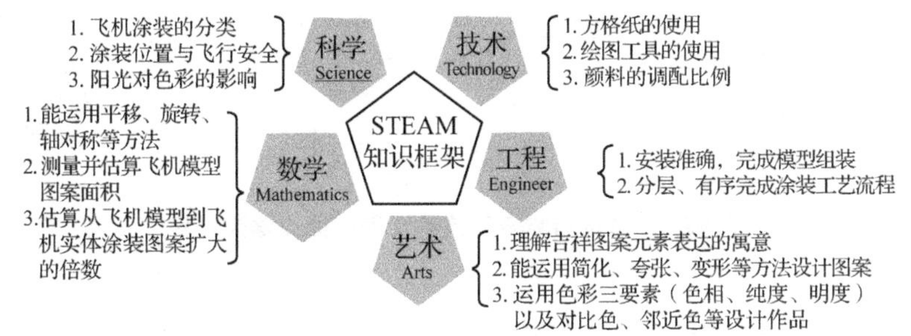

图5-1-5 项目涉及的STEAM知识与能力

本课例依据中国学生发展核心素养的培养目标，针对小学生基础知识与能力目标，按照STEAM字母排列顺序思考相应框架。

依据布鲁姆教育目标分类，本课例系统梳理出认知领域、情感领域和动作技能领域的教育目标，将学生能力目标分为记忆、理解、应用、分析、评价、创造六个层次，制定了从低阶素养到高阶素养的能力框架目标，如图5-1-6所示。

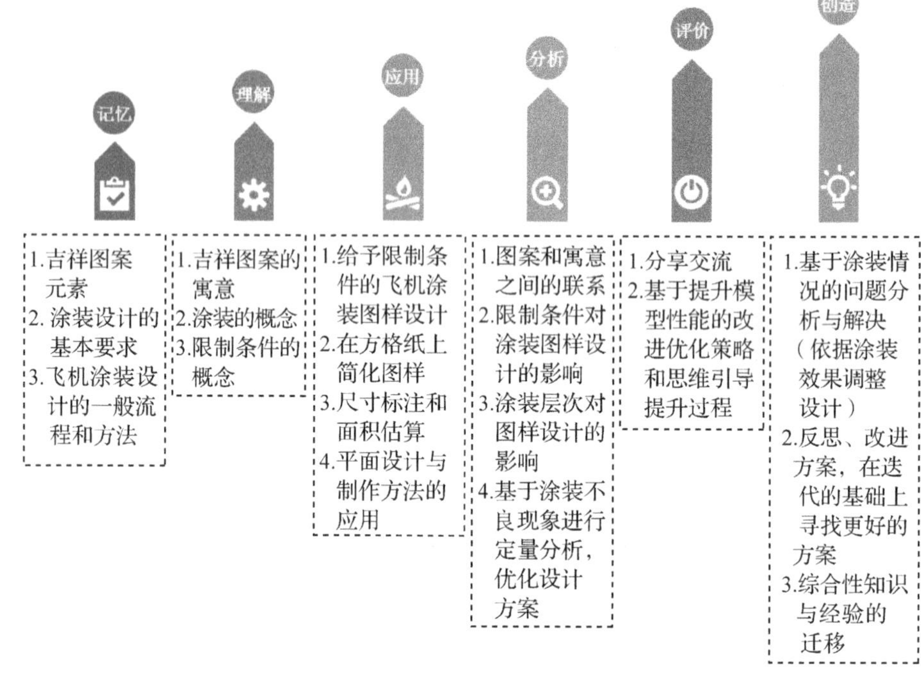

图 5-1-6　从低阶素养到高阶素养的能力框架目标

五、项目目标和工程任务及拆解后的挑战任务

(一)项目目标

“‘腾飞中国梦’号飞机模型设计与涂装”课例选择将吉祥图案元素作为人文核心要素，通过真实情境的创设和挑战任务的提出，使学生逐步学会以议题为中心，经历平面设计与实际应用的全过程。

课例在平面绘图的基础上，衍生出立体模型设计与涂装，逐步培养学生的工程和设计思维；同时渗透中国优秀传统文化，让学生感受历史积淀的美感并体会其中的美好寓意，激发爱国情怀。

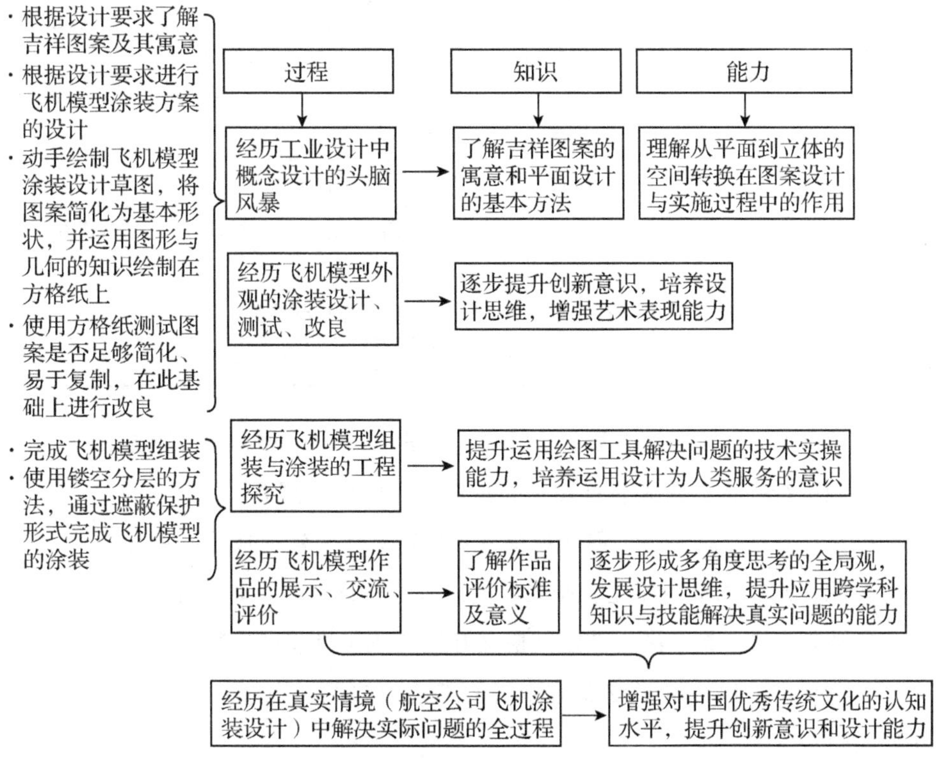

图 5-1-7　项目目标

(二)工程任务及拆解后的挑战任务

工程任务：为航空公司设计并涂装一个飞机模型。

“‘腾飞中国梦’号飞机模型设计与涂装”课例强调学生经历“设计—涂装—评价展示”全过程。

聚焦问题：吉祥图案元素较为复杂，如何进行改良，设计出简洁美观、标准化、可批量使用的图样？教师从问题出发，与学生一同开展头脑风暴，提出影响因素，如主题性、设计图尺寸、色彩搭配、涂装、组装等，分析影响因素，形成评价标准的框架指标(见表 5-1-2)。

表 5-1-2　评价标准的框架指标

指标	指标描述	评价要点
主题	具有设计理念	设计理念清晰，设计元素简洁并能够体现设计理念，能表达出吉祥寓意
尺寸	大小合适	易于标准化，图样预估尺寸可批量使用
色彩	色彩搭配	结合安全、成本、褪色等因素，色彩搭配给人吉祥喜悦的感受
涂装	层次	进行合理的镂空层次设计，可复制性强
组装合理	稳定、准确	能够稳定摆放，机翼、尾翼朝向准确，不影响飞行

挑战任务 1：连一连，哪个吉祥图案元素对应的吉祥寓意最明显。

评测标准：准确理解吉祥图案元素中蕴含的丰富寓意。

挑战任务 2：画一画，谁能最快将吉祥图案元素转换成平面设计图。

评测标准：能运用简化、夸张、变形等方法设计图案，画在方格纸上。

挑战任务 3：涂一涂，谁能又快又好地完成飞机模型涂装设计。

评测标准：以飞机蒙皮表面涂层的工艺为参照，用遮蔽保护方式模拟飞机涂装过程。

挑战任务 4：展示小组设计，看能否成为最受欢迎的涂装作品。

评测标准：以各阶段的评价表为依据对展评过程打分。

六、项目所需课时及进度安排

第一课时：

(1)以真实情境为切入点，明确项目内容及要求；

(2)根据客户需求招募队员，组建团队；

(3)梳理思维导图，从项目思路、执行策略、时间分配、效果预估等方面汇报。

第二课时：

(1)结合吉祥图案元素选定图案，能表达出美好寓意；

(2)将图案进行再创造，绘制在方格纸上；

(3)测试图样简洁，易于复制。修改、完善设计。

第三课时：

(1)通过观察、分析等形式学习飞机涂装基础知识，确定图案装饰的位置；

(2)了解阳光对飞机外部涂装的影响；

(3)明确色彩三要素以及对比色、邻近色等搭配方式，并确定标准色。

第四课时：

(1)明确分工，按照设计图用遮蔽保护的方式完成飞机模型的涂装；

(2)以评价标准为依据进行展评，选出最受欢迎的涂装作品；

(3)拓展联想，将知识与设计思维同生活紧密结合。

七、项目实施过程设计

(一)教学过程

1. 主题一： 吉祥图案设计

概述

本次课是"'腾飞中国梦'号飞机模型设计与涂装"课例第一次课，引领学生围绕飞机整体外观的涂装开展方案设计，学会全面思考问题，提升统筹思维能力，自主思考解决问题的方法及策略。本次课的核心内容为吉祥图案的探究，聚焦吉祥图案有哪些，表达了怎样的美好寓意。学生借助丰富的风筝吉祥图案，着重从构图、寓意、色彩三方面考虑。

活动过程

导入，明确学习任务。

(1)发布项目：2019 年是中华人民共和国成立 70 周年。这架从北京飞往云南的"腾飞中国梦"号飞机想为祖国献礼。请大家设计带有吉祥图案的外观。

(2)明确任务。

①在飞机模型上结合吉祥图案进行设计并涂装。

②设计图既简洁又能表达美好意义，视觉效果具有吸引力。

③限时 4 天完成作品。

(3)头脑风暴。

①需要提供哪些资料来做支撑？分为知识类和技术类两部分。

②选取具有代表性的三个(以内)核心问题，确定研究内容。

③呈现方式：思维导图。

学生提出需要明确的核心问题。

知识：什么是涂装，涂装的禁忌，吉祥图案有哪些。

技术：材料、材质的选择，绘制工具的使用，展示形式及用具。

(4)提供学习资料(带有不同吉祥图案的风筝以及拓展资料)。

①根据资料(风筝的图案、风筝的色彩、风筝的制作、图案的寓意)完成表格。

②全班交流，展示学习成果。

③根据所学，完成连线任务。

教师观察小组学习过程，并进行个性化指导。

吉祥图案设计过程性评价表见表5-1-3。

表5-1-3　吉祥图案设计过程性评价表

评价内容	一般	良好	优秀
吉祥图案的寓意及造型特点	1. 阅读资料不做批注 2. 完成连线，正确率在50%左右 3. 能说出至少三种吉祥图案的寓意	1. 阅读资料做批注符号 2. 完成连线，正确率在80%左右 3. 能说出至少八种吉祥图案的寓意	1. 阅读资料做批注符号、文字记录 2. 完成连线，全部正确 3. 能列举资料中没有涉及的吉祥图案的寓意

2. 主题二：飞机模型涂装的图样设计

概述

本次课围绕“飞机模型涂装的图样设计”展开，以平面图案设计作为核心内容，聚焦如何将复杂的吉祥图案概括出基本形状、方格纸如何使用、怎样测试与改良等一系列问题。学生需要先确定基本模型，再运用简化、夸张、变形等方法设计图案，使设计作品既简洁又能传达美好寓意。

活动过程

环节一：导入，明确学习任务。

(1)出示带有吉祥图案的飞机图片。

提出问题：看图片，说出飞机上的吉祥图案及其寓意、主色调。

(2)学生观看视频，多视角欣赏设计。

环节二：明确实践内容，依据要求进行绘制。

方案设计：飞机模型涂装的图案设计要求。

(1)概括出吉祥图案的基本形状。

(2)设计简洁，采用“古形新绘”方法对图案进行再创造。

(3)能批量生产：在方格绘图纸上画出最终的设计图案。

环节三：选定方案，初次测试成果。

(1)每组选定1位同学的作品作为本组的设计方案，展示图样并简要说明理由。

(2)提出问题：如何测试你设计的方案是否便于复制与批量生产？

①测一测：规定时间内，测试设计图是否简洁，易于复制。

②评测标准：能灵活运用平移、旋转、轴对称等方法将图案复制在方格纸上。

飞机模型涂装的图样设计过程性评价表见表5-1-4。

表5-1-4 飞机模型涂装的图样设计过程性评价表

评价内容	一般	良好	优秀
飞机外观装饰图样的设计与测试	1. 未完成飞机外观装饰图样的设计 2. 没有概括出吉祥图案的基本形状 3. 无法在方格绘图纸上画出最终的设计图案	1. 完成飞机外观装饰图样设计的50% 2. 能概括出吉祥图案的基本形状 3. 可以在方格绘图纸上画出最终的设计图案，但造型有误	1. 全部完成飞机外观装饰图样的设计 2. 能概括出吉祥图案的基本形状 3. 能准确在方格绘图纸上画出最终的设计图案，效果好

3. 主题三：飞机模型涂装设计的组装及调整优化

概述

本课在前面课程的基础上，围绕“飞机模型涂装设计的组装及优化调整”展开。本次课的核心内容为通过科学考量，再次审视方案设计并进行调整优化。

活动过程

环节一：导入，明确学习任务。

(1)创设真实情境，引导学生通过观看视频了解飞机涂装前的结构。

(2)提出问题：比一比，谁的组装最合理。

评测标准：计时测评，模拟飞机涂装过程，准确组装飞机模型，时间短。

环节二：明确学习任务：根据飞机结构对图样设计进行调整优化。

(1)提出问题：为什么飞机的颜色大都是白色。

①降温。普通白漆的反射率为40%～50%，有利于飞机散热。

②安全。首先，深色涂装的飞机在夜间可视性差，容易引发相撞事故；其次，飞机上的各种泄漏等故障在白色的底子上会更容易被发现。

③成本低。更快投入营运，降低购买成本和维护成本。

(2)提出设计要符合安全原则。

提出问题：飞机机身的所有地方都需要涂装吗？

答案是否定的，发动机进气道、平尾、垂尾的前端、机翼的前端、机尾一般都不会涂装。

①机身上很多区域是钛合金做的，如发动机进气道的最前端。这些部分抗腐蚀性比较强，所以都不需要涂装。

②机翼一般是不喷漆的。机翼是飞机上对气动要求很高的一部分，所以其表面要求也很高。出厂前飞机的机翼已经经过化学处理了，还会打一些底漆。一般情况下飞机机翼上下都不会涂装，只会有航空公司的名字或者标志。

③你注意机翼上方那些灰色区域了吗？那里是飞机机翼的不可动区域(灰色区域周围那些乳白色区域几乎都是可以动的)，是不允许进行任何涂装的。飞机机翼表面经过特殊处理，尤其要防止高空结冰。一旦结冰，气动外形就被破坏了，升力就减小了。

(3)出示带有吉祥图案的飞机图片，引导学生合理安排图案装饰的部位。

①提出问题：这个图案表达了什么寓意？装饰在飞机的哪个位置？设计在这个位置有什么好处？

②小组商议，确定好图案涂饰的位置及大小尺寸等。

(4)确定方案的色彩搭配。

①提出问题：阳光除了让飞机外部的温度升高外，还会对涂装设计带来哪些影响？引导学生理解阳光会使色彩褪色，因为改变了染料原有的分子结构。生活举例：洗衣粉分解污渍。

②运用色彩三要素(色相、纯度、明度)以及对比色、邻近色等搭配，使设计作品和谐美观。要求：标出在电脑中对应的标准色代码。

飞机模型涂装设计的组装及调整优化过程性评价表见表 5-1-5。

表 5-1-5　飞机模型涂装设计的组装及调整优化过程性评价表

评价内容	一般	良好	优秀
小组设计方案调整与优化情况	1. 完成图案的色彩搭配设计图不足 50% 2. 没有确定设计大小尺寸和装饰位置，安全，合理 3. 色彩搭配与图案不匹配，缺少美感	1. 完成图案的色彩搭配设计图 80% 2. 没有完全确定设计大小尺寸和装饰位置，安全，合理 3. 色彩搭配与图案匹配，但不够和谐，需调整	1. 全部完成图案的色彩搭配设计图 2. 能够准确确定设计大小尺寸和装饰位置，安全，合理 3. 色彩搭配与图案匹配，富有美感

4. 主题四：飞机模型涂装设计的工程制作与交流展示

概述

本次课是"'腾飞中国梦'号飞机模型设计与涂装"课例的第四次课，也是最后一次课。主要内容包括：回顾任务目标，梳理设计与涂装的过程，进行单元学习内容的总结；基于设计与应用进行思考；开展展示交流与评价活动，进行自评、互评、师评。目的是通过把中国优秀传统文化与现代工业设计相结合，培养学生的爱国主义情怀，让中国优秀传统文化得到继承和发扬。

活动过程

环节一：回顾设计制作的过程，进行单元学习内容总结。

(1)再次明确设计要求，检查是否满足要求和限制条件。

(2)明确飞机在涂装图案时扩大的倍数。

测量图案的长、宽、高，计算出图纸上图案的面积，尝试估算实体飞机上图案的面积。

环节二：反思设计制作过程。

依据学习任务单提供的问题，反思设计制作的过程，进行自我总结。

环节三：展示、交流与评价活动。

(1)小组分别做汇报展示。

(2)展示与评选后，根据评价标准与投票结果进行交流。

(3)作品的“归宿”：

①参与航空公司“梦想客机”涂装设计方案评选；

②参加青少年飞机模型涂装大赛；

③网络展示。

把作品发布到学校的公众号上，主题为“腾飞中国梦”号飞机涂装设计活动。届时会有更多的同学、家长、老师看到，并提出更多宝贵建议。

环节四：拓展与总结。

(1)拓展应用，提出问题：我们还能运用这些吉祥图案装饰哪些物品？(出示拓展图片：花瓶、靠垫、服装等)

(2)优秀传统文化的传承和发扬。

在短短的时间内，学生运用聪明才智和灵巧的双手设计出了这么多优秀作品，提升了创新能力，传承了优秀传统文化。

飞机模型涂装设计的工程制作与交流展示过程性评价表见表5-1-6。

表5-1-6　飞机模型涂装设计的工程制作与交流展示过程性评价表

评价内容	一般	良好	优秀
展评情况	一人上台汇报，设计过程的描述缺乏逻辑，不能说明本组设计作品的特点和优势	一人或两人上台汇报，对设计过程进行了部分展示，展示较具体，但对本组设计作品的特点和优势的解释有不清晰之处	小组所有成员共同汇报，对设计过程进行了全面、清晰、明确的展示，有效地体现了本组设计的特点和优势，过程表述清晰

(二)学习任务单

1. 吉祥图案设计学习任务单

(1)结合观察表来说一说或写一写。

表 5-1-7 观察表

吉祥图案	表达寓意	主要颜色

(2) 连一连，吉祥图案表达的吉祥寓意是什么？

长寿　福　连年有余　富贵　福禄　神兽　多子多福　如意

2. 飞机模型涂装的图样设计学习任务单

(1)我思考：飞机涂装设计的吉祥寓意是__________________。

(如福寿双全、连年有余、喜上眉梢、财源滚滚、事事如意、吉祥富贵、福禄寿、多子多福、五福临门、五福捧寿、龙凤呈祥、福寿连年……)

(2)吉祥寓意的主题________________，运用________________吉祥图案元素来设计。

(3)将图案进行再创造，概括基本形状并绘制在方格纸上。

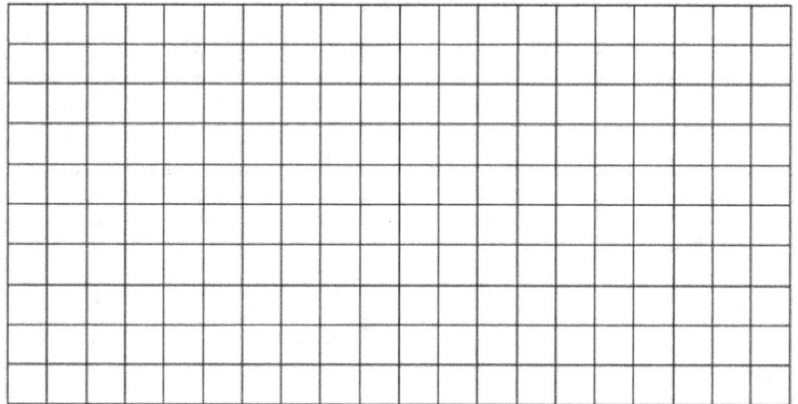

3. 飞机模型涂装设计的组装及调整优化学习任务单

(1)吉祥图案装饰在飞机的(机头、机身上部、下部、尾部、__________)(选 1～2 处)。设计在这个位置有什么好处?

(2)主要颜色有(红、黄、蓝、橙、绿、紫)(不超过三种)。为什么这样搭配色彩?

4. 飞机模型涂装设计的工程制作与交流展示学习任务单

(1)明确任务。

①在飞机模型上结合吉祥图案进行设计并涂装。

②设计图既要简洁，又要表达出美好意义，视觉效果具有吸引力。

③限时 4 天完成作品。

(2)评选标准参照打分表(见表 5-1-8)。

表 5-1-8　评选标准打分表

评估内容	优秀	好	有待改进	得分
主题：吉祥图案内容清晰完整，能迅速、准确地传达信息，突出作品主题，使人一目了然	30 分	20 分	10 分	
构图：作品层次合理，构图整体性强，具有立体感	20 分	10 分	5 分	
色彩：作品颜色搭配协调，富有美感，有视觉冲击力，让主题更有表现力	20 分	10 分	5 分	
创意：作品表现新颖、独特，能打破思维惯性，巧妙运用灵感表达主题，具有时代感、适时性	20 分	10 分	5 分	
设计理念：具有深度含义，发人深思	10 分	7 分	3 分	
总分：				

(3)参与航空公司“梦想客机”涂装设计比赛的请填写表 5-1-9。

表 5-1-9　“梦想客机”涂装设计比赛设计表

参赛者姓名		性别	
国籍		身份证号或者护照号	
手机号		电子邮箱	
通信地址			
是否使用第三方的素材(包括但不限于字体、图片、插画等)	是(需详细说明原作者或者素材来源)		
	否		

课后总结反馈卡见表 5-1-10。

表 5-1-10 课后总结反馈卡

<table>
<tr><td colspan="3">今天学习我做到了：</td></tr>
<tr><td>参与□</td><td>分享□</td><td>合作□</td></tr>
<tr><td>创新□</td><td>交流□</td><td>提升□</td></tr>
<tr><td>我的学习收获：</td><td></td><td></td></tr>
</table>

5. 问题反馈

(1)我知道飞机哪些位置不能涂装。
(2)我知道吉祥图案可以表达美好的寓意，如图案(　　　　)寓意着(　　　　)。
(3)我觉得自己在团队合作中：
A. 积极主动参与　　　　　B. 参与了，但不是很积极
C. 没有参与
(4)我对这种学习方式感到：
A. 非常喜欢，还想继续学习　B. 比较喜欢，可以继续学习
C. 不太喜欢，不想这样学习
(5)我运用(　　)方法将吉祥图案进行“古形新绘”的设计。
(6)我对自己哪些方面感到满意？
(7)我感觉自己在哪些方面需要加强？
A. 拟人　　　B 夸张　　　C 变形
(8)我最大的收获：______________________________

6. 项目的过程性评价

项目的过程性评价表见表 5-1-11。

表 5-1-11 项目的过程性评价表

<table>
<tr><td colspan="2">评价内容</td><td>评价指示</td><td>测评依据</td><td>分值</td></tr>
<tr><td>教学常规</td><td>行为规范</td><td>正常到课，3 分
摆好桌椅，2 分
保持安静，5 分</td><td>组长记录
自评互评</td><td>10 分</td></tr>
</table>

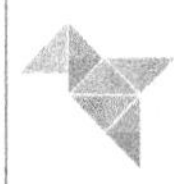

续表

评价内容		评价指示	测评依据	分值
课堂参与	态度	认真听讲，5分 积极活动，10分 积极发言，5分	组长记录 自评互评	20分
	协作互助	交流分享，10分 互帮互助，10分	组长记录 自评互评	20分
自主学习	学习任务单	学习任务单上交，6分 学习任务单良好，8分 学习任务单优秀，10分	师评互评	10分
	设计图	设计图上交，6分 设计图良好，8分 设计图优秀，10分	师评互评	10分
	创意思维	展示交流，15分 特色亮点，15分	师评互评	30分

(三)评价设计

1. 前测设计

前测设计见表5-1-12。

表5-1-12　前测设计

形式	计时挑战：你问我答
目的	了解学生对吉祥图案的了解情况、关于飞机涂装设计的经验
内容	(1)如果为飞机重新换件“外衣”，你会选择什么图案？ □ A. 几何图形 □ B. 动物 □ C. 植物 □ D. 人物 □ E. 其他 (2)飞机外观的所有位置都可以装饰吗？ □ A. 是，想装饰哪里都可以 □ B. 不是，有些地方不能装饰 例如：　　　　(可在右图中圈出)

续表

	(3)你认为什么是有美好寓意的吉祥图案？ (4)右边这个图案表达了什么吉祥寓意？ □ A. 春天来了 □ B. 喜上眉梢 □ C. 漂亮的鸟 □ D. 冬天来了 (5)你见过装饰有吉祥图案的飞机吗？ □ A. 见过，图案： □ B. 没见过

2. 终结性评价表

(1)完成飞机模型的涂装方案设计。要求：选择恰当的吉祥图案，设计草图并说明。

(2)通过遮蔽保护(镂空分层)方式完成一款自主设计的飞机涂装模型。要求：具有较高的实用性，主题积极，造型美观，色彩协调，位置合理，辨识度高。

(3)完成展评及效果反馈(见表 5-1-13)。

表 5-1-13　终结性评价表

评价内容	一般	良好	优秀
表达程度	有寓意，但和吉祥图案无联系，不能给人以积极美好的感受	吉祥图案和寓意有一定程度的联系，但不能给人以积极美好的感受	吉祥图案和寓意能够较好地契合，能给人以积极美好的感受
设计图	有方案草图和“三视图”定位，但内容质量一般	草图完整，镂空分层图与设计图一致，明确了“三视图”定位，运用了简化、夸张等方法	草图清晰完整，能够体现整体造型效果，明确了“三视图”定位，镂空分层图与设计图一致，运用了简化、夸张等方法，设计巧妙
完成程度	不够完整，实现设计图 50% 的效果	遗漏部分细节，实现设计图 80% 的效果	完成设计图全部内容，并且没有任何遗漏

续表

评价内容	一般	良好	优秀
艺术性	缺乏艺术性，不够美观	绘制时考虑了艺术元素，但艺术性一般	绘制的作品较美观，具有一定的艺术性
分工合作	分工不明确，成员不清楚自己的角色	有基本的分工，但是分工不系统，或执行分工不彻底，或出现没有承担任务的成员	有明确的分工，每个成员都安排了相应的任务，并且每个人明确自己的任务，有组织地执行
展示说明	一人上台汇报，设计过程的描述缺乏逻辑，不能说明本组设计作品的特点和优势	一人或两人上台汇报，对设计过程进行了部分展示，展示较具体，但对本组设计作品的特点和优势的解释有不清晰之处	小组所有成员共同汇报，对设计过程进行了全面、清晰、明确的展示，有效地体现了本组设计的特点和优势，过程表述清晰

3. 后测设计

后测设计见表5-1-14。

表5-1-14　后测设计

形式	问卷式(导学任务单)
目的	了解学生对学科核心概念、立体模型设计制作的过程和方法等的掌握程度
内容	1. 学科核心概念 (1)你记忆深刻的吉祥图案有哪些？它们表达了什么寓意？ (2)生活中，你想用吉祥图案装饰哪些物品？ (3)图样设计过程中，你了解到哪些设计知识或方法？ 2. 涂装飞机模型设计与绘制的方法 (1)什么叫涂装？ (2)基于限制条件的涂装工艺设计流程是什么？ (3)运用遮蔽保护方式的飞机模型涂装设计的关键流程是什么？ 3. 简单谈一谈你对小组合作的理解

八、项目学习成果展示

(一)点赞活动

为契合学校航空特色，与科技节主题活动相结合，学校为学生自主设计、绘制的飞机涂装作品举办了小型展览会，并鼓励参观的师生参与点赞活动。图 5-1-8(左)为活动现场，图 5-1-8(右)为作品展示区域。获得点赞次数最多的作品将代表学校参加青少年涂装飞机模型大赛。

图 5-1-8　点赞活动

(二)设计与应用访谈——飞机模型涂装设计

图 5-1-9 为“凤舞九天”主题飞机模型涂装设计效果，图 5-1-10 为“鹤鹿同喜”主题飞机模型涂装设计效果图。

图 5-1-9　“凤舞九天”主题飞机模型涂装设计效果

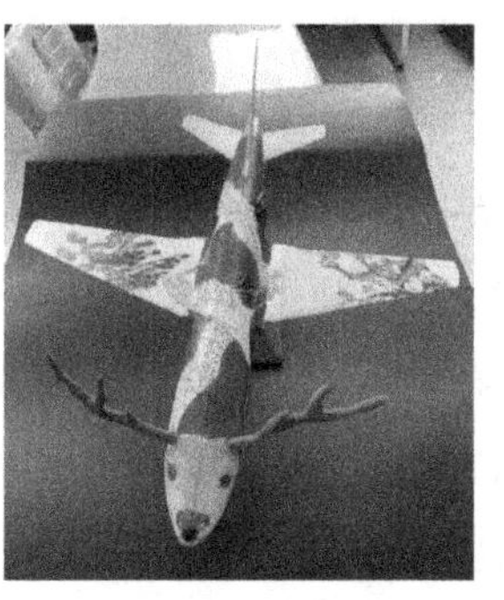

图 5-1-10　“鹤鹿同喜”飞机模型涂装设计效果

将设计图与模型成品进行展示，并邀请部分学生进行微调研，调研表格见表5-1-15。

表5-1-15 调研问题

你注意到飞机模型的涂装了吗	
你知道这些图案表达什么寓意吗	
你觉得哪一架飞机令你印象深刻？为什么	
你认为还有哪些需要改进的地方？理由是什么	
你对飞机涂装的设计与绘制有什么想了解的	

九、课例整体评价与反思

(一)课例实施调研

1. 专家意见

专家意见1：主题有特色，但整体课例设计中学习方式并没有实质性转变，在知识迁移、能力培养、团队协作等方面也需要加强。

专家意见2：整体实施过程做了相应调整，但综合性体现还不充分，挑战性任务的设计仍需改进，要找到恰当的限定条件。题目设计需再改进，要让学生能通过项目名称了解学习任务与现实生活的关联。

专家意见3：真实飞机的图片引入这一情境很好。挑战性任务可增加一些工程内容，要有明确的评价标准，要综合考量实用性等问题，这样更能激发学生学习的主动性。

2. 校内师生的意见

通过问卷调查、访谈发现，学生小组合作完成的飞机模型涂装作品受到了全校师生的肯定。小组成员对作品的讲解让更多的师生了解了吉祥图案及其表达的美好寓意。平面设计全过程的展示，让大家对设计与应用领域产生了更浓厚的研究兴趣，既为科技社团的飞机涂装项目提供了许多灵感，又装点了航模教室和校园。

(二)实施反思

过分偏重艺术设计和绘画技法，让学生把大部分时间和精力投入复杂的图样设计方面，没有很好地激发学生对设计与应用的探究和思考，忽略了涂装过程中涉及的工程、数学、科学等学科的相关内容和限制因素，导致涂装出的飞机模型作品较为夸张，缺乏实用性。虽然考虑了真实情境的创设，但在任务实施过程中作品容易流于形式，无法切实有效地应用。平面图样设计如何影响最终效果，相关的挑战任务怎样设置更恰当，是接下来需要思考的。

整体来看，大部分任务按照学习要求完成了，但课例仍然存在一些问题。

反思 1：由于学生年龄小，吉祥图案大多较为复杂，因此学生在进行图样草图绘制的过程中，对于如何简化、夸张、变形图案有所困惑。

改进 1：如果能为学生提供硫酸纸，先将参考图拓印在方格纸上，再逐步改造、完善图样方案，则能大大提升学生绘制的设计方案的水平和质量。

反思 2：大部分学生能够考虑到分工合作的问题，但在具体操作时，仍然暴露出一些共性问题，如不太明确图案涂装的位置、颜色与方向。

改进 2：一是可以通过“三视图”明确图样的位置；二是可以利用绘图软件确定标准色，通过比对减少色差。

课例二　标准与规则：让夜灯更贴心①

项目简介

综合运用木工、金工技能，融合电技术子，设计具有个性化造型、可调光的小夜灯。

---

① 本课例由北京市一零一中学靳红云老师具体设计和实施。指导教师为北京市海淀区教师进修学校劳动技术教研员陈雪梅。由北京教育学院于晓雅博士主持的北京市“STEM 教育与创客教育课程实践”卓越教师工作室集体打磨完成。

第一部分　三级进阶课例解析

根据初中劳动技术课程教学要求，初中劳动技术课程主要是按照木工、金工、电子技术等独立模块进行教学的，通常在这些必修模块学习完毕后，会有一个综合项目来推动学生将所学模块知识进行综合应用。

“小夜灯设计与制作”是典型的综合应用项目。这个项目主要是应用木工、金工知识设计并制作小夜灯，应用电子技术知识进行控制电路设计等。因项目周期较长，在具体实施过程中，学生关注度和兴趣会逐渐降低，使项目效果不尽如人意。能否在初中劳动技术课程中融合 STEAM 教育理念，更好地帮助学生构建课堂学习与真实世界的联系？能否在已有课程教学目标的基础上融入 STEAM 教育所强调的工程设计与科学探究的思想方法？如何将现有的教学项目转变为 STEAM 项目？这一系列问题引起了我们的思考。我们结合学校已有的“小夜灯设计与制作”项目，深度挖掘项目涉及的科学、技术、工程、艺术、数学方面的知识，挖掘项目对学生核心素养培养的重要作用，借助小夜灯作品，围绕用户需求分析、方案设计研讨、可行性方案设计，根据设计方案进行模型制作、作品展示与交流等，聚焦标准与规则、结构、控制、设计等核心概念的学习，逐步推动学习目标在知识技能层面的深化，体现从知识技能到能力、素养、价值观等方面的递进。

一、课例设计进阶

如何把一个传统的初中劳动劳动技术项目转换为一个 STEAM 项目？对于研究团队来说这是一个比较大的挑战。在这个过程中，我们主要聚焦核心概念分析、工程设计实践、挑战任务确定等进行迭代设计，形成了项目名称、学习目标、挑战任务的进阶体系。项目改进过程见图 5-2-1。

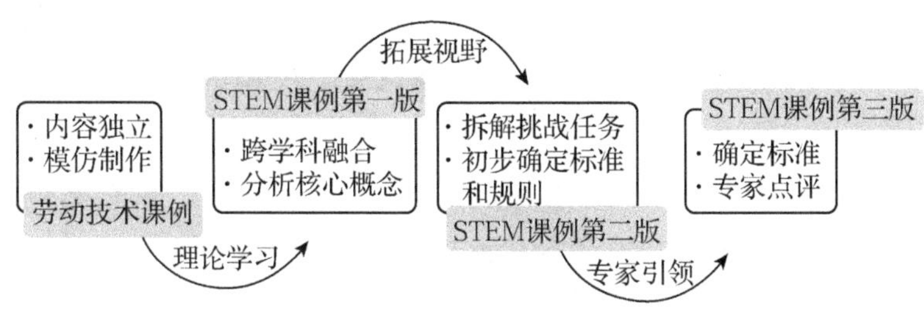

图 5-2-1　项目改进示意图

(一)从学科知识、学科概念走向跨学科概念

作为一个跨学科的 STEAM 项课例，要在体现学科核心知识和概念的基础上，渗透对跨学科概念的学习。本课例对于核心概念的确定和分析经历了如下迭代过程。

第一版主要关注项目所体现的相关学科领域的核心知识和概念，通过梳理义务教育阶段科学、数学、美术等学科的课程标准及中小学综合实践活动指导纲要，初步确定了小夜灯作品对应的各学科的核心知识内容和核心概念。这些知识和概念分布于不同学科，不利于学生形成整体解决问题的思路和方法，因此需要进一步聚焦小夜灯项目涵盖的学科核心概念和跨学科概念，将零散的知识和概念串联起来。

通过对学科核心概念与跨学科核心概念进行分析，我们认为核心概念应该是具有高度迁移性的概念，能帮助学生认清知识本质和真实世界。

在第二版中，经过研究、思考，结合学生发展核心素养中的实践创新素养，我们进一步聚焦核心概念，整合劳动技术课程内容要求及 STEAM 教育的内涵、特征，将工程设计及工程、技术与社会之间的联系设定为学科核心概念，将原因和结果、尺度比例和数量、系统和系统模型、结构和功能设定为跨学科概念，聚焦标准和规则开展工程设计实践活动，希望能够引导学生经历设计与制作的一般过程，帮助学生明确技术问题的发现及解决要考虑用户需求，学习并综合运用多学科知识。

(二)从传统的技术学习走向体现工程设计实践的学习

小夜灯项目设计的初衷是培养学生综合运用所学的金工、木工和电子技术知识来进行创新设计的能力。因此，教师拟定将小夜灯作为载体，引领学

生参与小夜灯设计与制作过程，学习简易电子作品的设计与制作，包括方案设计(电路设计、小夜灯结构设计)、方案优化、模型部件制作与测试、展示等。

本课例聚焦工程设计实践。教师从学生核心素养出发，基于技术、文化、社会大视野进行整体教学设计。学生经历分析小夜灯需求、绘制外观草图和电路图、制订项目计划、细化构件图、制作构件、组装调试、展示交流等全过程，像工程师一样工作和思考，进行团队合作。迭代优化后的课例聚焦设计并制作小夜灯这一真实工程任务，让学生体验工程设计“确定问题—头脑风暴—调研和产生想法—确定标准和规则—探索方案的可行性—选择方案—优化方案—建立模型—测试和评估—优化—交流展示”的全过程，通过工程设计实践活动加深对设计、标准、规则、限制条件、模型、控制、结构等概念的理解。

(三)从需求分析走向标准与规则制定

传统初中劳动技术课程教学虽然关注技术设计、方案实施及交流评价，但很少关注工程思维的培养，更少关注标准与规则意识的培养。在第一版设计中，课例强调基于小夜灯的需求分析进行方案设计，教学中教师也反复提出小夜灯功能需求与作品评估标准之间的关系，但在后面的方案设计与作品评价中忽视了对需求的表达和回应。

在课例迭代修改过程中，教师以标准与规则制定为切入点，带领学生共同完成小夜灯共性标准和个性标准的制定。共性标准主要基于项目完成所需的技术保障，是完成小夜灯作品的基础条件；个性标准是通过头脑风暴方式对功能需求进行可行性分析，提出小夜灯在功能、造型、材料、便捷、安全等方面的基本要求，制定小夜灯设计、制作与评估要遵循的标准。在标准与规则制定学习活动中，学生体验到了从功能需求分析到产品标准与规则制定的过程以及从功能需求到评估标准的转换过程，有助于以及培养和发展工程思维。

项目名称、学习目标、挑战任务进阶见表5-2-1。

表 5-2-1　项目名称、学习目标、挑战任务进阶

	第一版	第二版	第三版	进阶说明
项目名称	创意调光灯的设计与制作	点亮黑夜——让夜灯自由移动	让夜灯更贴心	第一版体现典型的技术课程特征。第二版涉及范围太大，不能贴近学生日常生活。第三版更加贴近学生生活，体现个性化设计导向，有利于学习情境的创设
学习目标	1. 学习用“头脑风暴＋思维导图＋排除选择法”分析人们对创意调光灯的需求，并能根据创意调光灯作品的技术要求绘制出理想中的创意调光灯的整体效果草图 2. 初步学习创意调光灯电路布局设计和简单走线设计，并用红笔进行标注，标出电源、LED 灯以及电路板等，初步估计组成电路所用导线的长度 3. 小组组内交流，相互提意见，完成第 1 次优化整合，确定小组最终的整体效果图(可以 1 人 1 个，可以 2 合 1，也可以 2 选 1)，确定并标注整体尺寸	1. 能通过观察生活发现夜灯使用问题 2. 能通过想象和发散思维写出或画出贴心夜灯的功能，能根据限制条件进行可行性分析，确定夜灯设计标准和效果草图，初步建立比较权衡的综合统筹意识 3. 通过设计和美化夜灯基本造型，巩固对线条、形状、色彩、图案和寓意等的运用，理解结构稳定性和强度的概念 4. 通过任务拆解和分工合作，初步建立高效率工作的合作意识和流程意识 5. 学习或巩固光源、光的直线传播和反射现象，知道 LED 灯有多种颜色、蓝光的危害等常识	1. 经历头脑风暴、发散思维、产生想法的过程，初步明确设计贴心夜灯需要考虑的因素，形成创新设计意识 2. 经历按照用户需求确定设计因素的过程，初步进行贴心夜灯的个性化设计，形成创新设计意识 3. 经历可行性分析和评价的过程，确定贴心夜灯设计的共性和个性标准，形成标准和规范意识 4. 经历限制条件的可行性分析的过程，确定项目要求和规则 5. 经历综合运用所学知识、依据标准和规则制订贴心夜灯设计方案的过程，体验个性化设计的一般过程，形成优化意识	第一版学习目标围绕技术知识和技能的学习，忽略了思维、方法、能力的培养 第二版学习目标开始考虑高阶思维培养，如比较权衡等工程思维，但高阶能力的培养缺乏系统设计，在目标呈现上缺乏有序递进 第三版学习目标关注学生核心素养发展，能从学生能力提升的角度进行学习目标的设计，聚焦本课例体现的“标准与规则”的主题

续表

	第一版	第二版	第三版	进阶说明
		6. 知道灯具的一般功能 7. 通过对夜灯控制方式的选择理解控制的概念		
挑战任务	1. 根据技术要求绘制创意灯草图 2. 绘制木质构件的构件图和排料图以及非木质构件的构件图，并标注材料和尺寸 3. 检查电路布局，达到合理美观的目标，用红色笔标注更改后电源和LED灯正负极、集成电路板及走线的位置 4. 按照电路图插装元器件，运用锡焊技术焊接集成控制电路板和LED灯头 5. 木质构件留线锯割和打磨整形 6. 设计并制作其余构件 7. 按照整体设计图组装创意调光灯作品 8. 调试作品直到能够正常工作，制作PPT，分小组进行作品展示和项目汇报交流	1. 比较多种夜灯，说出相同点、不同点和新奇点 2. 把效果图变成实物都会经历哪些过程，把这个过程分解成若干个小任务并列出，并用表格对这些小任务进行排序 3. 按照任务清单和进度进行设计，要求限时完成作品 4. 探究活动1：探究2种以上材料的反光性 5. 探究活动2：探究2种以上材料的透光性	工程任务： 根据用户需要，设计制作贴心夜灯 挑战任务： 1. 收集不少于3个与设计贴心夜灯相关的因素 2. 收集不少于3种贴心夜灯的控制方式(手动控制、声控、光控、声光延时控制等)，并通过比较权衡找到合适的控制方式 3. 按照用户对夜灯不刺眼和光柔度的需求，探究不少于3种不同材料，寻找合适的材料用于制作灯罩，使光照效果基本达到用户要求的标准照度值(可查询相关标准)	第一版受学科本位影响，主要以技术实践活动为主，缺乏趣味性、思辨性、挑战性 第二版考虑挑战任务的特点，将原有的任务进行重新设计、调整，转化为具有一定竞争性、趣味性的任务 第三版聚焦“标准与规则”项目特征，设计体现核心概念要求的挑战任务，激发学生思考

二、教师成长

通过参与课例的研究与实践，教师的变化主要表现在四个方面：从标准和规则的制定者转向标准和规则制定的引导者与优化者，从关注教学目标转向关注学生成长，从关注教学内容转向关注学生核心素养，从以教师单方面评价为主转向以标准和规则为依据的师生共同评价。

第一轮课例实施过程中主要存在以下问题：头脑风暴的过程没有给予学生充分的思考时间；对于贴心夜灯评价标准，教师没有进一步引领学生去提炼、生成，而是简单列出学生的想法；对学生有追问，但是针对追问没有进一步提炼，没有迅速帮助学生进入高阶思维。

针对上述问题，第二轮课例进行了有针对性的调整和完善。例如，针对夜灯结构的尺寸问题，帮助学生认识到夜灯应用场景决定其具有“小”的特性；引出主要设计因素后，通过一系列问题进一步追问学生如何体现设计因素，如“如何保证安全，如何实现便利”等。教师把设计因素列成表格，在追问引导学生的过程中及时记录下来，形成更为详细的标准条目(见表 5-2-2)。

表 5-2-2　功能进阶细目

功能选项	功能一级细目	功能二级细目	功能实现细目
安全	电压适配器降低电压	如何降低电压	低压电源和夜灯电路以及整体结构是否匹配
	木质和金属构件加工平整光滑	如何加工出高质量的构件？用什么工具和方法	加工平整光滑的各种材质的构件，组装出精美的夜灯作品

通过上述改进，教师进一步从课程育人目标、课程内容挖掘、课程学习活动设计等角度进行了深入思考。

在课后研讨中，教师进一步明确了问题追问可以引领学生由笼统的低阶思维迈向精准的高阶思维。因此，教师在备课中要经历一个由低阶思维到高阶思维逐级深入的思考过程。经过梳理，教师明确了第二版课例修改方向：第一，教学要以学生为中心，挑战任务是为帮助学生更好地解决真实(情境)问题而展开的一系列探寻最佳解决方案的真实研究；第二，明确了确定贴心夜灯共性和个性标准的规则；第三，在挑战过程中，学生需要综合运用已有知识技能和新学知识技能，既要各显神通，又要依托团队力量，经过多样化思维、多样化途径，最终给出真实(情境)问题的多样化优质解决方案。教师成长见图 5-2-2。

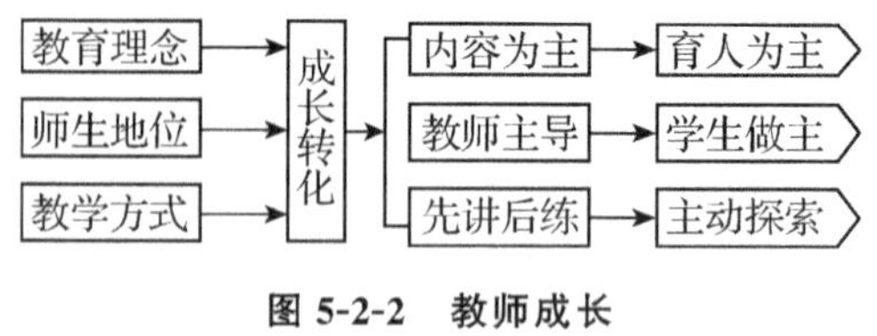

图 5-2-2　教师成长

三、学生成长

在 STEAM 教育理念的指导下，灯架的制作可以被拆解成多个挑战任务。在整体分析和任务拆解的基础上，学生结合项目特点、硬件条件和各自的能力，分小组研究探索贴心夜灯共性标准和个性标准的制定原则以及具体条目。在完成任务的过程中，学生在参与状态、学习方式，知识结构等方面都有了显著变化。概括来讲，学生成长主要体现在三方面(见图 5-2-3)。

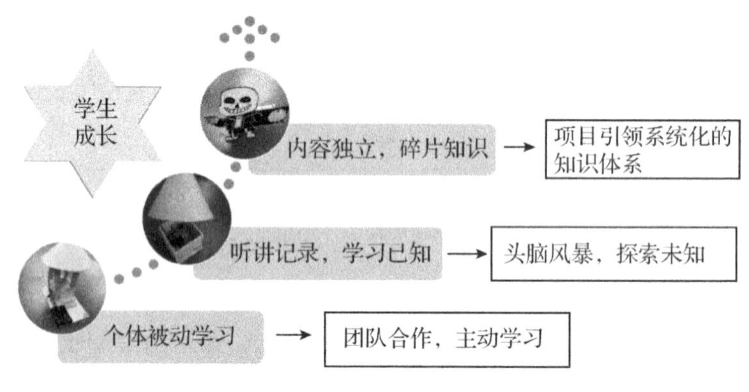

图 5-2-3　学生成长

课后，很多学生认为学习该项目后最大的收获是学会了团队合作。有学生表示：“夜灯项目虽然告一段落，但是那艰辛历程我们铭记于心。这是我们创新思维迈出的一大步，更是一队人友谊的结晶。”

▸第二部分　实施后反思改进版示范课例

一、项目缘起

STEAM 教育理念是一种新的教育理念，综合运用科学、技术、工程、艺术、数学知识解决真实世界中的问题是它的主要特点。活动理论的代表人物维果茨基认为，人类的思维并不仅仅是对刺激的反应，思维本身是以语言、工具、数字和信号等抽象符号或者物理客体为中介的。依据以上理论，结合学生特点、校园环境、校园文化、有限的材料和教学设施，整合劳动技术课程内容，我们开展了主题为“让夜灯更贴心”的 STEAM 项目学习活动。

二、项目实施的环境与硬件要求

(一)项目实施的环境要求

项目最好以小班额在专业教室里开展。专业教室要配备木工、金工及电子三大类材料和工具。教室越宽敞，工具材料越充足，项目实施效果越好。如果以上条件不具备，在普通教室上课，建议先完成设计方案，然后在实施阶段将相关工具和材料搬到教室。如果是大班额，可以小组合用一套工具，依次进行木工、金工和电子部分的制作，最后组装。

(二)项目实施的硬件要求

项目实施用到的主要材料和工具(见图 5-2-4)包含加工三合板用的铁弓曲线锯、单向锯条、砂纸、乳胶，加工直径为 1～3 毫米的金属丝用的尖头钳，锡焊焊接用的电烙铁、烙铁架、松香、焊锡丝，加工卡纸用的剪刀、胶棒等。若条件允许，可用 3D 打印或者激光雕刻等数字化手段完成夜灯作品外观制作。

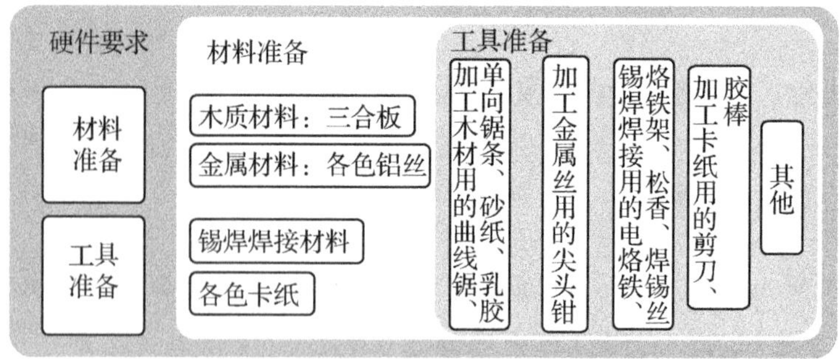

图 5-2-4　硬件要求

三、项目适合的学段

本项目的难易程度可以根据学生年龄和知识能力的具体情况进行简化或拓展(见图 5-2-5)。

小学学段

· 造型设计以简单的卡通形象为主
· 材料简化后可以纸质材料为主
· 工具简化后可以剪刀为主

初中学段

· 造型设计以学生个人爱好为主
· 材料多用三合板、金属丝
· 工具多用曲线锯、尖头钳、裁纸刀等

高中学段

· 造型可参考著名的、经典的建筑或者艺术作品
· 材料可以拓展到五合板、亚克力板等
· 加工方法可以拓展到电动工具或者激光雕刻

图 5-2-5　各学段要求

本项目适合在开设木工、金工、电子技术专题的初中阶段实施；也可以结合小学学习基础和要求，通过简化材料、工具和制作过程来实施；针对高中学生，可尝试增加功能复杂的电路，增加编程和单片机智能控制，对造型、材料和加工方法、连接方式提出更高要求，以实现更多灯光效果、控制效果、外观造型等。

四、项目涉及的 STEAM 知识与能力

“让夜灯更贴心”项目涉及丰富的 STEAM 知识，涉及的 STEAM 知识和能力如图 5-2-6 所示。

图 5-2-6　项目涉及的 STEAM 知识与能力

学生在学习本项目前需要具备一定的前序基础(见表 5-2-3)。

表 5-2-3　前序基础

知识	技能
1. 创意简笔画常识 2. 纸艺等基本知识 3. 木工基础知识 4. 金工基础知识 5. 简单电路和常见电子元器件的基本知识	1. 创意简笔画的基本绘画技能 2. 纸艺的剪裁和折叠基本操作技能 3. 木工画线、锯割、打磨和组装基本技能 4. 金工的弯折、缠绕和绑扎基本技能 5. 电子元器件的装配以及电子锡焊焊接基本技能

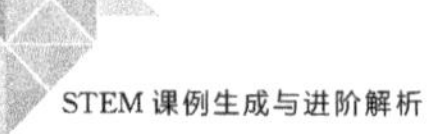

本项目对学生知识和能力的提升涉及多个领域与细目(见表5-2-4)。

表5-2-4　知识和能力提升涉及的领域与细目

领域	知识	技能
生活	夜灯的需求分析	收集生活中人们对夜灯的需求的信息
科学	光的直线传播和反射 反光、透光材料 照度概念和测量 简单电路 结构强度和稳定性	探究材料反光和透光性能的方法 结构稳定性设计、测试技能和判断能力
技术	木工基础 金工基础 电路基础	测量方法 识图方法 图样绘制方法 装配技能 检测评价能力 电路布局设计能力
工程	产品设计的一般过程 影响结构强度和稳定性的因素 流程及流程优化 控制及控制方式	结构设计与拆解方法 流程设计与思想方法优化 绘图和加工能力 批判性思维能力 统筹权衡能力
艺术	造型设计和美化	头脑风暴法、思维导图法、创新设计能力、识图绘图能力
数学	基本几何图形 基本计算	“三视图”绘图方法、计算方法、估算和数据统计能力

五、项目目标和工程任务及拆解后的挑战任务

(一)项目目标

“让夜灯更贴心”STEAM课例在设计和实施过程中始终关注技术学科核心素养，突出学生的主体地位，面向学生的生活领域，为学生提供开放的个性发展空间，注重提高学生的技术意识、工程思维能力、创新设计能力、图样表达能力及物化能力。

本项目总体目标如下。

第一，经历头脑风暴、发散思维、产生想法的过程，初步明确贴心夜灯设计需要考虑的因素，初步培养创新思维能力，逐步形成创新设计意识。

第二，经历按照用户需求选择设计因素的过程，初步进行贴心夜灯的个性化设计，培养方案设计能力，逐步形成创新设计意识和图样表达意识。

第三，经历可行性分析评价的过程，确定贴心夜灯设计的共性标准和个性标准，培养方案评价能力，形成质量意识和评价标准意识。

第四，经历限制条件下的可行性分析的过程，确定项目要求和规则，培养方案可行性分析能力，形成规则意识。

第五，经历综合运用所学知识、依据标准和规则制订贴心夜灯设计方案的过程，体验个性化设计的一般过程，培养综合实践能力，形成优化意识，初步建立工程思维，提升物化能力。

第六，经历综合运用所学知识、依据标准和规则实施贴心夜灯设计方案的过程，培养方案评价能力，形成比较权衡的工程思维和整体统筹的系统思维。

(二)工程任务及拆解后的挑战任务

工程任务：为特定用户设计制作一款贴心夜灯。

工程任务目标描述：设计制作可以自由移动的夜灯，除了有基本的照亮功能外，还可以附加其他功能(如护眼、造型奇特、声控、调光等)。人们不需要的时候可以随手关掉，或者夜灯自动熄灭。

依据课程目标，结合资源条件和限制条件以及学情，本项目的工程任务可以分解出以下挑战任务。

挑战任务一：看谁收集的影响贴心夜灯的因素最多。发散思维，考虑设计贴心夜灯涉及的相关因素。

挑战任务二：看谁收集的控制方式最多，最先确定使用哪种控制方式。发散思维，收集不少于3种贴心夜灯的控制方式(手动控制、声控、光控、声光延时控制等)，并通过比较权衡找到合适的控制方式。

挑战任务三：看哪个小组用时最少。按照用户对夜灯不刺眼和光柔度的需求，探究不少于3种材料，寻找合适材料用于制作灯罩，使光照效果基本达到用户要求的标准照度值(可查询相关标准)。

六、项目所需课时及进度安排

整个项目实施按照设计的一般过程共分为三个阶段：设计阶段、工程阶段和测评阶段(见图 5-2-7)。

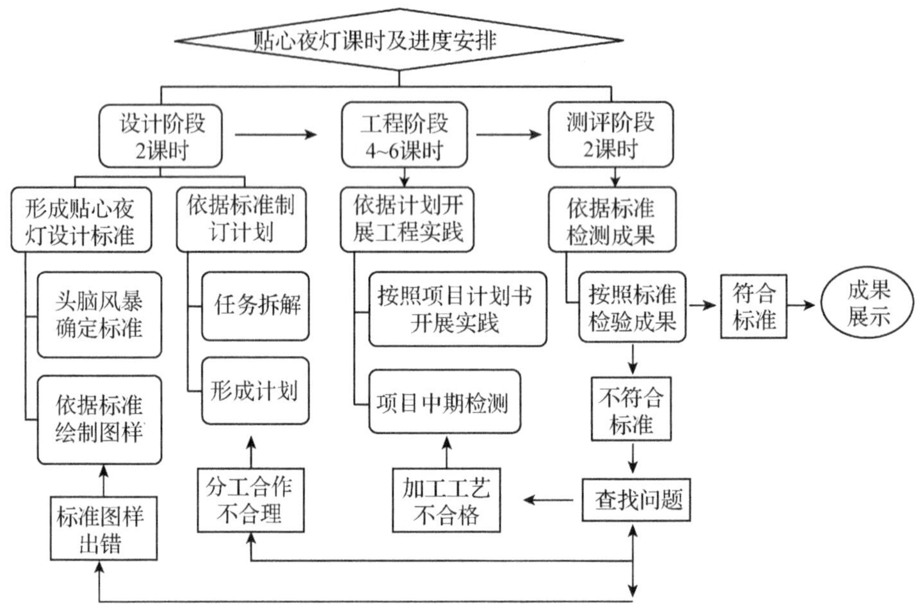

图 5-2-7　项目阶段与时间安排

七、项目实施过程设计

(一)教学过程

1. 主题一：确定标准，绘制图样(效果图)

概述

本课是“让夜灯更贴心”项目第一次课。课题围绕“确定标准，绘制图样(效果图)”展开，核心内容为确定夜灯的贴心标准；聚焦除了共性标准，每个人对贴心夜灯的需求是不同的，如何进行个性化设计这一问题；通过限制条件分析和四象限图法助力学生选定方案草图，按照共性标准和技术要求绘制贴心夜灯效果图。

活动过程

环节一：项目导入，发散思维。

通过调研反馈导入项目主题和工程任务。

通过挑战任务一激发学生主动思维，运用思维导图汇总学生提出的贴心夜灯的设计元素，引导学生从用户、场景、功能、结构、材料等元素进行分级整理，概括出夜灯的设计元素。

环节二：明确共性标准。

通过对夜灯基本功能、限制条件和资源条件进行分析，引出贴心夜灯的共性标准——供电电压要求 、外观尺寸要求等，也可以根据集体决定增加共性标准的内容。

环节三：聚焦问题，初步选定个性化设计元素，构思草图。

提问：除了共性标准，每个人对贴心夜灯的需求也是不同的，你愿意给哪位用户设计一款贴心夜灯呢？该用户满意的贴心夜灯都具备哪些元素？

通过提问引发学生主动思考，明确用户和场景，选定设计元素，构思贴心夜灯草图，给出贴心夜灯设计要素，完成任务单 1。

环节四：限制条件下的可行性分析。

(1)(资源)限制条件举例：时间、场地、材料、工具、个人能力等。

引导学生从限制条件出发，对选定的元素与草图进行分析和修改，强调利用现有技术教室环境、给定或自选材料、8～10 节课完成任务。

(2)可行性分析方法——四象限图分析法。

完成挑战任务二，运用四象限图分析法，进行可行性排序，选定贴心夜灯的控制方式。

(3)完成设计元素的可行性分析。

运用四象限图分析法逐项分析其他个性化设计元素，并进行分组交流。

环节五：确定贴心夜灯的个性标准。

根据项目技术要求，按照可行性分析的结果，进一步优化设计元素细目；按照技术要求确定夜灯的贴心标准，说明贴心标准是最后评估夜灯是否合格的标准，用表 5-2-5 引导学生逐级得出具体做法。

表 5-2-5　以控制方式为例的引导表格

功能	一级实现方法	二级实现方法	终级实现方法
便利	声控	声控功能如何实现 声控电路如何制作	声控电路和夜灯造型是否匹配 声控电路如何合理美观地安装在灯具上
	声光双控延时	声光双控延时电路如何制作，如何调试	声光双控延时电路和夜灯造型是否匹配 如何合理美观地安装在灯具上

环节六：依据标准确定贴心夜灯效果图。

依据标准，经过对比分析和优化选择，从多个草图中选定一个，填写任务单 2。

效果图评价表见表 5-2-6。

表 5-2-6　效果图评价表

评价内容	3 分	4 分	5 分
效果图	能直观地表达作品的整体结构	1. 能直观地表达作品的整体结构 2. 能画出板材的厚度	1. 能直观地表达作品的整体结构 2. 能画出板材的厚度 3. 能清楚地表达构件之间的搭接方式

2. 主题二：任务拆解，分工合作

概述

本主题的主要任务是以效果图为基础，聚焦问题：根据经验想象制作过程会经历哪些具体的任务，这些任务怎样划分更合理，除了木质构件还有哪些构件，这些构件用什么材料制作更合理。通过分组讨论和经验性任务拆分，完成构件分析和构件图绘制等任务。

活动过程

环节一：头脑风暴，初步拆解。

情境：展示普通夜灯效果图(见图 5-2-8)。

引导学生统筹考虑，建议把完成项目的整体过程按照个人理解划分为若干小任务，可以通过课程聚焦的问题激发学生思考，使用思维导图表达，以合理的先后顺序排列任务。

图 5-2-8　普通夜灯效果图

环节二：优化拆解，制订计划。

在初步划分的基础上，让学生充分交流。针对具体问题优化思维导图，依据思维导图，将已经列出的若干任务按照一级大任务、二级小任务和三级细目填进行分解，完成任务单 3。

环节三：绘制构件图。

情境：展示效果图。

引导学生团队合作，按照计划动手实践。

绘制构件图，完成任务单 4。

优化图样：审核优化整体效果图→核算电路导线长度→图样绘制(构件图、排料图、下料图)→优化分工、深度合作。

构件图评价表见表 5-2-7。

表 5-2-7　构件图评价表

评价内容	3 分	4 分	5 分
构件图	表达组成整个作品的所有构件的平面图	1. 表达组成整个作品的所有构件的平面图 2. 每个构件的轮廓图上标注构件名称	1. 表达组成整个作品的所有构件的平面图 2. 每个构件的轮廓图上标注构件名称 3. 每个构件的轮廓图上标注构件尺寸(最大、细节)

3. 主题三：加工构件，组装调试（材料探究和选择）

概述

本课在前面课程的基础上，聚焦问题“如何避免强光直接进入人眼”，引导学生对灯罩的遮光、透光或反光材料进行专项研究。本课的核心内容为通过小组讨论和进行技术实验找到较合适的灯罩材料，分工合作完成构件制作，经过项目中期评价，按照最初的标准优化构件，组装调试最终作品。

活动过程

环节一：材料探究和选择——确定选材，为制作做准备。

情境：展示往届学生的优秀作品以及具有典型缺陷的作品。

提问：如何避免强光直接进入人眼？引导学生对灯罩的遮光、透光或反

光材料进行研究。

确定照度值：在拓展阅读的基础上选定符合安全标准和个性化功能的照度值。

设计简易的测试装置：选定测试内容后通过设计简易测试装置激发学生主动思考。

每组有 5 分钟时间观察教师提供的灯罩模型，并尝试用不同材料制作一个相似的灯罩。每组有 15 分钟时间利用照度仪对不同材料进行观察测量，看哪组最先找到反光/透光性合适的材料。

找到符合照度值的材料、用时最少的为挑战冠军。完成任务单 5 和任务单 6。

环节二：构建自助式教学环境。

根据学生提交的材料清单，构建能够自由取用且种类齐全的硬件教学环境，引导学生在自助式环境中按计划实施零部件制作，组装和调试模型。

环节三：项目中期测评——精准评价。

引导学生运用精准评价表单，对照评价细目点评各组零部件，完成任务单 7。

环节四：组装调试。

经过精准评价后，各组进行构件修整，最后按照夜灯效果图进行组装调试。

下料图和锯割打磨评价表见表 5-2-8。

表 5-2-8　下料图和锯割打磨评价表

评价内容	3 分	4 分	5 分
下料图	零部件有独立的轮廓线以及名称和尺寸(最大、细节)标注	1. 零部件有独立的轮廓线以及名称和尺寸(最大、细节)标注 2. 相邻构件轮廓线之间至少要有 2 毫米的间隔	1. 零部件有独立的轮廓线，以及名称和尺寸(最大、细节)标注 2. 相邻构件轮廓线之间至少要有 2 毫米的间隔 3. 余料、废料、镂空部分有文字或符号(阴影或画“×”)标注

续表

评价内容	3 分	4 分	5 分
锯割打磨	没有明显的木刺	1. 没有明显的木刺 2. 锯割打磨平整	1. 没有明显的木刺 2. 锯割打磨平整 3. 留线锯割打磨平整且光滑

4. 主题四：对照标准，总结评价

概述

本课是“让夜灯更贴心”的最后一课。主要环节包括对照标准分组总结环节；分组展示，多元评价环节。本课旨在通过总结、展示、评价和优化等过程激发学生继续学习的动力和兴趣，提高学生学习的积极性。

活动过程

环节一：对照标准分组总结。

环节二：分组展示，多元评价。

(1)项目自评：各组全面总结本组工作，填写附件1“让夜灯更贴心”综合评价表。

要求PPT内容要体现完成项目的主要过程(草图、效果图、构件图、制作过程的照片、作品、评价表单等)，也可以分享学习过程中遇到的问题和解决的方法，分享经历项目全过程的收获和感悟。

各组通过综合评价表的填写和PPT的制作做到对本组工作心中有数。

(2)推销广告：每组为自己的作品设计一段10秒的广告，广告展示配合PPT和综合评价表的演示。

通过设立“创意奖”“工匠精神奖”，激发学生展示的积极性。

(3)互评师评：每个小组展示结束后，其他小组和教师都可以对展示组的工作进行提问或给出建议。同学和教师对展示组的点评要以激励为目的。创设“创意奖”“工匠精神奖”等特色奖励激发学生继续学习的动力和兴趣，提高学生学习的积极性。教师在所有小组展示结束后进行总结，并为各组的方案提出优化建议。

贴心夜灯作品评价表见表 5-2-9。

表 5-2-9　贴心夜灯作品评价表

评价项目	3 分	4 分	5 分
贴心夜灯作品	1. 作品能平稳地放在平台上(或安全方便地悬挂)，有作品名牌(作品名称、设计制作者、完成日期、功能介绍、注意事项及标价) 2. 开关测试：能成功开关	1. 作品能平稳地放在平台上(或安全方便地悬挂)，有作品名牌(作品名称、设计制作者、完成日期、功能介绍、注意事项及标价) 2. 开关测试：能方便地操作 3. 调光旋钮能方便调光，整个作品美观又有创意	1. 作品能平稳地放在平台上(或安全方便地悬挂)，有作品名牌(作品名称、设计制作者、完成日期、功能介绍、注意事项及标价) 2. 开关测试：能方便地操作 3. 调光旋钮能方便调光，整个作品美观而有创意 4. 抗摔测试：从 100 毫米高度自由下落到桌面(或从 1000 毫米高处落在棉垫上)，作品不会被严重损坏

(二)学习任务单

1. 主题一：确定标准，绘制图样(效果图)

学习任务单 1　确定贴心夜灯的设计标准

挑战任务一：看谁写的相关因素最多
3 分钟时间头脑风暴，在标签纸上写出不少于 3 个设计贴心夜灯的相关因素，一个标签纸只写一个，看谁在有限时间里写得最多。
挑战任务二：看谁做得快(筛选最适合自己的夜灯控制方式)
3 分钟时间头脑风暴，要求： 在标签纸上写出不少于 3 种控制夜灯的方式，一个标签纸只写一种 在 5 分钟内按照技术难度和可行性两个维度在四象限图中进行排序，看谁做得快 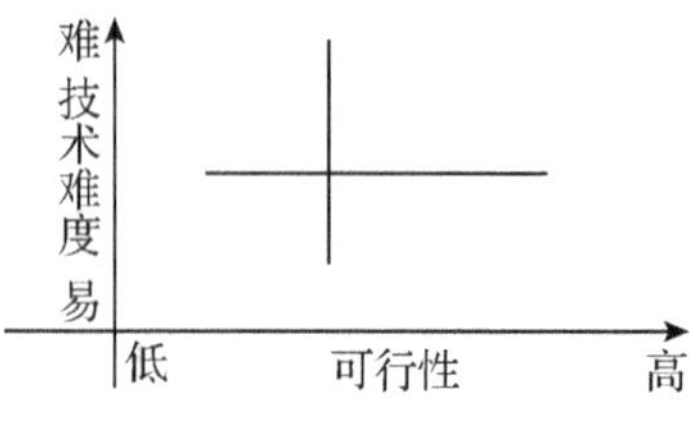

续表

贴心夜灯的设计标准

因素	内容	
共性标准	供电电压：不高于 12 伏 外观尺寸：不大于 120 毫米×120 毫米×120 毫米	
个性标准	用户描述	你要为谁设计贴心夜灯？用户年龄、职业、个性需求……
	场景风格	文字描述或画示意图(可参考元素列举)
	基本功能	
	控制方式	
贴心夜灯草图(标注电路布局)		

学习任务单 2　绘制图样一效果图

技术要求：

①夜灯可以自由移动，总体尺寸范围合理

②夜灯灯具设计要有较好的稳定性和强度

③悬挂式灯具整体连接强度好，不易被损坏

④用红笔标注灯头正负极、电路的线路布局、控制开关

贴心夜灯效果图(立体效果/“三视图”)

2. 主题二：任务拆解，分工合作

学习任务单3 任务拆解，分工合作

任务描述：

在确定了材料和工具的基础上，用头脑风暴和思维导图快速思考完成夜灯作品这个大任务需要拆解成哪些小任务

头脑风暴+思维导图

任务拆解	说明

分工合作计划表

计划顺序	预计时间	任务内容	涉及的材料	涉及的工具	负责人	援助者
1						
2						
3						
4						

合理高效的工作流程(可以分步写，也可以用框图表示)

分工合作实施

实际顺序	实际时间	实际任务内容	涉及的材料	涉及的工具	负责人	援助者
1						
2						
3						
4						
5						

学习任务单 4　绘制图样一构件图

任务描述：

根据夜灯的最终效果图绘制构件图，要求：把每一个零部件都画出来，尺寸标清楚

木质构件图：(利用 220 毫米×180 毫米×3 毫米三合板)

木质构件

序号	不同构件名称	相同构件数量	构件形状、尺寸(复杂构件画三视图)	说明

非木质构件

序号	构件名称	规格数量	构件材料	构件形状、细节尺寸 (复杂构件画“三视图”)	说明
1	导线				
2	电路板				
3	灯罩				

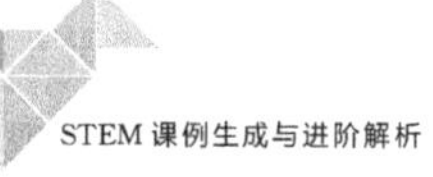

3. 主题三：加工构件，组装调试（材料的探究和选择）

学习任务单 5　挑战任务三：寻找合适的材料

任务描述：

LED 灯头是由多个高亮发光二极管组成的。为了避免强光直接进入人眼，我们需要为灯头设计一个具有反光/透光功能的灯罩。为了找到合适的反光/透光材料，请同学们设计一个或多个技术实验对多种材料进行测试，最终找到合适的反光/透光材料，并将这些材料用于自己的设计。

①选定的夜灯照度值：

②选定的测试内容：（　　）

A. 反光效果测试　　B. 透光效果测试　　C. 反光和透光效果测试

③不少于 3 种被测试的材料：

④测试实验装置：

可用于制作实验装置的材料：锡箔纸、纸碗、纸杯、A4 纸、薄塑料……

测试方法和仪器：观察法、LED 灯、便携式照度仪

⑤填写参考测试记录单

参考测试记录单

序号	材料	反光前照度值	反光后照度值	反光效果	材料	遮光前照度值	遮光后照度值	遮光透光效果

拓展阅读资料

拓展阅读资料 1

<table><tr><td>

最佳光源

所有护眼灯都是要让灯发出尽量接近自然光特性的光线。对人而言，最佳的光源是散射的自然光，具有如下特征。

1. 光线的亮度稳定性好，没有人眼可觉察的、快速的明暗变化(频闪)。

2. 色温在 4000～4600 开尔文，色温适中，光柔和、带点黄，比较适合阅读需要；色温在 4700～5500 开尔文，色温高，光刺眼、偏白。黄昏时太阳光的色温在 2000～3000 开尔文，色温偏低、太黄；中午时，太阳光色温接近 7000 开尔文，色温太高，太亮、太刺眼。

3. 是散射光，光照面积大，无对比度很强的阴影。

4. 光谱连续：由多种可见光按一定比例组合而成的混合光，非单色光。

5. 直射太阳光和靠近窗口的自然光通常很强(照度值达几千甚至几万勒克斯)，不宜在此光线下长时间阅读和书写。

</td></tr></table>

拓展阅读资料 2

<table><tr><td>

护眼灯特点

1. 高频护眼灯，即节能灯，能效是白炽灯的 5 倍，因此省电约 80%，但比白炽灯要贵些。一般灯管发出的光的色温值决定了灯光的柔和度。色温太高和太低都不太好，4000～4600 开尔文的灯比较好，适合各个年龄段使用。

2. LED 作为照明产品，比白炽灯省电约 80%。优点是无频闪，光的色温范围可以做得比较广；缺点是光的色谱太窄，蓝光成分太强。

使用灯时，一方面，应把灯罩压低，以确保注视区域光线够亮，同时能遮住光源以避免眩光；另一方面，要避免灯头太靠近注视区域(书本/桌面)，导致光线过亮。

</td></tr></table>

拓展阅读资料 3

<table><tr><td>

室内照度的设计标准参考数据(节选)

根据室内照度的设计标准，夜灯正常工作时，室内的亮度要达到一定的数值。只有符合标准的夜灯才算是合格产品。请同学们参照以下数据选定夜灯的照度值。

一些环境的照度参考值：(单位：勒克斯)

场所/环境	照度
1. 晴天	30000～130000 勒克斯
2. 晴天室内	100～1000 勒克斯
3. 阴天	3000～10000 勒克斯
4. 阴天室外	50～500 勒克斯
5. 阴天室内	5～50 勒克斯

</td></tr></table>

续表

6. 黄昏室内	10 勒克斯
7. 日出日落	300 勒克斯
8. 黑夜	0.001～0.02 勒克斯
9. 月圆	0.30～.03 勒克斯
10. 星光	0.0002～0.00002 勒克斯
11. 夜间路灯	0.1 勒克斯
12. 餐厅	10～30 勒克斯
13. 走廊	5～10 勒克斯
14. 距 60 瓦台灯 60 厘米桌面	300 勒克斯
15. 室内日光灯	100 勒克斯
16. 阅读书刊时所需的照度	50～60 勒克斯

学习任务单 6　确定制作夜灯的材料和工具

任务描述：

夜灯是由多个零部件组成的综合作品。为了让作品设计更合理、更精致，我们需要选择科学合理的夜灯制作材料。下面表格里提供了可选择的材料，请认真分析并通过技术实验为自己的夜灯确定合理的制作材料，尝试列出加工工具。

备选材料

序号	材料名称	材料规格	序号	材料名称	材料规格
1	三合板	220×180	6	铝丝 1	Φ1
2	白色 A4 纸	297×210	7	铝丝 2	Φ2
3	彩色 A4 纸	红绿蓝粉紫	8	铝丝 3	Φ3 绿蓝紫
4	硫酸纸	297×210	9	软陶	12 色
5	花色薄棉布	420×297	10	7 芯导线	红　黑

①你选定的制作材料有哪些

____

续表

②选定夜灯材料的加工工具

加工工具

序号	材料	规格	数量	加工工具	使用方法	备注

4. 主题四：对照标准，总结评价

学习任务单 7　精准评价

任务描述：

夜灯的质量直接取决于构件的质量。下面列出了夜灯设计图和构件质量的量化评价细目，请同学们依据此标准对其他同学的设计图和构件质量进行评分，并写出改进建议。

总分______　建议______________________________

1. 立体效果草图：得分______建议______________________________

(1)能直观地表达作品的整体结构(3 分)

(2)能画出板材的厚度(4 分)

(3)能清楚地表达构件之间的搭接方式(5 分)

2. 构件(零部件)图：得分______建议______________________________

(1)表达组成整个作品的所有构件的平面图(3 分)

(2)每个构件的轮廓图上标注构件名称(4 分)

(3)每个构件的轮廓图上标注构件尺寸(最大、细节)(5 分)

3. 排料图：(图物比______)得分______建议______________________________

(1)零部件有独立的轮廓线以及名称和尺寸(最大、细节)标注(3 分)

(2)相邻构件轮廓线之间至少有 2 毫米的间隔(4 分)

(3)余料、废料、镂空部分有文字或符号(阴影或画“×”)标注(5 分)

4. 下料图：(要求同排料图)得分______建议______________________________

(1)零部件有独立的轮廓线以及名称和尺寸(最大、细节)标注(3 分)

(2)相邻构件轮廓线之间至少有 2 毫米的间隔(4 分)

(3)余料、废料、镂空部分有文字或符号(阴影或画“×”)标注(5 分)

续表

5. 锯割打磨：得分______建议______________________________ (1)没有明显的木刺(3 分) (2)锯割打磨平整(4 分) (3)留线锯割打磨平整且光滑(5 分) 6. 电路焊接：得分______建议______________________________ (1)正确插装元器件(3 分) (2)正确焊接(灯头正常发光)(4 分) (3)具备调光功能(5 分) 7. 作品：得分______建议______________________________ (1)作品能平稳地放在平台上(或安全方便地悬挂)，有作品名牌(作品名称、设计制作者、完成日期、功能介绍、注意事项及标价)(10 分) (2)开关测试：能方便地操作(5 分) (3)调光旋钮能方便调光，整个作品美观又有创意(5 分) (4)抗摔测试：从 100 毫米高度自由下落到桌面(或从 1000 毫米高处落在棉垫上)，作品不会被严重损坏(10 分)
评价人对被评人的总体评价及提出的改进建议： ______________________________ ______________________________ ______________________________ ______________________________

(三)评价设计

1. 前测设计

贴心夜灯项目开始前布置调研表(见表 5-2-10)，让学生收集有关夜灯使用情况及用户需求的信息。

表 5-2-10　生活中夜灯使用情况及用户需求调研表

用户描述	使用场景	艺术风格	不满意	基本需求	魅力需求

前测问卷见表 5-2-11

表 5-2-11　前测问卷

前测问卷
(1)你觉得插座式夜灯有什么问题？多选(　　) A. 不方便　　　　　B. 工作电压高 C. 不是我喜欢的样子　D. 其他 (2)你认为贴心夜灯具备哪些特征？单选(　　) A. 功能满足用户个性化需要 B. 造型和风格符合用户审美标准且与使用环境相适合 C. 结构稳当，结实耐用 D. 以上都是 (3)如果夜灯只能满足一个功能，你会选择什么？单选(　　) A. 美观　　B. 便携　　C. 安全　　D. 其他 (4)在满足安全的前提下，如果还能再选择一个功能，你首选什么？单选(　　) A. 美观　　B. 便携　　C. 有个性　　D. 其他 (5)接下来我们即将开启贴心夜灯项目，你有什么想法？单选(　　) A. 喜欢夜灯项目，希望立即开始这个好玩又有意思的项目 B. 喜欢夜灯项目，担心做不好 C. 虽然不喜欢夜灯项目，但是可以按要求完成项目 D. 不喜欢夜灯项目，想做其他更有意思的项目 (6)你愿意为哪位用户亲自动手设计并制作一个贴心夜灯？单选(　　) A. 我自己　　B. 父母　　C. 老师　　D. 其他 (7)如果你是夜灯的用户，在挑选夜灯的时候你关注什么？多选(　　) A. 多功能，如要有智能控制的功能等 B. 根据夜灯使用场景进行选择，夜灯外观风格要适合其使用环境 C. 要选择自己喜欢的发光颜色 D. 考虑价格，不能太贵

2. 终结性评价表

附件 1　“让夜灯更贴心”综合评价表(见表 5-2-12)

表 5-2-12　“让夜灯更贴心”综合评价表

学号		姓名		成绩	
作品名称 (5 分)					

续表

<table>
<tr><td>项目描述
(15 分)</td><td>1. 基本功能描述
立体效果草图：

作品总体尺寸：

2. 创新设计描述
结构设计：

装饰设计：

3. 连接方式</td><td>下料准备
(10 分)</td><td>(可另附 A4 纸)
1. 给定材料：三合板 220 毫米×180 毫米×3 毫米
三合板排料图：
(1)镂空图案最小尺寸为 5 毫米×52 毫米
(2)镂空间隔最小尺寸为 5 毫米

2. 其他材料</td></tr>
<tr><td>制作流程
(15 分)</td><td colspan="3">方框图：(按实际过程确定环节)
分步骤：(按时间顺序分步描述)
1.
2.
3.
4.
5.</td></tr>
<tr><td>任务分工
(15 分)</td><td colspan="3">小任务 1　　　　负责人
小任务 2　　　　负责人
小任务 2　　　　负责人</td></tr>
<tr><td>作品优劣
(10 分)</td><td colspan="3">从结构、锯割、打磨、锡焊焊接、电路装配、美化等方面进行评价：</td></tr>
<tr><td>改进方法
(10 分)</td><td colspan="3">针对结构、锯割、打磨、锡焊焊接、电路装配、美化等具体问题的解决方法：</td></tr>
<tr><td>收获感悟
(10 分)</td><td colspan="3"></td></tr>
<tr><td colspan="2">你最喜欢的提名作品名称及组号(5 分)</td><td colspan="2"></td></tr>
<tr><td colspan="2">你最喜欢这一提名作品的原因(5 分)</td><td colspan="2"></td></tr>
</table>

3. 后测设计

后测简答题：

(1)什么样的夜灯让你觉得最贴心、最满意？

(2)你知道最简单的夜灯电路分为哪几部分吗？

(3)你会用哪些方法控制夜灯？

(4)你会用哪些材料制作夜灯？

(5)你会用哪些工具制作夜灯？

(6)你怎样评价一个夜灯是否贴心？

八、项目学习成果展示

(一)项目汇报，方案展示

作品制作完成后，我们利用两节课进行作品展示和互评。

分组汇报：组内分工合作，通过PPT及广告展示推销等形式，充分展示本组的工作和最终的成果。

互评师评：在观看完其他组的汇报宣讲后，进行提问或点评，完成互评，对这一组的工作和作品提出表扬和建议。教师给予及时肯定和鼓励，引导学生整理其他组同学的意见，写出优化改进作品方案的具体方法，完成“让夜灯更贴心”综合评价表。

部分优秀作品如图5-2-9所示。

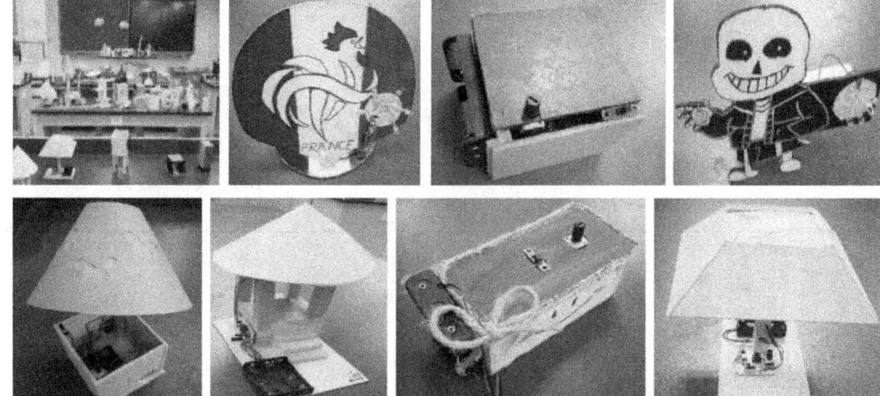

图5-2-9　部分优秀作品

通过展示之后的优化提升，一组学生的作品参加了2018年北京市中小学生技术创意展示活动并获了奖，同年10月在北京国际设计周向公众展出(见图5-2-10)。本作品利用三维创意设计软件进行建模，利用3D打印完成外观造型制作，利用单片机控制结合手工焊接完成别墅夜灯制作。

图5-2-10　展示情景

(二)标准与规则——贴心夜灯的客户使用反馈

在校内展示和评价结束之后，学生把作品交给自己的用户。用户使用一周之后，学生再次收集用户反馈信息，明确后续优化方向(见表5-2-13)。

表5-2-13　贴心夜灯用户使用反馈表

用户描述	使用场景	用户的满意描述	用户的不满意描述	用户新的期望

九、课例整体评价与反思

(一)课例实施调研

整个项目实施后，多数学生都能自己设计和制作贴心夜灯，对项目有很大的兴趣。

多数学生认为，“让夜灯更贴心”项目的开展让自己收获了不一般的经历和一件自己亲自完成的作品，经历了在实践中发现问题、解决问题的过程，有了在普通课堂上无法体验的动手实践的宝贵经历，收获了友谊。

(二)实施反思

1. 专家意见

专家意见 1：让学生进行头脑风暴前应该留给学生足够的思考时间，此时教师不宜过多干扰。

专家意见 2：让学生自己得出贴心夜灯的评价标准的过程，可以调整为由教师通过追问的方式得出更为详细的内容，而不只是列出设计因素。

专家意见 3：通过追问可以让学生进入高阶思维，建议把设计因素列成表格，在追问过程中及时记录学生的想法，形成更为详细的标准条目。

2. 个人反思

贴心夜灯的结构和材料引入要联系学科核心概念顺势过度。后续改进时，可以组织学生通过探究和交流活动进行深入思考，促进高阶思维的形成。比如，再次进行头脑风暴，让学生思考并写出更加完善、更加安全的方法等。

课例三　数学与艺术：制作繁花曲线绘图机器人①

项目简介

学生利用乐高机器人套装、Scratch 图像化编程软件，根据探究到的繁花

① 本课例由北京市陈经纶中学帝景分校范晶老师设计与实施。指导老师为北京市朝阳区教育研究中心王戈。由北京教育学院于晓雅博士主持的北京市“STEM 教育与创客教育课程实践”卓越教师工作室集体打磨完成。

曲线原理，制作繁花曲线绘图机器人，从制作繁花曲线尺到设计绘图机器人，在进行科技创新的同时体会数字艺术之美。

第一部分　三级进阶课例解析

“制作繁花曲线绘图机器人”是集算法与编程、结构与搭建、手工制作、艺术创作等跨学科综合能力为一体的复杂项目。在此课例中，学生分析繁花曲线的来源，手工制作繁花曲线尺，在编程平台进行繁花曲线绘制程序的编写，研究结构，搭建机器人，并结合运行程序制作繁花曲线绘图机器人。这一过程培养了学生利用多学科知识解决问题的能力，学生的计算思维、工程思维、美学欣赏能力等都得以增强。

课例形成过程中经历了三个版本的迭代升级。下面就课例进阶、教师成长、学生成长进行解析说明。

一、STEAM 课例进阶

此课例通过三个版本的迭代优化，从项目背景、提供的材料、评价量表、工程设计、物化成果五个方面进行了修改升级。项目背景与学生生活联系更紧密，项目开展过程中增加了万花尺以及更为细致准确的评价表。展示环节不仅展示了作品，而且增加了对制作过程中遇到的问题及解决问题的方法的交流。

教学目标也随之进行了改进，从原来的三维目标更改为更能体现学生核心素养形成、更能体现 STEAM 教育理念的目标体系，并依据学生的认知规律及项目需求，对工程总任务进行了分析和分解，形成了一系列具有竞赛风格的工程挑战任务。

(一)总体修改

表 5-3-1 展示了课例总体更改的情况及更改原因。

表 5-3-1 总体修改展示

第一版	第二版	第三版	更改原因
教师叙述项目背景	教师提供文字、视频等项目背景材料和学习任务单，学生根据关键问题了解项目背景	增加导入环节，学生观察繁花曲线，寻找生活中的繁花曲线应用实例(如 1 元钱币上的繁花曲线等)	于晓雅博士建议与学生生活实际联系，与学生建立共情，有效激发学生的学习兴趣
教师提供探究工具万花尺，但大部分学生不会使用	教师提供万花尺使用说明书	无更改	于晓雅博士建议应提供特殊材料或工具使用说明书，培养学生通过阅读使用说明书使用工具的能力
无学生评价表格	增加学生评价表格	完善对学生的评价	加入学生生成评价体系
工程设计部分缺少活动记录	提供工程设计笔记	完善工程设计笔记	帮助学生记录学习和观察结果，为教师的形成性评价提供资源
将最终物化的繁花曲线绘图机器人作为项目成果进行展示汇报	展示多元化的项目成果，包括： 1. 运用繁花曲线设计的班徽 2.“影响繁花曲线绘制效果的主要因素”实验报告 3. 设计制作的繁花曲线绘图机器人 4.“设计制作繁花曲线绘图机器人”项目研究报告	不仅进行作品展示，还对项目完成过程中遇到的困难及解决的办法进行交流	于晓雅教授建议，项目成果可以包含项目研究过程中形成的各种形式的成果。重新梳理项目研究过程中可能产生的各种成果，使展示的成果不仅有最终的物化成果，还有过程性成果，可以进一步提高学生的成就感和自我效能感

(二)教学目标的进阶

教学目标的进阶见表5-3-2。

表5-3-2 教学目标的进阶

第一版	第二版	第三版
1. 知识与技能目标 ①了解绘制繁花曲线的基本科学原理 ②了解繁花曲线机器人的基本工程结构 2. 过程与方法目标 增强在日常活动中解决问题、适应挑战等方面的实践创新能力 3. 情感、态度与价值观目标 培养学习、理解、运用科学知识和技能的科学精神，包括批判质疑和勇于探究的精神	1. 了解繁花曲线的文化背景和绘制繁花曲线的基本科学原理 2. 培养在日常活动中解决问题、适应挑战等方面的实践创新能力 3. 培养学习、理解、运用科学知识和技能的科学精神，包括批判质疑和勇于探究的精神	1. 通过查找资料，了解繁花曲线的文化背景；通过探究影响繁花曲线大小和花形的主要因素，了解绘制繁花曲线的基本科学原理 2. 通过制作繁花曲线绘制工具，提高动手解决问题的能力；通过制作繁花曲线绘制机器人，培养在日常活动中解决问题、适应挑战等方面的实践创新能力 3. 通过亲身经历从认识繁花曲线，使用繁花曲线工具绘制图案、探究其工作原理，到最后实现繁花曲线绘制工具自动化的过程，培养学习、理解、运用科学知识和技能的科学精神，包括批判质疑和勇于探究的精神

(三)工程挑战任务的进阶

工程挑战任务的进阶见表5-3-3。

表5-3-3 工程挑战任务的进阶

第一版	第二版	第三版
只有项目总任务。学生没有研究的着手点，教师不好把控教学节奏	将总工程任务分解为子工程任务，但任务设计缺乏挑战性，学生兴趣不高，教师评价难以量化	将子工程任务与学生生活实际联系起来

二、教师成长

第一版中，教师采用讲授加操作演示的方式，教学生如何制作繁花曲线绘制机器人，注重提升学生获取知识与技能的能力。教师的角色是课堂的主导者。

第二版中，教师采用学习单导学，成为课堂组织者，促进学生开展探究性学习，提高了学生学习的独立性。教师的角色是课堂的组织者，以学生为主体，凸显学生的主体地位。教师在进行课程教学时，给予学生自主学习的机会，让学生感受自主学习的快乐，增强学习的积极性。

第三版中，教师创建探究式的学习环境，和学生作为活动的学习者一起工作；通过创设项目情境，引导学生体验成长；从科学的角度出发，培养学生的认知能力、创造能力；以现实情境中的任务为导向，从不同的维度调动学生的思维，强调思维能力、解决问题能力和核心素养的培养。教师是移动的“问题解答器”。受到材料和设备的限制，对于学生在探究过程中产生的疑问，教师要现场给予解答。教师是成果汇报时的“纠错器”。各小组多次讨论后凝练形成的成果仍有可能存在问题，教师需要在成果汇报时仔细分辨、及时纠正。教师是项目任务完成前的“提升器”。各小组选择的探究角度不同，采用的方法各异。教师在最后总结时不仅要选出项目最佳方案，而且应从问题探究的角度出发，站在专业的高度对探究活动的过程和成果做出评价，起到画龙点睛的作用。

三、学生成长

学生在真实情境中开展项目式学习，通过理解问题—头脑风暴—设计和建构—测试和重新设计—展示交流一系列环节，在不断交流、改进、创新的过程中，明确目标，坚持不懈，寻找并合理利用一切资源，综合运用知识与方法，设计出了一个系统的问题解决方案。在真实情境中开展项目式学习，可以让学生在自主探究的过程中找到解决问题的方法，提升自我效能感。

第二部分　实施后反思改进版示范课例

一、项目缘起

繁花曲线是数学与美的结合。繁花曲线的图案运用在窗花、丝绸、餐具、图书等领域。

繁花曲线的创始者杨秉烈先生是上海工学院首批建校骨干之一。身为第一个获得国家发明奖的人，他一生奋斗在科技发明前线。他发明的繁花曲线规有一百个大小不一、形态各异的繁花齿轮，每个齿轮均有不同形状、不同位置的绘图孔。繁花齿轮在空心外图板的圆洞中转动，便绘制出无数种图形。它的每一次转动都和数学、物理有着紧密的联系。繁花曲线中隐藏着哪些数学、物理知识？我们能否让机器人自动绘制出美丽的繁花曲线？在这个项目中，我们通过开展 STEAM 学习，走进繁花曲线这项艺术。

本课例将带领学生在科学上进行猜想和验证，探究影响繁花曲线图案的要素；在技术上实现繁花曲线绘制工具自动化，最终形成物化的"繁花曲线绘图机器人"成品；在工程上自制繁花曲线绘制工具，进行系统工程设计；在艺术上体会繁花曲线之美，并运用繁花曲线进行艺术创意表达；在数学上对繁花曲线进行数学建模，探究繁花曲线的几何原理。

本课例通过运用现代技术将传统工具自动化，将传统几何艺术与绘画艺术相融合，使学生体验并传承传统工艺。

由于本项目运用多学科知识综合解决问题，因此教师需要打破学科壁垒，采用 STEAM 教育理念设计教学，立足于生活经验和社会实践，将各学科的知识和方法整合到解决问题的过程中，围绕科学、技术、工程、艺术、数学各学科的核心素养进行基于 STEAM 教育理念的"制作繁花曲线绘图机器人"教学任务单设计。

二、项目实施的环境与硬件要求

项目实施的环境要求：机房(小组式布局更佳)/创客教室(每组至少配备一台电脑)。

项目实施的硬件要求：Scratch 图像化编程软件，乐高机器人套装(每组至少一套)。

三、项目适合的学段

本课例适合初中学段学生学习。

本课例涉及的前序知识或能力和后序知识或能力见表 5-3-4。

表 5-3-4　前序知识或能力和后序知识或能力

项目内容	前序知识或能力(项目开始前已经具备的)	后序知识或能力(项目过程中学习和培养的)
繁花初现	几何图形的美	几何图形艺术设计
繁花探秘	平面直角坐标系的知识，在平面直角坐标系中表示的方法，程序设计基础	运用数学建模、圆内轮曲线、编程进行图形绘制，运用控制变量法进行科学验证
繁花自开	一些基础的机械结构知识，如齿轮传动结构、皮带轮传动机构、曲柄摇杆机械结构等	项目自动化系统设计
繁花齐放	基础的交流、评价能力	对项目进行综合、客观评价

四、项目涉及的 STEAM 知识与能力

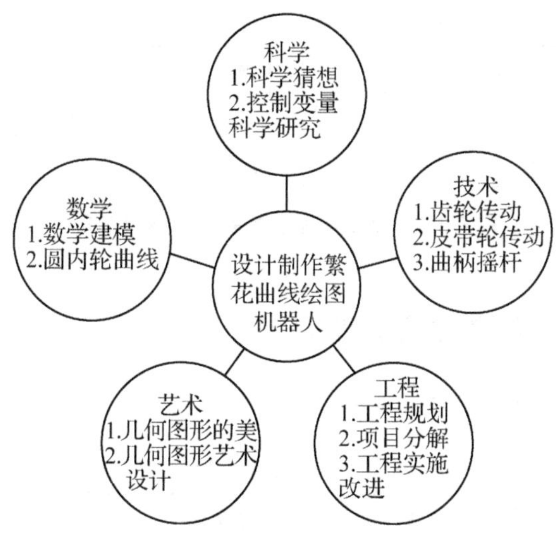

图 5-3-1　项目涉及的 STEAM 知识与能力

图 5-3-1 展示了项目与 STEAM 之间知识和能力的结构关系。

五、项目目标和项目任务及拆解后的挑战任务

(一)项目目标

第一，通过查找资料了解繁花曲线的文化背景，探寻繁花曲线艺术之美；

通过探究影响繁花曲线大小和花形的主要因素，了解绘制繁花曲线的基本科学原理。

第二，通过制作繁花曲线绘制工具，提高动手解决问题的能力；通过制作繁花曲线绘制机器人，提升在解决问题、适应挑战等方面的实践创新能力。

第三，通过亲身经历认识繁花曲线、使用繁花曲线工具绘制图案、探究其工作原理、实现繁花曲线绘制工具自动化的过程，形成批判质疑、勇于探究的科学精神。

(二)项目任务及拆解后的挑战任务

项目任务及拆解后的挑战任务见图 5-3-2。

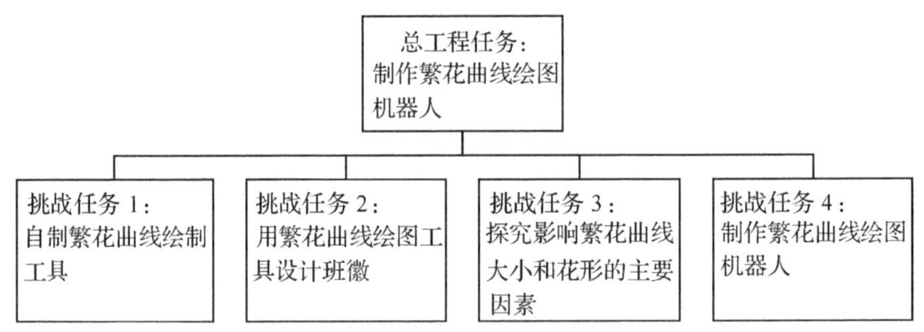

图 5-3-2　项目任务及拆解后的挑战任务

六、项目所需课时及进度安排

项目所需课时及进度安排见表 5-3-5。

表 5-3-5　项目所需课时及进度安排

“制作繁花曲线绘图机器人”建议总课时：4～5 课时		
课程	课时	时长
繁花初现——艺术设计	1 课时	1 小时
繁花探秘——科学探究	1 课时	1 小时
繁花自开——工程设计	1～2 课时	1～2 小时
繁花齐放——交流共享	1 课时	1 小时

七、项目实施过程设计

(一)教学过程

1. 主题一：繁花初现——艺术设计

概述

本课是本项目的第一节课，主要通过引导学生查找资料，了解繁花曲线的文化背景，学习创始人的精神，体验运用万花尺，自主制作绘制工具，使用繁花曲线绘制工具绘制创意作品，提高学生动手解决问题的能力。

活动过程

环节一：情境导入。

(1)展示繁花曲线，说明其应用领域，如人民币图案设计、家装材料图案设计、铁艺等。

(2)引导学生利用任务单导学，明确项目研究的主要问题，明确本节课的学习目标和挑战任务。

环节二：查找繁花曲线的文化背景。

查找繁花曲线的创始人、创意来源、应用领域、绘制工具等，完成学习任务单 1。

环节三：体验运用万花尺绘制繁花曲线。

阅读万花尺使用说明书，组中 3 位同学各选一个齿轮，在学习任务单 2 中绘制繁花曲线。

环节四：制作绘制繁花曲线工具。

4 人一组，运用教师提供的材料或工具绘制繁花曲线，填写学习任务单 3。

教师为每组提供的材料及工具有万花尺，各种直径的胶带卷，各种直径的瓶盖，大小、形状不同的扣子，圆规，多色圆珠笔。

展示交流：

展示活动中记录各组绘制的繁花曲线，交流工具制作的方法。

环节五：设计班徽。

运用自制繁花曲线工具设计班徽，填写学习任务单 4。

教师为每组提供的材料及工具有环节三中的所有材料，各色水彩笔，彩纸若干张，白纸若干张。

环节六：展示交流。

每组代表展示运用繁花曲线图案设计的班徽。全体交流设计的创新点、设计中遇到的问题、解决的方法。

2. 主题二：繁花探秘——科学探究

概述

本课结合数学知识，通过动手实践，探究影响繁花曲线大小和花形的主要因素，学习绘制繁花曲线的基本科学原理。

活动过程

环节一：创设情境。

播放视频。

在节目中，现场嘉宾指定 6 个以上繁花齿轮以及该齿轮上的绘图孔。主持人根据嘉宾要求，用相同原则绘制闭合繁花曲线，所有曲线以一个中心为原点重叠。

两位选手观察重叠图形，通过推理计算，在道具墙上找到绘制该图形的齿轮及对应的绘图孔。

环节二：猜想影响因素。

学生猜想繁花曲线的花形可能受哪些因素的影响。

第一，在平面直角坐标系中绘制繁花曲线工具的数学模型(见图 5-3-3)。

第二，在数学模型中，标出可能会影响繁花曲线花形的因素。

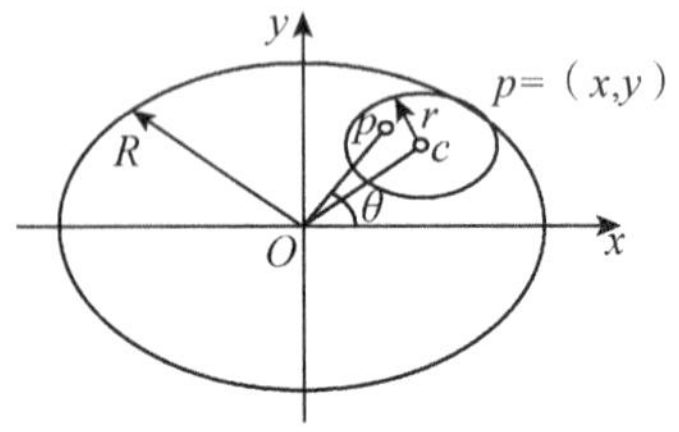

图 5-3-3　繁花曲线数学模型

环节三：科学探究。

用控制变量法，根据环节二中的猜想，确定自变量，控制因变量，设计实验记录单，并通过实验进行猜想验证，根据所获事实数据说明问题、分析问题。

教师提供的实验材料有Scratch编程软件，万花尺，各种直径的胶带卷，各种直径的瓶盖，大小、形状不同的扣子，圆规，多色圆珠笔。

教师提供拓展阅读资料，引导学生自主学习拓展。

环节四：交流展示。

制作展示海报，交流以下问题。

参考的海报是什么？

我们绘制的繁花曲线绘制工具数学模型是什么？

我们的猜想是什么？

我们的探究方法是什么？

我们的探究数据是什么？

我们的探究结论是什么？

我们在探究过程中的收获是什么？

我们遇到的问题是什么？

我们的解决方法是什么？

3. 主题三：　繁花自开——工程设计

概述

本课主要为设计繁花曲线绘图机器人的结构，通过研究曲柄摇杆机构等的传动原理，并使用已有材料，设计出机器人的硬件结构部分。

活动过程

环节一：明确任务。

我们逐渐步入智能社会，很多机械性的劳动开始由机器人去做。

宣布挑战任务：设计制作繁花曲线绘图机器人。

环节二：探究原理，设计结构。

教师提供材料：每组一份任务书，相关工程机械结构学习资料，每人两张便笺。

一张便笺画设计草图，如图5-3-4。

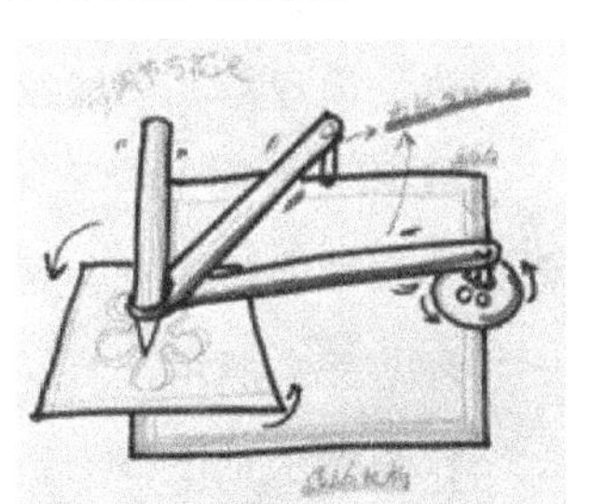

图5-3-4　曲柄摇杆机械结构草图

一张便笺写下相关知识或原理，如曲柄摇杆机械结构是指具有一个曲柄和一个摇杆的铰链四杆机构。通常曲柄为主动件且等速转动；摇杆为从动件，做变速往返摆动；连杆做平面复合运动。

环节三：搭建结构。

引导学生按照任务书中的设计，制作繁花曲线绘图机器人，完成设计报告。

教师提供材料：乐高套装(主控，2 个马达，齿轮若干，皮筋 5 个，梁、轴、轴套等结构件若干)。

环节四：展示交流。

机器人已完成的功能是什么？

我们在制作过程中遇到的困难是什么？

我们解决的方法是什么？

我们还没有解决的问题是什么？

4. 主题四：繁花齐放——交流共享

概述

本节课对上节课的设计进行改进优化，通过调试软硬件，改进繁花曲线绘图机器人。最后各组根据评价标准，进行交流共享。

活动过程

环节一：明示任务。

挑战任务：

①完成繁花曲线绘图机器人的改进；

②完善设计报告；

③完成自评及互评。

环节二：改进设计。

改进设计繁花曲线绘图机器人：

根据上节课的学习和互提的建议，进行机器人结构和功能的改进与调试，并完成设计报告。

环节三：展示交流。

作品展示见图 5-3-5。

作品的创新点是什么？

改进时我们遇到的困难是什么？

我们的解决方案是什么？

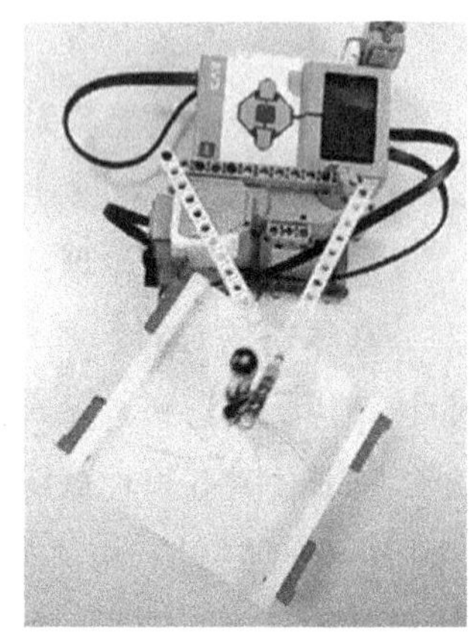

图 5-3-5 作品展示

环节四：作品评价。

小组自评：完成小组自评表。

组间互评：完成组间互评表。

整理项目成果。

(二)学习任务单

1. 主题一：繁花初现——艺术设计

表 5-3-6 学习任务单 1

<table>
<tr><th>什么是繁花曲线</th><th>繁花曲线的应用</th><th>繁花曲线的绘制工具</th></tr>
<tr><td rowspan="3">关于繁花曲线我知道了什么，我还想了解什么
1. 发明者
2. 创意来源
3.</td><td rowspan="3">我观察到生活中繁花曲线被应用于</td><td>可以用______工具绘制繁花曲线</td></tr>
<tr><td>我希望能自制繁花曲线绘制工具：
□是　□否</td></tr>
<tr><td>我希望繁花曲线绘制工具更加智能：
□是　□否</td></tr>
</table>

表 5-3-7 学习任务单 2

我们绘制的繁花曲线图案为
绘制繁花曲线的工具至少要包含哪些必要的部件/要素
万花尺中的齿轮起到了什么作用

表 5-3-8 学习任务单 3

选择的材料	绘制的繁花曲线	在绘制过程中
		一次绘制成功 没有一次绘制成功 失败的原因为 ____________ ____________ 改进的方法为 ____________ ____________

表 5-3-9　学习任务单 4

<table>
<tr><td>繁花曲线被应用于</td><td>我们设计的班徽</td><td>我的设计创意</td></tr>
<tr><td>□背景

□主体图案

□边花</td><td></td><td></td></tr>
<tr><td colspan="3">设计过程中遇到的问题及解决方案为</td></tr>
<tr><td colspan="3">繁花曲线的美体现在哪些方面</td></tr>
<tr><td colspan="3">繁花曲线还可以应用在哪些设计中</td></tr>
</table>

2. 主题三：繁花自开——工程设计

表 5-3-10　学习单

<table>
<tr><td colspan="5">任务书(第______组)</td></tr>
<tr><td>任务分解(分解设计和制作的细节，将大任务分解成若干可完成的小任务)</td><td colspan="4">用齿轮实现传动功能
1.
2.
3.</td></tr>
<tr><td rowspan="3">设计方案(请小组中的每位同学将自己的设计草图及其涉及的相关知识与原理写在便笺上，并粘贴在自己名下)</td><td>小组成员一</td><td>小组成员二</td><td>小组成员三</td><td>小组成员四</td></tr>
<tr><td>设计草图
粘贴处</td><td>设计草图
粘贴处</td><td>设计草图
粘贴处</td><td>设计草图
粘贴处</td></tr>
<tr><td>相关知识及
原理粘贴处</td><td>相关知识及
原理粘贴处</td><td>相关知识及
原理粘贴处</td><td>相关知识及
原理粘贴处</td></tr>
</table>

表 5-3-11　工程设计笔记

1	问题	
2	预测	
3	设计思路	
4	材料	
5	流程	
6	观察	
7	困难	

续表

8	想法	
9	数据	
10	画图	
11	结论	

(三)评价设计

利用表5-3-12至表5-3-14，分别从信息表达能力、团队合作能力、操作能力几个方面进行评价。

表5-3-12　信息表达能力评价表

一级指标	二级指标	评价标准	等级			
			A	B	C	D
信息表达能力	语言表达	很好(A)：表述很清晰，语句完整，能运用恰当的科学语言 较好(B)：表述较清晰，语句较通顺，能运用一定的科学语言 一般(C)：表述不太清晰，时有停顿 较差(D)：无法表述清楚，不能成句				
	文字表达	很好(A)：能撰写规范的研究报告，语言精练，语句通顺 较好(B)：能撰写较规范的研究报告，语言清晰，语句较通顺 一般(C)：不能撰写规范的研究报告，语句冗长不清 较差(D)：不能撰写研究报告				
	实践表达	很好(A)：能运用多媒体技术制作精美幻灯片并进行展示，内容丰富，结构清晰 较好(B)：能运用多媒体技术制作幻灯片并进行展示，内容较丰富，结构较清晰 一般(C)：能制作幻灯片，内容简单，结构笼统 较差(D)：不能制作幻灯片				

表 5-3-13 团队合作能力评价表

一级指标	二级指标	评价标准	等级			
			A	B	C	D
团队合作能力	合作意识	很好(A)：十分积极地参与团队活动，能积极提出自己的建议和想法 较好(B)：较积极地参与团队活动，能提出自己的建议和想法 一般(C)：参与团队活动，很少提建议和想法 较差(D)：不参与团队活动，不提建议和想法				
	合作技能	很好(A)：能及时完成分配的任务且完成度很高 较好(B)：能完成分配的任务且完成度较高 一般(C)：能完成分配的任务但完成度不高 较差(D)：不能完成分配的任务				
	合作精神	很好(A)：经常能在他人需要时提供帮助，并积极听取他人的想法 较好(B)：能在他人需要时提供帮助，能听取他人的想法 一般(C)：偶尔会提供帮助，有时会打断或贬低他人 较差(D)：不帮助他人，时常会打断或贬低他人				

表 5-3-14 操作能力评价表

一级指标	二级指标	评价标准	等级			
			A	B	C	D
项目操作能力	项目设计	很好(A)：能设计与研究主题相关的精细的实验方案 较好(B)：能设计与研究主题相关的较精细的实验方案 一般(C)：能设计简单的实验方案 较差(D)：不能设计实验方案				

续表

一级指标	二级指标	评价标准	等级			
			A	B	C	D
项目操作能力	项目完成度	很好(A)：能完成实验任务且完成度很高 较好(B)：能完成实验任务且完成度较高 一般(C)：能完成实验但完成度较低 较差(D)：不能进行或完成实验				
	结果分析	很好(A)：能对结果进行准确分析和处理 较好(B)：能对结果进行较复杂的处理和分析 一般(C)：能对结果进行简单处理和分析 较差(D)：不能对结果进行分析				

八、项目学习成果展示

教师借助学校科技节，为学生自主设计制作的机器人举办了小型展览会。学生利用课余时间，进行相关图案的设计。图 5-3-6 为利用学生作品进行绘制表演的情况。

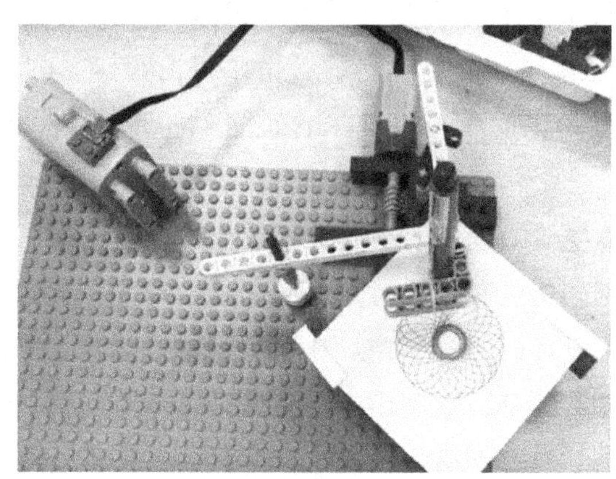

图 5-3-6　作品展示

九、课例整体评价与反思

（一）课例实施调研

1. 专家意见

专家意见 1：建议与学生生活实际相联系，与学生建立共情，有效激发学生的学习兴趣。

专家意见 2：要加强对学生生成评价体系的研究。

专家意见 3：项目成果可以包含项目研究过程中形成的各种形式的成果，使展示的成果更加多元化。

2. 校内师生的意见

通过问卷调查进行微调研，我们发现繁花曲线绘图机器人 STEAM 项目得到了大多数学生和老师的肯定。他们普遍认为繁花曲线绘图机器人具有综合性和实用性，能够通过调节参数直接绘制出符合需要的图案来，很神奇。参加学习的学生反映尤其激烈。他们除了有很强的成就感外，还表达了在项目完成过程中学到了很多知识，在解决真实问题的过程中提升了能力。

（二）实施反思

整个课例比较强调技术因素，虽然对学生的能力培养和素养形成有一定作用，但没有特别系统的设计。学生大部分的时间与精力投入在设计和研究方面，深度反思与总结梳理不够。由于课时原因，对于一些问题的研究不够充分，部分知识的学习出现了直接给结论的现象，导致学生思考不够深刻。

在教学中，学生在阅读说明书时，阅读能力及效率较低。在利用数学知识进行规律总结时，学生面对相对多样的知识，对知识间的逻辑关系梳理不清。在进行机器人设计时，学生差异比较大，部分学生对于工程设计、结构搭建不太熟悉。可喜的是，在利用图形化软件进行编程时，学生表现出了比较好的素养。

整体来看，本项目总体上是成功的，但仍然存在一些问题。

反思 1：学生在将数学知识与具体问题相结合上有困难。

改进 1：为学生提供更多的支架。

反思 2：学生设计绘图机器人时，软件与硬件的调试还需要再练习。

改进 2：利用更多的软硬件结合的项目来提升学生的综合运用能力，因为这种项目中有编程平台的使用、算法与编程基础、硬件的功能、编程平台与硬件的结合等，需要学生更为熟练，有较高的综合能力。

第六章 信息科技创新的STEM课例进阶

一项调查显示，到2030年，工人在工作中学习的时间将增加30%，解决问题的时间将增加100%，使用科学和数学技能的时间将增加77%，批判性思维和判断时间将增加41%。未来人类必须具有“智慧学习、智慧思考和智慧做事”的“新工作智慧”才能生存和发展。① 中小学作为未来人才培养的“主阵地”，必将抛弃传统的以记忆知识和掌握现有工具为主的单向传授教学模式，注重培养学生的创新能力，使学生成为具有“学会求知、学会生存、学会做事、学会合作、学会改变”的终身学习者。在当前，信息科技类课程是培养学生信息素养和人工智能能力的“主阵地”。信息科技类课程一是要从人工智能基础知识教学入手，介绍前沿领域发展情况，进行人工智能启蒙教育；二是要让每个学生学会与智能工具打交道，体验日常生活中人工智能产品的运用；三是要分学段实施不同层次的编程教学，引导学生学习用编程解决实际问题，培养学生的计算思维、创新思维等信息时代的基本素养。

本章的STEM项目以信息科技为核心，以解决真实世界的问题为目标，主要包括在学校已实际开展的三个课例：智能家居项目，通过物联网及相关科学技术解决家庭安防问题；语言字幕系统，利用人工智能技术、编程设计、信息系统构建等，解决学校开展活动时有关语音讲话与字幕显示的问题，为会议记录提供方案；智能家居照明，通过人工智能、物联网技术、物理技术等，实现对家居照明的智能控制。每个活动以使用信息技术为主，学生结合跨学科知识，通过分工完成真实的、具体的工程任务。这些活动为学生，尤其是年龄为12～18岁的学生，提供了寻找与课程相关的参考资料的机会及作为创造性的问题解决者(在现实世界中)进行设计和调查的机会。

---

① 季瑞芳、吴莎莎、张春华等：《新技术如何推动教学变革——基础教育创新驱动力报告(挑战篇)》，载《开放学习研究》，2019，24(2)。

课例一　数据处理与信息传递：设计家庭安全远程监控系统①

项目简介

学生使用 Micro：bit 编程平台和硬件，利用物联网模块和公共物联网平台，为自己家里设计一个家庭安全远程监控系统。

第一部分　三级进阶课例解析

2016 年发布的《K-12 计算机科学框架》通过一系列概念与实践来展示计算机科学的重点内容，核心实践的具体内容包括：(1)培养更为包容的计算文化；(2)围绕计算数据进行协作；(3)识别和定义计算问题；(4)形成并应用抽象；(5)创造计算类产品；(6)测试与改善计算产品；(7)针对计算进行交流沟通。其中(3)(4)(5)(6)分别对计算思维进行了阐释，如图 6-1-1 所示。

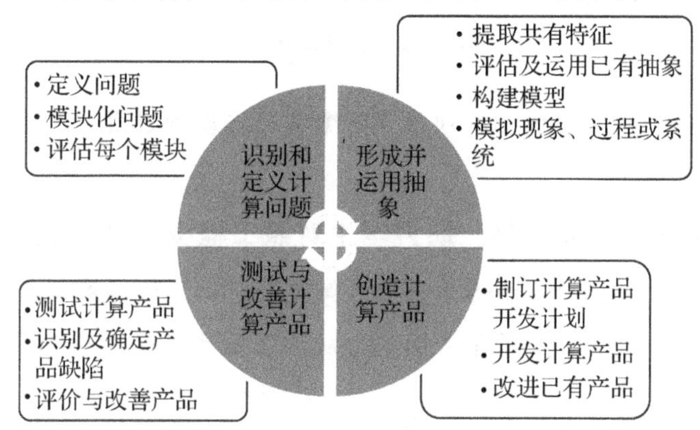

图 6-1-1　体现计算思维的核心实践

① 本课例由北京中学秦练老师具体设计和实施。指导老师为北京市朝阳区教育研究中心王戈。由北京教育学院于晓雅博士主持的北京市“STEM 教育与创客教育课程实践”卓越教师工作室集体打磨完成。

本项目中，学生通过定义问题、抽象建模、创意搭建、改进测试与分享交流进行家庭安全远程监控系统的设计，在这一过程中逐步培养计算思维和问题解决能力。在专家的指导下，本课例进行了三版迭代优化。

一、STEM 课例进阶

STEM 教育的特点之一是基于真实情境的问题，在工程设计的项目中常遵循以下教学流程(见图 6-1-2)。

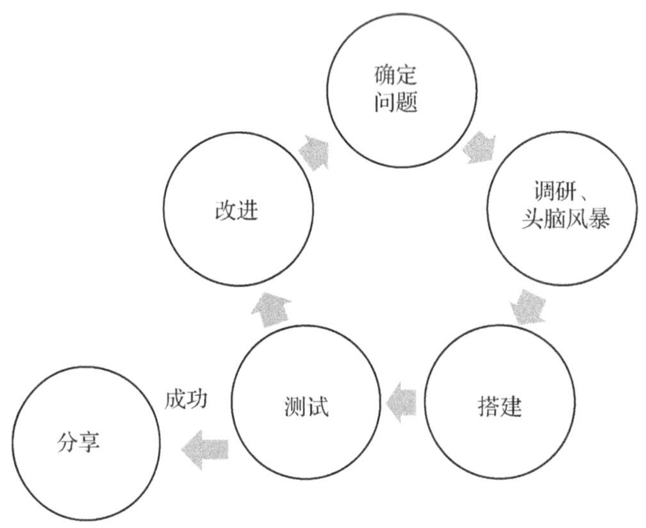

图 6-1-2　工程设计流程

本项目是一个工程设计的项目。整个项目在设计过程中，主要从以下几个方面进行了改进。

(一)使评价表具体化，助力学生对照工程设计流程反思自己的表现

评价表从最初的第一版逐步升级为第三版。第三版的评价维度与 STEM 工程设计流程相契合，有助于帮助学生从工程设计流程的各步骤进行总结与反思。

三个版本的评价表见表 6-1-1 至表 6-1-3。

表 6-1-1 评价表第一版

我的项目内容	我所做的工作	我遇到的问题/困难	我是如何解决/改进的	如何评价我的工作(优缺点)

表 6-1-2 评价表第二版

维度	非常差	较差	一般	较好	非常好
遵守课堂行为规范和课堂纪律					
能跟组员良好地合作					
能积极参与班级和小组的活动					
在设计、制作和解决问题的过程中有创造性					

表 6-1-3 评价表第三版

维度	0 分	1 分	2 分	3 分
准确把握需要解决的问题	作品没有反映出所要解决的问题	通过口头、书面或者制作作品等形式展示出了作品效果图，但与要解决的问题差异较大，理解不全面	通过口头、书面或者制作作品等形式展示出了对所涉及的问题和概念有一定理解	清楚地理解了所涉及的问题和概念，能清晰地理解它们之间的关联性，并能通过口头、书写或者制作作品等形式展示出来
思考和计划	没有做计划	计划意识较弱，对设计描述很模糊	能展示出详尽的计划、示意图、思路图等，能有多个计划、示意图、思路图等	能给出多个详尽的计划、示意图、思路图等

续表

维度	0分	1分	2分	3分
创造	作品没能创造出任何东西	作品没有反映出要解决的问题	作品反映出了要解决的问题	作品反映出了课程内容和问题，体现出能灵活运用所学知识
改进	没有试图加深对概念的理解，没有试图改进想法和设计	做了毫无意义或者很浅显的改进	做出一些有意义的、考虑周全的、与解决问题相关联的改进	做出很多有意义的、考虑周全的、与解决问题相关联的改进
分享(有效的沟通交流)	没能解释清楚自己的成果、所做的改进、想法和意见以及批判性思考	较少阐释了自己的成果、所做的改进、想法和意见以及批判性思考，表达不清晰	阐释了很多自己的成果、所做的改进、想法和意见以及批判性思考，但主要细节阐释不清或有遗漏	阐释清楚了自己的成果、所做的改进、想法和意见以及批判性思考
参与	完全没有参与的意识	只在一旁观察，没有参与	能积极参与，极少需要老师提醒后参与	整个过程中都能积极地参与课堂活动

(二)基于解决问题的真实情境，增加需求调查环节

在实际生活中，设计和制作的产品一定是基于用户需求的。本项目后续版本增加了一个需求调查的环节，让学生调查家里的真实需求，为学生选择智能家居项目类别提供真实情境和依据。

二、教师成长

教师将STEM教育理念真正落实到课堂教学中，将学生置于真实的问题情境，在学生解决问题的过程中促使学生综合运用学科知识或学习新的学科知识，打破学科间的壁垒，重组知识结构。

项目从第一版进阶到第三版，最大的改变是新版本与我们解决实际问题的真实情境更契合。

教师对 STEM 教育的概念和特征有了更清晰的认识，依托 STEM 教育理念和核心素养理念，改变了教学方法，重视以学生为中心，注重在问题解决过程中培养学生的能力和素养。

三、学生成长

在本次 STEM 项目学习中，教师首先引导学生思考，带领学生分析出智能家居的工作原理。在制作产品的环节，学生亲手参与。从学生的表现来看，学生学习的目的性更强，自由度更高，能够在主题范围内选择自己感兴趣的内容，进而主动性和参与率有很大的提高。

本课例涉及学科大概念中的数据。学生认识了数据的传播过程以及控制作用；明确了当数据被赋予相关的意义后就成了信息，能够表示一些具体的含义；学习并实践了利用信息系统感知数据、判断数据、传递信息、控制数据等；体验了家庭安全中数据或信息传递和控制信号的作用。

学生从被动参与到主动学习，从单纯学习知识和技能到应用跨学科知识和技能解决实际问题，更关注自身能力的培养。

第二部分　实施后反思改进版示范课例

一、项目缘起

《普通高中信息技术课程标准(2020 年修订)》将开源硬件项目设计作为选择性必修课程之一，提出选择性必修课程旨在为学生将来进入高校继续开展与信息技术相关的学习以及应用信息技术进行创新、创造提供条件。为了使学生能够尽快适应高中信息技术的学习，本课例选择利用开源硬件项目进行设计。Micro：bit 是一款专为青少年编程教育设计的微型电脑开发板，非常适合小学高年级及初中学生使用。

在生活中，我们常常会遇到以下情况：出门后，忘了家里的门窗是否关好，煤气是否关闭。如何才能远程监控家里的情况？本课例以解决以上问题

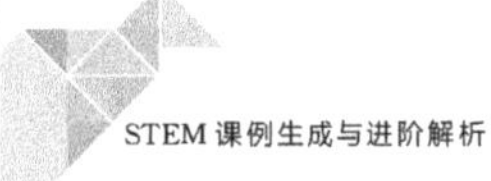

为导向，设计智能家居产品。教学过程涉及物理、数学、通用、艺术等方面的知识及其应用。

二、项目实施的环境与硬件要求

项目实施的环境与硬件要求见表 6-1-4。

表 6-1-4　项目实施的环境与硬件要求

项目实施的环境要求	无线网络环境 连接互联网的电脑 学生拥有访问物联网平台 Easy IoT 的账号 Obloq 物联网模块编程所需软件扩展包：https：//github. com/DFRobot/pxt-Obloq 编程网站：https：//makecode. microbit. org/v0 物联网平台：http：//iot. dfrobot. com. cn
项目实施的硬件要求	Micro：bit 编程入门开发板 Micro：mate Gravity：UART OBLOQ-IoT 物联网模块 数字贴片磁感应传感器 超声波传感器 红外传感器 火焰传感器 烟雾传感器 按钮 LED 灯 舵机 扬声器

三、项目适合的学段

适合学段：初中学段。

学情分析：初中生认识能力发展迅速，注意的集中性和稳定性增强，有意注意逐渐发展起来，但仍与个人兴趣爱好相联系。初中生抽象思维逐渐占主导地位，有一定的逻辑思维能力和分析能力。

本项目是在学生已认识并会使用 Micro：bit 板、部分传感器及认识物联网结构的基础上进行设计的。希望学生在学习完本课程后，能够掌握物联网平台的搭建方法，能综合运用硬件和软件平台解决生活中的实际问题，增强运用信息技术为社会服务的意识。本课程需要学生具备一定的调查能力、逻辑思维能力和分析能力。

四、项目涉及的STEAM知识与能力

(一)知识能力结构图

知识能力结构见图6-1-3。

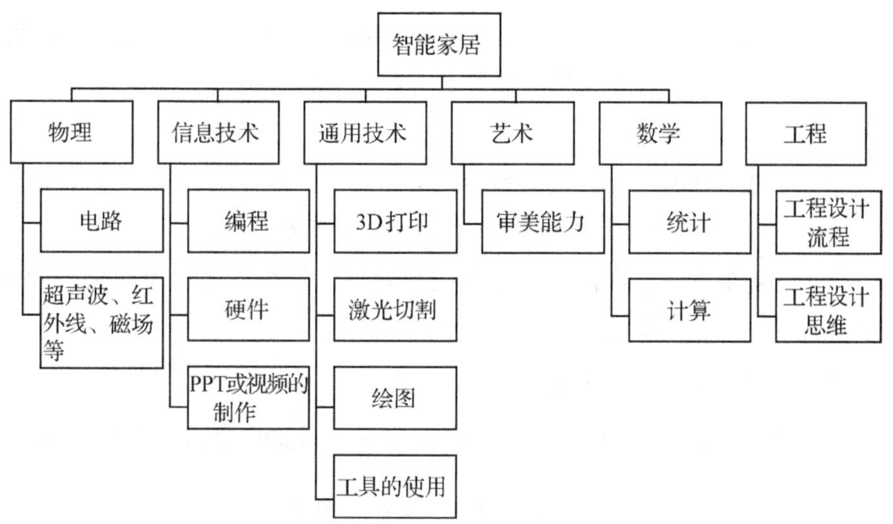

图6-1-3　本项目涉及的知识与能力

(二)交叉学科融合

除了如图6-1-3所示的学科间知识与技能的融合外，学科间思维方式的融合也在本项目中有所体现(见表6-1-5)。

表6-1-5　学科间思维方式的融合

学生行为	训练的能力	涉及的学科
将家庭对智能家居的实际需求进行抽象，转化为可以解决的问题	明确问题 抽象建模 计算思维	数学、信息技术、工程

续表

学生行为	训练的能力	涉及的学科
合作时选择合适的工具和材料	合作、选择	数学、信息技术、工程
展示汇报	精确有效沟通	数学、信息技术、工程

五、项目目标和工程任务及拆解后的挑战任务

(一)项目目标

第一，知道物联网的结构，能够使用物联网平台搭建出一个物联网应用。

第二，通过分析物联网平台收集的数据，分析数据蕴含的信息，培养信息意识和社会责任。

第三，通过体验远程监控的智能家居产品的开发流程，掌握用信息技术解决实际问题的流程和方法，培养计算思维及问题解决能力。

第四，能够针对实际问题，综合运用物理、数学、技术和艺术的知识，设计并制作出一款智能家居产品，培养工程思维。

(二)工程任务及拆解后的挑战任务

工程任务：为自己家里设计并制作一个家庭安全远程监控系统(见表6-1-6)。

表6-1-6　家庭安全远程监控系统的要求

外观造型	电子模块	实用性	创造性
造型美观，方便进行再修改或完善	电子模块设计简洁合理，便于优化和修改，能实现所需功能	功能稳定，经济安全，能够制造或使用，能够产生积极的效果	具有突出的实质性特点和显著的进步

拆解后的挑战任务

第一，设计方案中，哪个方案清晰明了。

评测标准：设计方案中草图绘制清晰，使用“三视图”或其他方式展示了预期产品的全貌，有数据说明预期作品的尺寸大小。

第二，信号传输谁最快。

评测标准：测试20次，记录每次输入和正确输出的时间，取平均值，比较各组的平均值。

第三，设备的准确度谁最高。

评测标准：测试 20 次，记录正确输出的次数，统计各组的准确率。

六、项目所需课时及进度安排

项目所需课时及进度安排见表 6-1-7。

表 6-1-7 项目所需课时及进度安排

主题	具体内容	学习成果	建议课时
发现与确定问题	1. 通过访谈父母和调查自己家的情况，明确家庭对智能家居的需求 2. 访谈父母，有无出现过出了远门，担心家里门未锁、煤气未关等情况 3. 调查家里需要何种智能家居产品 4. 该产品将安装在什么地方，为什么	完成初步的需求调查表	1
完成设计方案	1. 完成智能家居设计方案(材料提供前) 2. 自学帮助文档，搭建物联网环境 3. 完成智能家居设计方案(材料提供后)	根据所提供的材料和自身的知识与能力，完成产品设计方案	3
搭建、改进	1. 连接硬件，编写程序，搭建物联网环境 2. 连接传感器，编写程序，实现监测功能 3. 测试改进 思考：通过统计一段时间内物联网平台收集到的数据，能得到哪些信息	实现产品电子部分功能	2
	1. 选择材料，动手搭建 2. 测试改进，实现产品机械部分功能	实现产品机械部分功能	2
汇报展示	交流分享，展示总结	完成总结报告	2

七、项目实施过程设计

(一)教学过程

1. 主题一：发现与确定问题

概述

学生在课前调查自家需求，确定智能家居项目的内容，在课上进行汇报。

教师根据学生基础，调节基础知识的学习内容。

活动过程

环节一：完成前测。

“智能家居的设计与制作”学生前测

Micro：bit板内置什么传感器？__________

传感器有数字信号和模拟信号两种类型，它们有何不同？__________

除了Micro：bit自带的传感器外，我们还能外接设备，如温湿度传感器、红外线传感器、烟雾传感器等。

请设计一款防盗报警器。

完成学习任务单。

环节二：情境引入。

(1)播放动画片 *Panick*

提问：动画片讲述了一个什么故事？

同学们生活中遇到过类似的情况吗？你们是怎么处理的？

能否用信息技术的手段来解决这个问题？

(2)明确本项目任务：制作一个可以远程监测的设备。

环节三：展示交流。

汇报课前家庭调查的结果(见表6-1-8)，确定本小组要做的项目。

表6-1-8 “智能家居的设计和制作”家庭需求调查表

基本信息	调查时间：	调查地点：	调查对象：
确定问题	是否出现过出了家门之后，发现忘锁门、忘关煤气等情况？若出现过，是如何处理的 出了远门后，您最担心或害怕家里发生什么情况		
确定安装位置	考察家庭环境，以确定产品尺寸和安装位置，说明理由		

2. 主题二：完成设计方案

概述

学生在确定项目制作内容之后，完成初步的设计方案，并进行所需基础知识的学习，再根据对材料和知识掌握的情况改进设计方案。

活动过程

环节一：分析工作原理。

(1)提问：如何实现远程监控？

(2)引导：以火焰监测系统为例，分析其工作原理。

(3)分析：初步猜想物联网的感知层、网络层、应用层各有什么作用，用什么设备可以实现。

环节二：完成材料提供前的设计方案。

学生完成智能家居设计方案(材料提供前)。

环节三：自学搭建物联网环境。

(1)提问：我们了解到收集的数据需要在网络中传输，如何帮助主控板上网？

(2)自学帮助文档，搭建物联网环境。

环节四：完成智能家居设计方案(材料提供后)。

(1)提问：智能家居的工作原理是什么？分析远程监控中的数据传输过程。以火焰报警器为例：采集数据→分析数据→传输数据→接收数据→发送命令→传输命令→分析命令→动作反应。

(2)根据所提供的材料，完成设计方案。

学生完成智能家居设计方案(材料提供后)。

环节五：小组分享。

小组汇报最终的设计方案。

3. 主题三：搭建、改进

概述

学生根据设计方案，以 2 人小组为单位开始搭建。测试与改进伴随着搭建的过程。搭建环节分为电子部分的搭建和机械部分的搭建，各计划 2 课时。

活动过程

环节一：小组搭建电子部分。

(1)教师讲解注意事项。

接线时正负极对应，注意要连接的是模拟还是数字接口等。

(2)2 人合作，在搭建的同时记录测试情况。过程记录表见表 6-1-9。

表 6-1-9　过程记录表

班级：		组员：		项目：
测试次数	测试内容	测试结果	原因分析	如何改进
第一次				
第二次				
第三次				
……				

环节二：小组搭建机械部分。

(1)教师讲解注意事项。

使用工具时注意安全。

教师巡视，为有需要的学生及时提供帮助。

(2)2 人合作，在搭建的同时记录测试情况。

环节三：生活中的应用。

举例说明，教师家里的门磁显示的信息。

提问：通过教师出示的图片(见图 6-1-4)，你能获取或分析出哪些信息?

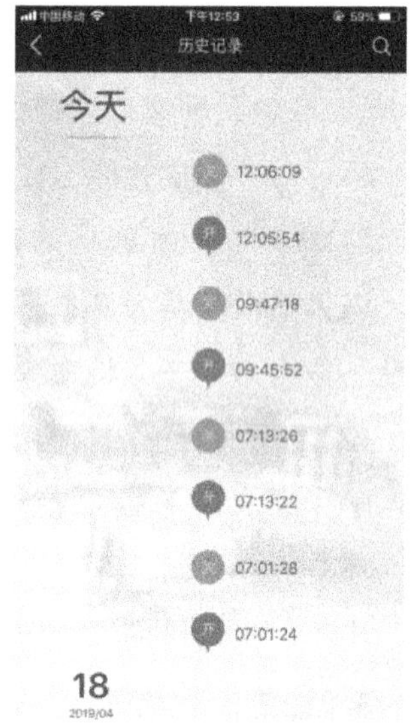

图 6-1-4　物联网平台显示信息

4. 主题四：　汇报展示

概述

在本部分，学生完成课程后测，梳理本项目的学习成果，并进行最终作品的展示汇报。

活动过程

环节一：自选汇报方式，组织汇报内容。

以小组为单位，选择合适的汇报方式，展示汇报。

参考汇报模板组织内容。

环节二：小组展示，项目点评。

(1)小组展示汇报，其他小组填写作品评价表。

(2)自我评价。

(3)师生总结。回顾本项目制作流程，总结利用技术解决实际问题的流程。

(4)完成后测。

(二)学习任务单

1. 主题一： 发现与确定问题

学习任务单：设计一款防盗报警器

(1)列出所需材料 (2)画出设计图，说明其工作原理 (3)分析程序流程，可用文字或流程图进行说明

2. 主题二： 完成设计方案

学习任务单1：智能家居设计方案(材料提供前)

1. 请选择你想做的一个项目 □室内环境监测　□防盗监控器　□灯光控制系统 □门磁　□煤气泄漏监测　□火焰检测系统　□其他 2. 请绘制出你的监测设备的外观，说明其功能，并阐述其工作原理 (1) 设备草图 (2) 设备的功能 (3)设备的工作原理

学习任务单 2：自学帮助文档

搭建物联网环境帮助文档

1. 需要用到的网址

(1)物理网平台：http：//iot. dfrobot. com. cn

(2)编程平台：https：//makecode. microbit. org/v0

(3)软件扩展包：https：//github. com/DFRobot/pxt-Obloq

2. 需要用到的硬件

(1)Micro：bit 板 1 个

(2)扩展板 1 个

(3)Obloq 物联网模块 1 个

3. 操作步骤

(1) 硬件连接，如图 6-1-5 所示

图 6-1-5　物联网模块与 Micro：bit 板连接

(2) 连接无线网络和物联网平台

用事先注册好的账号，登录 Easy IoT(http：//iot. dfrobot. com. cn)

打开 https：//makecode. microbit. org/v0

添加扩展包 https：//github. com/DFRobot/pxt-Obloq

续表

编写程序如图 6-1-6 所示

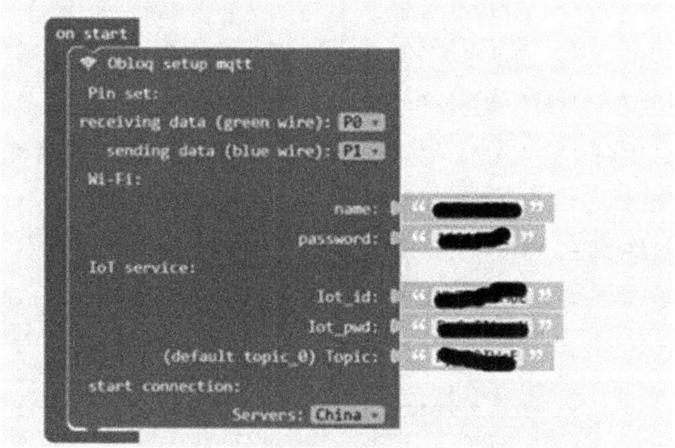

图 6-1-6　物联网初始化程序

注意：

将该程序写入 Micro：bit 板时，USB 线连接到 Micro：bit 板上

测试是否连接网络成功时，将 USB 线接到扩展板上

第一次出现"√"，代表连接无线网络成功；第二次出现"√"，代表连接物联网平台成功

3. 测试

编写一个程序进行测试，如要实现发送"L"，显示当前亮度值，参考程序如图 6-1-7 所示

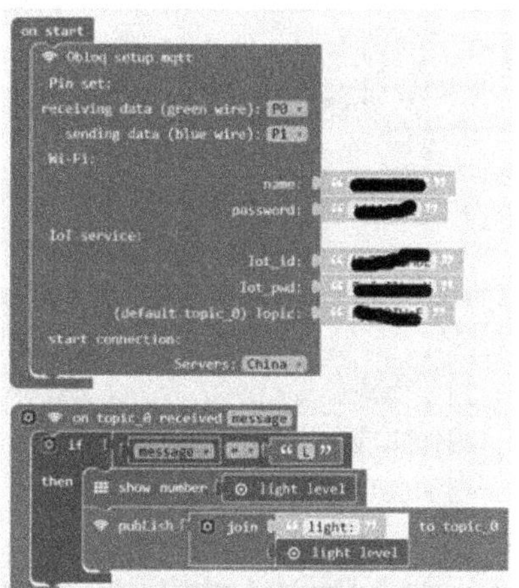

图 6-1-7　完整程序

学习任务单3：智能家居设计方案(材料提供后)

1. 请选择你想做的一个项目

□室内环境监测　□防盗监控器　□灯光控制系统

□门磁　□煤气泄漏监测　□火焰检测系统　□其他

2. 根据所提供的材料，请选出你需要的硬件和设备，填入图中

(1)Micro：bit板　(2)Micro：mate扩展板　(3)OBLOQ－IoT物联网模块

(4)LED灯　(5)磁感应传感器　(6)火焰传感器

(7)超声波传感器　(8)红外传感器　(9)烟雾气敏传感器

(10)舵机　(11)电脑　(12)扬声器

3. 根据所选择的设备，预估能实现的功能，并分析程序运行的流程

(文字说明或流程图均可)

3. 主题四：汇报展示

学习任务单1：汇报模板

1. 展示作品
2. 解释原理
3. 作品的总结与展望

我的设备实现了__________功能。

总结

受限于__________，有__________缺陷

受限于__________，有__________缺陷

受限于__________，有__________缺陷

展望

如果有__________，则能实现__________

如果有__________，则能实现__________

如果有__________，则能实现__________

4. 遇到的困难与解决方式

学习任务单 2："智能家居的设计与制作"学生后测

班级：________　　　　　姓名：________ (1)开发一个电子产品，你认为需要注意什么 (2)如果要在你的作品中加入语音识别的功能，对于语音识别部分，你将如何处理？请从准备材料开始，写下你的步骤或想法

(三)评价表

主题一至主题四过程性评价表见表 6-1-10 至表 6-1-13。

表 6-1-10　主题一过程性评价表

评价内容	不佳	一般	优秀
课堂表现	多数时间没投入课堂学习	能跟上课堂任务，但欠缺积极性和主动性	积极主动，完全投入课堂学习
分工合作	分工不明确，成员不清楚自己的任务；分工不合理，有旁观者	有基本分工，但分工不合理，组员任务分配不均	分工明确、合理，组员明确自己的任务，合作期间无旁观者
总结展示	没能解释清楚自己的成果、所做的改进、想法和意见以及批判性思考	阐释了很多自己的成果、所做的改进、想法和意见以及批判性思考，但主要细节阐释不清或有遗漏	阐释清楚了自己的成果、所做的改进、想法和意见以及批判性思考

表 6-1-11　主题二过程性评价表

评价内容	不佳	一般	优秀
课堂表现	多数时间没投入课堂学习	能跟上课堂任务，但欠缺积极性和主动性	积极主动，完全投入到课堂学习
分工合作	分工不明确，成员不清楚自己的任务；分工不合理，有旁观者	有基本分工，但分工不合理，组员任务分配不均	分工明确、合理。组员明确自己的任务，合作期间无旁观者

续表

评价内容	不佳	一般	优秀
总结展示	没能解释清楚自己的成果，所做的改进、想法和意见以及批判性思考	阐释了很多自己的成果，所做的改进，想法和意见以及批判性思考，但主要细节阐释不清或有遗漏	阐释清楚了自己的成果，所做的改进，想法和意见以及批判性思考

表 6-1-12　主题三过程性评价表

评价内容	不佳	一般	优秀
课堂表现	多数时间没投入课堂学习	能跟上课堂任务，但欠缺积极性和主动性	积极主动，完全投入课堂学习
分工合作	分工不明确，成员不清楚自己的任务；分工不合理，有旁观者	有基本分工，但分工不合理，组员任务分配不均	分工明确、合理。组员明确自己的任务，合作期间无旁观者
总结展示	没能解释清楚自己的成果，所做的改进、想法和意见以及批判性思考	阐释了很多自己的成果，所做的改进，想法和意见以及批判性思考，但主要细节阐释不清或有遗漏	阐释清楚了自己的成果，所做的改进，想法和意见以及批判性思考

表 6-1-13　主题四过程性评价表

组别	外观造型	电子模块	实用性	创造性	合计
	10分	10分	10分	10分	40分
	造型美观，方便进行再修改或完善	电子模块设计简洁合理，便于优化和修改，能实现所需功能	功能稳定，经济安全，能够制造或使用，产生积极的作用	具有突出的实质性特点和显著的进步	

八、项目学习成果展示

（一）家庭环境监测系统

用于远程监测家庭的温度、湿度、亮度等。本课例中，向手机或电脑等终端发送字符“T”，终端会收到 Micro：bit 板自带的温度传感器返回的温度值。

物联网平台消息设置见图 6-1-8。

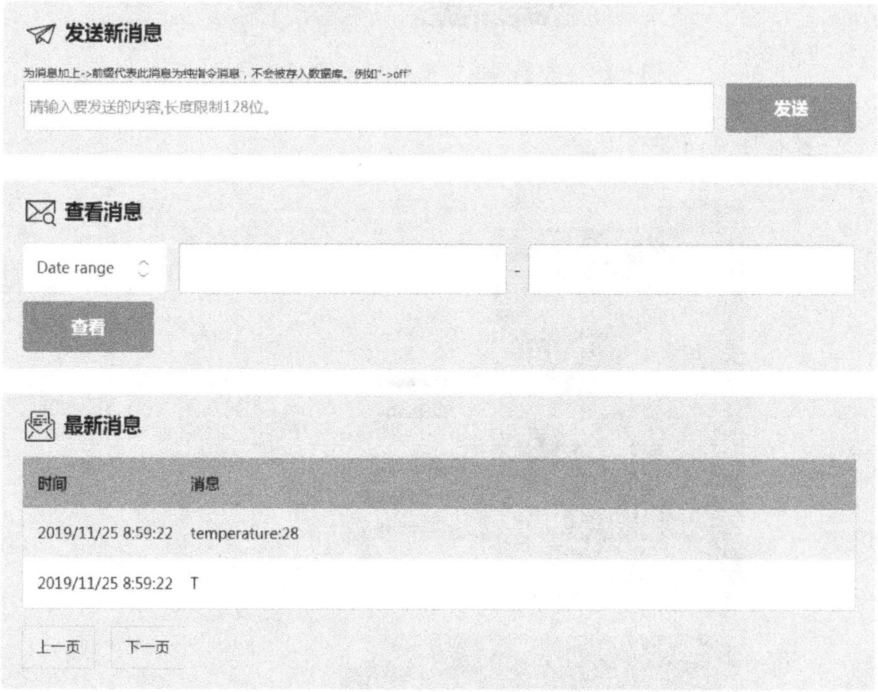

图 6-1-8　物联网平台消息设置

硬件如下：

Micro：bit 板 1 个、Micro：mate 扩展板 1 个、OBLOQ 物联网模块 1 个。

连接见图 6-1-9。

图 6-1-9　物联网模块与 Micro：bit 主板相连

完整程序见图 6-1-10。

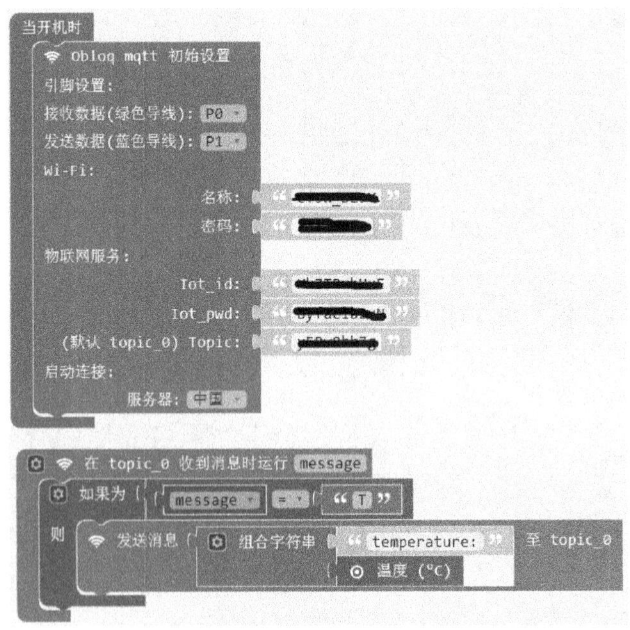

图 6-1-10　完整程序

(二)火焰监测系统

用于远程监控家里是否着火。若着火，发送消息"on fire"到手机或电脑等终端。物联网平台消息设置见图 6-1-11。

New Device

发送新消息

为消息加上->前缀代表此消息为纯指令消息，不会被存入数据库。例如"->off"

请输入要发送的内容,长度限制128位。

发送

查看消息

Date range

查看

最新消息

时间	消息
2019/11/25 9:16:4	on fire
2019/11/25 9:14:19	on fire

图 6-1-11　物联网平台消息设置

硬件如下：

Micro：bit 板 1 个、Micro：mate 扩展板 1 个、OBLOQ 物联网模块 1 个、火焰传感器 1 个。

连接见图 6-1-12。

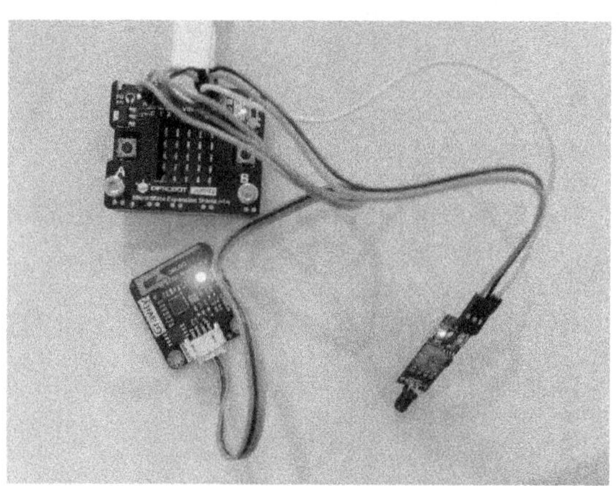

图 6-1-12　主板与物联网模块及传感器硬件连接

程序见图 6-1-13。

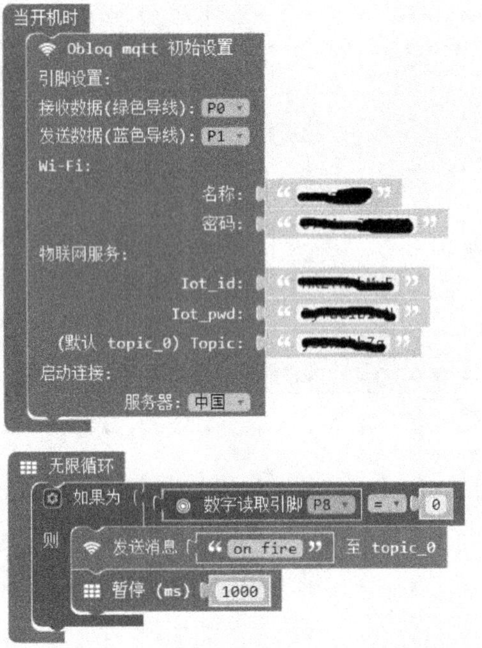

图 6-1-13　火焰监测系统程序

九、课例整体评价与反思

(一)专家意见

专家意见 1：评价表不够具体，缺乏对学生的引导。

专家意见 2：学生方案可分为材料提供前和材料提供后，这样跟更符合真实的问题解决情境。

专家意见 3：项目开始前需求调查范围较小，导致学生选择项目时缺乏目的性。项目制作可细分为电子部分和机械部分。

(二)实施反思

从课程实施的效果来看，运用 STEM 项目的学习方式，学生更清楚学什么、为何学、如何学。本节课在原理分析部分，通过一系列问题很好地引导了学生进行思考，带领学生逐步推进，最终分析出了家庭安全远程监控系统的工作原理，成功攻破了本节课的重难点。但由于时长限制，给予学生动手搭建的时间太少，导致多数学生未能使电子部分的功能成功实现，只有一两组学生成功完成了设计方案中的内容。此外，在制作一个产品之前，首先得调查大量用户的需求。但在本次课之前学生只调查了自家的需求，导致学生在设计方案时目的性并不强。

通过本课例的开展，我们感受到设计项目是一件非常严谨的事情，项目的各个环节都要有其必要性，并且环节间要逻辑清晰、紧密联系。必要的环节不能少，否则会影响整个项目的实施。必要的资源不能少，如本次项目的实施需要通用技术老师、美术老师等的支持，也需要相应的工具和材料。

第三版项目也存在很多问题与不足。希望各位专家和同人提出建议，我们将继续改进。

课例二　感知与交互：实时字幕显示系统的设计与实现①

项目简介

学生在理解语音识别原理的基础上，运用 Python 语言，使用百度人工智能平台免费资源，制作实时字幕显示系统。

第一部分　三级进阶课例解析

本项目设计了“实时字幕显示系统的设计与实现”主题教学内容，引导学生利用编程语言构建语音识别框架，合理运用各种信息资源，通过采集

① 本课例由清华大学附属中学朝阳学校齐晴老师具体设计和实施。指导老师为北京市朝阳区教育研究中心王戈。由北京教育学院于晓雅博士主持的北京市“STEM 教育与创客教育课程实践”卓越教师工作室集体打磨完成。

数据、分析数据、应用数据来解决实际问题，以培养学生的计算思维，提升学生的信息素养，增强学生利用信息技术服务人类、促进社会发展的责任感。

一、STEM的课例进阶

本课例经历了从第一版到第三版的进阶优化。第一版注重人工智能语音识别技术和信息技术学科核心素养，注重让学生理解人工智能语音识别技术的原理以及利用人工智能平台获取数据，忽视了STEM教育理念的多学科融合、科学探究过程、工程思维以及结果开放性等特点。第二版在第一版的基础上增加了真实情境、工程任务。第三版在第二版的基础上完善了教学目标，以“声音数字化—探究语音识别原理—揭秘人工智能平台”的单元主线开展工程挑战任务。以下为项目的具体进阶过程。

（一）项目名称的进阶

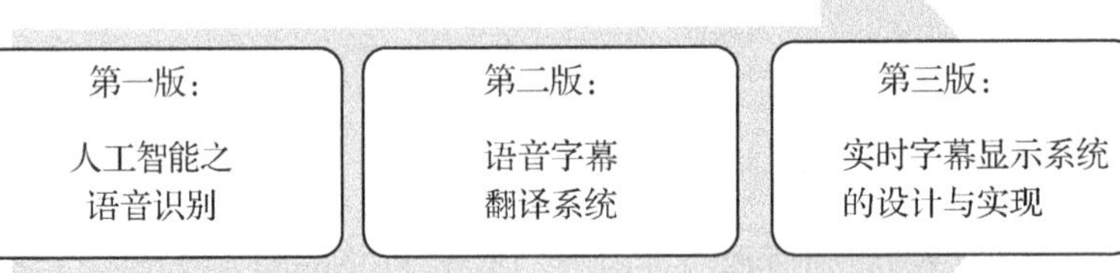

图6-2-1　项目名称进阶图

项目名称经历了3次修改，如图6-2-1所示，进一步体现了信息技术与STEM融合的特色。第一版的项目名称是“人工智能之语音识别”，突出的是信息技术中的语音识别技术，并未体现STEM教育以项目为核心。第二版考虑到STEM教育从真实情境出发的特色，利用Python语言，结合语音识别技术设计“语音字幕翻译系统”课例，初步体现了工程项目的特点。第三版继续深挖，让项目更能调动学生探究的激情；以实际问题为出发点，在项目实施的过程中培养学生的科学探究思维和分析问题、解决问题的能力，最终回归到解决实际问题。

（二）学习目标的进阶

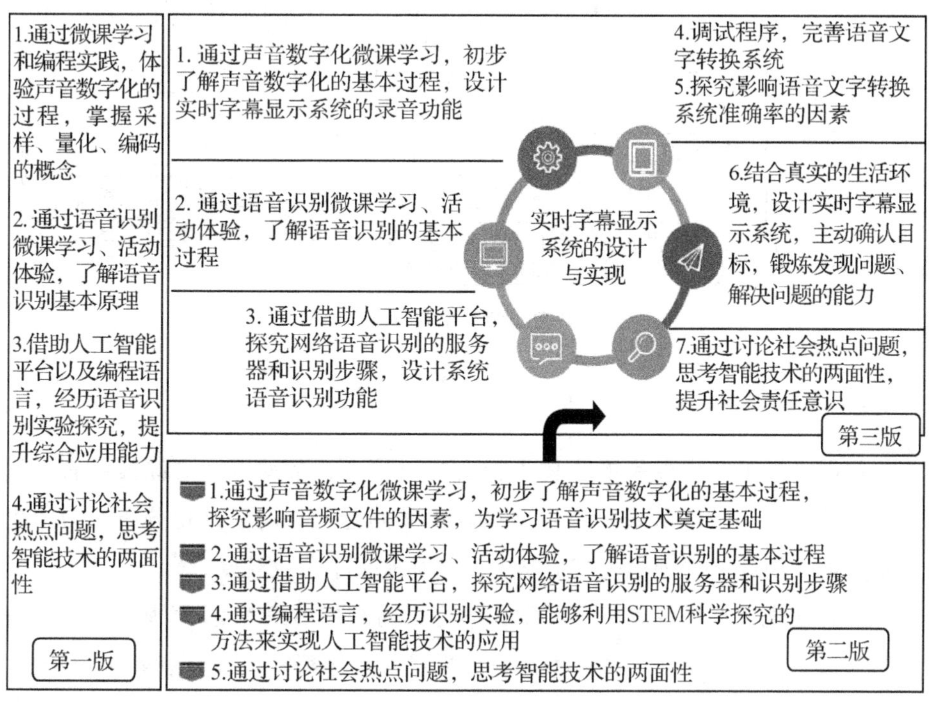

图 6-2-2　学习目标进阶图

本项目的学习目标也经历了 3 次修改。由图 6-2-2 可知，第一版的学习目标仅仅是每节课知识点的罗列，并没有体现 STEM 项目的整体化。第二版设立了以完成语音字幕翻译系统的工程任务，任务单一，没有挑战性。第三版以“实时字幕显示系统的设计与实现”为核心，以“声音数字化—探究语音识别原理—揭秘人工智能平台”为单元主线设计课程，每一节课学生所学习的内容均为工程任务服务。

(三)项目拆解和工程挑战任务的进阶

图 6-2-3 显示了项目拆解和工程挑战任务的进阶情况。

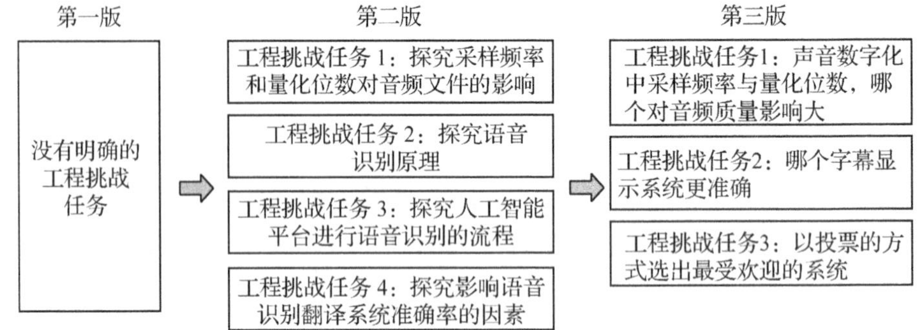

图 6-2-3 项目拆解和工程挑战任务进阶图

二、教师成长

教师从原来知识传授的主体，转变为引导者、帮助者、资源提供者、活动设计者，引导学生从真实情境中提取真实问题，对问题进行分析，为学生提供支架，引导并帮助学生完成学习。教师实现了角色转变。

教师实现了从关注单一学科知识学习，向利用 STEM 教育理念、注重跨学科交叉、关注科学研究并根据研究成果进行程序编写以及系统架构的转变。图 6-2-4 展示了教师成长的历程。

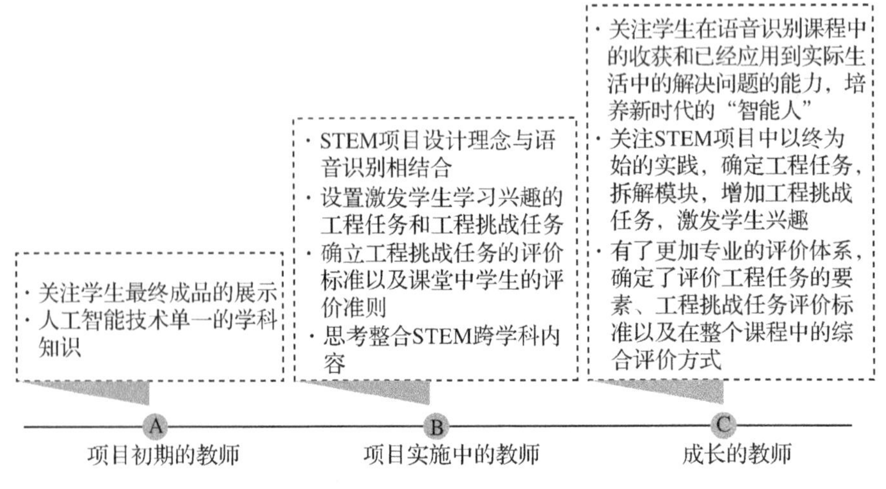

图 6-2-4 教师成长

三、学生成长

学生通过理论学习和实践体验，了解了利用人工智能平台进行语音识别的一般步骤，探究了影响字幕系统识别准确度的因素，增强了设计思维能力和批判思维能力，学会了从多角度了解问题、思考问题；通过设计并调试语音文字转系统，增强了信息系统的设计能力，培养了利用技术解决实际问题的能力，发展了计算思维，提高了数字化学习与创新水平；通过展示与分享小组的语音识别字幕翻译系统，阐述设计意图、应用环境、项目优势、遇到的问题，培养了归纳问题、总结问题以及表达的能力，能够欣赏他人，初步评价他人的作品；通过讨论社会热点问题，思考智能技术的两面性，培养了基本的人工智能社会伦理。

学生由原来单纯地学习知识技能，转变成为解决真实问题而学习，以终为始。通过从情境中发现问题、创设项目、分析分解项目、自主探究学习、综合问题解决、小组协作共享等，学生的综合素质得到了提升，逐步具备了学科核心素养。

第二部分　实施后反思改进版示范课例

一、项目缘起

人工智能集合了计算机科学、逻辑学、生物学、心理学和哲学等学科，在语音识别、图像处理、自然语言处理、自动定理证明及智能机器人等应用领域取得了显著成果。

与机器进行语音交流，让机器明白你说的是什么，这是人们长期以来一直努力做的事情。语音识别技术就是让计算机系统通过识别和匹配的过程，把语音信号变成文本或命令的智能技术。“实时字幕显示系统的设计与实现”课例就是基于语音识别技术，借助 Python 语言，以 STEM 课程形式，让学生探究人工智能语音识别技术，解密语音技术识别原理，增强学习人工智能技术的兴趣，并利用人工智能技术解决实际问题。

二、项目实施的环境与硬件要求

项目实施的环境与硬件要求见表 6-2-1。

表 6-2-1　项目实施的环境与硬件要求

项目实施的环境要求	最佳环境：创客空间教室 可替代环境：计算机教室 建议：教室活动空间大，便于小组讨论合作，且每名学生都拥有一台联网的电脑
项目实施的硬件要求	1. 64 位系统的电脑一台 2. 可以连接互联网 3. Python 语言

三、项目适合的学段

适合学段：高中年级。

学情分析：语音识别技术已深入人类的日常生活，学生在生活中接触过语音技术。在语音识别技术中，相对比较难理解的是声学模型和语言模型的概念。

授课的对象是高一年级的学生。我们针对学生对人工智能技术的了解进行了问卷调查，结果发现：80％的学生对人工智能技术非常感兴趣，40％的学生尝试过了解某种人工智能技术的原理，90％的学生使用过语音识别技术，只有 1 名学生阅读过语音识别的原理技术方面的书籍。依据问卷结果，我们得出了以下结论：面对人工智能技术，学生非常感兴趣，但有些学生对新生事物并不理解，没有机会体验人工智能技术。

本单元课程选择 Python 语言作为调用工人智能平台的工作语言。在本单元课程开展之前，学生已经学习了 Python 语言中的三大结构以及基本的语法规则，初步具备了一定的编程能力和问题解决能力。在本单元课程中，Python 语言仅作为调用人工智能平台获取网络资源的编程工具。但由于学生并没有利用 Python 语言访问人工智能服务器的经验，因此，引导学生分析利用程序访问人工智能服务器的基本步骤将成为本项目的重点内容。

四、项目涉及的 STEM 知识与能力

(一)知与识能力结构

图 6-2-5 显示了知识与能力结构。

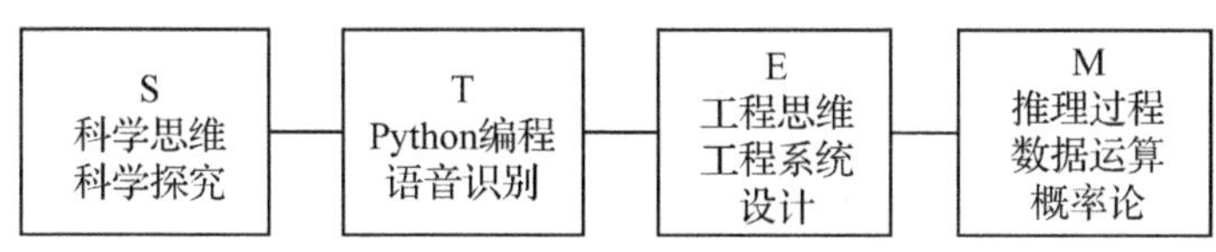

图 6-2-5　知识与能力结构图

(二)交叉学科融合

交叉学科融合见表 6-2-2。

表 6-2-2　交叉学科融合

交叉学科融合	
科学	语音学、语言学、数理统计及神经生物学等学科，声学基础、理论声学、声学测量等是声学方面的基础课程，有助于学生了解更多声学领域的知识
技术	信号系统、数字信号处理、语音信号处理、Python 语言是语音识别的关键技术。了解这些技术的相关概念，有助于学生理解语音识别原理
工程	将语音识别技术应用于现实生活中，解决实际问题
数学	概率论与数理统计是语音识别的基础学科

(三)项目前序知识与能力和后序知识与能力

项目前序知识与能力和后序知识与能力见表 6-2-3。

表 6-2-3　前序知识与能力和后序知识与能力

项目内容	前序知识与能力	后序知识与能力
语音识别原理	1. 接触过一些语音技术 2. 了解汉语言语法规则、汉语拼音的声母和韵母	掌握语音识别的基本过程，知道解码器中声学模型、发音字典、语言模型的功能

续表

项目内容	前序知识与能力	后序知识与能力
Python 编程能力	1. 了解 Python 编程语言中的三大结构以及基本的语法规则 2. 初步具备一定的编程能力和问题解决能力	1. 使用 Python 编程获取声音数据 2. 使用 Python 编程访问人工智能服务平台
系统程序设计和工程探究思维	1. 会使用 Python 编程语言 2. 运用控制变量法进行实验探究	1. 探究采样频率、量化位数对音频文件的影响 2. 探究影响语音识别准确度的因素 3. 完成实时字幕显示系统
访问人工智能服务平台		利用 Python 编程语言获取网络资源

五、项目目标和工程任务及拆解后的挑战任务

(一)项目目标

第一，通过声音数字化微课学习，初步了解声音数字化的基本过程，设计实时字幕显示系统的录音功能。

第二，通过语音识别微课学习、活动体验，了解语音识别的基本过程。

第三，通过借助人工智能平台，探究网络语音识别的服务器和识别步骤，设计系统语音识别功能。

第四，调试程序，完善语音文字转换系统。

第五，通过调试参数，探究影响语音文字转换系统准确率的因素。

第六，结合真实的生活环境，设计实时字幕显示系统，主动确认目标，锻炼发现问题、解决问题的能力。

第七，通过讨论社会热点问题，思考人工智能技术的两面性，提升社会责任意识。

(二)工程任务及拆解后的挑战任务

设计并完成实时字幕显示系统。项目任务的评价指标见表 6-2-4。

表 6-2-4　项目任务的评价指标

指标	指标描述	评价要点
主题	主题明确	明确项目的应用场景、功能以及输入输出的设置
描述	用语言或者流程图表达项目过程	运用语言或者流程图正向描述项目过程
制作	运用网络资源的代码调试学习的情况	明确使用的网络相关资源，相关资源用到的接口以及设计的参数配置
问题解决	发现问题，解决问题	梳理在项目实施过程遇到的问题、解决的方法以及项目待改进的方面，思考是否有更好的解决方案

拆解后的挑战任务如下。

第一，声音数字化中采样频率与量化位数，哪个对音频质量影响大?

评价标准：设置不用的采样频率和量化位数，利用控制变量法来探究这些参数对音频文件的影响。

第二，哪个字幕显示系统更准确?

评价标准：从 5 个条件中任选其一进行深度探究，自行设计探究表格，描绘影响因子对语音识别结果准确度的影响。

第三，以投票的方式选出最受欢迎的系统。

评价标准：介绍本小组系统的设计意图、应用场景、功能以及在设计过程中遇到的问题和改进措施。

六、项目所需课时及进度安排

本项目根据真实问题展开，而“实时字幕显示系统的设计与实现”这一大问题。教师带领学生开展“声音数字化—探究语音识别原理—揭秘人工智能平台”三个阶段的探究。学生在每个阶段都有具体的项目任务，并根据任务进行科学的实验探究，设计探究内容，寻找科学的理论支撑，透彻地了解理论技术，基于生活设计出实时字幕显示系统，最后回归到现实中检验系统。这一过程让学生主动地确认目标、寻找资源建构路径、解决问题。图 6-2-6 显示了课程所需课时及进度安排。

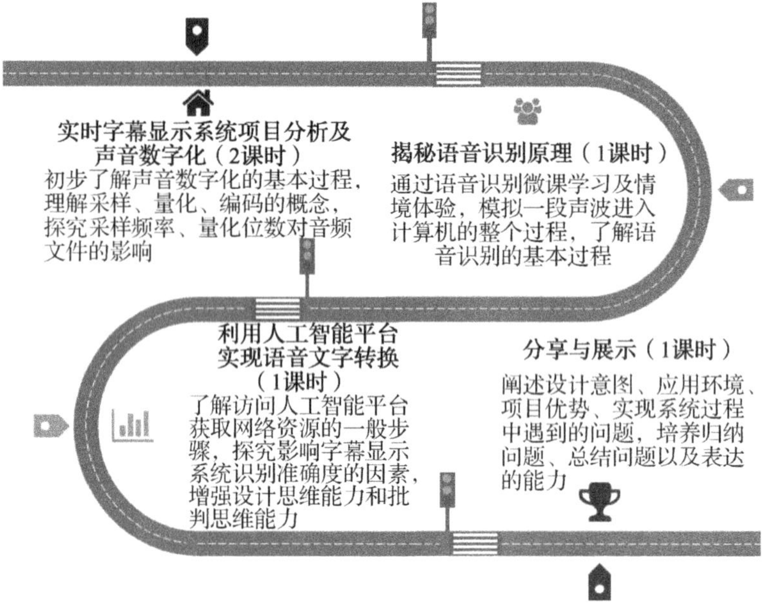

图 6-2-6　课程所需课时及进度安排

七、项目实施过程设计

(一)教学过程

1. 主题一：　实时字幕显示系统项目分析及声音数字化

概述

本课利用真实问题引入语音识别，组织学生通过观看视频、阅读资料、分析项目、拆分语音识别的基本步骤，将问题细化；通过实验探究和设计实验表格，加深学生对采样频率、量化位数概念的理解；通过提供参考材料，设置量化位数实验探究表，增强学生的 STEM 实验探究能力；通过展示交流实验探究结果，培养学生分析问题、探究问题、解决问题的能力。

活动过程

环节一：情境引入。

(1)播放影片：播放语音识别应用场景的影片。

组织学生一边观看影片，一边总结语音识别应用场景。

(2)观看博鳌亚洲论坛会的视频，阅读材料。

组内讨论：实现语音识别，都需要经历哪些步骤(拆分语音文字转换系统)。

环节二：工程挑战任务：声音数字化中采样频率与量化位数，哪个对音频质量影响大？

(1)探究：录音参数对语音识别的影响。

观看声音数字化微课，理解采样、量化概念，完成学习任务单中的3～4习题。

(2)实验探究1：如何设置采样频率，让音频文件更保真。

发布任务：根据学习任务单中教师提供的阅读材料以及设定的采样频率范围，进行实验探究。

(3)实验探究2：如何设置量化位数，使得音频文件更保真。

发布任务：根据学习任务单中教师提供的阅读材料，亲设量化位数测量表，体验实验探究的过程。

环节三：展示交流。

各小组分享展示实验探究结果。

总结：引导学生找到符合实际情况的采样频率和量化位数。

环节四：知识后测。

计算：一首时长为100秒的双声道音乐，采样频率为44.1千赫兹，量化位数为16，该音频文件的大小为多少。

2. 主题二： 揭秘语音识别原理

概述

本课利用比一比的方式，激发学生学习语音识别原理的兴趣；通过微课教学，让学生初步了解语音识别的步骤，对发音字典、声学模型、语言模型的功能及其输入输出产物有一定的了解，为后续情景模拟活动的开展奠定基础；通过情景模拟，以类比的方法，将学生模拟成一段声波，让学生亲历输入计算机后的整个识别过程，用形象的方法帮助学生理解抽象的原理，从而突破难点；最后，进行知识输出，验证学习效果，进一步帮助学生对知识进行梳理。

活动过程

环节一：情境引入：语音识别大比拼。

比一比：谁识别得更快、更准确。

教师用机器进行识别，学生可人工、可利用应用程序进行识别。

环节二：初识语音识别。

发布任务：观看语音识别微课，完成学习任务单，归纳语音识别基本步骤。

引导学生总结语音识别基本步骤。

环节三：体验语音识别的过程及不同模块的功能。

学生模拟成一段声波，亲历进入计算机后进行语音识别的步骤，以“清华附中”为例进行语音识别活动。

(1)模拟收集声音，组织四名学生分别代表“清”“华”“附”“中”。

(2)模拟分帧过程。将整段声波分成25ms的小段声波。组织四名学生代表声波进行分离，模拟分帧过程。

(3)模拟特征提取过程。计算机对每一小段声波提取特征属性值。每一小段声波都有独特的属性值。

提问：这四名学生都有区别于他人的特征属性值，你觉得可以用什么特征属性值来区分一下呢？

总结：每一段声波都具有自己的特征属性值，可以用特征向量来区分。

(4)模拟声学模型。

将特征向量输入声学模型，引导学生在声学模型中找到最接近发音的音素。音素类似于汉语中的声母和韵母。组织四名学生找到与“清华附中”四个字最接近的音素，并把它们贴到黑板上。

(5)模拟发音字典。

将音素输入发音字典，字典会将声母和韵母进行组合，生成拼音，然后找到拼音所对应的汉字。

提问：黑板上的这些音素都可以组成哪些拼音？

组织学生将可组成的拼音贴到黑板相对应的位置。

提问：根据这些拼音，可以找到哪些汉字？

组织学生将所有可能找到的汉字写到卡片上，然后贴到黑板上。

(6) 模拟语言模型。

将汉字输入语言模型，组合成符合人类语言习惯的词语或者文字。

提问：机器可能组合成四种文字，哪一种符合人类语言习惯？

组织学生将汉字进行排列组合，生成所有可能出现的词组，在这些词组里面挑选出符合人类语言习惯的那个词组——“清华附中”。

环节四：知识后测。

提问：老师手中有音素、文字、文本三个标签，请你们思考，这三个标签是哪些环节的产物，要在哪些环节输入哪个模型。

3. 主题三： 利用工人智能平台实现语音文字转换

概述

通过访问网络资源，探究目前可以进行语言识别的服务器有哪些，锻炼学生的网络自主学习能力；通过分组探究不同的网络资源访问的过程，锻炼学生的自主学习能力以及汇总能力；最后进行展示汇报，进一步帮助学生梳理访问网络资源的一般过程。小组通过合作探究，找到影响语音识别的因素；通过展示分享，归纳总结出不同网络资源的优缺点。学生通过分享展示，在短时间内了解到这些因素对系统的识别率的影响，进行交叉学习，可以提高学习效率。

活动过程

环节一：课程前测。

提问：你用过哪些语音识别的应用程序？

提问：目前网络中有哪些服务器可以进行语音识别？

环节二：语音识别流程。

探究活动：通过搜索网络资源，探究目前可以进行语音识别的服务器有哪些，应用程序有哪些。

环节三：网上人工智能服务器哪个更好。

(1)解密：利用人工智能平台获取网络资源进行语音识别的一般步骤。

(2)发布任务：分组观看操作微课，了解相关技术文档，阅读半成品 Python 源代码，并总结获取网络资源的一般步骤。

(3)学生展示：分享每组学习结果。在学生进行汇总的同时，教师提炼关键点，帮助学生归纳出访问网络资源进行语音识别的一般步骤。

环节四：完善并调试实时字幕显示系统。

阅读技术文档，了解参数，完善并调试程序。

环节五：哪个字幕显示系统更准确。

小组间合作探究影响字幕显示系统准确度的因素。

第一，录音质量对识别结果的影响。

第二，不同语言对识别结果的影响。

第三，不同人工智能服务器对识别结果的影响。

第四，背景噪音对识别结果的影响。

第五，不同语速对识别结果的影响。

环节六：展示分享。

展示分享实验探究结果，对比不同实验，汇总影响实时字幕显示系统准确度的因素。

4. 主题四：分享与展示

概述

设计拓展内容，使学生将学习到的知识应用到真实的生活中，培养学生利用人工智能技术解决问题的能力，增强学生学习人工智能技术的信心；通过展示分享，梳理学生在本单元系列课程中的学习成果；组织学生与其他小组交流思想，达到思维拓展的目的。

活动过程

环节一：以投票的方式选出最受欢迎的系统。

发布任务：根据之前的实验探究结果以及网络资源，设计个性化的实时字幕显示系统，并完成系统探究报告。

环节二：展示分享。

组织学生分享设计的实时字幕显示系统，说明是基于语音识别的哪些因素进行设计的，设计过程中遇到了什么问题，是如何解决的，思考这样的设计是否合理，是否有更好的改进方案。

环节三：思维拓展。

思考：语音识别技术可以应用到生活中的哪些领域。

(二)学习任务单

1. 课前调研表

课前调研表见表 6-2-5。

表 6-2-5 课前调研表

语音识别技术场景识别单				
应用场景	功能	技术公司	技术原理	进行识别的步骤

2. 主题一学习任务单

(1)观看并思考语音识别应用场景。
(2)观看博鳌亚洲论坛会片段视频，结合阅读资料，总结语音识别要经历哪些步骤。

续表

(3)采样。

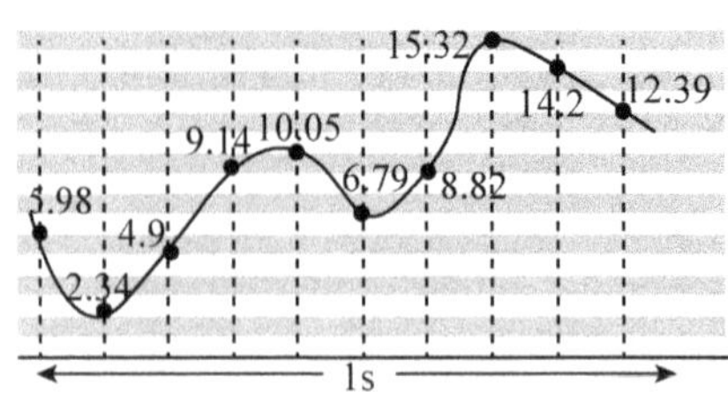

图 6-2-7 采样实例 1

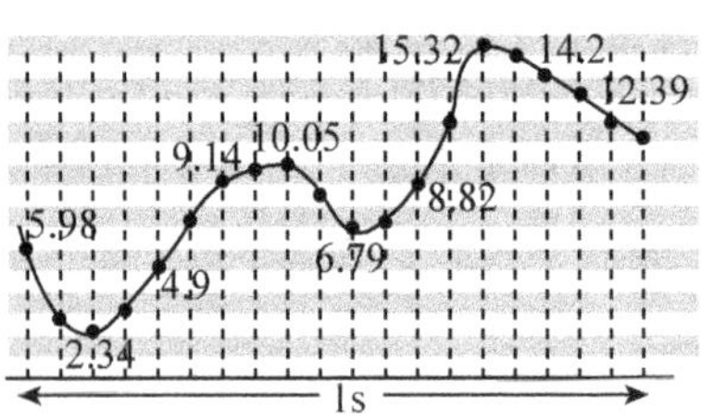

图 6-2-8 采样实例 2

图 6-2-7 采样实例 1 对 1 秒时长的声波进行了________次测量，采样频率为________赫兹。

图 6-2-8 采样实例 2 对 1 秒时长的声波进行了________次测量，采样频率为________赫兹。

思考 1：对比采样实例 1 和采样实例 2，哪个采样可以更加真实地保留原始声音波形？

思考 2：采样频率与音频精度的关系。

实验探究：在量化位数一致的情况下，设置不同的采样频率，测试音频质量。

采样频率测量见表 6-2-6。

表 6-2-6 采样频率测量表

测量结果	8 千赫兹	16 千赫兹
第一次测量		
第二次测量		
第三次测量		

(4)量化。

实例 1

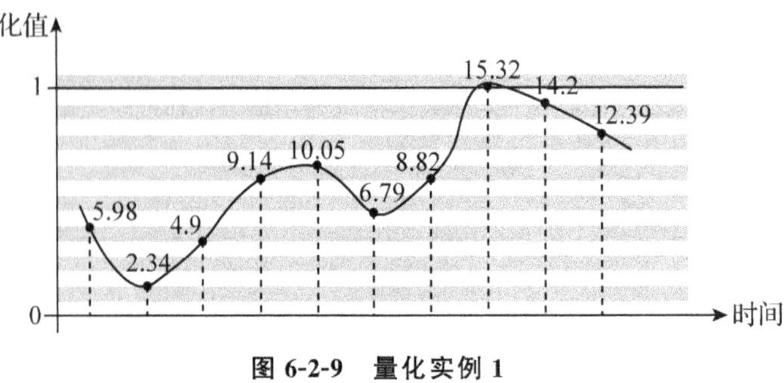

图 6-2-9 量化实例 1

在图 6-2-9 所示的量化实例 1 中，量化位数为____位，每个量化等级代表____采样数值(0.5，1，2，4，16)。

表 6-2-7　量化结果

序号	1	2	3	4	5	6	7	8	9	10
模拟值	5.98	2.34	4.9	9.14	10.05	6.79	8.82	15.32	14.2	12.39
量化值										

实例 2

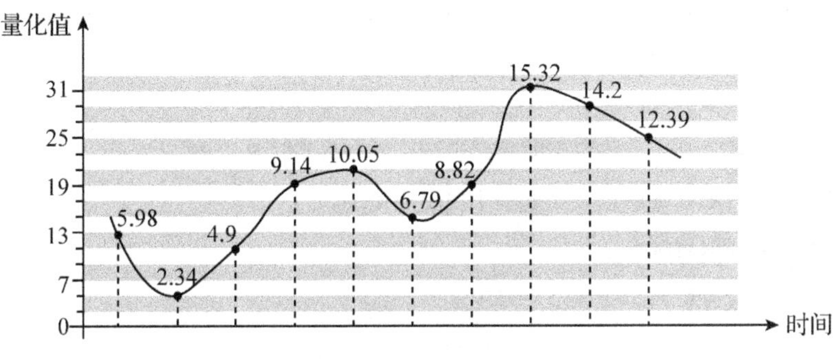

图 6-2-10　量化实例 2

在图 6-2-10 所示的量化实例 2 中，量化位数为____位，每个量化等级代表____采样数值(0.5，1，2，4，16)。

表 6-2-8　量化结果

序号	1	2	3	4	5	6	7	8	9	10
模拟值	5.98	2.34	4.9	9.14	10.05	6.79	8.82	15.32	14.2	12.39
量化值										

对比实例 1(见图 6-2-9 和表 6-2-7)和实例 2(见图 6-2-10 和表 6-2-8)，讨论量化位数与音频精度的关系。量化位数越________，量化值就越接近采样值，音频的精度就越________。

在采样频率为 16000 赫兹的时候，设置不同的量化位数，测试音频质量，设计量化位数测量实验探究表。

续表

(5)问题反馈单。 ①在本节课中，你遇到了哪些问题？ ②以上问题是如何解决的？ ③标明未解决的问题。

3. 主题二学习任务单

语音识别步骤如下。 第一步：收集声音。 第二步：通过______将声音转换成音频文件存储在计算机中。 第三步：分帧，即将声波切成一小块一小块的。 第四步：提取特征向量。 第五步：将特征向量送入解码器中。 解码器包含______模型、发音字典和______模型。 (1)声学模型：存放着______。找到______作为声学模型的产物。 (2)将音素进一步送入______，在该模块中将音素组合成拼音，生成所有可能的汉字。 (3)语言模型：存放着______，生成符合语法规律概率最高的______。

4. 主题三学习任务单

影响系统准确度的因素 探究内容：______________ 小组成员：______________ 设计探究表格： 探究结果： 遇到的问题：

5. 主题四系统设计报告单

系统设计报告单	
项目名称：________________	小组成员：______________
(1)项目应用场景分析。 (2)项目功能分析。 (3)用自然语言或流程图表达出完整项目(解决问题)的过程。 (4)在项目实施过程中遇到了哪些问题？是如何解决的？标明未解决的问题。 (5)有哪些有待改进的方面？ (6)在项目实施过程中的反思与成长。	

(三)评价设计

本单元课程的实践性和综合性比较突出。为了实现教学目标，本单元课程评价方式选择教师评价、同学评价与学生自评相结合，过程性评价与总结性评价相结合。图 6-2-11 为本单元课程综合评价方式的框架图。

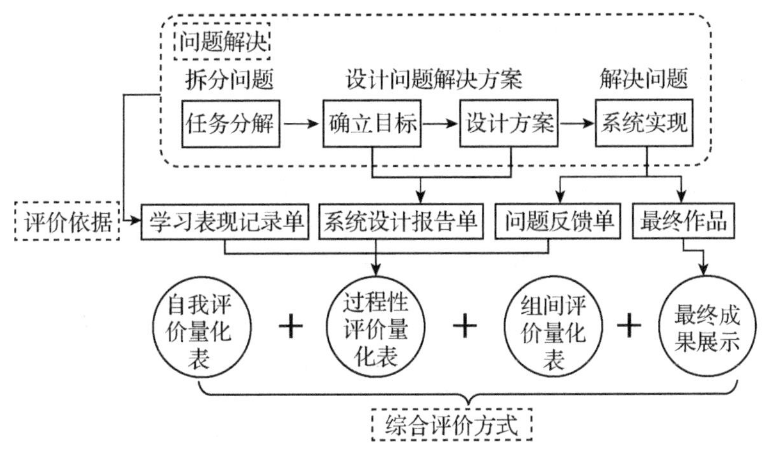

图 6-2-11　评价方式框架

在本项目实施过程中，教师通过对学生的学习表现、系统设计报告、问题反馈情况以及阶段性成果等方面进行评价，衡量学生的学习状况。在项目结束后，教师通过组织学生进行展示汇报，从项目主体、项目实施、项目成果、小组合作和展示交流等方面对学生进行评价。在项目的各个阶段，教师组织学生利用“自主学习评价表”对阶段性成果以及最终语音文字转换系统的设计、完成、调试等环节进行自评和小组间互评。在这一系列过程中，教师也会选择优秀的成果进行点评，引导学生形成自主学习的意识。

主题一至主题四过程性评价表见表6-2-9至表6-2-12。

表6-2-9　主题一过程性评价表

评价内容	一般	良好	优秀
设置不同的采样频率和量化位数，利用控制变量法来探究参数不同对音频文件的影响	随便设计量化位数探究表格，未能描绘出两个参数对音频文件的不同影响	可以参考采样频率设计表格方式设计出量化位数探究表格，简单描绘出两个参数对音频文件的不同影响	可以参考采样频率设计表格方式设计出合理的量化位数探究表格，对比两个不同探究实验，利用控制变量法，找出两个参数对音频文件的不同影响，并且准确叙述

表6-2-10　主题二过程性评价表

评价内容	一般	良好	优秀
体验语音识别的过程及不同模块的功能	跟着教师的思路，思考每一个模块的功能，了解中间产物	主动参与课程活动，思考发音字典和语言模型产生的所有音素	积极参与模拟体验环节，主动思考发音字典和语言模型产生的所有音素，并粘贴到黑板上，理解每个模型的功能、原理、中间产物

表 6-2-11 主题三过程性评价表

评价内容	一般	良好	优秀
小组合作，探究影响字幕系统准确度的因素	设计的影响因素探究数据少于 3 个，简单描述影响因素对识别结果的影响	设计的影响因素探究数据有 3～6 个，能够正确描述影响因素对识别结果的影响	设计的影响因素探究数据大于 6 个，能够准确描述影响因素对识别结果的影响，并且能够判断影响因素的取值范围

表 6-2-12 主题四过程性评价表

评价内容	一般	良好	优秀
展示分享	展示系统，并简单介绍本小组系统的设计意图、应用场景、功能等	展示系统，并简单介绍本小组系统的设计意图、应用场景、功能；积极思考过程中遇到的问题，主动寻求解决方案	展示系统，并简单介绍本小组系统的设计意图、应用场景、功能；积极思考过程中遇到的问题，主动寻求解决方案；能够将设计的系统应用到实际生活中，解决实际问题

八、项目学习成果展示

作品 1：学生将背书与语音相结合，设计出背书记录版实时字幕显示系统。在进行背书的过程中，学生将所背内容快速转述成文字版本，并且能够记录自己所背内容。

图 6-2-12 为作品 1 调试界面。

请开始背诵社会主义核心价值观：
语音识别结果为：富强，民主，文明，和谐；自由，平等，公正，法治；爱国，敬业，诚信，友善。
背诵正确

图 6-2-12 学生作品 1 调试界面

作品 2：将之前学过的海龟画图与中秋节相结合，设计出“海龟望月”主题的语音控制动画系统。语音控制时间输入，当系统问“月亮月亮几点了”，用

户语音回答“月亮月亮八点了”。系统将语音转化成文字，然后根据文字中的时间点，在画布上绘制晚上八点时月亮的位置。图 6-2-13 显示了“海龟望月”程序界面 1，表示零点海龟看到的月亮的位置。

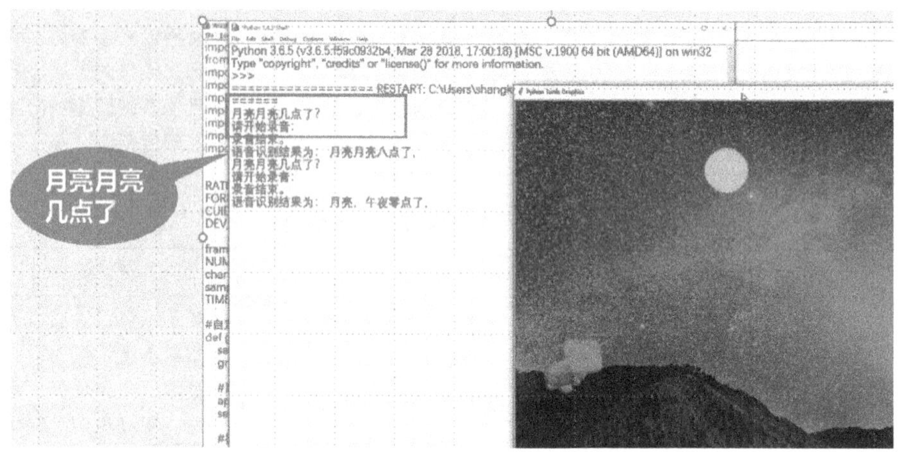

图 6-2-13 “海龟望月”程序界面 1

图 6-2-14 “海龟望月”程序界面 2

图 6-2-14 显示了凌晨两点海龟看到的月亮的位置。

九、课例整体评价及反思

(一)专家评价

本主题课程以 STEM 学习为主，以终为始，设计并实现实时字幕显示系统。学生通过分析项目，进行了四个阶段的项目学习。教师引导学生经历了分析问题、设计方案、应用学习资源、调试信息系统、展示应用等过程，在实际问题和复杂情境问题的解决过程中综合运用学科知识和技能，使用学科思维和学科方法，培养了学生利用信息技术解决综合问题的能力。

(二)实施反思

本课例以将声音转换成文字为主线，以实现实时字幕显示系统项目为抓手，通过 STEM 学习实现了对不同内容的融合。学生通过 STEM 学习，理解身边的高科技，学会将这些技术为己所用，运用学科思想和学科方法，设计出符合自己需求的作品，从而培养利用人工智能技术解决实际问题的能力，增强学习人工智能的兴趣与信心，促进学科核心素养的形成。但是教学中仍然存在一些问题。

反思 1：学生的 Python 编程能力有限，在设计个性化实时字幕显示系统的过程中遇到了很多问题。

改进 1：因为学生仅仅掌握了 Python 编程的基础，所以在设计课程时教师要为学生提供详细的 Python 访问网络服务器编程微课或者文档说明。只有了解了每一段代码的功能，设计的系统项目内容才能更加丰富。

反思 2：由于学生发现生活中的问题的能力不同，因此小组设计出的项目的层次不同，有些项目未能应用到真实生活中解决实际问题。

改进 2：在项目初期，要培养学生发现问题的能力，锻炼学生利用人工智能技术解决问题的能力；在学生进行设计初期，为学生提供优秀参考案例，鼓励他们活用头脑风暴。

课例三　需求与实现：基于手机控制的个性化智能家居照明①

项目简介

本项目中，学生使用 mDesigner3、3DOne 家庭版及 3D 打印切片软件等，通过物联网模块连接互联网，使用 Arduino 套件（或 Microduino）等，通过手机应用程序，增加语音控制功能，实现手机控制开头，并使用 3D 打印外壳与开源硬件组装，完整实现基于手机控制的个性化智能家居照明的制作，以方便老人使用。

第一部分　三级进阶课例解析

本课例将 STEM 教育理念与信息技术学科相结合，在真实情境中，采用问题驱动教学法，以提高学生学习兴趣，培养学生学习的主动性，增强学生分析实际问题和解决实际问题的能力；通过运用 3D 打印开源硬件等新技术工具，培养学生的创新实践能力，发展学生的信息技术学科核心素养。

本课例以"基于手机控制的个性化智能家居照明"为题，提供真实问题，为行动不太方便的老人设计个性化的智能家居照明。课例进一步挖掘电路知识、语音控制的科学原理等内容，激发学生巧妙运用设计思维、工程思维，充分发挥跨学科学习的优势，遵循"提出问题→头脑风暴→建立模型→测试→改进→测试→分享"的 STEM 学习模式，将通用技术课例转化为具有 STEM 教育特征的跨学科真实课例。

① 本课例由北京市陈经纶中学分校姜迪迪老师具体设计和实施。指导老师为北京市朝阳区教育研究中心王戈。由北京教育学院于晓雅博士主持的北京市"STEM 教育与创客教育课程实践"卓越教师工作室集体打磨完成。

一、STEM 课例进阶

(一)项目名称的进阶

项目名称经历了从“智能家居之照明系统”，到“基于移动端的语音控制灯”，再到“基于手机控制的个性化智能家居照明”的过程，如图 6-3-1 所示。第一版项目名称虽然本意是让学生设计智能控制的照明系统，但是题目过大，不能真实反映出课例的内容。第二版项目名称明确了学生需要具体应用和学习的技术手段，但是缺乏应用情境，不能体现 STEM 课程解决真实问题的本质。第三版项目名称在第一版和第二版的基础上，将项目的重点信息都体现了出来。家居照明，给出了实际的应用场景；技术手段为手机控制，学生可以联想到通过连接网络进行控制；个性化，需要学生根据真实情境调查产品需求。如何进行个性化设计？首先进行头脑风暴和科学探究，然后结合技术和工程，制订解决方案，再动手解决实际问题，完成基于手机控制的个性化智能家居照明的设计与制作。

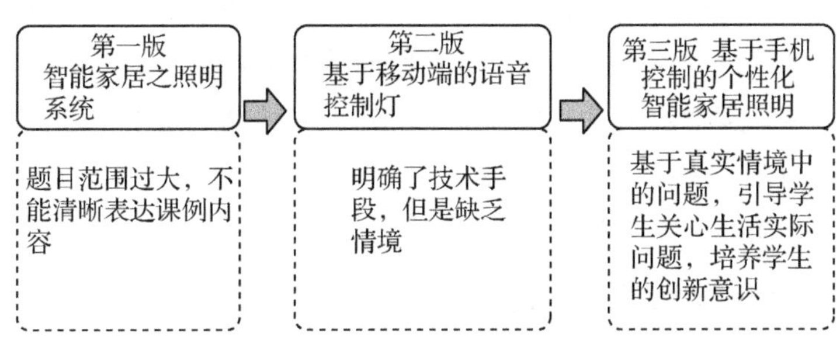

图 6-3-1　项目名称进阶图

(二)学习目标的进阶

项目中需要学生理解电路、语音控制原理等，应用开源技术进行创造。在核心概念与技术的学习和应用方面，教师需要根据学生知识建构的特点，引导学生发现真实情境中的问题，思考解决实际问题的方法，培养学生的创新思维和批判性思维。STEM 项目不能离开对学生核心素养的培养，所以项目的学习目标需要围绕这些核心概念进行设计。图 6-3-2 显示了学习目标的进阶。

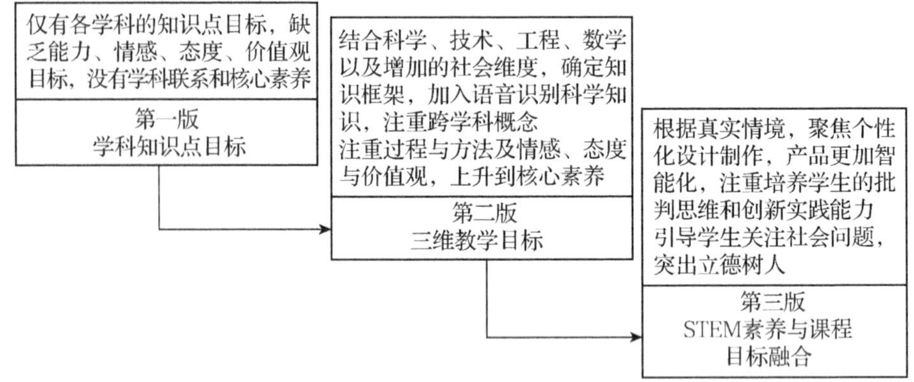

图 6-3-2　学习目标进阶图

第一版目标仅仅列出了 STEM 各学科的知识点目标，围绕产品的制作，主要关注单元任务，忽略了通过何种方法对学生的哪些能力进行培养以及对核心素养的培养。第二版目标结合增加的每节课的工程挑战任务，增加了学生认识电路和双开关控制的学科知识以及语音控制的原理。目标的表达形式也从简单的学习目标上升到基于核心素养的三维目标。第三版引导学生进行科学探究，发现季节和纬度对日出日落时间的影响，进而提升产品的智能化水平；强调从真实情境出发，整合多学科知识和技能，使学生经历问题的提出和解决的过程，提升工程思维水平、批判性思维水平、解决问题的能力，学会关注社会问题，突出立德树人的价值。

(三)工程任务和驱动问题

图 6-3-3 为工程任务和驱动问题的迭代。

工程任务的提出离不开有效的驱动问题。第一版直接抛出问题："对于很多行动不便的老人来说，开关灯是非常不方便的，我们可不可以让房间里的灯变得智能一点，直接可以通过说话命令来关灯或开灯呢?"这个问题包含很多任务，学生无法根据经验直接找到答案。因此，第二版和第三版逐渐将问题分解，通过小问题层层引导，帮助学生形成具有逻辑关系的问题链。

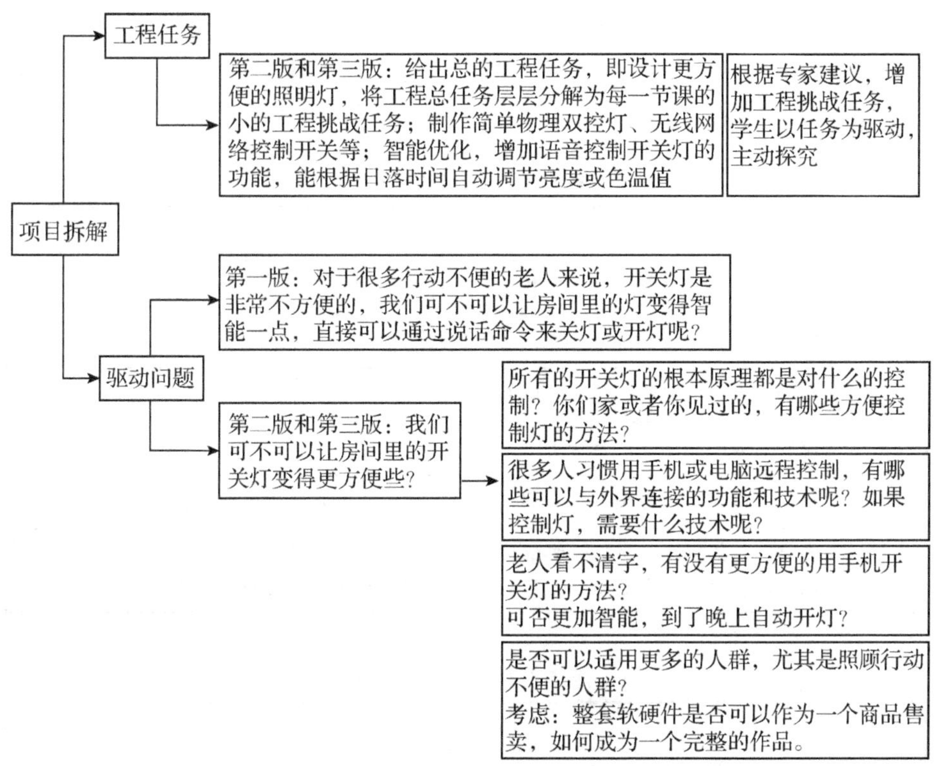

图 6-3-3　工程任务和驱动问题的确定

(四)教学环节增加了 STEM 工程流程

图 6-3-4 显示了 STEM 工程流程图。

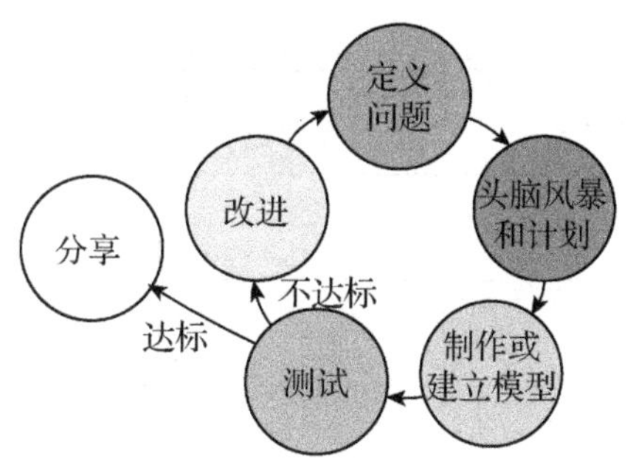

图 6-3-4　STEM 工程流程图

(五)注重过程性评价

表 6-3-1、表 6-3-2、表 6-3-3 分别是头脑风暴记录及评价表、头脑风暴指南和模型制作指南。

表 6-3-1　头脑风暴记录及评价表

序号	要求
1	做好记录，记录每个成员的想法
2	团队中的每个成员都要分享自己的想法
3	基于调查和明确的问题，开展有创意的设想
4	尊重他人的想法，学会倾听
5	每个人都尽可能提出自己的观点，讨论过程中可以形成多套方案
6	根据一定的标准，选出一套最可行的方案：有创新性、可行性，能在规定时间内完成；材料容易获得，满足教师提供的限制条件；具有可推广性

表 6-3-2　头脑风暴指南

序号	要求
1	每个成员都要积极参与
2	制作中注意安全，正确使用工具
3	模型可作为完整的作品呈现
4	能在规定时间内完成，满足教师提供的限制条件

表 6-3-3　模型制作指南

成员	创意观点	不足之处	队员意见

二、教师成长

在专家的指导下，本课例经历了3次大的修改和打磨。我们最大的收获是学会了如何将单学科知识的教学转化为整合多学科知识的教学。

STEM项目通过任务驱动，在每个阶段都会结合多学科知识设置工程挑战任务，让学生完成阶段性任务，逐步建构知识，从而完成对学生高阶思维的培养。

STEM项目体现了以学生为主，不仅关注过程性评价，而且通过前测和后测检验学生是否掌握了知识，更加关注如何让项目更科学、更有组织性。

三、学生成长

学生成长主要体现在以下几个方面。

与单学科教学相比，学生在本课例中更能够体会STEM项目的特征，激发了积极性，培养了创新能力和动手实践能力。

在本课例中，每次课都有清晰的任务和目标。为了解决现实问题，学生通过头脑风暴，不断改进自己的照明灯，最终完成了基于手机控制的个性化智能家居照明的制作。

学生能够理解模型和真实问题的区别。真实问题的解决需要学生考虑实际问题中的因素，然后结合自身拥有的知识和技能创造性地解决问题。在这个过程中，学生的思维能力和创新实践能力都得到了提升。

第二部分　实施后反思改进版示范课例

一、项目缘起

北京市陈经纶中学分校的教育理念是“一切为学生的终身发展奠基”。为了实现这个教育目标，培养学生的核心素养，应对世界越发激烈的科技与创新的竞争，学校鼓励教师在学科教学中作为设计者和引导者，以学生为中心，

利用多学科知识解决真实问题，培养学生的创造思维。

为了发展学生的核心素养，培养全面发展的人，信息技术学科教师开始整合多学科知识，以问题驱动的方式进行教学，在教学过程中注重培养学生的科学精神、实践创新、人文素养和社会担当等。该课例基于现实问题：目前很多家庭的卧室中只有门口有灯的开关。对于老人来说，他们在晚上睡觉前开关灯很不方便，半夜起来上厕所走到门口再开灯也很危险，而且不同的家庭有不同的照明习惯。如何根据实际应用情况设计一款满足特别需求的照明灯？学生思考并提出解决方案。

二、项目实施的环境与硬件要求

项目实施的环境与硬件要求见表 6-3-4。

表 6-3-4　项目实施的环境与硬件要求

项目实施的环境要求	专业环境：创客空间教室，满足 30 人上课 可替代环境：计算机教室 建议：便于小组合作
项目实施的硬件要求	每组两台计算机 电脑安装：mDesigner3、3DOne 家庭版及 3D 打印切片软件 可以连接互联网 3D 打印机(可以用环保材料替代) 每组一套 Arduino 套件(课例中所用为 Microduino) 每组一台平板电脑或手机 其他材料或工具：热熔胶枪、彩笔、彩纸、剪刀等

三、项目适合的学段

适合学段：初中。

学情分析：初中学生已接触过信息技术，大部分用过人工智能产品。在教学中，教师可以通过 STEM 教学方式，发挥学生的主观能动性，让学生通过多学科的学习，完成工程挑战任务，自主探究，动手实践，感受人工智能为生活带来的便利。

学生有在创客社团学习开源硬件搭建和开源软件编程的经验，但是对以人工智能技术为载体的内容学习较少，需要前期铺垫较多的信息技术知识。

课前学生已经学习了利用 mDesigner3 编程上传至开源硬件进行开灯等知识以及学校开设的 3D 设计课程，有了一定的三维设计基础。

四、项目涉及的 STEM 知识与能力

图 6-3-5 显示了本课例的知识框架。

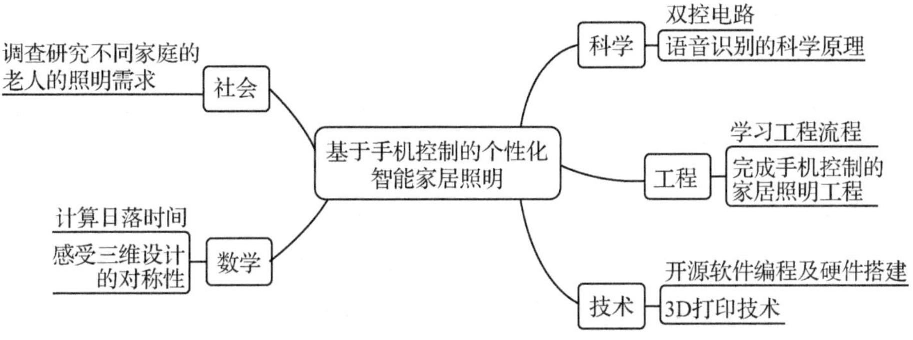

图 6-3-5　知识框架图

图 6-3-6 显示了本课例的能力框架。

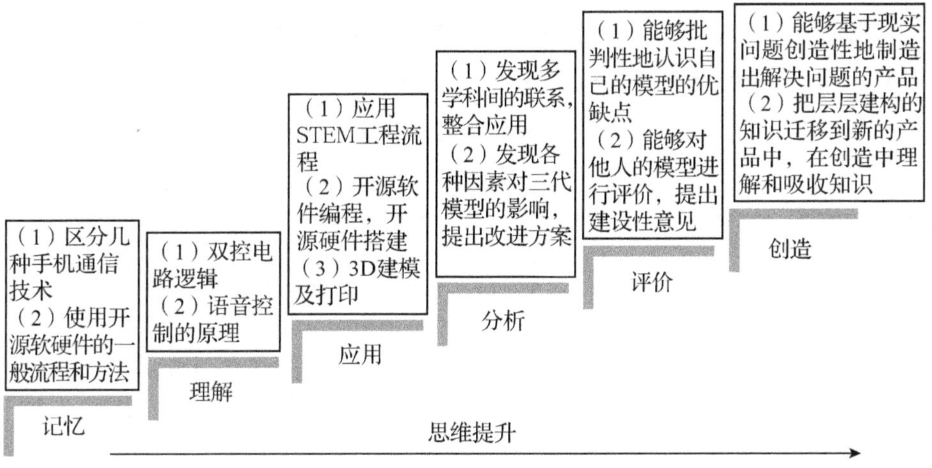

图 6-3-6　能力框架图

五、项目目标和工程任务及拆解后的挑战任务

(一)项目目标

“基于手机控制的个性化智能家居照明”项目中，学生通过对真实社会问题进行分析，经历分解问题、分析对比、确定智能软硬件结构的过程，能够提出解决方案，形成将真实情境问题转化为模型问题的能力、分析现实因素解决问题的能力、调查研究能力；经历照明灯的迭代制作过程，学习电路、手机控制、物联网、3D设计与打印、语音控制、日落时间计算、光敏传感器等知识，体会STEM工程制作流程，培养工程思维；经历头脑风暴和团队合作，培养团队沟通协作能力；通过合作讨论，结合实际情境进行个性化创造，提升创新实践能力；经历产品分享、展示和交流的过程，提高表达能力；经历感受对比，发展批判性思维和创造性思维，懂得关心社会问题，用科技服务社会。

(二)工程任务及拆解后的挑战任务

工程任务：设计更方便老人居家生活的照明灯。

完成工程任务时需要考虑的问题：老人的作息习惯，老人开关灯的方便程度，对于不同生活情境的模式设计，用智能化技术解决个性化问题等。

我们将工程任务拆解为每节课需要完成的挑战任务，如表6-3-5所示。

表6-3-5　挑战任务

序号	名称	评价要点
1	制作简单的物理双控灯	能够画出设计图，结构合理，按照设计图连接电子元件后能够亮灯
2	无线网络控制开关灯	设计完整的方案，能够按照设计方案搭建手机控制的开源硬件，实现手机控制亮灯，能够设计3D打印外壳
3	智能优化，增加语音控制开关灯的功能及其他元素	设计方案有创意，能够增加语音控制、情景模式，实现手机控制亮灯；3D打印外壳与开源硬件组装完整，能够作为产品进行分享展示

六、项目所需课时及进度安排

项目所需课时及进度安排见表 6-3-6。

表 6-3-6　项目所需课时及进度安排

主题	主要内容	用时
制作简单双控灯	提出真实情境问题：设计更方便的照明灯 查阅学习资料：学习单控开关的基本电路知识 实验小练习：设计制作双控灯	1 课时
无线网络控制开关灯	提出问题：是否可以用手机控制开关灯 学习资源：mDesigner3 编程、物联网 设计制作：根据任务单，设计制作无线网络控制开关灯，3D 设计并打印外壳	2 课时
智能优化，语音控制开关灯及其他元素	提出要求：智能优化，增加语音控制及生活中所需的其他元素 微课学习：语音控制及其他元素 改进优化：根据任务单，制作创意语音控制灯，改进外壳并组装 展示分享 总结	3 课时

七、项目实施过程设计

(一)教学过程

1. 主题一：制作简单双控灯

概述

本次课是"基于手机控制的个性化智能家居照明"课例的第一次课，围绕"制作简单双控灯"展开，核心内容为设计智能家居照明的方案。本次课聚焦分析真实情境，调查分析生活中人们使用灯时遇到的困难。学生了解生活中电路的科学原理，理解开关控制的原理，尝试进行双控开关的制作。

活动过程

环节一：真实问题导入。

(1)卧室只有一个开关，对于一些老人来说非常不方便。我们可不可以让开关灯更方便些？本课例的根本任务是设计更方便的照明灯。

由生活问题导入，为解决真实问题创设情境，激发学生学习动机。

(2)小组讨论生活中老人或者其他家庭成员对于照明有什么需求，提出问题。

环节二：科学探究。

(1)出示生活中卧室或者客厅的灯具及其开关的图片，提出问题：所有的开关灯的根本原理都是对什么的控制？

(2)提出任务：生活中电无处不见。要想设计更方便的灯，需要同学们先掌握一些电学知识。请同学们先自行查阅学习资料，学习电路基本知识，完成学习任务单的前两题。

(3)提问：你见过哪些方便控制灯的方法？

学生思考，教师出示双控灯图片，提问：有的家里装了有两个开关的灯，也就是双控灯，什么是双控灯呢？

双控灯是基于双控开关设计的。请同学们思考其中的逻辑原理。

环节三：头脑风暴。

学生思考后，与教师一起梳理双控灯的逻辑，完成学习任务单中的第三题。

环节四：模型制作与展示。

根据电路图，连接实物，实现双控开关控制亮灯。测试后以小组为单位进行展示，在做中学习科学知识，思考对于调查的其他问题该如何解决。

为学生留下思考问题，并请学生针对问题课下进行调查研究，思考如何解决这些问题。

2. 主题二：　无线网络控制开关灯

概述

学生通过上节课得出本节课要解决的具体问题后，在教师的引导下完成本节课的任务，即通过手机连接无线网络控制开关灯。本次课的核心内容为手机连接无线网络控制开源硬件搭建的灯具。学生通过观看微课等方式了解物联网平台及手机如何连接开源硬件。小组分工合作，负责给灯具设计并制作外壳。经历头脑风暴后，学生明确了思路，形成较为完整的工作方案。第二节课继续用 STEM 工程循环流程来完成，帮助学生独立解决工程问题，培养学生的工程思维。

活动过程

环节一：问题引入，明确任务。

提出问题：随着科技的发展，现在越来越多的技术可以应用到生活中，很多人习惯用手机或电脑远程控制，有哪些可以与外界连接的技术呢？如果控制灯，需要用到什么技术呢？根据阅读资料，找出合适的通信技术。

培养学生的工程思维，以系统分析的方法针对问题进行要素分析、方案构思和比较权衡。

环节二：探究学习。

分析得出合适的通信技术后，师生借助多媒体共同学习使用 mDsigner3 编程、Microduino mcotton 物联网平台，达到无线网络控制开关灯的目的，完成学习任务单。

环节三：头脑风暴，画出功能实现的流程图。

提问：

借助手机无线网络控制，可以实现哪些功能？

对于第一节课提出的产品需求，可以满足哪些？

是否可以划分不同的应用场景？为不同的场景设计不同的功能和参数。

灯具的外壳该如何设计？有哪些需要考虑的因素？

小组讨论分析实际生活需求，头脑风暴，明确思路后形成较为完整的工作方案。根据头脑风暴指南做好过程性记录及评价。

环节四：制作二代模型。

为学生提供安装好平台软件的电脑和平板电脑以及开源硬件，引导学生根据学习任务单设计并制作无线网络控制开关灯及灯具外壳。

引导学生思考 3D 打印时间受哪些因素影响，如何在不影响结构的前提下减少打印时间。

在学生制作过程中巡查指导。

通过制作，锻炼学生的动手实践能力，并在制作过程中巩固所学知识。

环节五：展示分享。

小组测试、展示，选出最佳模型，为其他组提出改进建议。

通过工程竞赛的方式激发学生的动手兴趣，培养学生的沟通能力。

3. 主题三：智能优化，语音控制开关灯及其他元素

概述

在前两节课，学生已经制作了两代模型。但是第一节课提出的问题，仍有部分待解决。本节课在前面课程的基础上，围绕“智能优化”展开。核心内容为为了更便于老人操作，增加语音控制功能，或者确定几种情景模式。学生需要整合多学科知识更进一步创新。

活动过程

环节一：导入，明确学习任务。

提问：我们可以用无线网络远程控制开关灯。根据实际使用情况，同学们觉得可以有什么改进的吗？是否可以适用于更多的人群，尤其是为行动不方便的人群提供便利？

提问：科技改变世界，同学们身边常见的人工智能有哪些？可否将语音识别加入其中？什么是语音识别？语音识别怎么实现呢？

微课学习：如何在物联网平台进行语音识别设置。

再次提问：为了让照明更加便利和智能，同学们想象一下，未来的照明可以达到什么效果呢？

讨论后可以引导学生通过设置不同的情景模式使得不同场景中的灯光更加人性化，根据需求进行个性化定制，如阅读模式、电视模式、温馨模式、夜灯模式等。

可以引入另外一种人工智能，即自动开灯。目前已有的自动开灯包括声控和光控。还可以探究根据日落时间自动开灯，即学生根据资料自主学习探究纬度和日期对日出日落时间的影响，可在软件编程时加入计算过程，充分整合科学、数学、技术等学科知识。

环节二：头脑风暴。

小组合作讨论，进行头脑风暴，将智能优化加入改进的工作方案，确定将语音加入手机控制照明灯的流程，并进行个性化场景定制。小组合作，设计场景模型。

环节三：智能优化，制作三代模型。

教师为学生提供安装好平台软件的电脑和平板电脑、开源硬件以及其他成功运用语音识别的案例资源包。小组合作，进行改进制作，有创意地完成作品的智能优化设计，完成或者完善上节课的 3D 打印外壳，然后组装，利用其他材料搭建场景模型。

环节四：展示分享。

学生以小组形式上台展示自己的作品、所利用的跨学科知识及作品功能，并分享自己在三代模型进阶过程中的体验和感悟。

在学生分享时，其他学生为该展示小组打分，并为自己的表现打分。

教师总结归纳学生在整个 STEM 项目中的表现，总结本项目对老人的关爱，倡导多关注社会中需要帮助的群体。人工智能对人类的影响越来越大，学生运用科技来解决社会问题，也能提高自己的学习能力。最后教师针对学生在学习中的表现、过程性资料、作品完成度以及分享展示情况，给予表现性评价。

(二)学习任务单

1. 主题一：制作简单双控灯

(1)请根据要求，依据图 6-3-7 中的器材连接电路，使灯泡发亮。

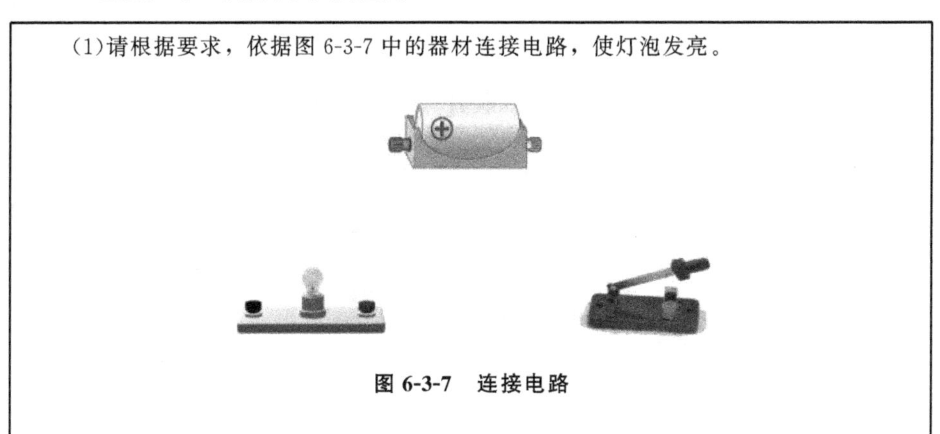

图 6-3-7　连接电路

续表

(2)请依据上题中的实物图画出电路图。 (3)现有一个电池、一个灯泡、两个单刀双掷开关、若干导线，请画出双控灯的电路图。 提示：双控开关画法见图 6-3-8。 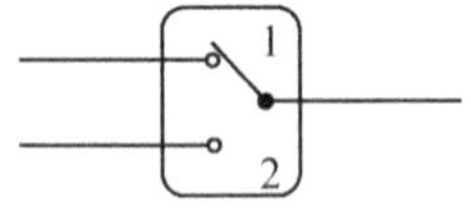 **图 6-3-8　双控开关**

2. 主题二：无线网络控制开关灯

mDesigner3 开发 (1)无线网络位于哪个组件面板？ (2)如何获得无线网络地址？ (3)灯光的三原色是什么？ (4)请画出二代模型程序流程图。

3. 主题三：智能优化，语音控制开关灯及其他元素

(1)用自己的话简单概括语音识别的原理。 (2)利用公式，借助电脑计算此时此刻北京的日落时间。 日出时间计算公式：24×(180＋时区×15－经度－ACOS(－TAN(－23.4×COS(360×(日期序列数＋9)/365))×TAN(纬度))/360 日落时间计算公式：24×[1＋(时区×15－经度)/180]－日出时间①。

① 陈素君：《计算日出和日落时间的几种数学模型》，载《现代职业教育》，2016(34)。

续表

(3)请画出二代模型程序流程图。

(三)评价设计

1. 前测

第一课前测

(1)你认为教室里的灯是怎么亮的？____________

(2)一个基本的电路需要哪几个部分？____________

(3)房间里的开关安装在哪个位置更方便？____________

第二课前测

(1)手机和电脑有哪些可以远程控制的技术？____________

(2)开源硬件可以实现哪些远程控制的技术？____________

第三课前测

(1)语音识别有哪些应用场景？____________

(2)语音识别的原理是什么？____________

2. 过程性评价表

主题一至主题三过程性评价表见表 6-3-7 至表 6-3-9。

表 6-3-7　主题一过程性评价表

评价内容	★★★	★★	★
设计方案	设计方案完整，能够清楚表达逻辑	有设计方案，但是图或者逻辑有误	无设计方案，或者方案错误
双控灯搭建	实现双控灯的亮暗控制	连接基本正确，但是无法控制亮暗	连接错误，无法控制
展示分享	能够充分展示自己的特色，实现互动创新	能够较好地表达自己的方案和观点	表述不够清晰
自主学习、课堂参与、分工合作	能够很好地完成自学和学习任务单，课上认真参与，团队合作良好	能够较好地完成自学和学习任务单，课上偶尔走神，但是多数时间能够参与，能够与团队较好地合作	无法较好地参与课堂学习

表 6-3-8　主题二过程性评价表

评价内容	★★★	★★	★
设计方案	设计方案完整，能够清楚表达逻辑	有设计方案，但是图或者逻辑有误	无设计方案，或者方案错误
手机控制灯搭建	实现手机控制灯的亮暗	硬件连接基本正确，但是无法实现全部功能	连接错误，无法控制
3D 外壳	能熟练使用三维设计软件和 3D 打印机	较为正确地使用三维设计软件和打印机	无法正确使用软件和打印机，或者无法打印设计出的作品
展示分享	能够充分展示自己的特色，实现互动创新	能够较好地表达自己的方案和观点	表述不够清晰
自主学习、课堂参与、分工合作	能够很好地完成自学、学习任务单和头脑风暴记录单，课上认真参与，团队合作良好	能够较好地完成自学、学习任务单和头脑风暴记录单，课上偶尔走神，但是多数时间能够参与，团队合作较好	无法较好地参与课堂学习

表 6-3-9　主题三过程性评价量表

评价内容	★★★	★★	★
设计方案	设计方案完整，能够清楚表达逻辑	有设计方案，但是图或者逻辑有误	无设计方案，或者方案错误
智能优化灯	添加语音控制和个性化设计，实现手机控制灯的亮暗	添加语音控制，硬件连接基本正确，但是没有更多个性化设计	连接错误，无法控制灯的亮暗
3D 外壳	外壳设计有创意，与开源硬件匹配较好	外壳设计完整，能与开源硬件匹配	外壳设计不能用于打印，无法与硬件匹配
自主学习、课堂参与、分工合作	能够很好地完成自学和学习任务单，课上认真参与，团队合作良好	能够较好地完成自学和学习任务单，课上偶尔走神，但是多数时间能够参与，能够与团队较好地合作	无法较好地参与课堂学习

3. 终结性评价表

STEM 教学注重教学过程，也注重实践性和综合性；采用多元评价的方式，包括学生自评、互评及教师评价。评价时要关注过程和结果。除了过程性评价表，项目结束时会有综合评价。

学生自评表见表 6-3-10。

表 6-3-10　学生自评表

评价内容	1 分	2 分	3 分	评分
识别问题	我们的作品几乎没有反映出所涉及的问题	我们能通过口头、书写或者制作作品等形式展示出对所涉及的问题和概念有一定的理解	我们能清楚地理解所涉及的问题和概念，能清晰地理解它们之间的重要性和关联性，并能通过口头、书写或者制作作品等形式展示出来	
思考和计划	我们的计划意识不足，对计划描述得很模糊	我们能较好地完成头脑风暴记录表，展示出较为完整的计划、示意图、思路图等	我们能展示出多个计划、示意图、思路图等，并能详细地标注	
产品制作	我们的作品没有达到要求，没能实现控制照明，模型不够完整	我们的作品能基本解决了问题，能够控制照明，并用 3D 打印完成灯的外壳	我们所创造的作品反映出了课程内容和问题，能灵活运用所学知识，完成语音控制照明，合理地制作卧室场景模型，功能和造型有创意	
改进	我们做了毫无意义或者很浅显的改进	我们通过动脑做出了有意义的、考虑周全的、与解决问题相关联的改进	我们通过动脑做出了很多有意义的、考虑周全的、与解决问题相关联的改进	

续表

评价内容	1分	2分	3分	评分
交流展示	我们没能向老师和同学解释清楚我们的成果、所做的改进、想法和意见以及批判性思考，过程性资料不够完整	我们向老师和同学阐释了很多我们的成果、所做的改进、想法和意见以及批判性思考，但是主要细节没有阐释清楚或有所遗漏	我们向老师和同学完全阐释清楚了我们的成果、所做的改进、想法和意见以及批判性思考	
团队合作	我们不能积极参与到讨论和制作中，小组氛围不和谐	多数情况下我们能够参与到项目中，与他人合作交流，一起制作模型，但是偶尔会出现分歧，影响制作	我们积极参与到小组讨论中，展示自己，认真倾听其他同学的发言，积极参与作品制作，做出了一定的贡献	
参与活动	我们只是在一旁观察，没有动手参与	我们能积极参与，也能为别的组提出合理建议，极少数时候需要老师提醒	我们完全积极地参与课堂活动，为自己组做出了贡献，为其他组提出了建议	

学习互评表见表6-3-11。

表6-3-11　学生互评表

评价内容	1分	2分	3分	评分
产品制作	他们的作品没有达到要求，没能实现控制灯，模型不够完整	他们的作品能基本解决问题，能够控制照明，并用3D打印完成灯的外壳	他们创造的作品反映出了课程内容和问题，并能灵活运用所学知识完成语音控制照明，合理地制作卧室场景模型，功能和造型有创意	

续表

评价内容	1分	2分	3分	评分
交流展示	他们没能向老师和同学解释清楚他们的成果、所做的改进、想法和意见以及批判性思考，过程性资料不够完整	他们向老师和同学阐释了很多成果、所做的改进、想法和意见以及批判性思考，但是主要细节没有阐释清楚或有所遗漏	他们向老师和同学完全阐释清楚了他们的成果、所做的改进、想法和意见以及批判性思考	

教师评价表见表6-3-12。

表6-3-12　教师评价表

评价内容	1分	2分	3分	评分
识别问题	学生的作品几乎没有反映出所涉及的问题	学生通过口头、书写或者制作作品等形式展示出了他们对所涉及的问题和概念有一定的理解	学生清楚地理解了所涉及的问题和概念，能清晰地理解它们之间的重要性和关联性，并能通过口头、书写或者制作作品等形式展示出来	
思考和计划	学生的计划意识不足，对计划描述很模糊	学生能较好地完成头脑风暴记录表，给老师展示出较为完整的计划、示意图、思路图等	学生能展示出好多计划、示意图、思路图等，并能详细地标注好	
产品制作	学生作品没有达到要求，没能实现控制照明，模型不够完整	学生作品能基本解决问题，能够控制照明，并用3D打印完成灯的外壳	学生所创造的作品反映出了课程内容和问题，并能灵活运用所学知识，完成语音控制照明，合理地制作卧室场景模型，功能和造型有创意	
改进	学生做了毫无意义或者很浅显的改进	学生动脑做出一个有意义的、考虑周全的、与解决问题相关联的改进	学生动脑做出很多有意义的、考虑周全的、与解决问题相关联的改进	

续表

评价内容	1分	2分	3分	评分
交流展示	学生没能向老师和同学解释清楚他们的成果、所做的改进、想法和意见以及批判性思考，过程性资料不够完整	学生向老师和同学阐释了很多他们的成果、所做的改进、想法和意见以及批判性思考，但是主要细节没有阐释清楚或有所遗漏	学生向老师和同学完全阐释清楚了他们的成果、所做的改进、想法和意见以及批判性思考	
团队合作	组内多数学生不能积极参与到讨论和制作中，小组氛围不和谐	多数学生能够参与到项目中，与他人合作交流，一起制作模型，但是偶尔会出现分歧，影响制作	学生积极参与到小组讨论中，展示自己，认真倾听其他同学的发言，积极参与到作品的制作中，做出了一定的贡献	
参与活动	学生只是在一旁观察，没有动手参与	学生能积极参与，也能为别的组提出合理建议，极少数时候需要老师提醒	学生完全积极地参与课堂活动，为自己组做出了贡献，为其他组提出了建议	

4. 后测设计

(1)STEM工程项目的环节包括哪些？

(2)无线网络、蓝牙和红外线各有什么优缺点？

(3)探究过程中遇到了什么问题？是如何解决的？

八、项目学习成果展示

学生在班级内充分进行项目成果展示后，可以在课后制作海报。海报内容包括作品信息、创新点和优势、几次迭代过程中获得的进步等。将作品与海报作为项目的展示成果放在学校的展示连廊，可以对其他学生进行科技和文化熏陶，还可以体现育人理念。

此外，学生还可以将自己所做的作品拿回家请老人试用，验证其实用性；或者拿到路上进行测试，通过宣传让路人理解后请路人体验。

九、课例整体评价与反思

(一)课例实施调研

1. 专家意见

专家意见1：要分清语音识别是借助外部设备的语音识别(手机上的语音识别)还是硬件设备自己的语音识别，建议修改题目。

专家意见2：每一节课都需要给予学生工程挑战任务。如果一次STEM课程分为三节课，那么三节课都需要有自己的工程挑战任务。

专家意见3：STEM教育除了有自评和互评外，还需要增加对知识的检测。建议增加前测和后测，对学生的知识和素养进行评价。前测的目的是看看学生是否具备这些知识，后测检查学生对知识是否已经掌握。

2. 学生和老师的意见

通过访谈调查我们发现，学生对于以STEM的形式实施创客课程非常感兴趣，并且表示通过此次项目，发现了以一个简单模型到一个解决实际问题的产品之间的距离，发现了对于生活中常见的问题原来中学生可以通过科技手段解决。他们觉得很有成就感。

学生向家里的老人及学校门口的老人介绍了自己的产品，老人们也提出了建议。为了更方便使用，能否设计出具有同样的功能，但是不用手机控制，而是用控器进行控制的装置呢?

这些是未来项目继续改进的方向。

(二)实施反思

本课例经过不断改进，最终设计为通过工程挑战任务层层递进，引导学生完成作品的制作。其中重点为学生通过亲自参与，感受STEM工程设计流程。本课例通过解决社会现实问题，激发了学生的创作动力；引入人工智能，增强了学生的兴趣。课例融入多学科知识，培养了学生的科学素养、工程思维、设计思维和数学能力等；更重要的是实现了立德树人的目标，培养了学生对实际问题的解决能力、团队合作能力和创新实践能力等。课例引导学生由简单应用和实施的低阶思维，提升到整合、批判、设计和创造的高阶思维。

反思和改进如下。

反思1：对于本课例的进阶，学生需要掌握更多的知识和技能。学生缺乏将几种技术综合应用的经验，在制作模型时部分学生存在困难。

改进1：将挑战任务进一步拆解，在学生有一定的经验后再逐步提高难度。

反思2：3D打印时间较长，存在有些组不能当堂课完成打印的情况。

改进2：技术性问题可以换种思路解决，除了3D打印，还有很多其他材料可以用于灯具的设计，如透明塑料球等。在培养学生创新能力的前提下，可以放宽要求，用其他材料进行外观设计。

参考文献

[1]赵中建．美国 STEM 教育政策进展[M]．上海：上海科技教育出版社，2015.

[2]北京教育学院举办 2016 中美 STEM＋创新教育论坛[J]．北京教育学院学报，2016(5)：2.

[3]于晓雅．STEM＋教育：创新·创客·创业——第二届中美 STEM＋创新教育论坛(2016)北京专场会议综述[J]．中小学信息技术教育，2017(2)：9－11.

[4]余胜泉，胡翔．STEM 教育理念与跨学科整合模式[J]．开放教育研究，2015(4)：13－22.

[5]X Yu，X Guo. Case Study on"STEM＋Computational Thinking" Education Model in Chinese K－12 Schools[J]. Journal of Science Education，2018，19(1)：163-177.

[6]曹帅．当语文遇上 STEAM 教育理念——探究新课改背景下语文教学的现代性[J]．课外语文，2019(9)：92－93.

[7]于晓雅．STEM 教育融入综合实践活动应避免的误区辨析[J]．中小学信息技术教育，2018(4)：15－17.

[8]祝智庭，雷云鹤．STEM 教育的国策分析与实践模式[J]．电化教育研究，2018，39(1)：75－85.

[9]陈如平，李佩宁．美国 STEM 课例设计：小学卷[M]．北京：教育科学出版社，2018.

[10]王意成．新手养花不败指南[M]．北京：中国水利水电出版社，2014.

[11]王素，李正福．STEM 教育这样做[M]．北京：教育科学出版

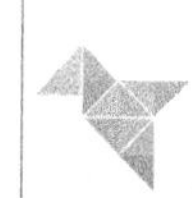

社，2019.

[12]“母亲水窖”项目介绍[J]. 水利科技与经济. 2019，25(11)：61.

[13]孟超，王三反. 西北地区水窖水质的污染原因及防治措施[J]. 北方环境，2012，24(2)：64—67.

[14]赵文君. 雨水安全集蓄水窖水质变化规律的初步研究[D]. 北京：中国科学院研究生院(教育部水土保持与生态环境研究中心)，2010.

[15]翟金永. 农村水窖水质保障技术研究[J]. 甘肃科技纵横，2016，45(11)：6—8.

[16]赵慧臣，张娜钰，马佳雯. STEM 教育跨学科学习共同体：促进学习方式变革[J]. 开放教育研究，2020，26(3)：91—98.

[17]陆惠. 基于小学科学课程标准的 STEM 项目的课程开发与研究[J]. 小学教学研究，2020(15)：71—73.

[18]马超. 新工科背景下 STEM 教育模式与数字媒体艺术专业人才培养模式探索[J]. 大众文艺，2020(10)：229—230.

[19]刘丽萍. 基于项目的 STEM 教学模式在数字电路课程教学中的应用[J]. 西部素质教育，2020，6(9)：205—206.

[20]谢琪，陈晶莹. STEM 教育评价的挑战与对策[J]. 中小学数字化教学，2020(5)：25—28.

[21]张屹，王珏，张莉，等. STEM 课程中 DBL 教学培养小学生计算思维的研究[J]. 电化教育研究，2020，41(5)：81—88.

[22]凌秋虹. 数字化时代区域 STEM 教育的思考与实践[J]. 中国信息技术教育，2020(9)：79—81.

[23]陈卓琳. STEM 课程跨学科教学模式的研究[J]. 成才之路，2020(12)：127—128.

[24]徐丹丹. STEM 理念下的小学美术融合性教学实践[J]. 美术教育研究，2020(7)：164—165.

[25]刘琦，孔晶. 智慧教育背景下的 STEM 课例教学活动设计案例研究[J]. 中国教育信息化，2020(8)：30—33.

[26]何再红. STEM 视角下小学科学课堂技术与工程实践活动设计初

探——以“小杆秤的研究”为例[J]. 新教师，2020(3)：50－51.

[27]闫寒冰，王巍．跨学科整合视角下国内外 STEM 课程质量比较与优化[J]. 现代远程教育研究，2020，32(2)：39－47.

[28]赵范珏．九年一贯制学校 STEM 模块化课程开发和实施策略研究[J]. 小学教学参考，2020(9)：84－85.

[29]叶小辉，方金翠，杨帆．虚拟机器人课程在中小学的实践[J]. 教育信息技术，2020(3)：62－65.

[30]郭丹．基于 STEM 教育理念的课程教学应用研究[J]. 课程教育研究，2020(12)：29－30.

[31]周玉芝．基础教育阶段 STEM 教育的性质和路径[J]. 教学与管理，2020(9)：1－3.

[32]钱松岭．中小学信息社会学课程开发研究[D]. 长春：东北师范大学，2014.

[33]段艳华．初中信息技术课程有效教学方法的研究[D]. 石家庄：河北师范大学，2012.

[34]袁利平，张欣鑫．论 STEAM 教育与核心素养的对接[J]. 陕西师范大学学报(哲学社会科学版)，2017，46(5)：164－169.

[35]赵玉婷，王卓玉. 初中“研究性学习”的课程设计与实施策略研究——基于 STEM 教育理念的思考[J]. 现代远距离教育，2017(4)：38－43.

[36]大卫·安德森，季娇．从 STEM 教育到 STEAM 教育——大卫·安德森与季娇关于博物馆教育的对话[J]. 华东师范大学学报(教育科学版)，2017，35(4)：122－129＋139.

[37]曾婷．STEAM 教育的内涵、特征与实施路径[J]. 教育现代化，2017，4(33)：271－273.

[38]任伟，李远蓉，马坤鹤，等．基于 STEM 教育下的中学化学教学模式初探[J]. 化学教与学，2015(7)：10－12.

[39]高凤萍. 中学生研究性学习课程发展策略研究[J]. 教育理论与实践，2016，36(23)：135－136.

[40]马晨晨，解凯彬．STEM 教育理念下的生物学教学案例分析与启示[J]．生物学教学，2017，42(5)：9—11.

[41]顾建军．技术与设计 1[M]．南京：江苏凤凰教育出版社，2019.

[42]孙德军．简单易学玩转 Arduino[M]．北京：化学工业出版社，2016.

[43]孙桓，陈作模，葛文杰．机械原理[M]．北京：高等教育出版社，2006.

[44]曹东云，熊玲玲，程月青．《绘制成功之路：美国 STEM 教育战略》解读及启示[J]．世界教育信息，2019(11)：17—20+34.

[45]王雪飞．基于美国 STEM 教育理念的部分课程案例分析和实践研究[D]．上海：上海师范大学，2019.

[46][美]陈怡倩．统整的力量·直击 STEAM 核心的课程设计[M]．长沙：湖南美术出版社，2017.

[47]王旭伟，曾沁岚．传统装饰设计与应用[M]．北京：人民邮电出版社，2015.

[48][美]罗伯特·M. 卡布拉罗，[美]玛丽·玛格丽特·卡普拉罗，[美]詹姆斯·R. 摩根．基于项目的 STEM 学习：一种整合科学、技术、工程和数学的学习方式[M]．王雪华，屈梅，译．上海：上海科技教育出版社，2016.

[49]郑葳．中国 STEAM 教育发展报告[M]．北京：科学出版社，2017.

[50]李艳燕，黄志南．STEM 创新教学模式与实践[M]．北京：电子工业出版社，2019.

[51]谢忠新，曹杨璐．中小学信息技术学科学生计算思维培养的策略与方法[J]．中国电化教育，2015(11)：116—120.

[52]赵蔚，李士平，姜强，等．培养计算思维，发展 STEM 教育——2016 美国《K-12 计算机科学框架》解读及启示[J]．中国电化教育，2017(5)：47—53.

[53]周弘烨．语音识别大揭秘：计算机如何处理声音？[J]．中国新通信，2019，21(4)：115—116.

[54]崔雍浩，商聪，陈锶奇，等．人工智能综述：AI 的发展[J]．无线电

通信技术，2019，45(3)：5－11.

[55]教育部教师工作司．教育部教师工作司2013年工作要点[J]. 中小学教师培训，2013(3)：5－6.